IGOR A. CARUSO: NAZISMO Y EUTANASIA

RNANDO M. GONZÁLEZ

IGOR A. CARUSO: NAZISMO Y EUTANASIA

Diseño de la colección: Estudio Úbeda
Fotografía de la portada: Clínica Am Spiegelgrund, Viena

Avenida Presidente Masarik núm. 111, Piso 2
Colonia Polanco V Sección
Deleg. Miguel Hidalgo
C.P. 11560, México, D.F.
www.tusquetseditores.com

Parral 73
Colonia Condesa
Deleg. Cuauhtémoc
C.P. 06140, México, D.F.
www.cpmac.net

1.ª edición en Tiempo de Memoria: enero de 2015

ISBN: 978-607-421-650-9

Formación electrónica: Quinta del Agua Ediciones, S.A. de C.V.
Impreso en los talleres de Litográfica Ingramex, S.A. de C.V.
Centeno núm. 162-1, colonia Granjas Esmeralda, México, D.F.
Impreso y hecho en México – *Printed and made in Mexico*

A la memoria de Robert Castel,
Paul Ricoeur y Leonardo Sciascia

El recuerdo surge en silencio sin que se le requiera [...]
como un gato.

GÜNTER GRASS[1]

[1] Krulic, Brigitte, «Le souvenir surgit en silence… (Entrevista a Günter Grass)», en *Écrivains, identité, mémoire: miroirs d'állemagnes, 1945-2000*, *Memoires*, 71 (2001), pág. 85.

ÍNDICE

Entre la memoria y el olvido
Palabras preliminares

Ma. Alejandra de la Garza Walliser
Presidenta del Círculo Psicoanalítico Mexicano A.C.

> Si nosotros no somos culpables de los actos de nuestros padres o de nuestros abuelos, en cambio sí somos responsables de nuestra mirada.
>
> JEAN JARDIN[1]

Hay dos espacios a los que se refería Pontalis como *laboratorios* privilegiados para poder percibir, aprehender y analizar los procesos inconscientes: el consultorio del analista y el movimiento o institución psicoanalíticos[2]. El libro que tienen en sus manos da cuenta de lo que sucede en una institución psicoanalítica cuando algo del orden de lo suprimido, de lo no pensado, irrumpe violentamente amenazando con hacer trizas, si no todo, sí un espacio del espejo identitario institucional.

El 9 de octubre de 2012, durante un seminario sobre la institución psicoanalítica e historia del psicoanálisis, realizado en el Instituto de Formación Armando Suárez, apareció el perturbador hallazgo. Cynthia del Castillo, integrante de dicho seminario, descubrió, tecleando con un dedo en Wikipedia, que Igor Caruso había trabajado en el hospital Am Spiegelgrund, en la ciudad de Viena.

¿En qué contexto sucede esta sacudida de los cimientos institucionales? En los inicios del 2011, todos los miembros activos del CPM nos reunimos en León, Guanajuato con el objetivo de repensar dicho instituto; ahí, por primera vez, después de muchos años, coincidimos en la reflexión y el trabajo. En este ámbito propuse crear una comisión para la recuperación de la historia del Círculo –después fuimos mucho más modestos y preferimos llamarla Comisión de Reapropiación de la Memoria.

A mediados del 2011, se eligió nueva Junta Directiva; en ésta coincidimos Patricia Robles Valenzuela como tesorera, Alberto Montoya Hernández como secretario y yo como presidenta.

Las propuestas para esta nueva etapa fueron:

1. Realizar una intervención institucional. Habíamos llegado, como institución, a un punto en que las confrontaciones, conflictos y desacuerdos, estaban paralizando las posibilidades de trabajo.
2. Iniciar un proceso de reestructuración del círculo, como resultado del documento que nos fue entregado tras dicha intervención. Ahí se conformaron grupos autogestivos de trabajo abocados a la escritura de documentos sobre los diferentes espacios y sobre la definición del instituto.
3. Conformación de una Comisión de Reapropiación de la Memoria del CPM, de la cual yo sería responsable y a la que invité a Fernando González por tres razones: por ser uno de los cofundadores del CPM, por su trayectoria como investigador y por su larga experiencia como psicoanalista tanto en la práctica individual como en la institucional. A la fecha, hemos realizado más de 35 entrevistas en video de miembros activos, ex miembros y cercanos a la institución. Mucho material que estamos traduciendo en un documento con el análisis de nuestro presente, así como en la edición de un documental que presentamos el 15 de marzo de 2014 y otro, aún en proceso de edición, que refleja el caleidoscopio de los diferentes relatos, recuerdos e implicaciones, transferencias, en la historia de las heridas, escisiones y de los logros institucionales. Una remembranza testimonial, en donde, haciendo un puente entre la memoria y el olvido, se posibilite a otros para hacer varias lecturas, varias historias de nuestro pasado y devenir.

Tal es, pues, el contexto en el que aparece el perturbador hallazgo. Esto nos tomó por asalto, tanto a Fernando González como a mí, mientras trabajábamos en el proyecto de una memoria que, construida a través de las entrevistas que hemos realizado y grabado, fuera el inicio de una historización futura. Ahí apareció el asunto Caruso y su participación en el Am Spiegelgrund; lo cual llevó a que Fernando González se concentrara, casi exclusivamente, en un trabajo, sí, de historización, de sociología y de reflexión psicoanalítica, cuyo resultado es precisamente esta publicación.

En algún momento se nos acusó de esconder información, de falta de ética y de promover los secretos encriptados en el Círculo Psicoanalítico. Nada más falso puesto que no ha dejado de abrirse y compartirse lo encontrado y los avances de la investigación en 4 niveles:

1. Entre los miembros activos, lo cual implica la elaboración singular y específica para cada uno.
2. Discusiones y reflexiones colectivas con el pleno de miembros activos en las reuniones nacionales en las que Fernando González fue exponiendo el avance de su investigación y en las que otros miembros fueron exponiendo su implicación con el asunto Caruso.
3. El tema de la formación del CPM se abrió ampliamente con los participantes de los seminarios de la asamblea anual.
4. Comprobada la información, y habiendo tenido el tiempo de elaboración de la misma, tanto en lo individual como en lo grupal, lo hicimos público y llevamos a cabo una mesa sobre Igor Caruso y su participación en Am Spiegelgrund que puede consultarse en nuestro canal de youtube[3].
5. El quinto momento es, precisamente, la coedición de este proyecto realizado por Fernando González, quien siguió el proceso de discusión y las reacciones que, institucionalmente, se dieron en el CPM.

Estábamos inmersos, pues, en rescatar, a través de la memoria de los actores de esta institución, una historia que nos permitiera visualizar el rumbo a seguir. Y aun cuando caminábamos en un terreno sí autocrítico (se había realizado una intervención institucional que señalaba directamente nuestras incongruencias y contradicciones), en ningún momento pensamos que irrumpiría tan inesperado acontecimiento: la participación de Igor Caruso en Am Spiegelgrund que conmovió los cimientos, las raíces, las identidades, las pertenencias y las implicaciones de cada uno de sus integrantes. Pecamos de ingenuos, ya que reapropiarse de la memoria individual y colectiva, conlleva a destapar silencios, devolver al terreno de la representación y de la palabra lo olvidado, lo impensado y lo suprimido.

Pero como lo acabo de mencionar, frente a una situación tan crítica en distintos niveles e implicaciones, lo primero que sí se hizo a todo nivel en el CPM fue abrir la información, empezar a pensarla y acompañar con nuestra lectura los avances de la investigación de Fernando González.

En las discusiones y la revisión de nuestra memoria, algo encontrado fue que Igor Caruso no es fundador, pero sí analista de dos de nuestros cofundadores: Armando Suárez y Raúl Páramo. ¿Qué repercusiones ha tenido en el CPM este silencio? Se trató de ignorancia o de ocultamiento? Tal es la tarea que nos deja para pensar y elaborar este intenso trabajo realizado por Fernando González: Si no somos responsables de los actos de Igor Caruso ¿de qué sí lo somos? ¿De la falta de curiosidad? ¿De no querer preguntar qué pasó en Viena durante el nazismo? Como dijo el autor, más o menos con estas mismas palabras, en la mesa que organizamos sobre Caruso: Bastaba que alguien se atreviera a pensar y a preguntar: *Qué hizo Caruso durante la guerra.* Pero a nadie se le ocurrió, en esta tendencia de proyectar el presente al pasado: *Si Caruso es así ahora, seguro siempre lo fue.*

De ahí la importancia de coeditar este libro, realizado por uno de nuestros colegas y uno de los cofundadores del CPM. En el torbellino de ideas y opiniones, por lo menos un consenso entre el grupo de psicoanalistas que conformamos la institución es que algo no dicho, ni pensado, debe pasar a la palabra y abrirse. Teníamos en el armario institucional un fantasma, un cadáver, que ignorábamos. No puede hacerse otra cosa que sacarlo y mostrarlo.

En la discusión que se llevó a cabo durante dos años, desde que nos comunicaron el descubrimiento de Evelyn List sobre

Igor Caruso, salieron a relucir las distintas formas de implicación con el tema en cada uno de los miembros activos del CPM: para unos, lo que pasó con Caruso fue un *bashing*[A], como asegura Raúl Páramo, quien expresa que sabía sobre este tema pero piensa que se trata de una difamación; para otros es culpable y fue un colaborador nazi; para otros fue una tragedia en la que estuvo inmerso Caruso; para otros más, igual como acontecía con muchos en Europa en ese momento, «ignoraba la verdad de lo que sucedía». Para algunos, como los ex compañeros de Cuernavaca, la solución consistía en disolver el CPM como única forma de purificación institucional pues éste era un nido de criptas nazis.

Los miembros activos que conformamos la institución llegamos al siguiente consenso:

Se mencionó la necesidad ética e imperativa de declarar públicamente, sin intentar hacer un juicio a Igor Caruso, sino posicionarse frente a los hechos de acuerdo a nuestro propio contexto de genealogías diversas. Una declaración que sin negar la parte de herencia que nos toca, sea un acto simbólico para continuar con la limpieza de repeticiones y falta de claridad de la institución. En esta línea se han organizado las actividades con las que el Círculo conmemorará sus 40 años (1974-2014) de vida: la mesa sobre el affaire Caruso, a principios de enero de 2013; algunas mesas sobre el análisis del analista y sobre la historia del psicoanálisis en México. Pero también el Seminario Internacional sobre Psicoanálisis «Historia y Trauma» que organizamos en octubre de este año; y en el que participaron Françoise Davoine, Jean Mas Gaudilliere (Francia), Jacques Roisin (Bélgica) y Cathy Caruth (EUA) .Y por supuesto, está precisamente este libro coeditado con Tusquets –en el que se incluye el trabajo de varios compañeros del Círculo, para redimensionar los hechos a partir de diversos ejes de análisis. Está pendiente y en proceso una publicación sobre la *reapropiación de la memoria del CPM,* en donde se analiza todo del material recolectado hasta ahora a través de entrevistas en video y de documentos institucionales.

El consenso de la institución que presido ha sido la de ventilar lo acontecido, permitir su cuestionamiento y, en todo caso, siguiendo la lógica de nuestra apuesta por la palabra, se trata, más que de disolver o ser aplastados por *el pecado original*, de analizar, de apalabrar, de reconocer y de poder atreverse a repensar los mitos de nuestros orígenes para trastocar lo ilusorio de sus certezas y abrir un horizonte de creatividad en el pensamiento.

La investigación de Fernando González, su texto, su escritura que en ningún momento rehúye su implicación personal, juega un papel semejante al de un interventor del instituto que nos permite, como miembros del Círculo Psicoanalítico Mexicano, abrir las supuestas criptas, exonerar los fantasmas, evitar los silenciamientos y poder repensarnos en una dimensión histórica, más allá de nuestras posiciones teóricas como psicoanalistas, como agentes y receptores de eso suprimido. El esfuerzo, la seriedad y la pasión que siempre lo caracteriza para toda tarea que emprende es digno de un profundo agradecimiento por parte de todos los que conformamos el CPM.

Estamos ciertos que se trata de una mirada, de una lectura, frente a la cual se han expresado diversas opiniones, aunque todavía no investigaciones alternas que debatan o argumenten los desacuerdos. Pero en espera de que esos discursos se desplieguen en el futuro, en un *impase* de resignificación, hoy por hoy, esta investigación y la coedición de la misma constituye un acto simbólico por parte de quienes integramos el CPM: mostrar y decir lo acontecido.

Tal es la apuesta sin duda. No se puede callar lo que sucedió aun cuando sabemos, como psicoanalistas, que no puede decirse todo, y por lo mismo tampoco se puede pensar que al decir se empieza desde cero: es decir, *borrón y cuenta nueva.* Y como bien remarca Alfonso Mendiola, «el historiador sabe que todo conocimiento histórico es incierto. No incierto por falta de rigor, sino porque siempre trata acerca del *otro*. Es decir, del muerto, de aquello que se ha ido para siempre».[5]

El autor analiza tejiendo una enriquecedora red multireferencial desde la historia, la sociología, la filosofía y el psicoanálisis, del affaire Caruso, mostrando la complejidad del acontecimiento sin cortapisas ni concesiones: está un Igor Caruso que, siendo rescatado de un campo de concentración por su cuñado (nazi), llega a Viena con su mujer y le dan trabajo en el Am Spiegelgrund donde, en 1942, permanece 8 meses. Es innegable que ahí realiza diagnósticos que conducen a la muerte a varios de los niños hospitalizados y que, por cierto, no son judíos. También está el Caruso religioso, existencialista, poco analizado, luego identificado con el marxismo y finalmente fundador del Círculo Vienés de Psicología Profunda con ex nazis. Pero no se queda aquí, continúa su investigación y nos da información del contexto social, político y de creencias de la época. Dimensiones que en su cruce nos permiten pensar más allá de los bonsáis cónclaves psicoanalíticos, y acercarnos a lo que es el mismo origen y características de lo que podría denominar *instituciones voraces*, recordando el excelente texto de Lewis A. Coser[6]. Al respecto, no puedo dejar de mencionar a nuestro colega Alfredo Valencia quien, habiendo asistido a la mesa y debate sobre Igor Caruso, no sólo felicitaba al CPM por su valentía al abrir temas tan difíciles sino porque la temática era tan trascendente que tocaba las bases mismas de toda la institución psicoanalítica.

Para el caso del CPM es distinto, pues no se constituye con ex nazis, Caruso no es su fundador, sino uno de sus referentes fundacionales, y sus miembros no son responsables de sus actos. Pero las preguntas quedan abiertas, y ésa es la responsabilidad que nos deja con este trabajo Fernando González: *de qué sí somos responsables*. ¡Ojo! Pues en esa pregunta el autor reconoce su propia implicación, ¿de qué sí son responsables quienes se formaron en Viena? ¿Por qué nunca hubo curiosidad por preguntarse sobre el origen de la Federación de los Círculos de Psicología Profunda? ¿Por qué la nula mirada y curiosidad al cruce del nazismo y la historia del psicoanálisis?

La situación analizada en esta publicación no es fácil y se enriquece por la complejidad que le aporta el autor. No podemos obviar nuestra herencia de Caruso. No se trata de borrar este referente originario o negarlo, sino de ubicarlo en su lugar institucional y también, para cada quien, individual. La situación de cada uno de los miembros activos es diferente. Imperativo el análisis en lo individual y en lo social que es, parafraseando a Robert Castel, el inconsciente de la institución.

A Caruso no lo leemos desde la 3ª generación (ahora está en formación la número 30). No es un referente teórico en el ámbito de la transmisión. Lo que es cierto es que los cofundadores del CPM no son responsables de los actos de Igor Caruso, ni tampoco los que hemos trabajado como miembros activos. Pero en cambio sí somos responsables de las preguntas que nos hagamos y las conclusiones a las que lleguemos.

Hay tres críticas a Igor Caruso que son analizadas y argumentadas en esta investigación, y evidentemente Fernando nos invita a seguir pensándolas:

1. Su experiencia en Am Spiegelgrund.
2. La fundación del Círculo Vienés de Psicología Profunda con nazis y ex nazis.
3. Sus supuestos análisis psicoanalíticos.

Evidentemente, tenemos mucho trabajo por hacer. Esta investigación, es cierto, es una mirada sobre el affaire Caruso. Ojalá aparezcan otras miradas, otras lecturas además de las que están incluidas en este libro. Lo que es indudable es que trabajar conjuntamente con Fernando González y ser testigos no sólo de su lucidez sino de su compromiso con el psicoanálisis y su cariño por el Círculo Psicoanalítico ha sido un acompañamiento que nos enfrenta siempre con rigor crítico, y no poca generosidad, a nuevas posibilidades para pensar lo acontecido.

Y así, enriquecidos, pensando y replanteándonos nuestro lugar en el campo psicoanalítico, estamos en un momento de reestructuración, de refundación, asumiendo, en la reapropiación de nuestra memoria, la total responsabilidad de nuestra mirada para construir escenarios posibles e inciertos para el pasado y para el futuro:

> «....ni el pasado ni el futuro pueden ser inferidos directamente del presente» (Maruyama, 1974). «Allí no puede haber más explicación del pasado asegurada ni futurología arrogante: se puede, se deben construir escenarios posibles e improbables para el pasado y el futuro» (E. Morin).

Prólogo

> La separación [con el pasado], a partir de la cual la historia se construye, [...] no sabría impedir tampoco el retorno (bajo otro nombre) de lo rechazado –*inquietante familiaridad* en el lugar mismo de una razón y de una producción científica.
>
> MICHEL DE CERTEAU[1]

Como bien dice Diana Napoli: «Si Freud reintrodujo al otro en el lugar del *mismo*, la historiografía es la condición donde se autoriza construir para el otro un lugar distinto: para el pasado un lugar distinto del presente».[2] Este texto trata un tema que ejemplifica lo que Michel de Certeau denomina la parte *caníbal* de la historia; es decir, cuando ese pasado que se pretendió desalojar, para crearle un lugar propio, «se infiltra, inquieta, [y] vuelve ilusoria la conciencia que tenía el presente de estar en *su casa*».[3] Aportación freudiana a la escritura de la historia y, con más razón, a lo que se llama *historia del tiempo presente.*

En este texto, entonces, se intentará dar cuenta de una *identidad* institucional que no se consideraba herida hasta ahora, y que se manejaba con buena conciencia; es decir, como identidad institucional satisfecha y sin fisuras aparentes, henchida supuestamente de espíritu crítico, que en todo caso era aplicado a los otros. Y, de pronto –como a Edipo–, se le ocurre preguntarse: ¿Cuáles son las genealogías que constituyen mi identidad institucional? Y el dedo se volvió hacia ésta, y lo que resultó fue desagradable, cuando menos en uno de sus antecedentes.

No obstante, a diferencia de Edipo, no se trata de arrancarse los ojos y marcharse de Tebas para no ver más lo ominoso que se mostró sin velos; sino de sostener la vista, procurando no dejarse intimidar por el miedo a la Gorgona, y sacar las consecuencias. Una manera más bien heterodoxa de enfrentarlo, si lo comparamos con la interpretación erudita del gran helenista Jean-Pierre Vernant quien, al referirse al pasaje de Ulises en el país del Hades, recuerda que la Gorgona está en su casa, en el país de los muertos, e impide el paso a todo ser humano vivo.

> Su máscara expresa y mantiene la alteridad radical del mundo de los muertos al que ningún vivo debe acercarse. Para atravesar el umbral, habría que afrontar la cara del terror y ser… transformado a la imagen de la Gorgona, en eso que son los muertos: cabezas, cabezas vacías, abandonadas de su fuerza y de su ardor […] parecida a la sombra de un hombre… sumergida en oscuridad y enmascarada de tenebras.
>
> [En fin] Gorgó traduce la extrema alteridad, el horror terrorífico de eso que es absolutamente otro, lo indecible, lo impensable, el puro caos.[4]

En resumen, el reto es dejarse afectar por una mirada y una escucha, y dar cuenta de eso inesperado y ominoso, pero no del todo indecible, ni tampoco impensable. Y no quedarse convertido en piedra ni ciego, aunque sí, muy probablemente, entenebrado. Como lo plantea Milan Kundera en *La insoportable levedad del ser*, la cuestión ya no es si se sabía o no, «sino: ¿es inocente el hombre cuando no sabe?»[5] Edipo se lo planteó y se dio cuenta de que no podía disculparse diciéndose: «es que yo no sabía que fueran mi madre y mi padre».

Sin embargo, no le sirvió asumirse como inocente, y de ahí que haber contemplado sin filtro su implicación lo llevó a arrancarse los ojos, una especie de compensación para lo que ya no dejaría de ver el resto de su vida.[6] En otra parte del libro de Kundera, Tomás, uno de los personajes principales, el que plantea la cuestión de la inocencia, considera que «castigar a alguien que no sabía lo que hacía es una barbaridad». Y más adelante, dice: «El mito de Edipo es hermoso. Pero castigarlo así...».[7]

Este texto alude a un fragmento de la historia del psicoanálisis en México, que se conecta doblemente con Viena. La Viena en la cual se gestó el psicoanálisis y aquella en la cual se decretó, a partir del ascenso del nazismo, que éste no continuaría. Y si seguía, lo debería hacer cercenándose, tanto del judaísmo como del nombre de Freud y de la sexualidad, y tampoco debería emitir su crítica antirracista y, menos aún, cuestionar el «espíritu nacional» o postular que la identidad no era una, sino dos o más, o que el corazón de la religión judía lo instauró un egipcio de nombre Moisés.

Y que, por lo tanto, los judíos no eran ni homogéneos ni podrían pretender un lugar propio incontaminado de *goys* (los no judíos).[8] Todo esto lo escribió alguien llamado Sigmund Freud, y no sin malestar, si nos atenemos a la introducción de su texto más iconoclasta: *El hombre Moisés*.

> Arrebatarle [quitarle] a un pueblo al hombre a quien honra como el más grande de sus hijos no es algo que se emprenda con gusto o a la ligera, y menos todavía si uno mismo pertenece a ese pueblo. Mas ninguna ejecutoria podrá movernos a relegar la verdad en beneficio de unos presuntos intereses nacionales, tanto menos cuando del establecimiento de un estado de cosas se pueda esperar ganancia para nuestra intelección.[9]

Si la pretensión suena magnificente, la perspectiva heurística que abre es digna de consideración, ya que postula que el lugar del analista se sostiene en una ética de la verdad, que debería estar por encima de los intereses nacionales y de la pretendida pureza identitaria. Con ello, Freud abre posibles aportaciones del psicoanálisis a la dilucidación de los diferentes planos de implicación que no se reducen sólo a la genealogía familiar o transferencial durante el proceso de la *cura*, sino a las institucionales, étnicas y nacionales.[10]

Por otra parte, no habría que dejar de remarcar que *El hombre Moisés* era una bofetada al nazismo y a su postulado de la purificación étnica mortífera, implementado de manera doble: una para los *propios*, y otra para los *ajenos*.

En la Viena (Austria) que fue totalizada por el nazismo, se conformaron posiciones que pretendieron haber salvado al psicoanálisis, a pesar de toda la operación de cercenamiento que acabo de citar. No obstante, ocurrieron hechos más graves porque no sólo los nazis exigieron todas estas renuncias, sino que incluso se intentó utilizar en vivo algunos instrumentos psicológicos y psicoanalíticos para llevar a cabo la citada purificación de la raza con sus propios ciudadanos. Precisamente, este texto alude a un tipo de práctica no propiamente psicoanalítica, sino psicológica, que ayudó a seleccionar a los considerados no «dignos de vivir». Alguno de esos psicólogos –después de la caída del Tercer Reich– se convirtió en psicoanalista en un marco contextual en donde no sucedió a fondo una desnazificación.

Esa genealogía, de pronto, *irrumpirá* en el Círculo Psicoanalítico Mexicano (CPM) como una *inquietante extranjeridad (Unheimlickeit)*[11]. Subrayo *irrumpir* porque no es que estuviera oculta *bajo siete llaves,* sino que, a la manera de *La carta robada* de Edgar Allan Poe, estaba a la vista, en la chimenea del CPM, para quien osara plantearse dicha pregunta. Pregunta que no se formuló, y que cuando por fin se hizo permitió que la interrogación hiciera surgir lo otro inquietante que formaba parte de lo impensado, cuando menos para el grueso de los miembros de dicha institución.

Y, entonces, aparecieron una serie de cuestiones: ¿en dónde colocar la información y qué estatuto otorgarle? ¿De qué manera afecta a lo que se construyó durante cuarenta años sin saberse de ella? ¿Se le puede erradicar o cercenar, como le ocurrió al psicoanálisis durante el nazismo? O incluso: ¿se puede terminar por deducir que todo lo que siguió está contaminado irremediablemente y entonces no queda sino disolver a la institución y comenzar de cero?[12]

Esta última posibilidad –la más económica, quizá– tenía la ventaja de aparentar una purificación que no dejaría huellas. Ya lo decía Freud en *El hombre Moisés*: «Lo difícil no es cometer un crimen, sino borrar las huellas». Sin embargo, haber pertenecido a la institución supuestamente contaminada al máximo, y sin saberlo, no es fácilmente desprendible y, como ya adelanté, presumir de inocencia, en ciertos casos, tampoco ayuda mucho.

Entre quienes creen que es fácil partir *de cero* y aquellos que postulan los retornos al *punto cero* existe un parentesco conformado por una notable ingenuidad, que seduce a los que tienen alma de purificadores o adolecen del síndrome de la inmaculada concepción de las instituciones.[13] Existen causas psicoanalíticas, así como causas religiosas y políticas, que «espada en mano» tratan de recuperar el filo cortante de la Verdad con mayúsculas, retornando al momento primigenio supuestamente virginal.[14]

Junto a la tentación de los retornos purificadores, se da la figura de las *sociedades proféticas*, que pulularon en Europa durante el siglo XVIII cuando los cristianos –atravesados por el cisma de la Reforma, las lógicas *mundanas* y la razón de Estado– intentaron producir lugares de retiro, ermitas y sociedades secretas, en las cuales, de diferentes maneras, se trataba de preservar la pureza de la doctrina y de las prácticas específicamente cristianas, de la contaminación del medio y las otras lógicas no religiosas que comenzaban a regir la vida cotidiana.

Ello con el riesgo de no influir en la marcha del mundo, quedarse encapsulados, incluso creyendo que lo de afuera no estaba ya, de diferentes maneras, adentro.[15] Radicalismos cristianos que recuerdan algunos pretendidos radicalismos psicoanalíticos actuales, los cuales pretenden estar fuera del mundo o, cuando menos, preservar la doctrina y la práctica psicoanalítica al abrigo de las lógicas *mundanas*. Problemática analizada por Robert Castel en su libro *El psicoanalismo: el orden psicoanalítico y el poder*.[16]

Sin embargo, para aquellos que pensaron que la disolución no era la salida, el *abanico* de interrogaciones no hizo sino desplegarse. ¿Era acaso compaginable la genealogía freudiana –tratando de no renunciar a nada de aquello que los nazis abominaban– con la que surgió de pronto? Una posibilidad era tosmar el camino sugerido por Freud en *El hombre Moisés,* e interrogar la novela institucional a fondo. Ello los colocaba fuera de la senda de la *purificación*, o del *desprendimiento*, así como de la del *refugio*. Por lo tanto, no les quedaba sino la vía de la dilucidación problemática de un haz de genealogías contradictorias, ya que el CPM no solamente resultó freudomarxista.[17] ¿Y entonces?

Una vez *perdida la inocencia* y habiendo sufrido, por consiguiente, deflaciones en la identidad satisfecha, dicha pérdida se refracta, mínimo, en las perspectivas posibles ya adelantadas: aquella que pierde –como Edipo– y le resulta insoportable lo que vio; aquella otra del que tiene que hacerse cargo de lo inconsciente en el caso personal, y de sus impensados y silencios encriptados, en el institucional, así como, obviamente, de su identidad herida. Más que herida, contradictoria y agujereada.

Digamos que se trata de una versión institucional, poco ortodoxa de *El estadio del espejo* de Jacques Lacan, ya que la imagen jubilatoria de la identidad institucional reaparece fragmentada. Se podría denominar como el *estallido (parcial) del espejo institucional*, no muy recomendable para almas sensibles. No obstante, no había que echar *en saco roto* la advertencia que hace Regis Debray, cuando se pretende enfrentar los mitos fundacionales:

> No se conoce a alguien que haya procedido a una limpieza analítica de sus mitos fundadores, para confrontarse a su pasado tal cual, sin valor agregado. El nosotros produce mitos así como respira, y para respirar. Su instinto le aconseja que más vale quedar unido por una fábula que desmembrado por un proceso verbal. [...] no hay desempleo técnico para los iluminados.[18]

Sobre advertencia, no hay engaño. Se abre el debate acerca de la fábula que tratará de hacerse presente a pesar del intento de desmembrarla. Tenemos, pues, un caso tanto para el genealogista que nos heredó Nietzsche –vía Michel Foucault–, como para el seguidor del método *indicial*, que propone Carlo Ginzburg, y también para el *arqueólogo* psicoanalítico Sigmund Freud. Tanto en el texto de Freud, como en éste que se escribe se aludirá –entre otros temas– a asesinatos. De esto y mucho más se tratará en lo que a continuación viene.

Introducción

> El origen está siempre antes de la caída, antes [...] del tiempo [...] Al narrarlo se canta siempre una teogonía. Pero el comienzo histórico es bajo, no en el sentido de modesto o discreto, como el paso de la paloma, sino irrisorio, irónico, propicio a deshacer fatuidades [...] El genealogista necesita de la historia para conjurar la quimera del origen [...] La procedencia permite [...] encontrar bajo el aspecto único [...] la proliferación de sucesos a través de los cuales [...] se ha formado. [...] La búsqueda de la procedencia no funda, al contrario, remueve aquello que se percibía inmóvil, fragmenta lo que se pensaba unido, muestra la heterogeneidad de aquello que se imaginaba conforme a sí mismo.
>
> MICHEL FOUCAULT[1]

El 9 de octubre de 2012, Cynthia del Castillo sacó a la luz, en el seminario sobre la institución analítica en el CPM –coordinado por Felipe Flores–, una noticia que nunca, ni como rumor siquiera, había escuchado[2]; la cual, de confirmarse, comprometía gravemente la calidad ética de uno de los fundadores del Círculo Vienés de Psicología Profunda y de la Federación Internacional de Círculos, así como uno de los referentes fundacionales, no cofundadores, del Círculo Psicoanalítico Mexicano. Me refiero a Igor Alexander Caruso.

Esta noticia podría resumirse de la siguiente manera: en 1942, durante la Segunda Guerra Mundial, Caruso trabajó en el hospital Am Spiegelgrund[3] de Viena, en el pabellón de niños, en donde realizó evaluaciones psicológicas acerca del estado mental de algunos de ellos. En dicho hospital, los superiores de Caruso, a su vez, evaluaban dichos reportes para determinar si practicarían o no la eutanasia. Dadas las relaciones entre el CPM y la Red de Círculos de Psicología Profunda, específicamente con Igor A. Caruso, el asunto amerita una aclaración.

Este acontecimiento implicaba revisar a fondo una de las genealogías del CPM.

Originalmente pensé titular este texto *Los años invisibilizados,* pues se trató de una invisibilización en el sentido de Michel Foucault, cuando éste afirma:

> Yo querría hacer aparecer lo que está demasiado cerca de nuestra mirada para que podamos verlo, lo que está muy cerca de nosotros, pero a través de lo cual miramos para ver otra cosa [...] dar su densidad y espesor a lo que no experimentamos como transparencia.[4]

La invisibilidad funcionó para el CPM, pero no para el contexto austriaco; en este último caso, el manejo fue distinto.[5] Podríamos decir –citando a Jean Luc Evard– que se trató, en todo caso, de un *silencio laborioso,* cuando menos hasta los años setenta, para una mayoría de los psicoanalistas alemanes y austriacos respecto a los años negros del periodo nacionalsocialista: «Pues ninguno ha olvidado (¿quién podría olvidar?), pero poco hablan y todos suprimen o censuran. [...] Hay que reconstruir las razones de ese silencio *aprés-coup*».[6]

Sin embargo, no existe ningún impedimento para preguntar por qué, en el contexto mexicano, a *ningún integrante* de la primera generación del CPM, y de las siguientes, se nos ocurrió preguntar sobre este tema a nuestros maestros, Raúl Páramo y Armando Suárez, quienes estudiaron psicoanálisis en Viena y se analizaron con Igor Caruso en los años sesenta; o preguntar por qué ellos nunca hablaron del asunto. Digamos que doblemente se evitó el tema.

Esta forma de proceder –con toda proporción guardada– recuerda a lo que el psicólogo israelí Dan Bar On denomina el mutismo de la *doble muralla.* Noción que utiliza para tratar de dar cuenta –con sus diferencias– del doble silencio que se dio entre padres e hijos de nazis y de judíos que lograron salir con vida.

> Los padres han erigido una muralla que encierra sus propias angustias relativas a las atrocidades que han cometido o visto –o dejado– cometer, y sus hijos, a su vez, han reaccionado construyendo la suya propia. Si unos u otros se deciden a salir, se estrellan con la segunda.[7]

En nuestra comunidad, al parecer, nadie quiso *salir*. Simplemente, de eso no se hablaba, aunque tampoco era un tema que resultara problemático para mantener *a raya*. En todo caso, parecía que, para nosotros, la vida de Igor Caruso comenzaba con la fundación del Círculo de Psicología Profunda de Viena, en 1947, sin tener en cuenta el contexto no desnazificado en el que se dio dicha fundación, lo cual acarreaba un segundo punto conflictivo.

El nazismo y los años de la posguerra nos quedaban muy lejos, así como los años marcados por el *existencialismo cristiano* de Caruso y de los círculos de psicología profunda. Al respecto, comparto lo escrito por el colega Christian Schacht, cuando describe su relación con la obra del psicoanalista:

> Los primeros escritos de Caruso, que yo había desechado como *sin valor* por sí mismos, podían también sin duda cobrar sentido, si eran leídos como *estaciones* de un viaje mucho más complicado. En esa perspectiva, no modificaban en nada mi aprecio por el Caruso *tardío*.[8]

Al mismo tiempo, aclaro que si, durante un periodo, Caruso me resultó una fuente de reflexión para hacer el pasaje de la precaria psicología que aprendí en la universidad, no se convirtió en un referente central en mis estudios psicoanalíticos, ya que muy pronto la lectura de Freud y los aportes del psicoanálisis francés, así como los de psicoanalistas exiliados del Cono Sur (argentinos y uruguayos), se convirtieron en el centro de mi interés como miembro del CPM.

En cambio, los aportes de la red de círculos conformados bajo el modelo de iglesias orientales, sin supuesto *primus inter pares*, el tipo de seminarios pluridisciplinares y la preocupación por cuestiones sociales, sí significó una *herencia carusiana* digna de consideración.

Por otra parte, en este texto no se tratará de condenar al nazismo y a su política de exterminación –ya que, a estas alturas, resulta obvio y hasta cómodo hacerlo–, sino se tratará de *entender cuál fue la actuación específica de Igor A. Caruso en esos años y cuáles fueron las circunstancias en que ejerció su práctica en el Spiegelgrund y en el hospital Marie-Theresien-Schlössl.* Y segunda cuestión: *cómo se dio la fundación del Círculo Vienés de Psicología Profunda.* ¿Por qué?, porque, como ya mencioné, constituye uno de los referentes fundacionales del CPM, y porque cuando lo conocimos se presentaba como un psicoanalista imbuido en la perspectiva crítica del marxismo.

El texto está compuesto por varias capas narrativas que, en cierta medida, se pueden diferenciar, pero que no dejan de entretejerse. Aclaro que no pretendo, en lo que voy a citar, la exhaustividad. Se trata de escritos que hacen referencia a investigaciones realizadas en los archivos de la Municipalidad de Viena, a propósito del caso Caruso y del contexto en que ejerció su práctica como psicólogo en los pabellones especializados del hospital Am Spiegelgrund de Viena. Como muestras estarán:

1. El texto de Eveline List, «¿Por qué no en Kischniew?»,[9] complementado por otro de la misma autora, intitulado «Pedagogo/educador en el Spiegelgrund. Sobre la actividad dictaminadora de Igor Caruso»,[10] y por una entrevista que le hice a la doctora List.[11] De igual modo, el texto de Clarisa Rudolph y Gerhard Benetka, *Por supuesto que entonces pasaron muchas cosas. Igor A. Caruso en Am Spiegelgrund.*[12]

2. También las alusiones del propio Caruso sobre este tema, tanto en 1964, en una aclaración escrita en *Der Spiegel*, como en una entrevista aparecida en 1973, en la revista eclesiástica[13] *Kirche bunt*;[14] así como lo expresado en una entrevista de 1979, más completa y autobiográfica, en la cual se explaya al respecto.

3. De igual modo, algunos testimonios de quienes algo sabían sobre este asunto. El testimonio más valioso, hasta ahora, es el del doctor Raúl Páramo, en un correo electrónico enviado al doctor Felipe Flores, el 10 de diciembre de 2012, en el cual afirma haber conocido algunos secretos del propio Caruso sobre el tema que nos ocupa. Asimismo, los testimonios de los doctores Jochen Sauer y Erich Stöller, motivados por la polémica con el texto de Eveline List.

En este punto también hay que considerar tres menciones realizadas por discípulos de Caruso con relación a la estancia de éste, en 1942, en el Spiegelgrund. La primera, de 1959, fue realizada por la colombiana Rosa Tanco Duque, entonces candidata en formación en el Círculo Vienés de Estudios de Psicología Profunda, quien escribió una breve semblanza de la trayectoria de Caruso, que dice: «Psicólogo clínico, Clínica Municipal Am Spiegelgrund (Viena), 1942». Y nada más.

La segunda, de Karl Fallend, aparece en «Los herederos de Caruso. Reflexiones en un debate acalorado».[15] En éste asegura que se quedaron asombrados frente al hecho de que fueron ellos mismos quienes, en 1984, escribieron, en un libro como homenaje a la memoria de Caruso, en su colección Más allá del diván, lo siguiente: «A partir de 1942, psicólogo en el departamento psiquiátrico infantil Spiegelgrund en Viena». Y añade: «Pero sin seguir reflexionándolo».[16]

La tercera cita corresponde a Armando Suárez (1985), quien repite el mismo texto escueto en una minibiografía de Caruso, cuatro años después de su muerte: «Igor desempeña su primera actividad como psicólogo clínico en el departamento psiquiátrico infantil en Spiegelgrund, durante 1942». A ninguno de los tres mencionados se les ocurrió preguntarse cuál fue la actividad específica de Caruso en ese hospital. Esta alusión que insiste, pero que nunca es cuestionada, constituye –como ya señalé– un homenaje involuntario a *La carta robada* de Edgar A. Poe, y a la presencia de un impensado.

4. Asimismo, algunas reacciones a los textos de Eveline List, Benetka y Rudoph, las cuales, ante la posibilidad de que las denuncias tuvieran sustento, utilizan argumentos que se pretenden

psicoanalíticos, objeciones sociológicas y metodológicas, o simples adjetivaciones. Digamos que se trata de una de las formas en que algunos psicoanalistas reaccionan a las averiguaciones y revelaciones de corte histórico-ético. Y se puede adelantar que, cuando menos en este caso, no tienen ninguna ventaja sobre cualquier mortal, sino que incluso en varias reacciones se puede detectar un uso de las herramientas psicoanalíticas como filtros y barreras para no tener que enfrentarse a lo que surgió *sin pedir permiso*.[17]

5. Lo que circula en Wikipedia.

6. Una entrevista a Alexandra Caruso, hija de Igor, acerca de algunos aspectos relevantes de la azarosa vida de su padre; lo que ella sabía respecto al hospital Am Spiegelgrund y de los años finales en Salzburgo.[18] Sin embargo, en este punto conviene hacer una aclaración. Alexandra, en los inicios de mayo de 2014, me escribió un correo pidiendo que eliminara dicha entrevista de mi texto. ¿Por qué? Porque consideró que cuando la realicé no fui suficientemente explícito respecto a la importancia que le daba al asunto del Am Spiegelgrund, en relación con el proceder de su padre.

Como justificación, sostengo lo siguiente: con la colega Alexandra de la Garza iniciamos, desde mediados de 2011, un proyecto para recuperar, a partir de entrevistas filmadas, las memorias de algunos de los integrantes del CPM, así como de diferentes colegas que formaron parte de esa institución. Esto, en el marco de los 40 años del CPM (2014) y, además, para construir un archivo destinado a futuros trabajos sobre un fragmento de la historia del psicoanálisis en México. Fue en el camino que nos sorprendió, literalmente, el asunto del Am Spiegelgrund.

Cuando le pedí la entrevista a Alexandra Caruso, le expliqué sobre la recuperación de la memoria que estábamos realizando y lo útil que nos sería acceder a la mayor cantidad de información acerca de su padre, de quien ignorábamos muchos datos. Ciertamente, no puse el mayor énfasis en el asunto del hospital. Cuando ella me interrogó, ya en Viena, sobre qué quería saber sobre su padre, le respondí que todo lo que quisiera aportar. Y la entrevista corrió desde el nacimiento de Caruso. Cuando llegamos al periodo de Viena, me preguntó si sabía algo al respecto, le respondí que sí, pero que lo que más me interesaba era saber su versión del asunto. Me la dio. Luego, seguimos con la narración de los años posteriores en Viena, Brasil y Salzburgo, hasta llegar a la muerte de su padre.

Es decir, si bien el interés por el asunto del Spiegelgrund era importante, no me guiaba únicamente por éste. Quería tener la posibilidad de recrear el contexto contradictorio y azaroso en el que se desarrollo la vida de Caruso. Ella, al parecer, en la página web del CPM vio mi presentación pública sobre el caso Caruso, expuesta el 31 de enero de 2014, pero no la apreció. Como considero que está en todo su derecho de retirar lo que me dijo –por cierto, con notable honestidad y apertura–, lo retiro.

Efectivamente, al dejarles la palabra a los otros, una parte muy valiosa de la información se pierde. No obstante, supongo que como ella estaba investigando al respecto, probablemente escriba algo y publique, y entonces podremos hacer las puntualizaciones necesarias. Espero que sea el caso.

7. Mi propio texto, que pretende entretejer todo lo anterior y expresar mi posición al respecto; texto al que hay que agregarle los epígrafes que van aludiendo a diferentes perspectivas de lo que intento analizar y que pretendo que no queden como *adorno*.

Última aclaración. Cuando aludo a *silencios encriptados*, reitero que no se trató de algo que verdaderamente habitaba en una cripta protegido de las miradas –o en *sufrimiento*, o en espera (Derrida)–, sino que estaba a la vista de quien simplemente decidiera interrogarlos. Es por eso que aludí a *La carta robada* de Edgar Allan Poe. Y esa fue Cynthia del Castillo, en la fecha señalada. Poco más de un año después, Del Castillo escribió un texto en el cual se pregunta: «¿Por qué hasta ahora [se hizo presente esta información]? ¿Por qué, asimismo, nuevamente hay una demora de más de un año para procesar un *trago* que ciertamente tiene su nota de amargura?».[19]

Aparentemente, existe un tiempo canónico para reaccionar, y si no se está bajo sospecha: ¿cuál sería el lapso correcto para reaccionar? ¿El del periodismo que vende verosimilitud cuando pretende dar la primera nota sobre un asunto, lo más rápidamente posible? Del Castillo, al parecer, pronto captó lo esencial de la información que fundamentalmente extrajo de Wikipedia en inglés, de una nota de *El País* sobre H. Gross, del artículo ya citado de Fallend («Los herederos de Caruso»), y de una entrevista al propio Caruso, de abril de 1979, según consta en la bibliografía que cita.

No obstante, el *retraso* no fue para mantener el silencio un poco más, sino para corroborar que la información fuera lo más precisa y contundente cuando saliera y se desprendieran interrogaciones y posibles consecuencias. En el caso del CPM, la recepción de las primeras investigaciones fue rápidamente acogida y, hasta donde puedo garantizar, se intentó recabar todo el material, para después hacerlo público. Reitero, no se intentó ocultarlo, sino estar lo mejor informados, por lo delicado del tema y por el tipo de implicaciones y responsabilidades que se derivaban de éste.

En todo caso, no hay que creer que, por el tiempo que lleva toda investigación, en la recolección de datos y en la elaboración de éstos, así como en la elaboración subjetiva para asimilarlos, y más aún si estás implicado, existe la intención de silenciar los hechos. Al menos que exista una escala que diga cuál debería ser el tiempo de reacción correcto para publicar un tema, se podría asegurar que uno está cayendo en flagrante delito de silencio. Es probable que la colega Del Castillo sí la tenga, y por eso puede afirmar lo que dije anteriormente. Si fuera el caso, sería de enorme utilidad que lo hiciera público lo *más rápido posible.*[20] Los lectores podrán sacar conclusiones de las dos lecturas.

Mientras tanto, todo el honor a quien no sólo hizo público el hecho, sino que incluso escribió en nuestro medio el segundo texto relacionado con el tema. El primero fue de Rodolfo Álvarez del Castillo.[21] Este último, por cierto, reunió el mayor número de textos en una página web del caso Caruso, y generosamente los puso a disposición de quien quisiera investigarlos.

En una línea que está parcialmente relacionada con la interpretación de los tiempos para reaccionar de Cynthia del Castillo, y en parte difiere porque introduce otros planteamientos, los doctores Carlos Fernández Gaos y Alejandro Salamonivitz dejaron a la consideración pública –en un programa de radio, de mayo de 2014– sus argumentos y reacciones sobre el caso Caruso.[22] Entonces, tenemos dos tipos de respuestas que van desde el intento de establecer una barrera protectora en el asunto Caruso, hasta abrir la información y hacerla circular, con todos los matices intermedios.

Mi investigación se inscribe en la historia del tiempo presente y, por lo tanto, en las dificultades que surgen cuando se escribe acerca de *acontecimientos al límite* –según los denomina Dominick La Capra–, como el caso del denominado Holocausto. Acontecimientos que implican a las propias identificaciones del historiador y lo llevan, como señala Paul Ricoeur, no sólo a confrontarse y arbitrar puntos de vista diferentes, sino a «administrar investimentos afectivos heterogéneos y situaciones transferenciales diversas», las cuales terminan por confirmar:

> [...] la posición híbrida del historiador delante de tales acontecimientos, en los cuales la potencia traumatizante no se ha agotado; él habla a la tercera persona acerca de los protagonistas en tanto que [...] profesional, y a la primera persona en tanto que intelectual crítico. Esta situación resta como insuperable en tanto que la historia en cuestión no haya reencontrado la historia que sólo tiene relaciones con los muertos de otras épocas.[23]

Precisamente, como se trata de un texto acerca de la historia del tiempo presente no queda sino hacer nuestra la propuesta de George Orwell cuando, al final de *Homenaje a Cataluña*, sostiene:

> Creo que en estos temas nadie es ni puede ser totalmente imparcial: es difícil estar seguro de nada, salvo lo que se ha visto en persona, y consciente o inconscientemente todo el mundo escribe desde una posición. Por si no lo he dicho ya en páginas anteriores, lo diré ahora. Tenga cuidado el lector con mi partidismo, con mis detalles erróneos y con la inevitable distorsión

que nace del hecho de haber presenciado los acontecimientos desde un lado.[24]

Y si ni siquiera se presenciaron los acontecimientos, sino, a lo más, algunas de las reacciones a éstos –propias y ajenas–, la situación no deja de complicarse. Se trata de una investigación de la cual –como ya mencioné– no se tenía memoria en el CPM; por lo tanto, espero que dicha memoria quede, después de esto, *instruida por la historia* (Ricoeur).

I. La cuestión del contexto en historia

> [...] para mentir con propiedad, hay que saber la verdad.
>
> ELISEO ALBERTO[1]

Para enfrentar dicho asunto se debería no simplificar el contexto de la época en el cual el régimen totalitario nazi produjo lo que el poeta Antonio Gamoneda denomina *una normalidad terrible*,[2] que trató de colocar a los ciudadanos que radicalmente no estuvieran de acuerdo con éste en la tesitura de convertirse en héroes para preservar su dignidad, o ser sometidos a condiciones muy difíciles de sobrellevar.

Sin embargo, para aquellos ciudadanos que disentían del régimen, pero no estaban dispuestos a enfrentarlo frontalmente, al parecer existían posibilidades de disidencia sin arriesgar la vida, o cuando menos abstenerse en determinadas acciones. ¿Esta última posibilidad toca de alguna manera a Igor Caruso, suponiendo que la información respecto a las acciones de éste estuviera sustentada y que él hubiera estado en contra del régimen?

Creo que para enfrentar este delicado y complejo asunto debería(mos) procurar evitar en lo posible la *militancia retrospectiva*, así como la buena conciencia que se puede desprender de ella,[3] sin quedar tampoco paralizados para tratar de averiguar qué ocurrió, por la posibilidad de caer en ella. Y, a su vez, tratando de tener presente lo que Marco Revelli denomina *el uso escandalizante de la historia*, la cual, entre otros usos, implica:

> El desmembramiento del tiempo y los eventos. La organización del pasado es descompuesta y reducida a *datos* particulares susceptibles de consumos por parte de un público voraz pero distraído. [...] Todo desaparece: espesor de la sociedad, relevancia de las mentalidades y culturas.
>
> [...] El segundo carácter distintivo del uso escandalizante de la historia es la abolición de la diferencia entre pasado y presente. En sustancia, la presentización absoluta de cualquier evento: su reproposición «como si sucediera ahora».
>
> [Tercero] Cuanto más un documento es *secreto*, más aumenta su potencial *escandalizante* [Y...] muestra una extraordinaria afinidad y complicidad con la visión policiaca de la historia.[4]

Este tipo de casos, como el que abordaremos,[5] nos coloca, por si hiciera falta, frente a las intrincadas relaciones que se dan entre la moral, la memoria y la historia, cuya *confusión*, como bien señala Jacques Julliard, no deja de darse al menor descuido. Hay que tener claro que «la historia no es moral, [y que] la proyección de las normas éticas del presente sobre los acontecimientos pasados es un no sentido histórico, una regresión intelectual».[6]

Sin embargo, Julliard añade que «en lugar de tratar de extraer de la historia una lección moral, es más elocuente tratar de dar cuenta del modo más preciso posible lo que ocurrió, confiando sin más en la *ejemplaridad de la verdad*». Aunque no necesariamente se trata de extraer una lección moral, en muchas situaciones es inevitable. Si bien la historia no tiene la lógica del tribunal, menos aún se trata de instrumentalizar la historia en función de las políticas del presente. No obstante, al hacer historia, cuidándose de no utilizarla justicieramente, se «corre el peligro de convertir[la] en justificadora»[7], tal como pertinentemente señala Claudio Magris, cuando se pregunta si:

> ¿Es verdaderamente imposible tildar de injustas las leyes de Nuremberg,[8] aun habiendo nacido en un clima tan distinto al de hoy, *habida cuenta de que en aquella época otras personas las combatieron?*

> [...] Meterse de lleno en la época en la que han tenido lugar los hechos y las fechorías significa reconstruir las posibilidades concretas que en aquella época y en aquel contexto, se les presentaban a los individuos. [...] Sólo de ese modo se pueden entender cuáles eran los espacios concretos que se ofrecían a la libertad humana.[9]

Asumir esta perspectiva implica –como señala R. Aron– *desfatalizar* la historia, en el sentido apuntado por Magris; es decir, reabrir las opciones que habrían podido ser las de los individuos de otras épocas.

Para dedicarse al caso de Igor A. Caruso y al tipo de perspectiva que se intentará sostener, me parece muy adecuada la cita que el propio Caruso retoma de Alexander Mitscherlich, cuando alude a la época del nacionalsocialismo, la cual, me imagino, constituía para él una manera de encarar lo sucedido *post factum*.

> Reparación de la culpa no puede ser otra que enfrentar *la verdad*; admitir lo que se ha sido, sin regateo; reconocer su propia responsabilidad, así haya sido una «inocente» adaptación, una simple participación en las consignas o la esperanza de lograr los fines prometidos; se trata de reconocer su responsabilidad justamente allí donde parecía ser éticamente justificada, en la fidelidad al deber o en la obediencia a las órdenes. Éstos son, en efecto, formidables medios para domesticar nuestra agresividad. Pero estos medios se transforman imperceptiblemente en alienación, en goce conformista de pulsiones extrañas al yo y a la civilización, en una moral codificada del crimen, en un entrenamiento del asesinato automático. Tales son las paradojas reales de nuestro estilo de asumir la socialización.[10]

Hay actos y culpas que desgraciadamente no se pueden reparar. Cuando menos desde una perspectiva no cristiana, que es la mía. Pero tratar de dar cuenta de los tipos de implicación y complicidad que se ejercen desde la *inocente adaptación* a una moral *edificada en el crimen* hasta la *fidelidad al deber*, que parecía *éticamente justificado*, y asumir las responsabilidades es muy exigente para aquellos que se vieron inmersos, sin haberlo elegido, en ese criminal periodo. E implica, además, una alta dosis de lucidez analítica de su parte para tener la capacidad de dar cuenta de la situación contextual y de las disyuntivas éticas que se les plantearon, asumieron o desecharon en su momento. Y esto último vale también para quien intenta saber algo de esa época.

Para alguien que es psicoanalista las exigencias aumentan, pues trabaja precisamente en la zona en donde los dolores, las violencias, los silencios extorsionados, los secretos, los miedos, las cobardías, las vergüenzas y las debilidades propias y ajenas, se hacen carne, además de la represión, la denegación (o desmentida) y la negación. Y si para no dejar de añadir exigencias se proclama marxista no declarativo, sería inútil decir la carga súper yoica que implica para quien eso sostiene. Pues bien, todo eso se le puede decir a Igor Caruso, y más aún cuando al aludir al texto de Mitscherlich parece tenerlo como referente ético.

Ahora bien, intentar eliminar totalmente el bello rol de ejercer la lucidez en una historia *ya terminada* hasta cierto punto, no creo que sea posible. Y hablo de hasta cierto punto, porque basta ver las reacciones que suscita el tema en Austria y ahora en México, en el restringido medio en donde nos movemos, para caer en la cuenta de que se trata de una historia que no termina de pasar.

II. Una mirada psicoanalítica para enfrentar historias con vocación traumática

> El acontecimiento no es por definición reductible a su efectuación, en la medida en la que está abierto a un devenir indefinido, por el cual su sentido se va a metamorfosear al filo del tiempo. Contrariamente a eso que se podría pensar, el acontecimiento no queda definitivamente clasificado en los archivos del pasado; puede retornar como espectro, habitar la escena del presente e hipotecar el porvenir, suscitar angustia, temor o esperanza, en el caso de un acontecimiento feliz.[1]
>
> FRANCOIS DOSSE

A los cuidados necesarios para enfrentar históricamente un asunto de esta envergadura, hay que añadir, todavía, aquellos emanados de *una de las perspectivas del psicoanálisis*, que en el caso que nos ocupa no dejan de ser dignos de consideración. Esto ya que constituye una advertencia para aquellos que se atrevan a *cruzar la línea* a fin de tratar de investigar la consistencia de ciertos hechos históricos que tocan a un personaje considerado valioso y respetable.

Advertencia con consecuencia, como en el caso del artículo de la historiadora y psicoanalista austriaca Eveline List. Dicha autora, al trabajar con archivos y entrevistas, desató en buena medida la polémica en torno al caso Caruso. Veamos algunas de las críticas que se le han hecho, y que eventualmente se nos podrían hacer a quienes tratemos de saber lo ocurrido.

Forzando mucho la situación, se podría decir que el consejo que Mallarmé le dio a Manet respecto a la manera de pintar

–«no pintes el objeto en sí, sino el efecto que produce», lo cual produjo realmente una novedad en la pintura moderna–,[2] se podría aplicar al tema Caruso, sin producir algo sustantivo para el conocimiento. Me explico: parecería que, en cierta forma de abordar a Caruso, se intenta evitar al máximo hablar de lo que ocurrió para *enfocar las baterías* tanto en las *sospechosas* razones que impelen a investigarlo como a los efectos que se producen en algunos psicoanalistas, una vez que salen a la luz los datos de las investigaciones. Veamos algunos ejemplos.

1. El psicoanalista austriaco Johannes Reichmayr pretende invalidar la investigación de su colega List en un corto texto, titulado «¡Furor es error! Carta al lector respecto al artículo de Eveline List sobre Igor A. Caruso». En él señala que, en el otoño-invierno de 2007, no solamente tuvo la oportunidad de platicar en tres entrevistas con su colega acerca de su experiencia con Caruso, sino de ser testigo de su trabajo como investigadora histórica y del tipo de elaboración e interpretación que hizo de su material. Reichmayr afirma que fue colaborador de Caruso en diferentes funciones:

> En la Universidad de Salzburgo en los años de 1974 a 1981, y disfruté no sólo de su generosidad, amabilidad y amistad, también compartimos, en relación con ser jóvenes e ir envejeciendo, contradicciones, conflictos, algunas pérdidas y fracasos que acompañaron la vida política, cultural, académica y privada.

Dicho esto, pasa a describir su impresión de lo escrito por la doctora List en los siguientes términos:

> Me di cuenta de que en principio su actitud era sistemáticamente negativa con respecto a su objeto de investigación, que parecía asociada con disgusto, depreciación y odios que yo no podía compartir. Todo investigador de las ciencias sociales sabe que ninguna investigación se puede hacer con transferencias negativas masivas, más bien con eso se *destruye* y elimina el objeto de investigación (George Devereux). Tanto más grande es la sorpresa de encontrar esta actitud en una historiadora y psicoanalista, cuando

en trabajos anteriores sobre la historia del psicoanálisis ha explorado temas interesantes. ¡Furor es error!

Añade que le extrañó el escaso número de testigos que escogió la autora y que no incluyera entrevistas con familiares y amigos de Caruso, y se pregunta si esto fue debido a un plazo para entregar el artículo, o para deshacerse de molestas interferencias. Añade que le pidió su texto para leerlo y que, después de ello, le ordenó que su nombre no apareciera porque no se sintió reconocido en él. Y, sin embargo, su petición no fue atendida.

> Uno de los principios de construcción del artículo incluye el esfuerzo de la leyenda de que el trabajo de Caruso en la clínica Spiegelgrund hubiera sido un misterio. De esta manera, la autora se estiliza como gran descubridora, aunque sabía de varias fuentes que Caruso ha hablado y escrito sobre su trabajo en Spiegelgrund. En Salzburgo circuló, en 1964, una carta al lector en la revista *Der Spiegel*, en la que Caruso habló de su trabajo diario en Spiegelgrund.

Asimismo, Reychmar reprocha a List no haber citado un artículo que él escribió en 1984, titulado «El psicoanálisis en la pequeña ciudad»[3]. Además, tiene la impresión de que desde el inicio ya está fijada la posición de la autora, por su *afectividad negativa* al objeto de estudio. Concluye así esta parte de su crítica:

> Eveline List se hace la abogada de las víctimas, los niños asesinados y se crea, a partir de esta posición, como una nueva víctima. Como hace 30 años funcionó por esta razón, la perspectiva de las víctimas en primer lugar contra el mecanismo de represión cumplido dentro del psicoanálisis de posguerra alemana era un enfoque adecuado. Hoy en día la discusión es cada vez más diferenciada y preguntas como, en ese momento podrían haber sido [...] evaluadas estas opiniones, qué valor tenía para ellos el asesinato de los niños [...] no son provistas por la autora.

Una vez *ajustadas las cuentas* acerca del tipo de subjetividad de la autora, según sus inferencias *psicoanalíticas* y de lo que él considera una manera deficiente en la construcción del artículo, opina sobre el contexto en el que fue publicado, en el número 1-2 de 2008, de la revista de teoría y práctica psicoanalítica *Zeitschrift für Psychoanalytisches Theorie und Praxis*.

> En la que metafóricamente se utilizó o, mejor dicho, se mal usó Spiegelgrund como título del cuaderno, tenía que aparecer como foro común justo a tiempo para la boda del Wiener Arbeitkries für Psychanalyse (Grupo de Trabajo para el Psicoanálisis de Viena), con la Sociedad Psicoanalítica de Viena, y la apertura de la recién fundada Academia de Psicoanálisis. Una buena razón para celebrar [...] y la nueva casa tenía que ser limpiada desde cero. También, el 100 aniversario de la fundación de la Sociedad Psicoanalítica de Viena cayó en la temporada festiva [...] al mismo tiempo que se celebró la asamblea de la Federación Europea del Psicoanálisis, con el tema «La sombra de la herencia».
>
> No [se] puede escapar a la impresión de que el Grupo de Trabajo para el Psicoanálisis sólo puede conducirse *desnazificado* y con un nuevo socio para poder encontrar un lugar igual a las salas sagradas imaginadas del grupo IPA. Ahora había una oportunidad para exponer la maldad del papá fundador del grupo que trabajo como asesino de niños y tratar al autor con la fuerza necesaria de los rituales de limpieza autoimpuesta y sacrificios.[4]

Resumamos: para Reichmayr, al parecer, no hay ningún elemento rescatable en el texto de su colega List. Sea porque está incapacitada psicológicamente, dada su transferencia negativa con el objeto de su investigación, y poseída de tal furor que sólo lo puede destruir. Sea porque no eligió una muestra suficiente de testimonios, o porque falló a la ética de la investigación al no respetar una petición de su crítico, o al situarse como juez, dada su afectividad negativa, y además tratar de colocarse *a rajatabla* como la descubridora de un suceso que el propio cuestionado (Caruso) ya había explicitado muchos años antes.

O incluso porque se aprovechó de la coyuntura de la *boda* entre el grupo de trabajo cofundado por Caruso y la representante de la IPA en Austria para publicar un texto que tenía la ventaja de *desnazificar* al Grupo de Trabajo, nazificando a su fundador, ofreciéndoselos en bandeja como cadáver simbólico y marcado como asesino de niños. En este último caso, la coyuntura de la publicación parece invalidar los datos del archivo de la Municipalidad de Viena, que la cuestionada sacó a la luz.

Esta argumentación, aparentemente exenta de furor, a primera vista, pareciera apabullante, y si uno la acepta tal cual, ni siquiera valdría la pena acercarse al texto de la supuesta *furibunda*. Pero, como desafortunadamente hay niños asesinados de por medio, y no ciertamente por furibundas transferencias negativas,[5] el asunto merece atención.

Planteo mis interrogaciones a la crítica del doctor Reichmayr: 1, ¿se puede reducir el trabajo de investigación historiográfica a *transferencias negativas masivas* y al *furor* que ciega, sin citar los argumentos del supuesto transferenciado?; 2, ¿se puede prescindir del trabajo de la doctora List porque supuestamente pretende juzgar a la víctima, defendiendo a las víctimas?,[6] ¿y porque además, no se pregunta sobre cuáles eran las opiniones que se tenía en aquella época respecto al asesinato de los niños? ¿Acaso había una sola? ¿En realidad prescinde de citar la visión dominante al respecto?; 3, ¿el hecho de la coyuntura contextual de la publicación que tiene que ver con la aludida *boda*, y con una supuesta recreación de *Tótem y Tabú*, invalidaría sin más lo que la investigación sostiene?

Creo que ninguna de estas tres objeciones, como veremos más adelante, alcanza a neutralizar lo que la doctora List sostiene en su texto; tampoco el hecho de que haya faltado a su palabra respecto a no citar el nombre del doctor Reichmayr, cuando este se lo pidió. Sin duda, se trata de una falta ética[7] pero que no toca los argumentos centrales de su artículo. Tampoco invalida su argumento la objeción sobre descubrir lo que no estaba oculto, al no citar lo que Caruso escribió en *Der Spiegel*, en 1964. Ello porque, como se verá a continuación, *la cuestión no es si este último aludió a su trabajo en 1942, sino en qué términos lo hizo.*

En fin, en la medida en que no detecto a *flor de texto* tal furor invalidante, y que puedo leerlo desde otra situación contextual que ciertamente no implica ni bodas, ni supuestos deseos de *asesinar al padre,*[8] ni algunos otros. El catecismo de Ripalda psicoanalítico que confunde, en las instituciones, a fundadores y fundaciones con padres y familias, no lo comparto[9] Tampoco comparto la afirmación que el furor lleva necesariamente al error. Hay indignaciones que regladas por una paciente investigación pueden llevar a frutos críticos interesantes.

2. *Karl Fallend.* El psicoanalista regiomontano Rodolfo Álvarez del Castillo le escribió a su colega Karl Fallend, del Círculo de Viena (Wienner Arbaeitkriss für Psychoanalyse), acerca del Spiegelgrund affaire, preguntándole cuál era la posición del Grupo de Trabajo. El doctor Fallend, el 26 de octubre de 2012, contestó lo siguiente:

> No hay una posición única. Un grupo (que depende en gran medida de la relación con Igor Caruso) niega la investigación histórica, la denominan *bashing* (¿falacia, difamación, hostigamiento?)[10] de Caruso; otros están confundidos; algunos contentos de que el rumor ya cuenta con pruebas, y otros más no serían infelices si pueden cortar las raíces históricas y cambiar la novela familiar [o más bien institucional].
>
> Todo está revuelto ahora con la nueva oportunidad de volverse miembros de la IPA, y revuelto además con la nueva situación en la cual la WPV y WAK comparten las mismas instalaciones. En el primer distrito de Viena. En una pared puedes ver un (orgulloso) dibujo de la WPV, un árbol familiar psicoanalítico que comienza con Sigmund Freud. Pero ¿en dónde comienza el árbol familiar de la WAK? ¿En NS?[11]

Como se podrá apreciar, en Viena no existe una posición única al respecto.

3. El Dr. Rodolfo Álvarez se hace eco de algunas de las posiciones de Reichmayr, cuando cuestiona la afirmación de la doctora List respecto a un:

> [...] supuesto silencio cómplice de Caruso acerca de su participación en los eventos de asesinatos de niños durante el nazismo en la clínica Spiegelgrund, resultado de la aplicación de las políticas de *eutanasia* del régimen nazi –encuadradas bajo el programa denominado «Aktion T4»– y que lo implican en la medida que coinciden con su estadía de ocho meses como psicólogo en dicha clínica, en 1942. Lo anterior pese a que Caruso había declarado públicamente su participación en el Spiegelgrund en varias ocasiones, antes de la transmisión de la entrevista radial, por ejemplo, en la revista *Der Spiegel*, en 1964, o en el trabajo de Rosa Tanco Duque, «El Círculo Vienés de Psicología Profunda» en la *Revista Colombiana de Psicología Profunda*, vol. 4, No. 2, de 1959. Una aparente indiferencia de parte de la comunidad analítica austriaca con relación al pasado nazi de algunos de sus miembros importantes, a decir de Eveline List, termina por provocar su investigación.[12]

Al enfatizar el supuesto silencio cómplice de Caruso, reforzándolo con el argumento adelantado también por Reichmayr acerca de la coyuntura de aparición del texto –que implicaba, según él, la desnazificación del Círculo de Viena y la nazificación de Caruso para poder entrar a la IPA–, y concluir con el supuesto carácter tendencioso y judicial del artículo de List, el doctor Álvarez evita citar el tema central del trabajo de investigación de la historiadora cuestionada.

Álvarez del Castillo termina así:

> Así pues, el tono del debate fue siempre apasionado, desarrollado más en un afán descalificatorio de los participantes que de esclarecimiento de la historia. Posiblemente, un exceso de implicación marcó las posiciones y cimbró el piso de las instituciones analíticas en Austria. Algunos ecos llegan ahora a nuestras tierras.[13]

Esto plantea otro problema: ¿quién y bajo qué parámetros decide el *grado pertinente de pasión* puesta en juego, a fin de no ser descalificado por *exceso de implicación*? O de *transferencias negativas*, como ya señalé con anterioridad. ¡Precisamente, en un tema en donde la implicación de Caruso en el Spiegelgrund está en juego! Por otra parte, al hacer suyas las propuestas de Reichmayr asume una de las posiciones en juego. ¿Se trata acaso de un *eco* desapasionado?

Me parece, una vez más, que la cuestión no pasa por la pasión, sino por los argumentos que se construyen alrededor de unos hechos, en los que los asesinatos no sólo son cuestión de *bodas*, coyunturas actuales, pasiones totémicas, o ecos lejanos o cercanos. Tampoco se trata de reducir todo a *querer otorgarse un porvenir legítimo, investigando un pasado con esa carga así de mortífera.* Ello debido a que, de nueva cuenta, al poner este tipo de argumentos por delante, parece intentarse más bien evitar la investigación de qué ocurrió, independientemente de coyunturas, de corto o mediano plazo, o pasiones impertinentes.

Sin embargo, el texto termina proponiendo una serie de interrogaciones interesantes para ser trabajadas. Veamos algunas:

> Quedan pendientes la revisión de los argumentos y los elementos utilizados en los desarrollos de los postulados. Una reescritura de la historia del psicoanálisis en Austria de posguerra, el papel jugado por Caruso en Spiegelgrund en los ocho meses de trabajo hasta su despido por las autoridades, el manejo de la información concerniente al quehacer de los analistas en tiempos del Tercer Reich en Austria, la actitud tibia y de negación ante los indicios de las implicaciones con el pasado de Caruso, son temas que demandan un análisis profundo.[14]

4. *Rosa Tanco Duque y Arturo Fernandez Cerdeño.* Por otra parte, es importante señalar que el hecho de que la doctora Rosa Tanco aluda, ya en 1959, a la participación de Caruso en el Spiegelgrund, en lugar de facilitar las cosas, introduce una cuestión digna de investigación, pues desgraciadamente no tengo elementos contundentes que me permitan saber cómo

circulaba la información en ese tiempo, dentro del Círculo de Viena en relación al Spiegelgrund. Participación que por supuesto no se reduce a dar cuenta telegráficamente de que ahí trabajó Caruso en 1942, sino a *cuál fue específicamente su actividad y qué posibles consecuencias tuvo.* Digamos que decir que trabajó en el Spiegelgrund, sin especificar de qué manera, produce un efecto parecido al que se describe en *La carta robada* de Edgar A. Poe: el de una invisibilidad por exceso de visibilidad.

No obstante, hay dos testimonios dignos de consideración: uno es el del doctor Arturo Fernández Cerdeño, quien llegó a Viena en 1960 para formarse y analizarse con Caruso, y en esos dos años y coincidió con la doctora Tanco, Armando Suárez y Raúl Páramo. Posteriormente, se fue a estudiar con Schultz Hencke. A una pregunta expresa acerca de qué se hablaba en ese tiempo, entre los candidatos, sobre el régimen nazi, Fernández respondió:

> Caruso no atacaba a nadie y conciliaba con todos. Especialmente, tenía una gran relación con el grupo de Schultz Hencke [Lo del nazismo] era tan reciente: Al llegar me tocó ver en la segunda sección de Viena todos los balazos. En la residencia [a la] que llegué estaban los húngaros que habían salido de Hungría con la llegada de los comunistas.
>
> Fernando M. González (FMG): ¿Qué se opinaba sobre el nacionalsocialismo?
>
> Arturo Fernandez Cerdeño (AFC): Se hablaba bien. No había nada en contra. El problema eran los comunistas: Mi supervisora [en Berlín] fue analista en Berlín Oriental y nos contaba que tuvo un paciente que en seis meses no habló. Era miembro de la *Stasi.* Tenía que rendir informes de todo. *El nazismo había sido* pecata minuta *frente a los comunistas.* Nadie sabía qué pasaba con los judíos. No tenían idea de los campos de concentración.
>
> Schultz Hencke se queda en Alemania a cargo del Instituto de Berlín cuando Jones está de acuerdo en sacar a todos los judíos.

Se queda en el Instituto de Berlín y desarrolla una teoría del carácter y las enfermedades psicosomáticas muy interesante porque construye un modelo estructural.[15]

Ningún comentario respecto a la otra práctica de exterminación nazi, la del plan T4. De la cual, cuando menos en Viena, las actividades llevadas a cabo en el Spiegelgrund no fueron del todo ignoradas. Sobre todo si tomamos *a la letra* las palabras del propio Caruso cuando, en la entrevista de abril de 1979, afirma que «se sabía todo». Para A. Fernández, el punto conflictivo, por aquellos años, tanto en Viena como en Berlín, parece ser el comunismo. Por otra parte, describe a un Caruso muy complaciente con los diferentes grupos psicoanalíticos.

Posteriormente, le pregunté si durante su formación se hablaba de lo que significó el Spiegelgrund en los años de la guerra, y me respondió de manera más que sucinta: «nada». Y al remarcarle la escueta cita de la doctora Tanco, en alusión directa a la estancia de Caruso en dicho hospital, volvió a responder que «no se hablaba nada al respecto».[16]

El otro testimonio es el del doctor Raúl Páramo, quien a pesar de que había dado por «cerrado» el caso, después de haberle dedicado como mínimo un año a investigarlo, aceptó amablemente responder a dos preguntas que le hice: 1, ¿qué se hablaba respecto al nazismo en el Círculo Vienés?; y 2, ¿se supo desde esa época la actividad concreta de Caruso en el Spiegelgrund? La respuesta, enviada por correo el 31 de julio de 2013, fue:

> En agosto de 1960, llegué a la Universidad de Wurzburg, recomendado por Caruso. Ocho o nueve meses después, pasé a Viena, hasta finales de 1963. Mi diploma de miembro ordinario es de agosto de 1964.
>
> [...] Ni en el Wiener Arbaitskreis ni en la Universidad Nervenklinik se hablaba sobre nazismo, como ahora en grupos psicoanalíticos no se habla de todo lo que está ocurriendo en el país. Toda comparación no debe confundirse, ni cuantitativa ni cualitativamente.

> [En cuanto a la segunda pregunta] Caruso, en diversas ocasiones públicas y privadas conmigo, habló de la estadía en el Spiegelgrund. Lo mismo habló de von Gebsatell y de Aichhorn.[17]

En el primer punto hay coincidencia entre las apreciaciones de los dos testigos, que coexistieron en su formación psicoanalítica en Viena, a inicios de la década de los sesenta. En cuanto a la segunda cuestión, como ya señalé, habría que saber en qué términos Caruso abordó la cuestión del Spiegelgrund. Por lo pronto, la respuesta del doctor Páramo no precisa en qué momento comenzó a saberlo. En el punto 6 de este apartado, citaré los aportes del doctor Páramo, que abundan y contribuyen con datos muy valiosos respecto a lo que Caruso le confió en las pláticas privadas que tuvieron ambos, con relación a su estadía en el Spiegelgrund.[18]

5. *El Testimonio de Christian Schacht.* Para abundar en la cuestión, conviene citar el texto del dr. Schacht, titulado «Sobre afirmaciones y omisiones unilaterales». En él, Schacht pretende tematizar y analizar las *emociones propias*, despertadas por el debate sobre la implicación de Caruso en la cuestión del asesinato de niños. Introduce el tema aludiendo que, en febrero de 2008, recibió un correo electrónico enviado por un colega, en el cual le decía que intentaría impedir una emisión anunciada, para el 11 de febrero de 2008, respecto a Caruso, ya que suponía que lo pondría al nivel del doctor Heinrich Gross, acusado de crímenes directos de niños.[19]

El colega añadía que el daño ya no podría repararse, aunque se lograran rebatir las acusaciones. Ni tampoco sería suficiente que se corrigiera la página web de los círculos que «presentan a Caruso como su fundador. Lo único que quedaría, entonces, sería la autodisolución de las asociaciones fundadas por Igor, sea como sea que luego intenten justificarse para su refundación». Y remataba diciendo: «se me retuercen las tripas».

El resultado, efectivamente, la omisión del programa. Schacht asegura que a él le irritaba una especie de *reflejo protector de Caruso*, antes de que terminara de conocerse la información. «Aquel que “amenazaba” la imagen, se le atribuía simple y llanamente una motivación turbia o inmadura». Y añade:

> El patrón de esas expresiones [...] Me parece una caricatura de la postura psicoanalítica: mantener lo más ocultas posibles las emociones propias y, en cambio, basar dichas afirmaciones en los supuestos motivos «verdaderos» y ocultos de los otros.[20]

Como se puede apreciar más específicamente, esta manera de utilizar las *motivaciones de los otros* como arma de descalificación es fácilmente revirable. Schacht continúa diciendo que fue hasta abril de 1979, gracias a la entrevista radiofónica que le hicieron a Caruso, que se enteró de la actividad de éste en el Spiegelgrund; pero que obviamente no tuvo una idea concreta de su actividad, «de los dictámenes y sus consecuencias».

Al desconcierto causado se sumó otro tipo de informaciones emitidas por colegas de toda su confianza, quienes afirmaban que Caruso había tenido, o tenía, relaciones amorosas con pacientes femeninas.[21] Así como recibió esos dichos, otros los rechazaban con la misma *seriedad*. «Si las propias afectadas callaban, sólo se podía hablar de ello –si acaso– bajo juramento, sin que de hecho se aclarara nada». Su problema consistió en tratar de enfrentar estas informaciones de manera responsable, *obsesionado* como estaba por las palabras de su colega Walter Parth, quien, en 1998, sostuvo lo siguiente:

> (...) nada más de pensar que el fundador de nuestra asociación pudiera haber contribuido, así fuese tan sólo de algún modo, a la matanza de niños, me sobrevienen un estremecimiento de horror, un vacío y una desilusión deprimentes, un sentimiento de culpa y vergüenza.[22]

El punto neurálgico, como bien señala, es haber contribuido «[...] así fuese *tan solo de algún modo* a...». Y el artículo de List no lo saca de dudas. Sin embargo, afirma que la lectura de los dictámenes escritos por Caruso le resultó *estremecedora*.

> Leí un texto –me refiero a los citados dictámenes– que, de manera terrible, era «cercano a las víctimas». El texto escrito en sí ya era espantoso. Pero que Caruso lo hubiera escrito resultó una dolorosa y perturbadora sorpresa adicional.
>
> Más adelante, me quedó claro con qué naturalidad yo había evitado, hasta entonces, formarme una idea concreta sobre la actividad de Caruso en el Spiegelgrund. Con ello eludí percatarme de que, aun con un desempeño de solo ocho meses como educador, no podía ser posible no estar involucrado *de algún modo* en esa maquinaria asesina.[23]

Esta reflexión crítica acerca de su involucramiento y rehuida a cierta información que tocaba sus sentimientos por una persona que estimaba, lo lleva a interrogarse acerca de la posición de Caruso en estos términos:

> Estos sentimientos confluían en una recriminación moral, en principio, sin mayor reflexión, a mi profesor universitario y al psicoanalista Caruso: que hubiera callado sobre algo que no debía callar; que solo hubiera hablado de ello –y sin plantear sus propias emociones, sus propios conflictos, etcétera– en aquella entrevista de radio.[24]

Y abunda en el argumento citando un artículo *tardío*, de 1977, de Caruso, titulado «El concepto de la enfermedad que enferma», el cual, visto a la luz de la experiencia del Spiegelgrund, le parece «especialmente malicioso». Y se siente decepcionado, ya que considera que su temática, más que cualquier otra, estaba más cerca al asunto en cuestión.

> En el artículo no aparece la *imbricación* de la dictaminación psicológica con los crímenes del nacionalsocialismo. Se habla de la psiquiatría en la Unión Soviética y de muchas otras cosas; del Spiegelgrund, ni una palabra. Este misterio –al igual que la evasión del propio cuestionamiento– sigue siendo irritante para mí y ocupa mi mente.

Continúa, citando a Karl Fallend:

> El esclarecimiento de la propia cercanía científico-familiar con la inhumanidad fue eludido. Por lo tanto, se requerirá todavía de mucho trabajo y tristeza para percatarnos de que éstas, nuestras raíces del psicoanálisis en Austria, no están en la famosa época de la Primera República, sino enterradas bajo las ruinas y tumbas del nacionalsocialismo.[25]

Luego, se dedica directamente al artículo de E. List, sobre el cual dice que reconoce a la historiadora y psicoanalista haber hecho públicos los dictámenes elaborados por Caruso, datos reforzados por el artículo de Benetka y Rudolph,[26] que fueron de gran valor, pero de inmediato añade que dado que List «mantiene oculto el contexto afectivo que guía el interés de su investigación, le produce, junto con otros factores, desconfianza ante su texto». No obstante, manifiesta que lo que más le molestó fue:

> [...] que la imagen de Caruso, bosquejada por E. List, presentara de nuevo una unilateralidad y definitividad engañosas, que no le piden nada a la de los *protectores de Caruso*, sólo, por así decirlo, con signo opuesto. Si para éstos, Caruso aparecía como una venerada figura luminosa, de cuya integridad no se podía dudar, ahora se le presentaba como la encarnación del oportunista taimado.
>
> [...] La similitud estructural de las dos caracterizaciones de Caruso reside en que la valoración de la figura descrita aparece siempre como totalmente unilateral, *como de un solo molde* y, sobre todo, sin ninguna ambivalencia por parte del autor o la autora. Esto es lo que más me trabaja y desconcierta.[27]

Schacht termina su texto señalando que recientemente varios colegas se reunieron en Salzburgo para:

> [...] hablar del asunto Caruso, sobre la atribución y negación de culpas; sobre la indignación y decepción... de nuestra generación (de posguerra), en relación con el silencio de nuestros padres y abuelos. Luego, también abordamos la dificultad de ellos para dar voz a sus experiencias frecuentemente traumáticas.
>
> Y en este contexto un colega preguntó, en tono desconcertado, casi cómico: «bueno, ¿pero de quién se puede esperar que encuentre un lenguaje para ello, si no es de un psicoanalista?». Esta pregunta se me quedó grabada [...] Quizá también porque no reaccionamos como si tuviéramos una respuesta a esa pregunta.

El escrito de Schacht contribuye, con elementos importantes, a los efectos producidos por la información que, más allá del rumor, está fundamentada en documentos y en las propias palabras de Igor Caruso. También, nos permite hacernos una idea, en el contexto austriaco, del tipo de problemática que se desprende afectiva e institucionalmente cuando el considerado fundador es develado en una parte de su vida, habitando y actuando aunque *solo fuese de algún modo* en la maquinaria asesina del Tercer Reich.

Efectos que se complementan con las descripciones de K. Fallend. Sin embargo, no se trata de escritos que puedan considerarse parte de una investigación, como los de List y Benetka-Rudolf. Aunque la primera, nuevamente, es descalificada parcialmente por no hablar de sus motivaciones para escribirlo. E incluso se le reduce a ser la antípoda *en espejo* de los defensores a ultranza de la imagen de Caruso.

6. *El testimonio del doctor Raúl Páramo Ortega.* Ahora, cito el valioso testimonio de un psicoanalista mexicano acerca de la actuación de Caruso en el hospital Spiegelgrund. Me refiero al ya aludido doctor Páramo. El psicoanalista Felipe Flores pidió información al doctor Páramo, quien es cofundador del CPM y se analizó con Caruso durante su estancia en Viena, en la primera mitad de los sesenta, cuando inició su formación psicoanalítica.[28] El 10 de octubre de 2012, el doctor Páramo le escribió al doctor Flores:

> Desde hace tiempo se desató un *bashing*. Me tomé la molestia de seguir detalladamente, durante casi dos años, la pista a muchos informantes directos e indirectos, críticos y esclarecedores respecto a esta situación. La situación parece haberse iniciado a través de una profesora de la Universidad de Viena, creo que se llamaba List, que desarrolló *una particular inquina.* [...] Después de muchas indagaciones, *al parecer el único hecho que resulta de todo esto es que Caruso era encargado de, en algunos casos, hacer un dictamen psicológico sobre el estado mental de algunos niños (y no, como pretenden, dictamen sobre si deberían ser eutanasiados los niños), que después sus superiores médicos evaluaban para determinar si se realizaría o no eutanasia. Esto ocurrió de facto no sistemáticamente, sino en unos pocos casos que no dejaron de pesar en el ánimo de Caruso.*
>
> De ahí, todo [lo] que se ha tejido, fantaseado o rumoreado hay una distancia enorme, que debe ser contemplado desde la psicología del rumor, de la mentira y de la *entlarvungswut.* Caruso era exiliado y en posición precaria, dentro y fuera de la institución. *Creo que cometió el error de ser una pequeñísima pieza de un engranaje que no estaba en sus manos impedir ni por el lugar que ocupaba, ni por la situación general, simplemente se jugaba la vida.* [...] De Caruso mismo escuché descripciones de situaciones pesadas y en dirección de lo que arriba he señalado.

Y finaliza de la siguiente manera:

> Todo esto ha sido materia prima para una ensalada de rencores y de persecuciones poco serias. Esto que le escribo es una apretada síntesis de amplias y detenidas lecturas. Pertenece fundamentalmente al terreno de las leyendas y, desde luego, a la imposibilidad de hacer historia sin comprometer las propias visiones de mundo, sentimientos, rivalidades, etc. etc.

Si en una primera impresión se podrían enmarcar estas consideraciones, en lo que C. Schacht describe como *reflejo protector de Caruso*, es obvio que dicen mucho más, y que desbordan y problematizan con creces esta primera lectura –la cual analizaré pormenorizadamente adelante. Por lo pronto, me parece digna de consideración la advertencia de que, en efecto, es difícil hacer investigación histórica cuando se está implicado en un tipo de relación, con un tema tan cercano y que irremediablemente nos interroga.

No obstante, creo que se pueden adelantar algunas preguntas y, espero, también algunas respuestas, *aunque sean parciales*, sin ánimo de contribuir a la «ensalada» que alude el doctor Páramo, ni a que nuestra indagación sea calificada rápidamente como «inquina, rencor o persecución poco serias». Aceptando comprometer las «propias historias, sentimientos y rivalidades», de manera digna y mesurada, confío en que tampoco quede encasillada como una contribución a «escribir historia impunemente».[29]

Este tipo de argumentos, que enfatizan en las intenciones abiertas, ocultas o inconscientes de quienes pretenderían saber lo que ocurrió, terminan, como asegura Schacht, por establecer una muralla protectora, y tienden a descalificar de entrada toda indagación como no pertinente porque resulta sospechosa de quién sabe qué negras intenciones, idealizaciones, ajuste de cuentas, entre otras. Posición que, como ya sostuve, se puede revertir a quienes las endilgan y conducir a un entrecruzamiento inagotable de intenciones supuestas o reales. Por lo tanto, me parece que no resulta un camino fecundo para intentar saber qué pasó.

Volveré sobre el testimonio, una vez que haya pasado lo que logré rescatar del propio testimonio de Caruso al respecto y de parte de la situación contextual, que reveló el asunto en cuestión en 1964, 1972 y 1979. Quedémonos, por el momento, con la afirmación que para el doctor Páramo se trata finalmente de un *bashing*, que ha dado por resultado «una ensalada de rencores y de persecuciones poco serias», y ha dotado a la doctora List de una «particular inquina». Sin embargo, cuando afirma que Caruso fue «una pequeñísima pieza de un engranaje», los hechos apuntan hacia un tipo de actos que resignifican sustancialmente el supuesto del *bashing*.

7. De *la necesidad del suicidio institucional para fomentar la limpieza genealógica; las posiciones de los psicoanalistas Carlos Fernández Gaos y Alejandro Salamonovitz.* En esta ocasión nos colocamos en el otro extremo; no sólo no es un *bashing*, sino que se trata de una *cripta* que debe ser difundida lo más rápido posible, ya que salió la información. Estos dos colegas –ahora ex integrantes del CPM–, en un programa de radio –realizado en la Universidad Autónoma Metropolitana (UAM), campus Xochimilco, el 14 de mayo de 2014 y coordinado por Raúl Villamil–, dieron su opinión sobre el caso Caruso y el supuesto comportamiento autoritario y persecutorio del CPM. Así como de los usos de la información de quien esto escribe, con relación a lo que ellos consideran un manejo poco ético por no de abrir inmediatamente el tema, sino «depurar» la información hasta tener una «versión más balsámica»,[30] o contribuir al refuerzo de la «cripta» tan pronto como se había logrado abrir. *Cripta* en la que reposaba la información respecto al caso Caruso en el Am Spiegelgrund. Veamos, pues, sus argumentos.

El programa *En aquella hora* es presentado por Villamil, con el título «Psicoanálisis y fascismo», y anuncia que tratará sobre:

> [...] la novela negra que tiene que ver con la historia fundacional [del psicoanálisis] y con el holocausto nazi. En su campo de implicación teórico y conceptual [...] en su práctica de diván y en lo que se refiere a la noción de salud o enfermedad.

También, con el posicionamiento de los analistas en el imaginario social, en el cual «Igor Caruso, en el proyecto de eutanasia infantil, decidió qué niños tenían que ser sacrificados». A continuación, aquel presentador afirma:

> El campo de implicación del proyecto de cura psicoanalítica y de interpretación del inconsciente, desde ese acto originario, está marcado por las contradicciones de la depuración de los que no cumplen con el perfil de normalidad.

Y desde este planteamiento, la práctica y sus repercusiones inconscientes de depuración, no han sido analizadas críticamente por los actuales analistas egresados del Círculo (CPM).

En el campo de implicación socio-histórica, la práctica psicoanalítica y sus silencios cómplices legitiman las nuevas formas de enajenación y control del sujeto analizado, en el ejercicio de un poder del Estado, con una ocultación en la memoria colectiva de estos orígenes fascistas.

De entrada, se pretende establecer una relación que se vislumbra directa, o casi, entre los supuestos y suprimidos orígenes fascistas del psicoanálisis y «los silencios cómplices que legitimarían las nuevas formas de enajenación»; utilizando, para establecer dicha relación, la noción y la práctica de la depuración nazi, transformada ahora en normalización. Así empieza el programa. Digamos que ante este comienzo trepidante no está demás aludir las palabras de Jacques Derrida en un coloquio sobre la responsabilidad de Heidegger respecto al nazismo: «Todo gesto que procede por amalgamas, totalización precipitada, cortocircuito de argumentación, simplificación de enunciados etcétera, es un gesto políticamente muy grave».[31]

Primera cuestión: ¿realmente se puede afirmar que el psicoanálisis tiene orígenes fascistas sin dar cuenta del haz de contradicciones que surgieron en él, cuando se dio el advenimiento del nazismo y su repercusión en el campo psicoanalítico? ¿Realmente fue traición a sus orígenes de *ciencia* judía, incluso por los propios analistas judíos?, ¿realmente se puede afirmar sin inmutarse que desde sus orígenes contribuyó a la «depuración de los que no cumplen con el perfil de normalidad»?

Como los referidos colegas van a fluctuar entre el psicoanálisis con mayúsculas y determinadas corrientes psicoanalíticas –como la de Igor Caruso o la corriente de los psicólogos del yo, los saltos de escala y las analogías–, se tiende a transformar éstas en francas identidades, yuxtaposiciones y líneas de continuidad que no discriminan contextos, tiempos y responsabilidades. De pronto, parece que el pasado está incrustado totalmente en el presente y en las instituciones psicoanalíticas; así, éstas no serían sino la máscara o la *cripta* que recubre las nuevas formas del supuesto fascismo originario. Por alguna feliz razón, los participantes en este programa de radio lograron ver esto con suma claridad y lo denunciaron con vehemencia. Veamos algunos ejemplos.

> Raúl Villamil: ¿Hay una relación metafórica entre la depuración de una raza en estos campos de exterminación y el campo de conceptos psicoanalíticos?
>
> Carlos Fernández: Yo creo que es más bien con los giros que toma el psicoanálisis a partir de una forma de pensar esta categoría como algo que ingresa o termina de ingresar, a pesar o a regañadientes del propio Freud, que terminaría por integrarse al circuito de los saberes [...] creo que ahí podríamos escuchar fuertes resonancias de lo que es esta ideología de la raza, en lo que todavía está sucediendo en el terreno del psicoanálisis y en muchos otros.
>
> El psicoanálisis se incorpora o se ha incorporado paulatinamente a esta exigencia de una sociedad que exige que se pliegue a [una] mentalidad certera, adecuada; la mentalidad científica.
>
> [...] Ahora, el imaginario social está invadido de ideología neoliberal que es la que finalmente le hace el juego a esta forma de pensar, que no se origina en la ideología nazi, pero ahí tiene un punto de inflexión.

En lo inmediato, tenemos que la mentalidad científica, con su voluntad de adecuación y certeza, se hace vocera y cómplice de la ideología neoliberal; la que, a su vez, le hace el juego al, o es heredera del, punto de inflexión, que fue la práctica e ideología nazi sostenida en la noción de la depuración que llevó al exterminio. Se comprenderá que los saltos y las analogías son vertiginosos.

Hablar así del psicoanálisis en general, sin aludir a contextos, matices e investigaciones realizadas, soltando una afirmación tras otra, haciendo del pensamiento con pretensiones científicas el heredero casi directo de la depuración, alude a la notable flexibilidad argumentativa de quien considera que el hecho de tener que probar sus afirmaciones, es síntoma de un tipo de rigor que lo acercaría peligrosamente a la citada inflexión del nazismo, en el pensamiento que se pretende científico.

No obstante, de lo que no hay duda es que para afirmar lo anterior, hay que recurrir inevitablemente a un saber que, aparentemente, no tienda ni a la certeza ni a la adecuación ni al tipo de cientificidad que critican, pero sí a la contundencia de que lo dicho es cierto porque *nosotros lo decimos*.

> Alejandro Salamonovitz: Me parece muy inquietante este avance, este progreso del psicoanálisis en las sociedades modernas, con otras implicaciones oscuras, con esta novela negra que no se acaba de enfrentar a una visión ética, crítica y autocrítica.
>
> RV: ¿Hay una complicidad del psicoanálisis con esta mentalidad del capitalismo?
>
> AS: Desde luego. *Yo creo que la gran mayoría de las instituciones psicoanalíticas están totalmente contaminadas, invadidas por el neoliberalismo.*
>
> La pregunta no es sobre el inconsciente, sobre el ser humano, [sino] ¿cómo nos ganamos la vida? ¿Cómo hacemos creer al público que tenemos un saber, o repartimos títulos?

Es decir, preguntarse cómo se gana la vida un psicoanalista, ¿sería acaso un impedimento para preguntarse acerca del inconsciente? ¿Se trata acaso de una disyuntiva en la cual habría que elegir? Considero que si una institución psicoanalítica otorga constancia de estudios o títulos oficiales, proporcionados, por ejemplo, por la Secretaría de Educación Pública (SEP) o por alguna universidad; o si quienes ejercen el psicoanálisis se los autootorgan sin decir cómo; o sin son reconocidos por aquellos que acuden a sus consultorios porque perciben que hay una oferta; o sin tener que explicitar el reconocimiento, alguien de una escuela que se analiza con otro de diferente corriente puede sufrir cierto ostracismo; se puede evitar ver el ejercicio psicoanalítico como una profesión teórica, clínica y comercial. Y si adicionalmente se organizan en instituciones, las cosas se refuerzan. ¿Eso sería consecuencia, o casi, del fascismo?

Para interrogarse acerca del inconsciente, hasta donde entiendo, hay que asegurar el *pan* de algún modo, así como algunas condiciones elementales. Por ejemplo: no vivir en una zona en la cual el narcotráfico «campee por sus fueros», o exista una situación social que se torne demasiado violenta, o una situación económica de extrema pobreza. Entonces, para cuestionarse sobre el inconsciente, es necesario, en general, gozar de cierto grado de paz social, de un tipo de saber, así como asegurar mínimamente los alimentos. Pensar de esta manera, ¿sería estar «invadido y contaminado» de neoliberalismo, como estadio superior del fascismo?

Se puede discutir, y de hecho se hace, acerca de estas opciones con relación a un saber que se ejerce o presupone para escuchar a otros, e incluso cobrarles, para interrogarse sobre el inconsciente. Sin embargo, a partir de este planteamiento maximalista que usa categorías en las que todo cabe, como imaginario social, antineoliberal o anticapitalista radical, ¿existe acaso una exterioridad posible al abrigo de esta contaminación –invasión mayor o menor– propugnada por los doctores mencionados? Sin duda, hay opciones que algunos considerarán mejores o peores para preservar la práctica psicoanalítica.[32]

Abundando en la posición señalada, respecto al saber y al tipo de legitimaciones de las sociedades psicoanalíticas que «acorrientan al psicoanálisis en el sentido de oficializar, dar títulos, verificar...» (AS), Fernández opina:

> CF: Contratas un saber que no puede ser compartido por nadie más que por las instituciones legitimadas o reconocidas, en cierto sentido, por el Estado.

AS: Claro, claro, eso que dice es justamente el capitalismo en sí mismo, la expropiación. Un valor público [se convierte] en algo privado. [...] Y yo creo que es un proceso arrollador, terrible, que muchos colegas no han soportado y han caído en esto porque finalmente tienen que ganarse la vida.

Si tomáramos *al pie de la letra* este último planteamiento, se podría deducir que sólo aquellos que no tienen que ganarse la vida no caerían en este «terrible proceso arrollador». O también aquellos privilegiados que están hechos para soportar, con enorme lucidez y valor, la total invasión y contaminación de la ola neoliberal.

AS: Entonces, frente a esta crítica que venimos haciendo, surge de pronto, nos enteramos a partir de una investigación que inicia Fernando González,[33] y que viene a partir del comentario de una compañera que egresa del Círculo, Cynthia del Castillo, que [es la] que encuentra [en Wikipedia] esta temática de Caruso.

[...] Me entero que esa institución, a la que yo llegué porque el fundador de origen era Igor Caruso, un marxista psicoanalista, razón por la cual yo me acerco, de pronto me entero que era un nazi-junguiano. Con todo lo que significa Jung después de la muerte de Freud, que es cuando nos topamos con un Jung terrible, con conceptos como el inconsciente racial.[34]

Otra de las cuestiones que nos enteramos muy brutalmente es el tema de que el primer Círculo [el Vienés de Psicología Profunda] había sido [constituido] por ex SS, a excepción de uno de sus miembros.

Detrás de Auschwitz está un hospital psiquiátrico, y yo diría que hoy su paradigma sigue siendo Auschwitz, ahora le puedes decir pureza en salud mental. *El modelo psiquiátrico moderno tiene su modelo en el modelo nazi.*

[También] *en el campo psicoanalítico, estamos permeados por estas prácticas, neoliberales*, está claro y demostrado por los sociólogos y los marxistas, cómo el neoliberalismo, el capitalismo es algo que en sí mismo engendra el fascismo.

Afirmar que la psiquiatría moderna tiene su modelo en Auschwitz implica una notable carencia de investigación. Como puede observarse, se trata de establecer líneas directas unívocas y descontextualizadas entre el nazismo y la psiquiatría; el nazismo y el neolioberalismo, y entre Caruso y el CVPP con el CPM. Y, finalmente, entre el fascismo, neoliberalismo y el psicoanálisis. Todo ello a partir de un planteamiento básico: *lo que precede es determinante, contamina, invade, sea total o parcialmente, lo que sigue. Y lo que sigue sólo puede ser concebido como máscara o cripta, sin ninguna consistencia propia, sólo como el ropaje de las historias negras.* Digamos que los colegas fluctúan entre el modelo del pecado original cristiano y aquel de la limpieza de sangre, lo cual les permite establecer continuidades simplificadas.

Además, no importa dilucidar cómo se analiza la precedencia, basta declarar que lo anterior tiene prioridad. Les basta remitirse a «los marxistas y a los sociólogos»[35] (de nueva cuenta, en bloque), para dar por buenas sus afirmaciones. Como si declararse marxista fuera una garantía de clarividencia analítica y ética. Basta recorrer la larga historia de las derivas de un conjunto de intelectuales marxistas[36] en relación a las dictaduras comunistas para saber el tipo de dimisiones al pensamiento y a la ética que se han dado. No es necesario explicitar si ese saber sería más científico, más confiable o menos rígido; lo que es claro es que para los citados colegas existe un saber autorizado e incontrovertible –el de ellos– que se opone a otros saberes y que no necesita más verificación que la suya y la del marxismo.

> AS: Esto es lo que nosotros propusimos y denunciamos en nuestra institución. Y la pregunta era: ¿Qué tantos fantasmas, qué tantas criptas carusianas de la época nazi [...] existen en la institución que están razonando con la fuerza del neolioberalismo? [Por ejemplo,] con nuevas prácticas de autentificación y verificación.

> [Y] cuando quisimos hablar de ellas, la violencia vino contra nosotros, como si nosotros fuéramos Caruso. Era realmente imposible abrir la temática. Entonces, nosotros, los cuatro colegas de Morelos... decidimos salirnos ante esas criptas que eran intocables.

Por fin, el planteamiento con visos cósmicos, hasta aquí descrito, parece encontrar un asidero y se materializa en una pequeña institución, en la cual pretenden probar todos sus dichos: el CPM. Institución en la que, según ellos, sus integrantes reaccionan ferozmente a los cuestionamientos que les hacen.[37] No obstante, una cosa es proponer una perspectiva para que sea discutida, como la que acabo de citar, sin cuestionarse respecto a las amalgamas y continuidades de un tipo de planteamiento *marxista*, patentado por quien sabe quién; y otra, denunciar[38] o lanzar insinuaciones irónicas.[39]

Por otra parte, ¿qué pretendían denunciar, si admiten que se enteraron por medio de una investigación en curso de quien esto escribe, lanzada por *el descubrimiento a vistas* en Wikipedia de Cynthia del Castillo? Investigación de la que dispusieron cuando presenté el segundo borrador, en septiembre de 2013.[40] Es decir, ya en el seno del CPM se estaba trabajando el asunto. Y no sólo por mí. Sencillamente era inocultable, aunque alguien haya pretendido hacerlo.

Además, a esas alturas, nadie tenía el monopolio de la investigación, una vez que la colega Del Castillo entró a Wikipedia. Ella misma, así como el doctor Rodolfo Álvarez, escribieron, como señalé en diciembre de 2013, en el número 20 de *Carta Psicoanalítica*, su punto de vista sobre este tema. Entonces, ¿qué es lo que supuestamente resultó intocable de «esas criptas» que ellos sí detectaron? Y por si hiciera falta, su entrevistador, como decide tomar partido, los apoya afirmando lo siguiente:

> RV: Ustedes sacan el asesinato de debajo de la mesa, del clóset, y hay una persecución institucional que inmediatamente los toma como culpables porque ustedes sacaron a flote estas cuestiones reprimidas.

¿Cómo es que sacaron un asesinato que, admiten, fue explicitado antes por otros? ¿Qué entienden por persecución institucional? ¿Qué significa que fueron tratados como Caruso? ¿Acaso se les acusó de haber contribuido a realizar diagnósticos con consecuencias mortíferas ahora, en pleno neoliberalismo? ¿O de ser supuestos nazi-jungianos embozados? ¿O a lo que se refieren es a que se les trató de silenciar para que no dijeran lo que ya no estaba bajo el régimen del silencio?[41] Francamente, la frase es enigmática.

Por otro lado, ¿de qué serían culpables? ¿De haber llegado tarde a la información del «asesinato» y luego pretender que estaban a la vanguardia, y que eran tan radicales que después de esas revelaciones sólo quedaba la afirmación del doctor Fernández Gaos?: «Aquí, la institución primero se tiene que suicidar, y después arrancar sobre otras bases». En este punto el citado fluctúa: primero afirmó que «la disolución, que fue en su momento nuestra propuesta, no fue algo a imponer». ¿Y por qué no el (auto) suicidio? Ya que la contaminación sería total y desde dentro «sería muy difícil, por no decir imposible».[42] ¿Purificarla o depurarla? Si esto pensaban –y están en su derecho–, ¿era necesario que «los trataran como a Caruso»? ¿No trataron, más bien, refiriéndose a acusaciones, de irse lo más rápido posible de ese lugar *contaminado* e *invadido* supuestamente del nazismo de carusianos-junguistas y de neoliberales-capitalistas, y por personas que supuestamente no soportaban abrir las *criptas*? Visto desde esa perspectiva, es entendible que al salir trataran de fundar una especie de contraparte institucional inmaculada.

Como se podrá apreciar, existen diversas maneras de utilizar la *purificación*. La de los citados colegas, no es mortífera, sólo produce radicales imaginarios y supuestos descubridores de criptas ya abiertas y con momia expuesta, en el acotado y minúsculo campo del psicoanálisis en México.

Una última pregunta. Ambos críticos, fungieron en su momento como presidentes del CPM, ¿cómo fue posible que operaran en la supuesta cripta del CPM sin haber caído en cuenta de que caminaban por terreno minado? O la tal cripta nunca existió tal como ahora la conciben, o el nazismo se volvió tan sutil que se tornó invisible y poco contaminante. De otra manera no se entendería que era suficiente salirse para sentirse sin *mancha* alguna.

8. *El testimonio de Jochen Sauer*, consignado en el texto de Karl Fallend, «Los herederos de Caruso», termina de reconocer la implicación directa de Caruso en el Spiegelgrund, pero sin especificar qué hacía.

Fallend asegura que le pareció notable la carta al editor:

> [...] escribió uno de mis antiguos maestros, Jochen Sauer, en la cual respondió a Eveline List indicando que Caruso «ya en el año 1972 habló de manera pública y autocrítica acerca de su papel en el Spiegelgrund, en un seminario de la Universidad de Salzburgo (y ante suficientes testigos)».[43]

La cuestión estriba en que esos «suficientes testigos», como bien lo señala Fallend, no difundieron dicha información, y sólo hasta que la doctora List escribió su polémico texto, 36 años después, el doctor Sauer decidió explicitar el asunto. Aunque, de nueva cuenta, no se aclara cómo Caruso asumió esa autocrítica, que sería lo verdaderamente importante del asunto. No obstante, en la revista –no en el texto impreso– escribió algo más de lo que cita Fallend:

> Caruso tal vez no fue un héroe en la época del nazismo, pero eso es muy fácil de juzgar desde la óptica de quienes tuvieron «la gracia del nacimiento tardío»; sin embargo, desde el año 1972, en un seminario de la Universidad de Salzburgo, él ya habló de manera pública y autocrítica sobre su papel en el Spiegelgrund (y de ello hay suficientes testigos) y no apenas, como lo sostiene erróneamente la señora List, en la entrevista de radio de abril de 1979.[44]

Antes de enfocar el asunto de la autocrítica de Caruso, en 1972, el doctor Sauer advierte que es muy fácil opinar cuando se tuvo «la gracia de nacer después» y, además, de que Caruso no fue un héroe. Con lo cual, de doble manera, intenta blindar cualquier comentario crítico que toque la figura y la actuación del aludido: 1, No hables de lo que no viviste;[45] y 2, sólo siendo héroe, hubiera podido renunciar a lo que le pidieron. Y reforzando su argumento: ya hasta se autocriticó antes que la doctora List descubriera el *agua tibia,* pero no digo en qué consistió dicha autocrítica, ni mucho menos porque lo dije recientemente. Si se tomara *al pie de la letra* la primera objeción, no habría posibilidad de hacer trabajo historiográfico.

No obstante, el doctor Sauer escribió más en la versión impresa. Señala que el texto de la doctora List está compuesto de:

> [...] una mezcla de hechos históricos –en tanto se ajustan al juicio prestablecido de la autora– e interpretaciones que no pueden fundamentarse científicamente, y que permiten más bien conjeturar sobre la autora y sus motivaciones.[46]

Como se podrá apreciar, el artículo de la doctora List resulta más bien una muestra de su subjetividad.[47] Nuevamente, no se analizan los elementos de su investigación del archivo ni sus entrevistas. Y para avanzar en el blindaje, añade:

> Otras fuentes y argumentos que suman en descargo de Caruso, claramente no citados, como las palabras de su superior, el doctor Illing, más tarde condenado a muerte, quien calificaba a Caruso como colaborador desagradable e ideológicamente poco confiable. O el hecho de que la actividad de Caruso como educador durante ocho meses en el Spiegelgrund, incluida la elaboración de unos cien dictámenes psicológicos a niños y adolescentes, nunca hubiera sido objeto de persecución jurídica; vaya, que ni siquiera haya conducido a que se le llamara como testigo en los diversos procesos que se le siguieron al doctor Illing y a sus colaboradores, así como al doctor Gross.
>
> Con ello no quiero justificar en sí misma la actividad de Caruso en el Spiegelgrund. Pero presentarlo como un importante *coejecutor* de los nazis y, por lo tanto, como *corresponsable* de la muerte de

niños y adolescentes inocentes en el Spiegelgrund, no sólo evidencia conocimientos deficientes sobre el poder, dominante entonces de la medicina en la definición de la *vida indigna* (para utilizar ese término espantoso), y no de la psicología o de la pedagogía; sino también sobreestima –de manera maliciosa–, con deducciones realmente pérfidas, la implicación de Caruso en esta maquinaria.

[...] Sus resentimientos alcanzan después todavía un insospechado clímax «científico» cuando, al final, sin citar fuentes, produce una mezcla voyerista de «innumerables aventuras amorosas con estudiantes y pacientes femeninas, constante transgresión de límites y rechazo de las estructuras institucionales».[48]

Como se notará más adelante, lo que escribió Illing de Caruso, cuando le rescindió el contrato en el Spiegelgrund, no iba necesariamente en el sentido de lo escrito por el doctor Sauer. Por otra parte, que los aproximadamente cien dictámenes no hubieran sido objeto de persecución jurídica no habla necesariamente a favor de Caruso, como tampoco los más de mil trescientos de su jefa, la doctora Edeltrud Baar, quien sí fue sometida a juicio y exonerada porque ella *sólo hacía un trabajo «científico»*, sin considerar el contexto en el que se realizaba y, sobre todo, las consecuencias. Argumento utilizado por el doctor Páramo respecto el trabajo de Caruso.

Ahora bien, si se parte del supuesto de que sólo quedaban dos caminos: el de héroe o el de diligente funcionario que cumple su trabajo con ojeras sin preguntarse sobre los efectos de sus dictámenes, es entendible el argumento del doctor Sauer. Con esta manera de ver los hechos, Caruso puede ser *desprendible* de la maquinaria pues no decidía directamente el destino, aunque ayudaba a precisar el dictamen, y no hacerlo lo llevaría, supuestamente, al pelotón de fusilamiento.

Después de adelantar los argumentos señalados, el doctor Sauer sostiene que «con ello no quiero justificar en sí misma la actividad de Caruso...», entonces ¿qué sí quiere?

Por lo pronto, que no se le presente a Caruso como «un importante *coejecutor* de los nazis y, por lo tanto, como *corresponsable* de la muerte de los niños». Quitemos «importante», y entonces nos quedan dos opciones: 1, o bien, como lo señala el doctor Páramo, sólo fue «una pequeñísima pieza de un engranaje que no estaba en sus manos impedir porque simplemente se jugaba la vida»; o 2, la «actividad en sí de Caruso», a la que no quiere justificar, lo desimplica radicalmente de toda responsabilidad.

Aparentemente, a diferencia del doctor Páramo, quien habla del «error» de Caruso –haberse visto envuelto en la maquinaria como un peón muy secundario, pero activo y, por lo tanto, de alguna manera corresponsable–,[49] el doctor Sauer parece querer librarlo de toda responsabilidad. De ahí que añada que las deducciones «realmente pérfidas» de la doctora List quieren implicar a «Caruso en esta maquinaria».

Y refuerza el argumento de que no era importante, colocando la medicina en el lugar de poder, en el monopolio de la definición de la *vida indigna*, y no la psicología o la pedagogía. Lo cual sí era el caso. No obstante, olvida decir que la psicología ayudaba, con sus escalas y mediciones, a que se decantara mejor la *vida indigna*, cuando se comparaban, por ejemplo, las diferencias entre la edad cronológica y la mental.

La crítica del doctor Sauer a la autora de las «pérfidas deducciones» remata con una formulación que describe como un «insospechado clímax científico», cuando la citada alude a la vida sexual de Caruso y, sobre todo, a las circunstancias en las que se ejerció.

9. Otra de las respuestas críticas al texto de la doctora List es la sostenida por el doctor Erich Stöller, en la que afirma algo muy parecido a lo que acabo de citar del doctor Sauer, respecto a la autocrítica de Caruso. Stöller asevera:

> Para dejar algo en claro: mucho antes de la entrevista radiofónica de 1979, a la que List se refiere, Caruso habló abiertamente sobre su estancia en la Clínica de Pedagogía Terapéutica de la ciudad de Viena, Am Spiegelgrund. Ello ocurrió en un acto académico de la Universidad de Salzburgo sobre psicología social, en el que también se habló del «carácter autoritario» de las teorías de Fromm, de Reich, y de otros temas. De ello, y de que

no hizo ningún secreto del tema que hubiese podido dar pie a todo tipo de imputaciones posibles e imposibles, hay testigos. Caruso dijo en esa ocasión que no había sido un héroe (de la resistencia).

[...] De muchas facetas de Caruso, por supuesto que algunas requieren de la crítica constructiva. Pero escupirle a Caruso en la tumba, como lo hace la autora de tan criticable artículo, no se lo merece. Es mezquino, por decir lo menos inapropiado (¡también por parte de la revista que publica así!).[50]

No queda claro si el doctor Stöller se refiere al mismo evento que describe el doctor Sauer, pero se puede detectar una coincidencia en el comentario: Caruso sí habló abiertamente de su estancia. De nueva cuenta, ¿en qué términos? ¿Qué preguntas se le dirigieron? ¿Se sentía o no responsable? Y en el caso de una respuesta afirmativa, ¿cómo lo asumía? Lo único que se puede especular es que Caruso pensaba que sólo siendo héroe o miembro de la resistencia podía dejar de hacer lo que hizo.

Si esto ocurrió en 1972, es llamativo que en México, en julio de 1974, al referirse no a su estancia en el Spiegelgrund –que jamás mencionó públicamente–, sino en el hospital Theressien Schlössl, de 1943 a 1945, dijera que trataba de ayudar a los pacientes para que se enfrentaran al régimen de Hitler, reconociendo su «terrible contradicción y [trataran de] o bien pasarse a la resistencia, o bien ocultarse de una forma más adecuada para que no les cortaran la cabeza».[51]

Lo que persiste en todas estas citas es un tipo de silencio que se mantiene, paradójicamente, afirmando que no se guarda éste, en un juego incesante de alusión y elusión. Porque, «verdad de Perogrullo», el silencio no es unívoco, y el que aquí se mantiene puede tener diversas razones. Entre ellas y sólo partiendo de hipótesis verosímiles: la imposibilidad, para una parte de los implicados, de poder expresar con palabras una situación traumática y, por lo tanto, inasimilable, como la guerra y sus consecuencias; la voluntad de proteger a un referente muy valorado de su disciplina e institución; la estrategia de no enfrentar abiertamente el asunto porque quedaría descalificado por algunos para seguir ejerciendo una profesión que se basa, precisamente, en tratar de analizar lo reprimido y, en este caso, también lo suprimido.

Silencios reforzados desde otra vertiente, aquella con la que se cubre de epítetos a la que rompió el *tabú de la explicitación*,[52] que protegió eso que nunca se pudo formular abiertamente sino hasta 2008; es decir, *qué sí hizo Caruso durante los ocho meses en el Spiegelgrund. Y después, ¿cómo se las arregló en el Theressien y en la inmediata posguerra para fundar el Círculo Vienés de Psicología Profunda? ¿Quiénes fueron sus colegas en esas dos experiencias posteriores a Spiegelgrund?* Tres cuestiones para análisis.

10. El 29 de octubre de 2012, la colega Claudia Brinkop, refiriéndose al trabajo de E. List –quien desató en parte la preocupación por investigar el pasado de Caruso–, sugiere que ese:

> [...] pasado comprometido y comprometedor de Caruso, en realidad, es sólo una pieza dudosa más en la configuración de los Círculos de Trabajo fundados por él. Pero si uno ve el tipo de personajes, todos comprometidos, que fueron los cofundadores, además de las cuestionables teorías que tenían y que no eran un secreto, como tampoco el origen de ellos, es para preocuparse mucho más. Lo mismo vale para la Asociación Psicoanalítica Austriaca oficial. [...] En Austria no hubo un proceso de desnazificación como en Alemania, y los ex integrantes del partido SS, etcétera, siguieron desempeñándose en su profesiones con algunas cartas de recomendación, las llamadas *persil* (detergente para lavar ropa). Y si todo eso era conocido en el ambiente psicoanalítico austriaco, y más dentro del Arbeitskreis, del cual E. List es integrante, la pregunta es: ¿por qué ella lo presentó como la gran verdad y novedad?[53]

Resumo algunos de los epítetos dirigidos a la doctora List: «plena de furor», «mezquina», «resentida», «carente de probidad científica», imbuida de una «particular inquina», «unilateral», «carente de ética», y que además, entre otros, se atrevió a «escupir» en la tumba de Caruso.

11. Y por cierto, ¿qué respondió la doctora List a sus críticos y detractores?

El contexto de mi investigación era conocido por mis interlocutores y puedo exponerlo una vez más:

Desde hace algunos años tuve conocimiento del acta personal de servicios de Caruso, intenté, desafortunadamente sin resultados, llamar la atención de los psicoanalistas sobre el asunto. Ante tan lamentablemente escaso interés público general por la «reelaboración» del austrofascismo y la dictadura del nacionalsocialismo en Austria, el no querer saber de los psicoanalistas me pareció particularmente insoportable. En el trascurso de mi estudio sobre los trabajos de Wolfgang Huber,[54] otra vez me abrumó la falta de una discusión a fondo sobre el psicoanálisis en Austria durante la época del austrofascismo y el dominio de los nazis, así como después de 1945. De modo que, ante la cercanía del 60 aniversario del Círculo Vienés de Estudios sobre el Psicoanálisis y los cien de la Asociación Psicoanalítica de Viena, decidí, a principios de 2007, emprender por mí misma la exigente investigación. Mis pesquisas abarcaban a todos los psicoanalistas austriacos correspondientes, pero debían aclarar, ante todo, la latente incomodidad provocada en el Círculo de Estudios por apremiantes rumores, sospechas e imputaciones sobre el pasado de Igor Caruso, por la eventual realización de un acto en su honor. Los resultados de mis investigaciones al respecto las di a conocer, en octubre de 2007, a los miembros y candidatos del Círculo, en un informe detallado sobre la biografía de Caruso. También, detallé muy minuciosamente su actividad en el marco de la psiquiatría del nazismo y como dictaminador en Am Spiegelgrund, y las intervenciones y «cuerdas» con cuya ayuda logró establecerse después de 1945. En el artículo que se publicó aquí,[55] me enfoqué sobre todo en el debate derivado de las declaraciones de Caruso, que aparecen en la cinta sonora que se puede consultar todavía hoy, y expuse algunos absurdos de la historia del psicoanálisis austriaco.

En relación con el papel de psicoanalistas específicos, durante el lapso que abarca de 1933 a 1945, saltó a la vista en mi artículo un error inexplicable, que por lo visto a ninguno de quienes me mandaron cartas llamó la atención o no le pareció importante, pero para mí sí es imprescindible corregir: en la página 137 se dice que Hans Strotzca fue miembro de las SS, esto es incorrecto; más bien era miembro de las SA,[56] lo que histórica y fácticamente marca una diferencia relevante.

[...] En la Institución de Asistencia Municipal de Viena Am Spiegelgrund, Igor Caruso estaba catalogado en el escalafón de servicios como educador y, conforme a sus obligaciones institucionales, debía «participar en la realización de pruebas y dictámenes pedagógico-psicológicos»; en su práctica cotidiana se encargaba de elaborar dictámenes psicológicos, que él solo realizaba y bosquejaba. Su catalogación escalofonaria como educador tenía más que ver –como sucede hoy todavía con frecuencia en casos similares– con el programa de personal establecido por las autoridades en turno, que con la actividad concreta que realizaba.

[...] De las actas de los juicios populares se desprende que, en las sesiones [de consejo] mencionadas, los psicólogos estaban presentes en función de su calidad dictaminadora. Por lo tanto, «tenemos que partir de que también Igor Caruso participaba en ellas» (pág. 121). Esto ciertamente no puede ser verificado en forma definitiva, ya que no existen protocolos sobre esas sesiones.

[...] Ninguno de los diversos interlocutores a los que abordé en relación con las «historias de faldas» de Caruso las refutó o puso en duda. Varios de ellos me contaron, de manera creíble e independientemente entre sí, sobre situaciones que concuerdan con nombres y detalles concretos; y una persona participante me narró inclusive sus propias experiencias y las consecuencias que se derivaron de ellas. Como es natural, manejo toda esta información con discreción.[57]

Creo que, a simple vista, se perciben diferencias en la argumentación de Eveline List como respuesta a una parte de sus críticos. Y se percibe también que se puede confiar en que si se equivoca, en principio, existe la posibilidad de que sea capaz de reconocerlo y, sobre todo, no descalificar con adjetivos ni interpretaciones subjetivas de quienes la cuestionan. Además, cuando no está segura de un hecho porque le faltan elementos que lo corroboren, así lo señala.

En cuanto a la vida sexual de Caruso, habría que considerar sus diferentes relaciones; por ejemplo, las que tuvo con colegas, estudiantes, analizadas y ex analizadas, o mujeres fuera del ámbito psicoanalítico y universitario. Las que considero más importantes de dilucidar son aquellas en las cuales se transgredió la relación analítica bajo los auspicios de la transferencia, debido a que existe un principio ético elemental de no servirse de esta forma de relación para otros fines. En esos casos, ¿Caruso suspendió la relación analítica o siguió con ella?

Igualmente, es válido preguntarse sobre el tipo de relaciones que supuestamente tuvo con alumnas; lo cual implica un contrato distinto al psicoanalítico, pero tampoco se realiza entre iguales y se presta a diversas situaciones de chantaje. Preguntas que no son claramente dilucidadas en el texto de la doctora List.[58] Y que, por cierto, no pueden ser reenviadas sin más discusión a la vida privada de Caruso porque, me imagino, marcaban maneras de utilizar el psicoanálisis y la cátedra.

«Puestas las cosas sobre la mesa», la polémica permanece en un punto de ebullición, sin fallas. En su texto, la doctora List abunda en esta perspectiva:

> Aparentemente, Caruso también ha atendido demandas fuertes como para enturbiar la mirada sobre otros asuntos. El deseo de conservar la imagen idealizada de una autoridad, sin tener que modificarla, se ve alimentado con la pose de la *distancia aristocrática*, del mismo modo, como lo *siempre extraordinario* provoca admiración y también la tendencia a disculpar muchas cosas: el pasado de Caruso, los retoques del mismo, el silencio, la falta de análisis que él se negó a reponer.[59]

Por otra parte la doctora List, en un correo electrónico, en el que me respondió a dos preguntas que le hice,[60] señala a propósito de algunas de las reacciones a su artículo:

> Todo esto [la polémica que se dio] me parece parte del fenómeno Caruso como impostor, caracterizado de simulación. Para entenderlo hay que reflexionar también sobre los motivos de la gente respaldándole y aprovechándose de él hasta ahora. Por supuesto [que] da vergüenza enamorarse de un estafador, sobre todo con un pasado como el de Caruso.[61]

En esta cita, escrita para otro público, la doctora List se permite hacer una hipótesis respecto a Caruso, a quien califica como «impostor», y especula acerca de lo que significa haber confiado en alguien con esas características. Desde mi perspectiva, no creo que pueda tratar de entender el caso Caruso si lo enmarco solamente con el calificativo de la impostura. Tampoco la doctora List lo encajona sólo en eso, y a las pruebas me remito.

Espero haber mostrado, aunque sea parcialmente, la polémica que se dio en Austria, de manera tal que los críticos del texto de List se sientan aludidos en las principales objeciones que desplegaron contra ella; aunque tampoco me haya privado de exponer las mías respecto a algunas de éstas. También intenté incluir la posición de aquellos que no sólo no la cuestionan sino toman sus palabras sin objeción alguna.

III. El plan de exterminio de los *mentalmente muertos*, o la erradicación de *los brotes de vida indigna*

Niemand/ zeugt für den/ zeugen.

PAUL CELAN[1]

Reglamento de eugenesia en México

Antes de mostrar el plan eugenésico que implementarían los nazis –que va de la esterilización al asesinato–, quisiera aludir a algunos artículos del Reglamento de Eugenesia e Higiene Mental que se expidió en el estado de Veracruz, México, el 26 de noviembre de 1932, por la Dirección de Salubridad, y que seguía a la ley emitida el 26 de julio de ese año. Reglamento que se adelanta en un año al aplicado por el proyecto de eugenesia nazi. Este pretendía incidir sobre la

> [...] regulación de la natalidad, esterilización, en su caso, de los ejemplares humanos indeseables de reproducción y, en general, cuantos aspectos de función social afecten la reproducción de la especie y la preservación de la misma contra cualquiera causa de degeneración.
>
> [...] Podrá aplicarse en el Estado la esterilización de los seres humanos siempre que concurran las siguientes circunstancias:
>
> I. Que se trate de enajenados, idiotas, degenerados o dementes en grado tal que, a juicio de la sección de Eugenesia e Higiene

Mental, la lacra del individuo se considere incurable y transmisible por herencia.

II. Que un Consejo de tres peritos médicos, por mayoría de votos, cuando menos dictamine, por medio de procedimientos científicos, la incapacidad mental o deficiencia psicológica incurable del sujeto.

III. Que la operación quirúrgica o el procedimiento técnico, en virtud del cual se realice la esterilización, no cause al sujeto más que la incapacidad genésica, pero le conserve, en cambio, todas las demás funciones sexuales.

IV. Que el procedimiento técnico, por medio del que se otorga la esterilización, no implique ni deformación anatómica visible, ni traiga consigo la pérdida de aptitudes psíquicas o fisiológicas que sean necesarias para la educación del sujeto, para que pueda bastarse a sí mismo social y económicamente.

[...]

IX. [...] En ningún caso, podrá aplicarse como pena o estigma, ni implicará jamás la pérdida de ninguno de los derechos civiles o políticos que corresponden al sujeto de la operación.

X. La sección de Eugenesia [...] fijará las circunstancias en que sea procedente la esterilización de los delincuentes, reincidentes e incorregibles [...] para evitar la procreación de seres humanos de irresponsable inadaptación social.

XI. De acuerdo con el artículo 4° de la Ley número 121, del 6 de julio de 1932, la sección de Eugenesia e Higiene Mental, organizará los estudios que sean convenientes para la medición de la inteligencia de niños y adultos con relación a su edad cronológica o adoptando al efecto las bases, escalas y pruebas que a tal objetivo conduzcan y gocen del mayor crédito científico.

Como se comprenderá, este reglamento es contradictorio, ya que pretende salvar la dignidad de los futuros esterilizados o «ejemplares humanos», enmarcándolos en una serie de categorías y acciones violentas; las cuales no pueden evitar ser calificadas y utilizadas para propinar «penas» o «estigmas». Y, al mismo tiempo, amalgama a los clasificados como «idiotas, degenerados y dementes», y los agrupa con los «delincuentes reincidentes e incorregibles».

Expuestas las líneas principales del reglamento veracruzano, cito dos textos escritos por el doctor Bruno Steinwallner. El primero fue publicado en 1937, en el *Boletín Médico de Baviera* (núm. 51, págs. 650-655), y el segundo –en una versión abreviada– en 1938, en el *Semanario Psiquiátrico Neurológico de Bonn* (págs. 81-82).

1. Eugenesia en Veracruz, México, vista desde la perspectiva de un médico psiquiatra alemán

Entre nosotros prácticamente se desconoce que en México, en el estado de Veracruz, existe desde 1932 una interesante legislación sobre eugenesia, que merece una atención más amplia y detallada.

El 6 de julio de 1932, se decretó en Veracruz la Ley número 121 sobre Eugenesia e Higiene Mental y, de manera complementaria a esta ley, el 26 de noviembre del mismo año se emitió el Reglamento de Eugenesia e Higiene Mental. La primera entró en vigor el 9 de julio y el segundo, el 1 de diciembre, ambos de 1932.[2]

Esta ley, integrada por 7 artículos, prevé las siguientes disposiciones: se trata pues de un programa amplio y ambicioso [...] que como primer paso emitió su correspondiente reglamento, integrado por 17 artículos, entre los cuales también se plantea la esterilización de quienes padecen enfermedades genéticas y hereditariamente transmisibles [...] y su exposición de motivos.

Hasta aquí las disposiciones más relevantes de las reglamentaciones veracruzanas sobre eugenesia e higiene mental. Pero destaquemos, también, brevemente, los rasgos distintivos de uno de los motivos expuestos por el doctor Mejía: los conocimientos actuales de la genética permiten una eugenesia práctica, amplia y científicamente fundada. Y entre las medidas eugenésicas actualmente posibles y prácticamente realizables, la esterilización de las personas con una reproducción defectuosa juega un papel central; si bien la política de población debe tener como objetivo aumentar el número de pobladores, si pretende proceder en forma adecuada y consecuente su obligación ineludible es impedir también, por todos los medios posibles, una progenie con taras hereditarias y, en la mayoría de los casos, socialmente deficiente [...] dado que ésta puede constituir un serio peligro para el conjunto de la población. Esto quiere decir, que las principales autoridades del área de población del estado de Veracruz están plenamente conscientes de la importancia que tienen las medidas eugenésicas adecuadas. En el prólogo que antecede al reglamento se puede constatar que Veracruz ya ha establecido con anterioridad normas que combaten enérgicamente el alcoholismo, la prostitución y las enfermedades venéreas, y mediante las cuales se pueden promover eficazmente los objetivos de las leyes previamente detalladas.

Vale la pena resaltar también los impedimentos legales para contraer matrimonio, con claros fines eugenésicos, que se encuentran vigentes en todo México desde 1928 y, específicamente en Veracruz, desde 1932. Según la Constitución federal mexicana de 1928 y la Constitución estatal veracruzana de 1932, no se puede contraer matrimonio cuando está comprobadamente presente una de las siguientes condiciones: alcoholismo, morfinomanía, eteromanía, consumo habitual desmedido de cualquier otro enervante, impotencia incurable, sífilis, enfermedad mental, idiotismo, imbecilidad o cualquier otra enfermedad crónica e incurable que sea contagiosa o hereditable.[3]

Digno de mención en este contexto es también el nuevo Código Penal para el Distrito y Territorios Federales, del 14 de agosto de 1931, en el que están previstas medidas de seguridad extraordinariamente eficaces contra delincuentes peligrosos. Éstas posibilitan el encarcelamiento por tiempo indefinido –de por vida, si es el caso– de dementes, débiles mentales, adictos, degenerados y criminales incorregibles y reincidentes (en todo caso, para los delincuentes que puedan ser rehabilitados, esto debe intentarse). Ello significa que a través de estas medidas punitivas también se ha logrado apartar a criminales socialmente peligrosos –la mayoría genéticamente deficientes– del proceso de reproducción.

El marco legal sobre eugenesia del estado de Veracruz se observa particulamente prometedor. Hay que reconocer sobre todo la extensión de la esterilización a los padecimientos físicos y orgánicos –no sólo los mentales– así como su previsión de obligatoriedad. Notable es también el hecho de que se incluya a los delincuentes incorregibles y reincidentes en el círculo de las personas que deben ser esterilizadas. Esta posibilidad, hecha realidad desde hace años en el estado de Veracruz,[4] podría adoptarla próximamente Islandia (ver el proyecto de ley, publicado en 1937, sobre medidas para regenerar a la población, entre las cuales se propone que las personas con «propensión al delito» deben ser esterilizadas), mientras que en las demás disposiciones eugenésicas, aprobadas hasta ahora en otros países, *no se ve por ningún lado una extensión de esta naturaleza tan amplia.* Y es precisamente esta normativa, que se preocupa por aislar del proceso procreativo a quienes propenden al delito, la que merece nuestra atención, porque evidencia que los círculos que dirigen las políticas de población en el estado de Veracruz han identificado correctamente la importancia de la propensión como génesis de la delincuencia. Todo ello debería despertar en nosotros un interés particular, porque en Veracruz el conocimiento empírico que ha dejado esta práctica evidencia que la predisposición tiene un papel determinante en la etiología criminal, lo que aquí [en Alemania] han confirmado ampliamente las investigaciones de Stumpfl.[5] Lo único que hay que lamentar es que Veracruz no haya permitido hasta ahora la interrupción legal del embarazo por motivos eugenésicos. También, es lamentable la ausencia de una normativa que haga posible la castración de quienes infringen la moral, como una medida efectiva para proteger a la comunidad; porque únicamente con la esterilización (tal como lo dispone la ley), en la mayoría de estos casos, no se puede lograr una protección suficiente para la población frente a posteriores delitos sexuales de este tipo de criminales. Por otra parte, hay que destacar las garantías legales que la legislación veracruzana otorga a los afectados, y sobre todo la protección que les garantiza en todo sentido. Finalmente, *también resulta notable que, para la orden de esterilización, el estado de Veracruz prescinda de cualquier proceso legal y deje la decisión totalmente en manos de los médicos.*

En síntesis, se puede decir que la ambiciosa política poblacional del estado de Veracruz merece que le demos seguimiento –sobre todo, porque ha basado esta política de manera consecuente en los conocimientos de la genética. Deberemos estar atentos para ver qué resultados arroja con el tiempo esta ley eugenésica. Lo único que nos queda desear es que este ejemplo puesto por Veracruz, que se adelantó por un año a nuestra ley de enfermedades hereditarias, sea seguido no sólo por el resto de México, sino también por otros países iberoamericanos; por el momento, únicamente Cuba se ha mostrado inclinada a practicar la eugenesia, mediante la publicación de un proyecto de ley sobre enfermedades hereditarias (en el que se propone la esterilización para quienes padecen enfermedades genéticas y la interrupción legal del embarazo por problemas hereditarios de salud).[6]

Caso notable que en el México en el que acababa de constituirse el antecedente del Partido Revolucionario Institucional (PRI); es decir, el Partido Nacional Revolucionario, se promueva y cobije un proyecto que –incluso por los que irán a la vanguardia de los proyectos eugenésicos y muy pronto exterminadores– es visto con sumo interés. Sin embargo, la doctora Laura Suárez, en su libro acerca de la eugenesia y racismo en México, señala que, unos meses después, los enfrentamientos en Veracruz entre radicales y conservadores, con relación a la tenencia de la tierra «se adueñaron del escenario político, por lo que la ley en cuestión queda aparentemente relegada, aunque hasta ahora no ha sido derogada».[7]

El plan eugenésico nazi

Ahora bien, para entender el contexto de exterminación en el que desembarcó Igor Caruso, y ya no sólo de esterilización, hay que referirnos, entre otros posibles, al texto del mismo

Hitler, *Mein Kampf* (*Mi lucha*), el cual apareció en dos tomos; el primero, en julio de 1925, titulado *Retrospección*; y el segundo, *El Movimiento Nacional-Socialista*, en 1928. En este texto se encuentra el argumento central de lo que más tarde sería la doble exterminación purificatoria practicada por los nazis, que trasciende con creces la esterilización, convirtiéndose en un proceso mortífero contra los propios y ajenos.

Evidentemente, ese proyecto eugenésico, con otras bases, se remonta, por lo menos, a Grecia. En el siglo XX, encontramos el proyecto esterilizador, sin antisemitismo, por ejemplo, en los Estados Unidos, respecto a la esterilización de «los enfermos mentales y ciertos criminales».[8] Específicamente, en el estado de Indiana desde 1907, y después, a fines de los años veinte, en 28 estados de la unión americana.

> Quince mil esterilizaciones fueron así efectuadas en los Estados Unidos antes de 1930, y más de 30 mil hasta 1939. En Europa, Suiza en 1928, y Dinamarca en 1929, fueron los países pioneros en la materia. Después, Alemania en 1933, y Noruega en 1934.[9]

Es decir, la Alemania nazi, de ninguna manera, fue pionera en la cuestión, cuando surge la llamada Ley de la esterilización, el 14 de agosto de 1933. En el primer año de su aplicación, se hicieron 56 mil 244 esterilizaciones. Estas decisiones, nos dice Michaud, fueron tomadas por 181 «tribunales de salud hereditaria». El año anterior, fue elegido, en Nueva York, Ernest Rudin, quien figuraba en la cúpula de la medicina alemana, como presidente de la Asociación Internacional de Sociedades Eugenésicas.

Hitler, en *Mi lucha*, se alegraba de que la mezcla de razas no hubiera sido «integral».

> Poseemos aún hoy, en nuestro pueblo alemán, grandes reservas de hombres de la raza germánica del norte, cuya sangre ha permanecido sin mezcla y que podemos considerar como el tesoro más precioso para nuestro futuro. [De ahí que la función del

> Estado era la de] hacer de la raza el centro de la vida de la comunidad. [Su doble tarea debería consistir en] ocuparse de que sólo el individuo sano procreara niños [y de prohibir, por esterilización, la reproducción] de todo individuo notoriamente enfermo o afectado por taras hereditarias.
>
> [Finalmente, se trataba de] establecer mejores bases de nuestro desarrollo, inspirándose en un profundo sentimiento de responsabilidad social. [Y de] aniquilar, con brutal decisión, los vástagos no mejorables.[10]

Bastaba la deriva antisemita y nacionalista, aunada al mito de la raza pura, para que la esterilización diera el paso hacia la exterminación.

El texto de Alice Platen-Hallermund acerca de los enfermos mentales en Alemania nazi menciona cómo se fue preparando un plan para asesinar a lo que se consideraba una carga social. Refiere a la obra fundamental de Binding y Hoche, *Die Freigabe der Vernichtung lebensunwerten Lebens*, de 1925 (el mismo año que se publicó *Mi lucha*), en la que los autores aluden a los que están «mentalmente muertos» y que «constituyen una carga terriblemente pesada, tanto para los familiares como para la sociedad. Su muerte no deja el menor vacío, salvo tal vez en los sentimientos de la madre o la fiel enfermera».[11] Se puede decir que el plan implementado por los nazis en 1939 tenía ya, previamente, sus justificaciones prestas para operar.

Platen dice:

> El plan, según el cual debía practicarse la eutanasia, fue elaborado en la oficina II de la cancillería del Führer, la oficina de Viktor Brack [denominado T4]. Hubo que crear organizaciones que se hicieran cargo de los asuntos relacionados con las muertes. Se crearon tres sociedades encubiertas que disponían de personal propio. La Fundación General de Institutos Psiquiátricos, de la que dependía el personal de los establecimientos de exterminio; la Comunidad de Trabajo del Reich de Hospitales Neuropsiquiátricos, que distribuía los formularios de registro y

ordenaba los peritajes; y la Sociedad de Utilidad Pública de Transporte de Enfermos, que realizaba los traslados de los enfermos de los institutos a los establecimientos de exterminio en sus ómnibus, más tarde, bien conocidos.

La «campaña» comenzó a fines del otoño de 1939, cuando se enviaron los primeros formularios de registro de los pacientes a los institutos alemanes y *austriacos*. Todos los internos tenían que declarar si: 1, sufrían una de las siguientes enfermedades: esquizofrenia, epilepsia (si exógena, con indicación de las causas), enfermedades seniles, parálisis refractaria a la terapia u otras afecciones sifilíticas, debilidad mental por cualquier causa, encefalitis, Huntington u otras fases finales neurológicas; 2, llevaran más de cinco años atendidos en forma permanente en el instituto; 3, estuvieran recluidos como enfermos criminales; 4, no fueran de sangre alemana o sangre afín, o fueran extranjeros.

[…] Hasta agosto de 1941, fueron enviados a la cámara de gas setenta mil internos.[12]

Platen añade que, en el acta del 27 de enero de 1947 –juicio de Kalmenhof–, la enfermera Wilhelmine Stahl describió el miedo de los niños por ir al hospital y no volver; incluso jugaban al *ataúd sin fondo*; se trataba de chicos de diez años. Es decir que «los secretos del tercer Reich», al parecer, no eran tan difíciles de descubrir en esa zona.[13]

Se trata pues de una política perfectamente planeada de exterminación desde el estado nazi que comenzó a fines de otoño de 1939 y terminó, oficialmente, hacia agosto de 1941, gracias a la resistencia pasiva de parte de la población y de algunos «médicos generales de la ciudad y el campo», pero que continuó «a tambor batiente» *puertas adentro* de los hospitales, aún más protegida. Según Platen, la mayoría de los médicos implicados, cuando menos en Alemania, eran médicos del Estado, y afirma que se sabe de una reunión a la que asistieron alrededor de cincuenta a sesenta psiquiatras y directores de manicomios, en su mayoría miembros de confianza del Partido nazi, y que sólo hubo una protesta cuando se les presentó el programa.

¿Caruso ignoró totalmente esta campaña de 1939 a 1941, y que continuó intramuros, cuando entró al Steinhof? ¿Su concuño no le informó nada al respecto? ¿Caruso mismo no cayó en la cuenta de que, al integrarse a un hospital del Estado, ahí mismo podían hacerse efectivas las leyes eugenésicas, que el gobierno del Reich promulgó el 14 de julio de 1933,[14] y en las que se ordenaba la esterilización, forzada o voluntaria, con el objetivo de «prevenir la propagación de los brotes de *vida indigna* (*lebensunwertes leben*)»?[15] Y no solo estas leyes porque, además, en octubre de 1935:

> [...] el Reich sancionó una «ley para la defensa de la salud hereditaria del pueblo alemán», que prohíbe el casamiento cuando uno de los prometidos padezca una «enfermedad contagiosa» o «hereditaria» (imbecilidad congénita, esquizofrenia, locura maniacodepresiva, epilepsia, ceguera o sordera hereditarias, graves malformaciones físicas hereditarias).

Paralelamente, las que se conocen como «leyes de Nuremmberg» (de 1935) legislaban sobre la situación legal de personas biológicamente indeseables para el Estado y el pueblo (judíos y otras malas hierbas).

Una vez consensuada la idea moderna de que la raza debe ser mejorada y de que eso es un objetivo científico, y una vez asimilados los programas de esterilización como una solución moralmente compatible con los ideales de progreso de la raza, ¿por qué detenerse?

Ahí estaba el concepto de *lebensunwertes leben* para legitimar la eutanasia –que, entre 1940 y 1941, permitió sacrificar a sesenta mil personas, niños y adultos– y, luego, para eliminar a todos aquellos que pudieran perturbar la *gesundheit des volkskörpers* (salud del cuerpo del pueblo): por ejemplo, las razas indignas. Baste recordar la célebre frase de Hitler, «los judíos constituyen una raza, pero no son humanos».[16]

Gerhard Benetka y Clarisa Rudolph aseguran, en *Por supuesto que entonces pasaron cosas*,[17] que el 13 de agosto de 1939, el ministerio del interior del Reich:

> [...] ordenó a todas las parteras y médicos de las clínicas de maternidad notificar obligatoriamente a las autoridades de salud «malformaciones, etc.» en recién nacidos y niños pequeños hasta los tres años de edad. La referencia aludía a niños con retraso mental, mongolismo, microcefalia, hidrocefalia, malformaciones de cualquier tipo (particularmente, la falta completa de algún miembro, labio-paladar hendido, espina bífida, etc.) y parálisis, incluyendo la enfermedad de Little o parálisis cerebral.[18]

Y, entonces, se implementó un dispositivo para llevar a efecto la política exterminadora.

> Dado que el decreto estaba dirigido a los servicios de salud, como primer paso, se buscó incluir a los niños pequeños que no estaban internados en instituciones. A partir del otoño de 1939, el Ministerio del Interior distribuyó hojas de inscripción. Las inscripciones eran reunidas por los médicos de los servicios municipales y turnadas a la Comisión del Reich. Después de una selección preliminar, realizada por personal no médico en la Sección IIb de la Cancillería del Führer, las hojas eran transferidas a tres médicos dictaminadores que determinaban, uno por uno, el destino de los pequeños pacientes. Si en la hoja aparecía una + significaba que el dictaminador correspondiente había decidido la muerte del niño. Una decisión de esa naturaleza debía ser aprobada por unanimidad. En este caso, el médico tratante recibía por correo rápido una orden de que remitiera al niño aludido a una clínica infantil especializada, es decir, a una institución donde se le daba muerte. Al mismo tiempo, notificaba a ésta que el niño que iba a ingresar podía ser asesinado.[19]

El plan de exterminación T4 creó su primera clínica en la Municipalidad de Brandenburg-Görden.

Pero, en los años siguientes, se crearon instalaciones de este tipo en todas partes del Reich; para disfrazarlas, siempre formaban parte de instituciones de asistencia o salud, clínicas universitarias u hospitales pediátricos.

[...] La segunda fue integrada al Centro de Asistencia para Jóvenes del complejo municipal Vienés Am Spiegelgrund, creado el 24 de julio de 1940.[20]

En el caso de Austria, la Clínica Estatal de Enfermedades Nerviosas para la Infancia y la Juventud Am Spiegelgrund (Stätditische Nervenklinik für Kinder und Jugendliche Am Spiegelgrund) se encontraba en el Complejo de Medicina Hospitalaria Baumbgartner Höhe (Viena). A ésta iban los niños para ser utilizados como cobayas humanas (*versuchenpersonen*), o para ser eliminados en el programa de exterminación nazi.

Todo se registraba prolijamente en las historias clínicas. Los cerebros de las víctimas, se supo mucho tiempo después, eran conservados para estudios científicos en una sala especial que, en el pabellón de patología, llevaba el estremecedor nombre de *gedankraum* (habitación de la memoria).[21]

Y, un buen día, la habitación de la memoria, en la cual el doctor Heinrich Gross guardaba celosamente los cerebros de los niños para estudiarlos, y después escribir sesudos trabajos –que lo llevaron a sonados triunfos académicos–, se abrió y la información comenzó a desbordarse.

En «La guerra contra los inferiores» –publicado en el marco de una exposición homónima y que directamente alude al sitio memorial Steinhof–[22] se afirma que después de la Anschluss de 1938, se convirtió en el Centro Vienés de la Medicina nacionalsocialista –dedicada al exterminio–, «costó la vida de más de 7,500 pacientes del Steinhof». Y añade que:

De 1940 a 1945, existió un área de la institución, un «departamento especializado para niños» denominado Am Spiegelgrund, en el cual murieron alrededor de 800 niños y adolescentes enfermos o discapacitados.

En 1940-41, más de 3 mil 200 internos fueron llevados, en el marco de la Acción T4 (exterminio de discapacitados y enfermos psíquicos), de la institución al Castillo de Harteheim, cerca de Linz, donde fueron asesinados.

Después del cese oficial de la Acción T4, en agosto de 1941, la eutanasia continuó a nivel interno, mediante una desnutrición intencionada y el descuido sistemático. Más de 3 mil 500 pacientes perecieron por hambre y por infecciones.

[...] Hasta abril del 2002,[23] se dio sepelio a los restos mortales de 600 víctimas del Spiegelgrund.[24]

Digamos que quien pretendía ser psiquiatra o psicólogo del Estado en Alemania y Austria, poco antes de la guerra, durante y después del conflicto armado, tenía el predicamento de topar rápidamente no sólo con la palabra esterilización, sino con exterminio efectivo. Y los pacientes de la posguerra tenían que verse involucrados y en las manos de los que habían decidido quiénes eran considerados como «mentalmente muertos». En otras circunstancias, la aplicación de los test de ninguna forma significaría la posibilidad de contribuir a matar a una persona; pero, en el contexto del totalitarismo nazi, las actividades a este respecto adquirieron efectos desorbitados y mortíferos.

Este conjunto heterogéneo de personas asesinadas por la «Sanidad del Reich no establecía distinciones entre enfermos de diferente procedencia religiosa o racial»[25] –en donde no necesariamente imperaban los judíos. Además, servía para acusar o dar testimonio vivo en el corazón de las ciudades de la política nazi de exterminación, mucho antes de que se anunciara la otra *solución final* en los campos de exterminio, hacia el verano de 1941. Y en buena medida, «con suerte», le tocó a psiquiatras y psicólogos implementarla.

Quizás el ciudadano medio ignoraba la máquina asesina de esos años, y sólo más tarde, terminada la guerra, supiera de los campos de exterminio; pero, en el caso de los psiquiatras y psicólogos adscritos al Estado no podían ignorar lo ocurrido, ni aunque fueran «tontos». Y esto último, según lo descrito, resultaba peligroso pues podría considerarlos como candidatos para la exterminación.

IV. El azaroso trayecto de Igor A. Caruso antes de llegar a Viena, o qué implica tener un título de conde

Igor Alexander Caruso nació en Tiraspol, Rusia, el 4 de febrero de 1914. Fue hijo de Sofia Stravacova y del militar Alexander Gregorevich Caruso. El psicoanalista escribió una presentación genealógica de sus antepasados que le heredaron el título de conde, no exenta de ironía:

> Mis antepasados medievales eran *barone* en Sicilia (probablemente, miembros de la mafia de entonces). Uno de ellos, más tarde, se puso al servicio de la República de Venecia y su familia fue agraciada con un título de conde (quizá como premio a otros saqueos). Ulteriormente, Francesco Caruso fue nombrado gobernador de las islas Jónicas y, cuando Venecia fue ocupada por Napoleón, le declaró la guerra al servicio del Zar de todas las Rusias. Fue premiado por ello, con gigantescas propiedades en el Cáucaso, que debió dilapidar en el juego o en borracheras. Porque, en el momento de la Revolución de Octubre, mi familia no tenía en Rusia sino una hacienda insignificante, y no en el Cáucaso precisamente.[1]

Esta presentación genealógica vulnera, sin eufemismos, la novela familiar sobre el origen de su título nobiliario, y permite enfrentar aquella que se inicia cuando Igor llega a Viena y después funda el Círculo Vienés de Psicología Profunda en 1947. Por lo pronto, nos habla de unos antepasados que juegan sus cartas según las circunstancias y los postores que se presentan. El relato de Caruso mantiene una distancia irónica y desencantada acerca de sus predecesores de la genealogía paterna.

Pero ciertamente no incluye a su padre en esta manera de ver las cosas.

La azarosa vida del conde Igor A. Caruso comienza, a tambor batiente, cuando en 1920 los padres mencheviques que apoyaban al gobierno de Kerensky decidieron abandonar el sur de Rusia para librase de los bolcheviques. Atravesaron el río y se instalaron en territorio rumano en Kischniev. Tiempo después, cuando tenía alrededor de 12 años, fue enviado a Bélgica para estudiar en una escuela católica. País en donde va a permanecer hasta terminar la universidad.

Paradójicamente por lo que enfrentaría pocos años después, Caruso hizo su tesis de doctorado en pedagogía acerca de *La notion de la responsabilité et de justice immanent chez le enfant* (1937).

Fue en la universidad en donde conoció a la que fue su primera esposa, Irina, una rusa de Estonia. Se casaron en 1939 y se fueron a vivir a Estonia en 1939. Pero vino el pacto germano ruso y entonces la pareja quedó en una situación complicada. Pronto fueron asediados por la policía estalinista y decidieron partir hacia Alemania. Desconozco las circunstancias de la fuga y por qué no regresaron. Tampoco queda claro cómo lograron quedarse en un campo de trabajo alemán, en Neresheim, hasta finales de 1941. Aunque Caruso ofrece ciertos elementos al respecto. En dicho campo nació su hija. Al poco tiempo enfermó y murió.

Hasta aquí se pueden constatar, como mínimo, dos ocasiones en las cuales la vida de Caruso y los suyos corrió peligro: la partida de territorio ruso en 1920, y el momento del pacto antes citado. Además, me imagino que vivieron en condiciones económicas muy precarias. En este panorama, resulta más explicable que, finalmente, por los contactos del yerno de Irina, escogiera Viena.

Retomemos la cuestión del arribo a dicha ciudad, lugar en donde el matrimonio Caruso no pensó vivir, como primera posibilidad, durante el fatídico año de 1942. List ofrece algunos elementos:

Caruso, ruso exiliado con un pasaporte alemán para extranjeros, quien se escapó en 1941 de la Estonia ocupada por tropas soviéticas, inicialmente había intentado, mediante contactos personales, encontrar un empleo en la Universidad de Viena.[2] Al fracasar este intento, hizo su solicitud en la Institución de Asistencia Pública de la ciudad de Viena, Am Spiegelgrund. No era su primera opción, pero incluso un puesto como ése no se podía conseguir sin «contactos» en esos tiempos.[3] Fue empleado como educador para «la realización de exámenes, así como dictámenes psicológico-pedagógicos, a raíz de que la población había crecido de inicialmente 89 niños a 840».[4]

Tener un concuñado que pertenecía a las SS,[5] al parecer, no le sirvió automáticamente para obtener trabajo en la universidad como profesor, la cual, según la doctora List, era su primera opción. Lugar en el que quizás le hubiera costado un poco más de tiempo para enterarse de los «secretos del Tercer Reich». Ni tampoco le sería de mucha ayuda cuando se tuviera que enfrentar a lo sucedido, en años posteriores. No obstante, dejemos al propio Caruso describir el periplo de su llegada a Viena en 1942, en la entrevista de 1979 ya mencionada:

> Pero [después de estar detenido algunos meses por los nazis] no se me permitió de inmediato regresar a Bélgica, todavía tuve que trabajar para los alemanes. Entonces se llamaba «Eoro» (nunca logré saber cuál era el nombre oficial correcto, ésta es sólo una denominación onomatopéyica, pero debe ser la abreviación de algún servicio de trabajos forzados); no lo sé. De todos los países habían llevado gente joven a Alemania –y yo, entonces, ya había cumplido, digamos, unos 26 años– y, como decía, llevaron a toda la gente joven ahí, y *yo mismo me hice llevar a Alemania.*
>
> Es decir, como no me dejaron continuar el viaje, logré otra vez, gracias a parientes, porque mi familia era muy ramificada […], llegar a Viena en el año 1942. Ahí fui asignado a una clínica de niños […], en esa clínica pediátrica pude *descubrir progresiva y muy rápidamente los secretos del Tercer Reich, porque muchos niños eran asesinados.*[6]

El intento de regresar a Bélgica era porque, al parecer, sus padres ya vivían en ese país. Ninguna referencia al concuñado SS, sobre su ayuda para instalarse en Viena; tampoco da nombres de la «ramificada» red de parientes que le ayudaron a llegar a esa ciudad. Benetka y Rudolph proporcionan al respecto algunos datos. Afirman que Irina e Igor Caruso llegaron a Viena a fines de 1941 y que, en efecto, su concuño, el doctor Gottfried Stix, quien había colaborado en la Universidad de Viena y, en ese momento, era docente en Catania y Nápoles, había intercedido por Caruso –por intermedio del doctor R. Katschinka, de la Oficina de Enlace Distrital de Estudiantes de Viena– ante el decano de la Facultad de Filosofía para ver si habría la posibilidad de conseguirle un puesto como psicólogo infantil o maestro de ruso. En la carta que le envía Stix al doctor Katschinka, le dice: «me permito agregar que el mayor von Flotow, del comando del ejército correspondiente al Distrito I de Viena [...] se interesa mucho por el caso». Sin embargo, no hubo lugar en la universidad para que se hiciera efectiva la petición.

Los autores aludidos añaden que:

> Lo cierto es que, después de su arribo a Viena, el matrimonio Caruso, muy pronto, tuvo oportunidades de trabajo. Irina Caruso encontró empleo como asistente médica en el Hospital General. Igor Caruso, como pedagogo en el Complejo Asistencial Am Spiegelgrund. Desde el 7 de enero de 1942, en el Centro Administrativo de la Sección E, de Salubridad y Asistencia Pública, de la Comunidad de Viena, quedó registrada su contratación para colaborar en la realización de pruebas psicológicas.

En la solicitud está descrito que:

> Dado que se asume que actualmente hay escasez de estos profesionales y la Oficina del Trabajo no ha podido enviar a nadie hasta ahora, se pone a su consideración al aspirante a este puesto, el Dr. Conde Igor Caruso [...]

> Puesto que se trata de un inmigrante de origen alemán nacido en el extranjero, su contratación también resulta deseable desde un punto de vista general.[7]

Curiosa afirmación esta última, dado que Caruso, hasta donde sé, no era alemán precisamente. El hecho fue que el 11 de febrero ya estaba concedido el permiso de trabajo como pedagogo en el Spiegelgrund. Vale la pena subrayar que también Irina obtuvo un puesto de trabajo, lo cual, de alguna manera, aligeraba la posibilidad de tomar decisiones que hubieran resultado fundamentales; por ejemplo, la de renunciar a ejercer un tipo de actividades como en las que efectivamente se vio envuelto Caruso apenas entró al hospital ya citado.

Hasta ahora, según los datos disponibles, no se puede detectar una simpatía de Caruso respecto a los nazis. La doctora List lo corrobora. No obstante, de pronto, se encontró, sin tener especial cercanía con los nazis, entre otras cosas, por su ascendencia rusa, situado demasiado cerca de donde se practicaba la exterminación y *purificación* de la supuesta raza aria. Además por su situación familiar, con el esposo de Lidia, la hermana de Irina.

Entonces, la pregunta a hacerse no es si era nazi o simpatizante, sino cómo no siendo ninguna de las dos cosas terminó cooperarando en una de las zonas más mortíferas del nazismo, viniendo de un contexto ruso, blanco, con las contradicciones ya señaladas, en el cual los alemanes, y más específicamente los nazis, eran sus enemigos «naturales». Se comprenderá que este universo contradictorio no se presta para análisis simplificados, en donde el blanco y el negro se decantan nítidamente.

Después de la guerra, conoció a su segunda mujer, Marie, quien era de familia austriaca, con algún resto de aristocracia y conservadora.

Digamos que la vida de Igor Caruso, como se puede apreciar, no fue fácil: estuvo cruzada por situaciones familiares, sociales y políticas muy contradictorias. Por una revolución y una guerra, por varios desarraigos, peligros a su vida y exilios y una aristocracia muy cuestionable. Todo esto, produce en quien esto analiza un malestar, producto además de una tragedia en la que se vio envuelto Caruso como participante. Malestar, que no es recomendable evitar sino tratar de encarar dando cuenta de lo ocurrido.

V. «No he buscado saber, pero he sabido».[1] De 1979, 1964, 1942

Él dejaba oír una parcela ínfima de los gritos sepultados en su interior.[2]

WAJDI MOUAWAD

Eveline List, cuyas supuestas intenciones y unilateralidad fueron cuestionadas sin consideración alguna, pero no necesariamente en los datos que ofrece de los diagnósticos escritos por Caruso en 1942, ofrecerá una versión distinta a la que se encuentra en el Gale Dictionary of Psychoanalysis, que, a la letra, dice:

> En 1942, Caruso se estableció en Austria y trabajó por un tiempo asistiendo niños en el gran Hospital Psiquiátrico Steinhof de Viena. *Horrorizado por los experimentos nazis de eutanasia, abandonó el hospital* y encontró trabajo como psicólogo en una pequeña clínica neuropsiquiátrica, dirigida por Alfred Auersperg. A pesar de que fue alentado a sumarse al «grupo de trabajo vienés», del Instituto del Reich Alemán para la Investigación Psicológica y la Psicoterapia, no existen pruebas de su participación en él.[3]

Cuestionando esa versión, E. List intentará especificar el tipo de «asistencia» que Caruso proporcionó a los niños. Al inicio, describe algunos de los diferentes tipos de autobiografía que se han producido en el campo psicoanalítico; cita, por ejemplo, las viñetas que escribió Freud al respecto y alude a la calculada y selectiva manera de utilizar la información. Añade que no sólo hay autobiografías que hablan de la *vida vivida*, sino de la *deseada.*

Y alude, en este caso, al ya citado psicoanalista Alexander Mitscherlich, a quien describe como el célebre demócrata de la izquierda y propagandista del psicoanálisis alemán de la posguerra», pero que, de acuerdo a su información, dio una versión maquillada de su vida, pues satisfacía más las expectativas del público que su historia real. Esto, según List:

> [...] lo reveló públicamente como un mentiroso, y quedó como un legado en cuanto a problema de credibilidad para el psicoanálisis en los países de habla alemana. [Y, a continuación, añade:] En el caso de Igor Caruso, se trata de una corrección de los recuerdos y de la vida comparable. Caruso se presenta –al igual que Mitscherlich– como víctima y resistente ahí donde no lo era. La enorme diferencia de ambos es el contenido de lo callado e inventado. Caruso no calló tanto sus ideas [políticas] y amigos sospechosos, sino *su participación efectiva e inmediata en el programa de eutanasia nacionalsocialista.* [...] Aparte de este hecho, las otras falsificaciones en la biografía de Caruso, que se ubican en el mismo «nivel de correcciones», como las de Mitscherlich, son casi secundarias.[4]

Esta descripción nos coloca, ante la cuestión aludida, sin eufemismos que valgan. El punto crítico, para la doctora List, es *la participación efectiva de Caruso en el programa de eutanasia del tercer Reich, así como, sus relaciones con amigos sospechosos respecto al nazismo, pero no si negó haber conocido lo que se practicaba en el multicitado hospital.* A continuación y para entrar en materia, la doctora List describe un evento ocurrido en Salzburgo, el 20 de enero de 1979.[5] Ese día:

> [...] el director del departamento de psiquiatría del Hospital LKH de Salzburgo, Gerhart Harrer,[6] invitó a su viejo amigo, Heinrich Gross,[7] el perito psiquiátrico judicial más ocupado de Austria, a un evento en Salzburgo, con el tema «delitos de asesinatos cometidos por enfermos mentales». Ahí se presentó, sin ser invitado, Werner Vogt, de la iniciativa «medicina crítica», y exigió que Heinrich Gross no hablara, como [se había] anunciado, sobre los «de-

litos de asesinatos cometidos *por*», sino sobre «delitos de asesinatos cometidos en enfermos mentales», porque ahí tenía mucha más experiencia.[8] Con esto se desencadenó un proceso que trajo a la luz pública los sucesos del Spiegelgrund, la máxima institución nacionalsocialista para la eutanasia de niños en Austria.

[...] *Igor Caruso, catedrático para Psicología Clínica y Social de la Universidad de Salzburgo y amigo de Harrer, el cual también enseñaba en el Instituto de Caruso, no hizo escuchar su voz al respecto.*[9] Pero, poco después, grabó una exposición autobiográfica para la radio austriaca. Esta fue transmitida el 4 de abril de 1979, como un retrato, y señalando el cumpleaños 65 (el 4 de febrero)[10] de Caruso, y que consistió en una introducción de reconocimiento[11] y de una exposición narrada por el propio Igor Caruso, de casi una hora de duración. Todos los trabajos biográficos sobre Caruso recurren sobre todo a este documento.[12]

En el texto escrito por Benetka y Rudolph, hay una alusión a las relaciones de Caruso con el doctor Gross, en 1942. Se refiere a un diagnóstico realizado por este último a un niño de diez años, llamado Johann M., de quien sostiene que tenía un desarrollo físico normal y un buen estado nutricional [...]«con reflejos muy vivos. Agitación nerviosa y motriz; ansiedad. ¿Oligofrenia severa? ¡Someter a prueba!». El 3 de junio, Caruso le realizó la primera prueba psicológica y escribió:

> El niño no pudo ser sometido al test porque todas las preguntas las contestó de manera renuente, confabuladora o desviada [...] Por otra parte, el total desorden del desempeño intelectual, el amplio trastorno del pensamiento asociativo, los rasgos autistas, la probable presencia de alucinaciones, los momentos seudológicos, la inclinación al negativismo, las obsesiones y los estereotipos fundamentan la sospecha de una esquizofrenia o de una forma de demencia infantil severa, con rasgos esquizoides.[13]

Enfermería completó el diagnóstico, aludiendo a una marcada timidez y miedo de Hans, así como con la sospecha de «un fuerte retraso mental»; además, afirmó que no era posible integrarlo a las actividades que se realizaban en la sección. El informe fue enviado en noviembre a la comisión del Reich, cuando Caruso ya había partido a otro hospital. Su diagnóstico de «demencia infantil severa» fue corregido por el de «oligofrenia en alto grado»; el 13 de febrero de 1943, se lee que «presentó neumonía», y el 18 del mismo mes, a las «4.30 hrs. *exitus letalis*». Como se advertirá más adelante, la neumonía era una manera de asesinar a los niños considerados no dignos de ser educados.

Una cuestión importante es analizar la articulación entre el tipo de diagnósticos aplicados, su posterior revisión por los médicos y, en un tercer momento, la emisión de la orden de asesinarlos o no. Caruso actuó en el primer nivel de la maquinaria, emitiendo como mínimo cien diagnósticos, durante su estancia de ocho meses en el Spiegelgrund, según la doctora List. En el ejemplo recién aludido, hay una diferencia entre las categorías usadas por Caruso, corregidas por otro psicólogo o psiquiatra, e incluso enfermeros; y luego, la muerte por neumonía. En otros casos, el periodo transcurrido entre el diagnóstico y la muerte es más corto.

Volvamos al episodio de Salzburgo y a lo que dijo Caruso en la entrevista del 4 de abril de 1979, respecto a su participación en el Spiegelgrund:

> Fui empleado en una clínica pediátrica, en la colina Baumgartner Höle, en Viena, en el Steinhof. En esta clínica pediátrica, he descubierto paulatinamente, y muy pronto, los secretos del Tercer Reich, porque [...] muchos niños fueron matados [asesinados]. *Así que no lo sabía, yo*, como psicólogo, políticamente poco fiable, extranjero, etcétera, *no estaba iniciado en estos conocimientos, por supuesto. Pero no soy ningún tonto, o no lo era, y paulatinamente me enteré de la cruel verdad.*[14]

Y añadió:

> Se ha asesinado a los niños espásticos, los que tenían daños cerebrales graves y los niños con demencia. Es verdad, eso se hizo.

> Evidentemente, sucedieron muchas cosas en ese entonces en Am Steinhof. [...] Antes, no se chistaba con las personas enfermas, estaba bastante reglamentado y todo lo que era psíquico era considerado por los dirigentes más bien como inferior. Pero tengo que decir que los nazis tenían otros asuntos que atender, gracias a Dios, y la psicología resultó relativamente poco tocada, en verdad. Aparte los colegas judíos, especialmente, la psicología profunda, el psicoanálisis.[15]

«Gracias a Dios» los nazis tenían otros asuntos o seres a exterminar, además de los niños y enfermos en hospitales. Y tal parece que en el «gracias a Dios» está lo «relativamente poco tocada» que resultó la psicología –precisamente la que en ese tiempo, se presume, practicaba Caruso–, aparte, claro está, de «los colegas judíos y el psicoanálisis». Paradójicas palabras que describen a un testigo que parece narrar los hechos desde una cierta exterioridad, que se acantona en su condición de extranjero y, en consecuencia, «psicólogo políticamente poco fiable», que no supo a donde había ingresado. Sin embargo, una vez que supo y que ya no era un simple espectador, sino parte activa aunque subordinada al aparato, *¿qué hizo con eso, durante y después?*

List señala que esta comunicación «en voz pasiva» sería la primera comunicación pública que hizo Caruso sobre el tema en cuestión.[16] De ella, podemos extraer de *qué terminó por darse cuenta, pero no cuál fue su específica actuación en los hechos que relata. Que es lo que le interesa tanto a la doctora citada, como a quien esto escribe.* Cuando afirma: «fui empleado en una clínica pediátrica», no relata qué hizo, ni tampoco las consecuencias de lo que hizo. Rápidamente, pasa a la posición de observador crítico.

Por lo pronto, List confirma la amistad de Caruso con el doctor Harrer y la colaboración de este último en *el instituto* del primero, la cual no deja de ser *llamativa*, dados los antecedentes nazis que señala de Harrer. También, habla de la relación de éste con Gross y de la participación de este último en los asesinatos de niños. El hecho que tanto Herrer como Gross pudieran deambular por la Viena de los setenta con esa tranquilidad, nos muestra un tipo de arreglos con el pasado nazi de Austria, distinto al encarado por Alemania.

En el caso de Caruso, habría que imaginar a un extranjero que llega a Viena en los inicios de 1942, acaba de perder a su pequeña hija, y en el contexto de la Anschluss nazi de Austria, *paulatinamente* se introduce en un contexto de asesinatos de niños, que responde a un plan general de exterminio de una parte de su población. ¿Qué hacer y ante quiénes presentaría su inconformidad, si es que la tuvo? ¿Se planteó la disyuntiva: a quiénes intentar salvar y a quiénes mandar, de alguna manera, a la muerte, una vez que se enteró en dónde estaba? Es decir, no entre lo bueno y lo malo, sino ¿entre lo malo y lo peor?

Conjeturo que estas tremebundas cuestiones no se le plantearon públicamente a Caruso cuando comenzó a explicitar el modo específico de su implicación en el asunto de la eutanasia, ni creo que él haya abundado en ellas una vez abierto el tema. *No obstante, en el trabajo de historiar, las sorpresas pueden aparecer, y no descarto un testimonio del propio Caruso al respecto, que contradiga mis conjeturas.*

Y, en efecto, de pronto surge una información que resignifica los hechos, aunque no haya sido ofrecida por Caruso. Éste, en la entrevista de 1979, afirma, como ya cité, que ha *descubierto paulatinamente y muy pronto* –fórmula que parece contradictoria–[17] el asesinato de niños en la Spiegelgrund. Por lo tanto, según su testimonio, no lo sabía cuando comenzó a trabajar, pero «paulatinamente me enteré de la cruel verdad». Sea que utilicemos la versión *he descubierto paulatinamente y muy pronto*, o aquella de *progresiva y muy rápidamente* –que no son del todo discordantes, siendo la segunda más precisa–, la interpretación cambia sustancialmente, si introducimos un dato contextual que no ofrece el psicoanalista ítalo-ruso. Veamos.

En el libro de Ernest Klee, se toca el asunto de la información con la que contaban quienes iban a colaborar en el plan T4. Dicho autor, en el capítulo ocho, titulado *Nicht einer wurde zum Mitmachen geswungen. Die widerstandsprobelamtik (Ninguno estaba obligado a colaborar. La problemática de la resistencia)*, afirma:

Los colaboradores de T4 son iniciados en los secretos –a diferencia de lo que se sostiene comúnmente. El revisor de finanzas Pelletier: «al entrar en el servicio fui informado que el objetivo de la acción T4 era la eliminación de la vida sin valor. Yo sé con seguridad que [...] no había amenazas con el campo de concentración o con la pena de muerte. Al electricista de T4, Kalisch, se le dice que la encomienda es «matar a los enfermos mentales incurables. Esto lo requería la situación de la guerra, ya que los enfermos sólo eran una carga para el pueblo alemán». También era un aliciente el ser exentado del servicio en el frente de guerra y había motivos económicos. T4 pagaba mejor.

Los colaboradores de T4 ganaban hasta el doble, recibían un aguinaldo y, en ocasiones, hasta recibían un porcentaje de las reparticiones del oro dental de los asesinados.[18]

Klee corrobora que las «declaraciones, en el sentido de que los colaboradores de T4 eran enviados a campos de concentración, debido a su resistencia, no han sido confirmadas en ninguno de los casos»[19], y añade:

Los colaboradores de T4, interrogados inmediatamente después de la guerra, no se defendieron, alegando que habían sido obligados. Käthe Hackbarth: «si yo hubiera querido renunciar, hubiera podido dejar la institución». Karl Willing: «nadie me amenazó jamás con el campo de concentración, para el caso que hubiera dejado mi trabajo en Hadamer».[20]

Ningún psiquiatra ha sido enviado a un campo de concentración debido a acciones de resistencia. [...] Aunque haya reclamos acerca de la selección de las víctimas, según el método de los cuestionarios, nadie rechaza el asesinato de los enfermos en general. La acción del asesinato tiene un aspecto tentador: posibilita el deshacerse de aquellos pacientes que constituyen una ofensa para los psiquiatras: los incurables, la evidencia de no saber curar.[21]

> El psiquiatra Paul Nitsche: «qué fabuloso el poder deshacerse del lastre en las instituciones y así poder empezar con la terapia verdadera».[22]

Después de 1945, obviamente, nadie lo ha expresado de esta manera. Algunos se presentaron como simples receptores de órdenes, como Max Liebers, director de la institución Zschadrass, cerca de Colditz: «como nos habían asegurado nuestros superiores que se trataba de una acción legal, no tomé la gasificación[23] como algo prohibido, que se podía sancionar».[24]

Ernst Klee concluye así el capítulo citado:

> No obstante, había una resistencia silenciosa. En junio de 1943, Von Rüdin, de Crinis, Carl Schneider, Heinze y Nitsche escribieron lo siguiente, en una publicación en memoria de Karl Brandt: «aunque en otras disciplinas médicas también se constatan problemas desde hace algún tiempo en cuanto a la nueva generación, la psiquiatría se encuentra en una crisis severa, lo cual ya ha sido señalado por el profesor doctor Rüdin en la última Jornada de Neurólogos y Psiquiatras Alemanes, en marzo de 1939, en su discurso inaugural». [...] Se puede hablar realmente de una huida de jóvenes y capaces psiquiatras, o sea una migración de los especialistas ya capacitados a otras áreas de la medicina.[25]

Vistos los hechos desde esta manera tan contundente, las palabras de Caruso adquieren otro sentido, a menos que se pueda corroborar que en Austria pasaron de otra forma. O que, por alguna extraña razón, se le ocultaba a los psicólogos lo que sí se les decía a los revisores de finanzas y a los electricistas. Si no es el caso, entonces, tenemos que *de esto tampoco pudo hablar Caruso, lo cual lo coloca en una posición en la que no entró* a ciegas, *sino* a ciencia y conciencia.

Sin embargo, como ya señalé, no fue en 1979 la primera vez que Caruso aludió públicamente a su experiencia en la clínica Am Spiegelgrund, ya que, en 1964,[26] envió una carta a la sección de lectores del *Spiegel*, dirigida a un interlocutor del que no tengo referencias:

> [...] parece usted menospreciar la actividad de la Comisión del Reich para la comprensión científica de graves enfermedades genéticas y hereditarias, que se prolongó hasta 1945, aún después de la suspensión de la Action T4.[27] De las *escasas experiencias* que tuve en 1942, como joven psicólogo de la institución pediátrica vienesa Am Spiegelgrund, primero bajo órdenes del médico en jefe, dr. Jekelius (prófugo desde 1945, ¿quizás sea en otra parte un respetado dictaminador y pediatra?) y luego del presidente del Supremo Consejo Médico, doctor [Ernest] Elling[28] (condenado a muerte por un tribunal austriaco y ahorcado), [pude observar] que *si bien la actividad asesina de esta «comisión del Reich» era engañosa y encubierta, sin duda, era masiva.* Viena, prof. dr. Igor A. Caruso, director del Círculo de Estudios de Viena en Psicología Profunda.[29]

Caruso reconoce que estuvo a las órdenes de dos individuos acusados de asesinos, uno ajusticiado y el otro supuestamente prófugo. Y añade que, a pesar de sus «escasas experiencias» como joven psicólogo (tenía 28 años), detectó, detrás de lo encubierto y engañoso de las actividades de la Comisión del Reich, paulatina o rápidamente, su *masiva* estrategia asesina. Nuevamente, nos encontramos con un tipo de relato que parece aludir a una especie de observador, testigo y crítico agudo; pero, insisto, del que no queda clara su intervención en las actividades que cuestiona.

Digamos que en este relato, al igual que en 1979, no se presenta como un actor de pleno derecho –aunque fuera secundario–, envuelto en una actividad que no deja a nadie lo suficientemente inocente como para poderla denunciar, o enfrentar sin culpas que lo aniquilen moralmente. Entonces, de nueva cuenta, ¿en qué consistieron sus «escasas experiencias»? Para contestar a esta interrogación, habría que buscar los intersticios que permitan ir más allá de los puntos suspensivos.

Otro momento en el cual Caruso se refirió a su actividad terapéutica durante el periodo nazi, aunque evitó hablar directamente de sus «escasas experiencias» en Am Spiegelgrund, fue en el marco de su participación en un ciclo de conferencias de la Facultad de Ciencias Políticas y Sociales de la UNAM, en la segunda quincena de julio de 1974, coordinadas por el doctor Armando Suárez, del Círculo Psicoanalítico Mexicano.

Ciclo en el que también participaron, entre otros, Marie Langer, Franco Basaglia, Thomas Szasz. Caruso se refirió así a esos tiempos:

> Durante la Segunda Guerra Mundial, yo era asistente en una clínica psiquiátrica de Viena y allí había muchas personas que no podían soportar la guerra total –y nadie se hace una idea exacta de lo que fue el régimen nazi–, gentes que eran neuróticas, que estaban en tratamiento. Entonces, ¿cuál era mi deber? Yo no podía decirles: ¡viva la revolución!, ¡abajo Hitler!, porque no soy un mártir, ni quería hacer de ellos mártires. Yo traté de mostrarles su responsabilidad, que su locura era una mala respuesta a Hitler, que era preciso tomar conciencia de esta terrible contradicción, o bien pasarse a la resistencia, o bien ocultarse de una forma más adecuada para que no les cortaran la cabeza.[30]

Pero Caruso no hizo ninguna alusión a su trabajo con niños en 1942, entre febrero y octubre, precisamente el punto más problemático de su vida profesional, en donde estuvo en el corazón mortífero de la guerra y en donde vivió a fondo –y supongo que sin anestesia– su «terrible contradicción». En cambio, sí menciona una visión voluntarista en el tratamiento de quienes no podían «soportar la guerra total», a los que califica de «neuróticos»; muy probablemente se está refiriendo, por el contexto, a su trabajo, desde noviembre de 1942, en la clínica neurológico-psiquiátrica Marie Theresien-Schlössl.[31]

Se puede deducir que, en ese tiempo, Caruso, según sus palabras, tenía una posición *crítica* ante su conciencia frente al régimen nazi. Posición que, por cierto, no incluía ni la resistencia activa, ni menos el heroísmo o el martirio.[32] Sin embargo, a la luz de lo hasta aquí descrito, no queda claro por completo cuál fue su posición de resistencia durante esos años, menos todavía cuándo decidió continuar en las instituciones públicas o privadas en las que la psiquiatría y la psicología, al servicio del plan T4, campeaban por sus fueros o permeaban en las prácticas.

Por otra parte, parece concedérsele una influencia notable sobre los «neuróticos» de la clínica, sea para lanzarlos a la revolución, o para mantenerlos tranquilos. Y, sobre todo, como alguien que les puede ayudar a pensar su «responsabilidad» respecto a su locura, por él considerada como mala respuesta a Hitler y a lo insoportable de su «guerra total». Ayudándoles, además, a tomar conciencia de su «terrible contradicción».

Sin embargo, no termina de quedar completamente claro en qué consistía tal contradicción. Puedo suponer que se condensaba en el rechazo a Hitler y su obra, y que en lugar de resistirla activamente en la clandestinidad, preferían «enloquecerse» o arriesgarse inocentemente para permitir que los eliminaran. En todo caso, parece como si la terrible contradicción fuera un asunto más bien de los neuróticos de la clínica y no de él, que ni estaba loco, ni pretendía tornarse en activo resistente al régimen de Hitler.

También, en la posición aparentemente *aséptica*, lograda en su nuevo trabajo y desde la cual Caruso describe la contradicción aludida, irrumpieron situaciones dramáticas que lo implicaron hasta provocarle «estremecedores recuerdos». Leamos lo que el propio Caruso dijo en la entrevista de abril de 1979 –lo cual permite, marcando diferencias, conectar parcialmente ambas experiencias hospitalarias.[33]

> Por supuesto que entonces pasaron muchas cosas[34] en el Steinhof [o en el] Am Spiegelgrund –que es otro nombre para la misma clínica, Baumgartner Höhe, Steinhof–, también mataron adultos. Lo que los juicios luego nos mostraron, y no nos mostraron a todos, ni siquiera puedo decirlo con precisión. Pero sé, a cambio, que en el Marie Theresien-Schlössl, en la clínica para adultos donde estaba con [tachado], ahí pasaba, por ejemplo, que, una noche, nos llevaron por equivocación un grave caso de esquizofrenia. Por lo demás, no teníamos en la clínica del Marie-

Theresien lo que se llama enfermos mentales. Eran casos neurológicos y ligeramente psiquiátricos. Es decir, neurosis que yo entonces trataba con psicoterapia. Pero había una [...] fue, por así decirlo, una equivocación de la ambulancia. Era una niña pequeña, con una catatonia absolutamente rígida, que yo traté en ese momento de romper de alguna manera. El médico en jefe me dijo: *sí, intente algo, porque de otro modo será derivada al* Steinhof, *y probablemente también liquidada.* Y me acuerdo que con los medios de entonces y con las solas pláticas no era de ningún modo posible. Pero ésos son los *recuerdos estremecedores* que a uno le quedan y, *por supuesto, uno sabía todo,* aunque unos y otros digan, afirmen, que la población no sabía nada *–uno sabía todo, se sabía todo.*[35]

Esta vez, el tono del testimonio cambia sustancialmente, pues Caruso describe la «estremecedora» experiencia desde otra posición. Ya no se coloca como el observador crítico pero distante, como cuando habla de su práctica en el Spiegelgrund, ni se coloca en la posición del psicólogo que observa la «terrible contradicción» de los neuróticos en el Theressien, sino de quien está literalmente inmerso en una parte de los mortales efectos de la guerra de Hitler, y dolorosamente intenta evitar que se lleven a la niña al Steinhof para que no la asesinen. Y, desgraciadamente, se reconoce como carente de medios psicológicos para evitarlo. En ese caso narrado después de muchos años, en 1979, se podría pensar, si aceptáramos sin regresarlo a los años de la guerra, que Caruso estaba en desacuerdo con la política nazi de exterminación. Pero faltan datos para afirmarlo tan claramente.

El relato sirve para demostrar que, finalmente, tampoco en el Marie-Theressien se podía evitar el enfrentamiento, aunque no fuera de manera cotidiana, a lo que «todos sabían», aunque se afirmaba que la «población no sabía nada». Y también sirve para mostrar otra manera de encarar a los niños condenados a morir en la maquinaria nazi. En esa oportunidad no intentó realizar diagnósticos que otros valorarían, sino luchar, en la primera posición, para evitar un asesinato. Está describiendo una experiencia ocurrida entre 1943 y 1945, en la que no hay eufemismo posible: de no hacer algo urgente con la niña, sería llevada al Steinhof y «probablemente también liquidada». Entonces, el «por supuesto uno sabía todo» está articulado a la palabra y al acto de *liquidar*.

No obstante, cuando Caruso afirma que «uno sabía todo, [o] se sabía todo», no habría que precipitarse e inferir que, por lo tanto, todos fueron responsables, cómplices o francamente culpables de igual manera, del sistema nazi, ni menos aún concluir que el saber y los actos efectivos –que contribuyeron a la consolidación de lo que ocurrió– serían equivalentes. Porque si no se terminaría afirmando, con total buena conciencia: «saber de todos, consuelo de cómplices».

La contaminación e interconexión puntual que sufre la actividad de Caruso, en la nueva clínica, por la máquina de asesinar de su anterior trabajo, nos lleva a preguntar si efectivamente se fue del Spiegelgrund porque le resultó insoportable, o porque buscaba un trabajo mejor remunerado, o porque lo «corrieron», como afirmaría en la entrevista de abril de 1979. Incluso, la expresión «me corrieron» puede implicar diferentes razones. Volveré más adelante a retomar esta interrogación.

Durante la ya aludida visita a México, en julio de 1974, en la segunda mesa redonda del programa televisivo *Encuentro*[36] –organizado por el CPM y bajo la coordinación de Armando Suárez y Andrés Martínez–, ante una pregunta del coordinador de la mesa, el bachiller Álvaro Gálvez y Fuentes, quien comentaba sobre la responsabilidad que la sociedad tendría en la locura y otros problemas psíquicos u orgánicos, Caruso aludió a una investigación que realizó, con sus alumnos de Salzburgo, sobre niños, en los siguientes términos:

> Me gustaría dar un ejemplo de personas que reciben muy poca atención por parte de los psiquiatras y psicoanalistas, éstos son los débiles mentales u oligofrénicos. En mi cátedra en Salzburgo, hicimos una investigación. En primer lugar, vimos con claridad que los diagnósticos sobre los oligofrénicos son pobres, casi siempre son resultado de la casualidad [o] la suerte. Este padecimiento

se encuentra generalmente en cuadros que pertenecen a otro tipo de enfermedad.

Añadió que descubrieron que había más varones diagnosticados que mujeres en la provincia de Salzburgo; y explica que el aspecto social es muy importante en el diagnóstico:

> Tenemos, por ejemplo, el de la mujer débil mental entre los campesinos, éstas pasan inadvertidas, ya que cumplen con su tareas [...] Podemos decir que la mujer oligofrénica es perfectamente aceptada en el campesinado. El hombre, en cambio, se da a conocer rápidamente en el pueblo, ya que aprende con dificultad [...] Muestra falta de inteligencia en todos los ramos. Entonces, se le encierra en una clínica donde, a fin de cuentas, no se soluciona nada.
>
> [...] Con este ejemplo quiero mostrar cómo la estructura social, a través de la familia, también influye en el diagnóstico y pronóstico de las enfermedades.

Si insertamos este análisis crítico, acerca de la manera en que la estructura social y familiar influyeron en la forma de construir diagnósticos, en el contexto de 1939 a 1945, la cuestión adquiere una perspectiva digna de estudio. Por ejemplo, resulta que, en los setenta, los psiquiatras y psicoanalistas prestaban muy poca atención a lo que en tiempos del nacionalsocialismo sucedía lo contrario, pues se trataba de detectar y prevenir los «brotes de vida indigna» o a los «mentalmente muertos»; en síntesis, se trataba de purificar la raza y de no afectar la productividad con gente «inútil», para ser educada o trabajar. Hubiera sido mejor que les prestaran tan poca atención, como en los setenta.

Después, pasa a la pertinente crítica de lo absurdo que resultaría encerrar a los oligofrénicos en los tiempos que se están viviendo, no así en los del nazismo, al cual le resultaba muy eficaz para sus fines; concentrarlos para eliminarlos. Caruso llamativamente escoge este ejemplo sin ninguna necesidad, evitando articularlo al pasado. Como en el caso del texto de 1977, aludido por C. Schacht, respecto a la psiquiatría en la Unión Soviética.

Y para abundar en esos *estremecedores recuerdos* de Igor Caruso, retomemos el testimonio ya mencionado del doctor Páramo –quien se convierte en un escucha privilegiado del testimonio de su ex analista–, y nos permite dar un paso pequeño, pero significativo, con relación al tipo de actuación de Caruso en el hospital infantil, en 1942. Por otra parte, la respuesta del doctor Páramo al doctor Flores nos abre un abanico de interrogaciones, que no me privaré de enunciar.

El doctor Páramo es muy preciso en señalar: (1) que Caruso estuvo encargado, en «algunos casos» (¿cuáles, cuánto tiempo?) de hacer *un dictamen psicológico acerca del estado mental de los niños y no, como pretenden, dictaminar si deberían ser eutanasiados o no los niños.* La frase que sigue no deja de producir siniestras resonancias: dictamen psicológico. Dictamen (2) *que, después, sus superiores médicos evaluaban para determinar si se realizaría o no eutanasia.* ¿Qué se quiere expresar con ello? ¿Querría decir que antes de decidir la eutanasia, en determinados casos, la evaluación psicológica de Caruso, o de otros psicólogos, era una condición previa para realizar una segunda evaluación y decidir si se les asesinaba o no? ¿Se trataba de una condición necesaria, pero no suficiente? ¿Qué debería decir el diagnóstico para que pudiera o no facilitar una segunda evaluación? ¿Se puede disociar limpiamente el diagnóstico de la evaluación posterior, diciendo algo como *mire, usted, yo nomás hacía la semblanza diagnóstica, pero lo que decidieran mis superiores no era mi asunto, y menos aún mi responsabilidad*? ¿No es precisamente este último argumento el que utilizaron muchos nazis después de la guerra?

Una segunda frase, por si hiciera falta, añade más turbulencia a este asunto: (3) *Esto ocurrió de facto, no sistemáticamente, sino en unos pocos casos.* ¿Esto quiere decir que una vez enterado de las posibles consecuencias de su diagnóstico, no había una política sistemática, sino que al realizarse no se sabía a ciencia cierta si iba o no a resultar «premiado»? Por los datos ade-lantados y utilizando las propias palabras de Caruso en 1964, se puede afirmar, sin demasiadas dudas, que *sí existió una política sistemática.* ¿Qué significa la afirmación «unos pocos casos»? Me parece que en el asunto que estamos abordando, un caso era más que suficiente. El propio Caruso, citado más arriba, dice que «sin duda era masiva».

Lo único claro es que –según el relato del doctor Páramo– sí ocurrieron esos asesinatos. pues añade que (4) *esos pocos casos no dejaron de pesar en el ánimo de Caruso.* ¿Le pesaron porque, de alguna manera, no disoció sus diagnósticos de sus posibles consecuencias? ¿O por el pesar *natural*, que da cuando se contribuye «de alguna manera» al asesinato de niños en esas condiciones? Supongo que la primera interrogación es la que primó en Caruso, sin descartar la segunda. Y completa la frase sobre el ánimo de Caruso señalando que (5): *de Caruso mismo escuché descripciones de situaciones pesadas y en dirección de lo que arriba es señalado.* Pesadas, sin duda, si iban en la dirección señalada.

El doctor Páramo abunda en este tema cuando también menciona que Caruso ocupó, en la cadena exterminadora, la posición de (6) *una pequeñísima pieza de un engranaje que no estaba en sus manos impedir, ni por el lugar que ocupaba, ni por la situación general.*[37] Y, sin duda, es cierto que no estaba en sus manos impedirlo. No obstante, no poderlo impedir, ¿implicaba someterse pasivamente y sin ninguna resistencia al asunto en cuestión? ¿Ninguna escapatoria era posible porque realmente se jugaba la vida?

Entonces, no hubo disociación entre sus acciones diagnósticas y los efectos posibles de éstas. Es por ello que afirmé que el testimonio del doctor Páramo ayudaba a dar un pequeño pero importante paso, ya que alude a la subjetividad de Caruso en términos que no son solamente las del testigo crítico, pero distante de la situación que describe y en la cual participa, sino las de *un actor que, aunque secundario, toma conciencia de su lugar en la cadena de exterminación.* Actor secundario que muestra un vislumbre de los «estremecedores recuerdos» acerca de su actuación, cuando nos describe su intervención fallida con la pequeña «esquizofrénica» en el Marie-Theresien.

Caruso, muchos años después, en *La separación de los amantes,* podrá teorizar acerca de la pulsión de muerte en Freud y *en cómo se mata al otro dentro de sí*; sin embargo, en el caso que nos ocupa, hubo asesinatos efectivos y no sólo muertes metafóricas o simbólicas de otro orden. *Esta eliminación sistemática se ejerce contra los propios ciudadanos alemanes y austriacos, y termina por aunarse a la política exterminadora de los campos de exterminio para los no arios.* Autoeliminación interna del propio grupo[38] bajo la lógica de los considerados como no dignos psíquicamente para vivir, ya que podían contaminar –tanto los «sucios judíos», los gitanos y los homosexuales– la prístina pureza y la salud de la raza aria. Al menos que se suponga, como Nietzsche, que nunca tenemos acceso a la realidad y que todo se reduce a tropos y lenguaje, o que la verdad no es sino una «multitud móvil de metáforas y metonimias y antropomorfismos; en síntesis, una suma de relaciones que han sido realizadas y embellecidas por la poesía y la retórica».[39] La investigación y consecuencias de los elementos que se comienzan a mostrar hasta aquí merecen ser enfrentados porque hubo muertos, aunque después entren los tropos para construir diversas interpretaciones de lo efectivamente ocurrido, así como las transferencias, idealizaciones, o colapsos narcisistas.

Finalmente, el doctor Páramo sostiene que al ocupar ese lugar (7) *cometió un error.* ¿Se comete un error cuando, de pronto, uno se ve actuando en un lugar sin saber las consecuencias que de ahí se derivaban? ¿O cuando uno ya las sabe y piensa que no puede sustraerse de este lugar sin arriesgar su vida? *¿O cuando al comenzar a saberlo, y además darse cuenta de las contundentes consecuencias que podrían tener sus diagnósticos, continúa realizándolos?*[40] O *finalmente*, ¿cuando uno no sale de inmediato de ese lugar, aunque arriesgue no su vida sino el trabajo, y se vea compelido a afrontar una seria situación de estrechez económica en plena guerra?[41] A menos que se crea que no tenía más opción que seguir realizando diagnósticos hasta poder salir de la mortífera clínica. ¡Tantas cuestiones para ser aclaradas!

No queda sino agregar nuevas preguntas a dos de las afirmaciones centrales del doctor Páramo: primero, a la que dice que habría una «distancia enorme» entre lo que hizo Caruso con «pocos casos», en una situación «no sistemática», y el cúmulo de fantasías y rumores que se han tejido alrededor de ello. ¿En dónde comenzaría la «distancia enorme»? Y la segunda, articulada con la primera: ¿qué sería puro *bashing* y cuáles los elementos para pensar que el aludido *bashing* no totalizaría la problemática? Trataré de contestar estas preguntas.

Si aceptamos el testimonio del propio Caruso, respecto a que «sobre la marcha» se dio cuenta de dónde se había metido, ¿buscó salir lo más pronto que pudo de este lugar?[42] Las posibilidades, me imagino, serían muy reducidas, pero no necesariamente nulas. ¿Cómo salir de una situación, como la descrita, en plena anexión nazi de Austria, sin oponerse abiertamente? Pero, si no fue el caso, porque hay elementos para pensar que lo supo «de entrada», ¿a qué autoridad pudo dirigirse para intentar impedir esos actos criminales, en el contexto descrito de su condición de psicólogo del Estado? Al parecer, a ninguna, dado que se trataba de una política totalitaria.

Por otra parte, una vez que se enteró, sabemos que siguió diagnosticando a los niños. ¿Cambió sus dictámenes de los niños, de alguna manera, para tratar de que no fueran elegidos para ser asesinados? Los datos disponibles no llevan a pensar en ese sentido. La complicación reside en que si Caruso se enteró, sea «de entrada» o «sobre la marcha», como afirma, quedó implicado en un tipo de complicidad respecto a la cual tendría que ofrecer una respuesta ética y de sobrevivencia. ¿Cuál fue? ¿Y cómo, tiempo después, enfrentó el asunto, una vez eliminado el régimen nazi?

El dato duro es que, para finales de 1942, se cambió a la ya mencionada clínica neurológica Marie-Theresien-Scholöss. ¿Le ayudó su concuñado nazi? Si fue así –y no tengo pruebas–, la situación de Caruso no era, al parecer, de inminente peligro de muerte. Eveline List ofrecerá algunos datos respecto a la salida de Caruso, los cuales mencionaré más adelante.

VI. «Recuerdos estremecedores»: Igor Caruso en Am Spiegelgrund

Podría ser que la verdad fuese triste.

ERNEST RENAN[1]

O que la verdad fuese terrible. Porque, incluso, puede suceder que al develarse, el recuerdo constituya una especie de veridicidio para quienes contribuyeron a perpetrar un acto mortífero. Una vez descrito someramente el contexto hospitalario de la exterminación, pasemos a la clínica en la cual Caruso ingresó en febrero de 1942, y a su actuación en ésta.

Caruso empieza a trabajar en ella cuando ya la máquina de exterminio funcionaba «a toda marcha». Benetka y Rudolph, citando a Dahl, ofrecen las estadísticas de los asesinados en el Spigelgrund, entre 1940 y 1945 –y que se confirmaron en 1988: 789 niños.[2] *Si en 1941 fueron 94 los asesinados, en el año en que operó Caruso aumentó a 203.*

El Centro de Asistencia para Jóvenes del Spiegelgrund tenía tres funciones: 1, «estación de observación»; 2, albergue para «grupos permanentes de casos difíciles», insostenibles en otras instituciones, por motivos pedagógicos; y 3, pabellón pediátrico, en el marco de la «eutanasia infantil».[3] Y como lo recuerdan Benetka y Rudolph, que fuera nombrado el doctor Erwin Jekelius como director de dicho centro –quien había participado, en octubre de 1940, en «una conferencia de expertos para la elaboración de la ley de eutanasia», y en el círculo de estudios para organizar la «eutanasia de adultos»– sugería que formaba parte del *círculo rojo* de los responsables de la eutanasia. Bajo sus órdenes trabajó Igor Caruso, como afirma en el texto de 1964, redactado para *Der Spiegel.*

Eveline List escribe que en ya mencionada Clínica Am Steinhof, en la cual se encontraba la Clínica Infantil Am Spiegelgrund, después de que la eutanasia se generalizó y amplió, se dejaron los pabellones 15 y 17 para los departamentos especializados en niños: «institución para la acogida y observación de niños y adolescentes con desviaciones psíquicas de todo tipo y grado».[4] Esto corrobora que el doctor Erwin Jekelius[5] se convirtió en el director médico.

Según los dos investigadores citados, la primera notificación del Spiegelgrund, recibida por la comisión del Reich, data del 14 de noviembre de 1940.

> La clínica de niños y adolescentes –dice List– estaba subordinada a la sección de «medidas para la eliminación» del departamento de «higiene genética y racial» de la Oficina Mayor de Salud. Esta última respondía ante el «Comité del Reich para la investigación científica de padecimientos hereditarios y congénitos graves», con sede en Berlín. [...] Caruso estuvo asignado a estos pabellones [15 y 17], y ahí se realizaron especialmente dictámenes y selecciones para la eutanasia y las esterilizaciones, así como experimentos con los niños.[6]

VI.1. Algunos diagnósticos de Igor A. Caruso en el Spiegelgrund

> Nadie bendecirá nuestros despojos.
>
> PAUL CELAN[7]

> Hay algo amenazante en un silencio demasiado grande.
>
> SÓFOCLES[8]

¿Y en qué consistía el tipo de cotidianidad de la clínica en la que trabajó Caruso, según la doctora List?[9] Por lo pronto, de acuerdo al tipo de rutina que ahí se daba, afirma la doctora, era «imposible trabajar en Am Spiegelgrund sin conocer la finalidad, así como la orientación del instituto». Las actividades estaban impregnadas de violencia, comenzando por los gritos, golpes, humillaciones permanentes. Además, se aplicaba:

> [...] *el método Schlemper*, que consistía en sumergir al enfermo hasta el ahogamiento. Y no faltaban inyecciones que provocaban vómitos, por varias horas, en los niños.
>
> [...] En la clínica no todos «estaban enfermos o discapacitados. Podían llegar al Spiegelgrund por pobreza, indigencia, enfermedad de la madre, por problemas de educación o la búsqueda de los padres, por asesoría en asuntos educativos».
>
> [...] para la selección, con el fin de esterilizar o del asesinar, existía un procedimiento muy claro. Las revisiones, los dictámenes, diagnósticos y observaciones se capturaron en expedientes, junto con fotos de los niños (casi siempre desnudos); «antes de enviar un reporte a Berlín acerca de un niño determinado, se llevó a cabo un consejo en el cual participaba el jefe de la institución, todos los médicos de la institución, la psicóloga, la enfermera que atendía al niño y la enfermera del piso o la enfermera en jefe».[10]
>
> Tenemos que partir del supuesto que Igor Caruso también participó [en estos consejos]. Él estaba integrado en el funcionamiento [de la institución], presenciaba los castigos habituales, las torturas, humillaciones, la selección y el asesinato de los niños, *aunque tal vez no participó de manera activa.*[11] Él conocía los historiales para los cuales elaboró sus dictámenes y sabía para qué fines fueron utilizados (también) estos últimos. La confirmación del diagnóstico, así como el pronóstico, elaborado en el Am Spiegelgrund, de parte del Comité del Reich, casi siempre significó la sentencia de muerte del niño. El homicidio habitualmente se realizaba mediante el luminal, a veces se inyectaron también morfina y otros venenos. Era un «asesinato especialmente pérfido, ya que no se administraban dosis letales, sino otras que tenían

> como consecuencia una agonía dolorosa, que duraba días y que llevaba a la muerte debido a infecciones como la neumonía o diarrea».[12] En promedio, se reportaron de tres a cinco niños por semana al Comité del Reich, después de haber sido examinados psicológicamente, entre otros [exámenes].[13]

Todo esto enmarcado en dos temáticas eugenésicas: la de enfermedades hereditarias, que implicaba esterilizar; y la de «utilidad para la nación», que se resumía en la capacidad para trabajar y, en el caso de los niños, para ser educados. Cuando el diagnóstico era negativo, se les mataba y su cadáver tenía la «ventaja» de ser utilizado para la investigación de la ciencia nazi. Así que nada se «desperdiciaba».

Caruso, según afirman Benetka y Rudolph, colaboró con la psicóloga infantil Edeltrud Baar en la realización de «pruebas de desarrollo psicológico». Dicha psicóloga trabajó, durante el periodo nazi, en cinco instituciones,[14] y realizó, según sus propios cálculos, entre mil 300 y mil 400 dictámenes.

> Trasladaba al Am Spiegelgrund a los lactantes y niños pequeños, identificados por ella misma como «sospechosos» en los otros centros de salud en donde trabajaba.

Ahora bien, ¿qué hizo Caruso «asistiendo» a los niños? Por lo pronto, según el recuento de la doctora List, entre febrero y octubre de 1942, realizó un poco más de 100 diagnósticos.[15] Lo cual no es una cantidad despreciable. List dice cuántos de estos niños fueron reportados al Reich. «[...] por lo menos, catorce de ellos, probablemente más, fueron asesinados, varios esterilizados» (pág. 122). Se les practicaban tests de inteligencia; por ejemplo, el Binet Simon y, ocasionalmente, el Rorschach. Los «sospechosos» eran clasificados como enfermos de «idiocia», «imbecilidad» o «debilidad».

A partir del coeficiente, entre la edad de la inteligencia averiguada y la edad biológica, se elaboró un pronóstico esquemático de la futura capacidad de rendimiento, el cual significó, en el Am Spielgelgrund, la posibilidad de sobrevivir, o la sentencia de muerte.

a. En febrero de 1942, Caruso elaboró su primer *dictamen*, en realidad [se trató] de una descripción basada en observaciones que muestra claramente que él no tenía experiencia alguna como perito. Redactó otros tres dictámenes sobre el mismo muchacho, Adolfo Schindler, que eran cada vez más burocráticos y críticos.[16]
b. [En cambio,] el 24 de abril de 1942, dictaminó sobre Franz Jasper, de dieciséis años, con un solo renglón: «idiota torpe. Coeficiente de inteligencia: aproximadamente, 0.25 hasta 0.20. Falta de contacto, repite a modo de eco».[17]

El 2 de agosto de 1942, Johann y Anna Jasper, en Höflein, recibieron el siguiente comunicado: «la dirección del instituto lamenta tener que comunicarles que su hijo Franz se enfermó gravemente de neumonía y que su estado general hay que determinarlo como serio». La muerte del muchacho se presentó al día siguiente por «neumonía», una de las causas de muerte más declaradas.[18]

c. Otro diagnóstico es el de Franz Karlowitz, de seis años. El 13 de mayo de 1942, Caruso lo describe como «irritable, torpe y con ademanes ridículos», con rasgos sicopáticos y grave depresión, «debido a la carga degenerativa y hereditaria de una debilidad mental importante que llega hasta la demencia [...] más profunda».[19]

El desenlace mortal se produce el 18 de septiembre de 1942. Uno más, esta vez de la niña Herta Kral:[20]

d. La niña se muestra inicialmente temerosa y tímida, llora amargamente, pero es fácil establecer contacto con ella [...] pregunta varias veces: «¿puedo jugar?» [...] Sin embargo, juega con torpeza y sin un sistema detectable. [...] Se trata de demencia de un grado mayor debido a causas orgánico cerebrales.[21]

La madre, al parecer, se había internado para una operación y, al salir del hospital, cuando quiso recuperar a su hija, recibió la noticia de su muerte, con fecha del 18 de julio de 1942.

El dictamen acerca de Alfred Führmann, muestra a un psicólogo con dominio de su capacidad de observación. Veamos:

> e. En general, no causó problemas durante los análisis, siempre era cortés y amable. Pero yo sé que cuando quiere algo, puede ser un buen diplomático. Por otro lado, lo he observado, a menudo puede ser insoportable, grosero y malvado con sus compañeros, malicioso, pérfido, colérico y testarudo.[22]

En este caso, las observaciones del psicólogo Caruso no le habrán resultado muy útiles para su sobrevivencia; sin embargo, la doctora List no alude a un posible asesinato. ¿No tenía un retraso mental profundo?

> f. En el caso del niño de un año, Adam Ujvary, Caruso sabía que tenía muy escasas posibilidades de sobrevivir, en la medida en que era «descendiente de gitanos». Lo describe con «gusto por moverse y patalear divertido», y añadió que «el niño hace movimientos tambaleantes y se golpea con los puños en la cabeza». El reporte final fue «demencia en alto grado, en el caso de un gitano de sangre pura». Lo cual, añade List era una «sentencia de muerte segura».[23]

Respecto de Hermine V., una niña de seis años, al parecer «llamativamente bonita», según la describe Eveline List, Caruso, entre otras características, escribió:

> g. Muestra retraso, sin llegar a la debilidad mental [y] se esfuerza por facilitar sus tareas mediante halagos. [Tiene] una coquetería similar a la de un adulto. Este rasgo de su personalidad, aunado a que es muy influenciable, sugestiva y carece de contención, puede resultar considerablemente peligroso.[24]

¿Peligrosa para quién y en qué sentido? ¿Para el diagnosticador? ¿O acaso para los otros niños? O finalmente, ¿para el personal? Se trata de una niña de seis años, atrapada precisamente en ese centro hospitalario, letal para muchos de los niños internados. En el diagnóstico citado, ya no parecen existir límites para aquel que emite sus juicos *clínicos* y, sobre todo, supone que es posible realizarlos como si pudieran ser recortados del dispositivo hospitalario y del plan político que lo configura.

> h. [Eveline List escribe:] Stefanie P., de 6 años, fue una más de los niños dictaminados por Caruso, y que murieron en el Spiegelgrund mientras él todavía trabajaba ahí; es decir, el 30 de agosto de 1942. Era una niña sin familia, que provenía de un asilo, que con gusto intentaba ayudar a las enfermeras y a quien se consideraba como amistosa y obediente. En un dictamen de cinco líneas, Caruso le atribuyó «una debilidad mental de alto grado».[25]

Un diagnóstico un poco más extenso es el que corresponde a Félix H., púber de trece años y de quien Caruso dice que es «tímido y temeroso», que hace un «gran esfuerzo por adaptarse», pero que adolece de «una presumible debilidad mental». Leamos *in extenso* el diagnóstico de Caruso:

> i. La capacidad de expresar sus pensamientos mediante muecas y gestos simbólicos, tomando en cuenta su condición de sordomudo, está retrasada para su edad, aunque no puede excluirse que el menor haya olvidado en nuestra institución el lenguaje de los sordomudos. Esta capacidad de expresión simbólica está notablemente mucho mejor desarrollada en el campo de la destreza para dibujar [...] estos dibujos parecen revelar, en cierto modo, una psique anormal, ya que junto a una aguda capacidad de observación y una buena capacidad de reproducción, muestran también una inclinación a la repetición, las exageraciones y los detalles, lo que podría indicar una condición psíquica anormal. En conjunto, la inteligencia del menor parece dañada; y, además, debido a su minusvalía

sensorial y a su psique débil o anormal, el chico tiene capacidad de aprendizaje limitada y, en el futuro, sólo podrá ser útil para trabajos simples.[26]

Psique «débil» o «anormal», «inteligencia dañada», y «minusvalía sensorial» dan por resultado que el muchacho solo sería apto para «trabajos simples». A merced del observador Igor Caruso, este muchacho, cuyo padre estaba internado en Dachau y que se había criado con sus abuelos muy ancianos, lo cual lo llevó a ser internado en un asilo de sordomudos, fue finalmente transferido al pabellón 15.

La doctora List añade que «fue notificado al Consejo del Reich y asesinado. La necropsia contiene el diagnóstico: sordomudez, debilidad mental incapacitante de aprendizaje, tuberculosis». Y se fue de este mundo por completo inerme. Ciertamente, en este diagnóstico no se vislumbra en el psicólogo Igor Caruso –como en tantos otros– ninguna voluntad de resistir a sus amos nazis. En cambio, su diagnóstico le quitó «felizmente» una carga económica al Estado, que iba en la dirección para la que fue contratado.

Johann K, de trece años, ya llevaba un año en el Spiegelgrund, cuando Caruso lo dictaminó.

j. Se trata de un psicópata débil y degenerado, sin que en este momento se pueda determinar con seguridad el grado de su alteración. La pseudología fantástica, la incapacidad afectiva, los anormales cambios de humor y las tendencias hipocondriacas caracterizan la condición psicopática del menor, del cual probablemente no pueden excluirse episodios de histeria.[27]

De este «psicópata débil y degenerado», y a pesar del lapidario inicio del diagnóstico, no se puede afirmar «el grado de su alteración», la doctora List no menciona ningún desenlace.

En relación a Alfred F., de seis años, Caruso señala:

k. En conjunto, no presentó dificultades durante su revisión, y fue permanentemente amable y atento. Sé, sin embargo, que cuando quiere obtener algo, puede ser un buen diplomático. Por otra parte, con frecuencia, yo mismo he observado lo insoportable que puede llegar a ser: grosero y malintencionado con sus compañeros; malicioso, traicionero, iracundo y caprichoso.

[...] Un menor... un tanto retrasado con carencia de inteligencia teórica, afectividad y contención, y con una fantasía y sensualidad exacerbadas.[28]

Tampoco de este niño diplomático, pero malintencionado, sabemos el desenlace.

Eveline List añade que para

l. Karl S., de catorce años, a quien Caruso definió como «un imbécil, al borde del idiotismo», se solicitó esterilización.

m. A Josef C., de un padre caído en combate y madre gravemente enferma, se decidió esterilizarlo después de que Caruso certificó una «inteligencia primitiva-concreta».[29]

List continúa:

n. En otoño de 1942, cuando probablemente ya era una certeza su cambio de trabajo, anotó en algunas ocasiones «hospitalismo», pero al mismo tiempo certificó todavía que las gemelas Marie y Gertrude Gross, de tres años, tenían retraso en su desarrollo, llegando casi a la imbecilidad, lo cual contribuyó, probablemente, por lo menos en el caso de Gertrude, a su muerte.[30]

Considero que lo citado por la doctora List ayuda a situar la actividad que Igor A. Caruso desarrolló en ese periodo, y muestra que *formó parte de una política de exterminación, como un eslabón si se quiere secundario, pero muy preciso.* Eso que el doctor Páramo denomina como *el error de Caruso.*

Benetka y Rudolph, en el texto ya mencionado, «Por supuesto que entonces pasaron muchas cosas»[31], ofrecen otros cuatro dictámenes en los cuales Caruso contribuyó, y que fueron ordenados a juicio del médico. El primero, ya mencionado, es el caso de Johann M., en el que el psicólogo ítalo-ruso llevó un poco más allá las sospechas del doctor Gross, quien había dejado la interrogación en «oligofrenia severa». Caruso completó: «Sospecha de una esquizofrenia o de una forma de demencia infantil severa, con rasgos esquizoides».

Y en el informe presentado por las enfermeras terminaron por rematarlo: «En todo caso, da la impresión de un fuerte retraso mental». El hecho es que cuando Caruso había dejado el hospital, el diagnóstico final ya no era «demencia infantil severa», sino «oligofrenia en alto grado». Y el 13 de febrero de 1943, se le declaró muerto de neumonía. Digamos que se trató de un caso en el que, entre el diagnóstico y la muerte, hubo algunas diferencias.

o. Un segundo caso diferido es el de Ana H., nacida en julio de 1937. En su hoja de ingreso aparecía el diagnóstico provisional: «Psíquico. Retraso mental, probablemente grado medio». El 30 de septiembre, Caruso, cuyo despido ya estaba acordado para esas fechas, le aplicó el procedimiento Bühler-Hetzer, y constató un desarrollo mental de 3.5 años, lo cual representaba un retraso de 20 meses. Con ello, el psicólogo confirmó el diagnóstico del médico. Esta menor también murió después de la salida de Caruso, al año siguiente, por el mes de marzo. De neumonía.

p. Un tercer caso en el que intervino Caruso, es el de Hildegard, nacida en 1929 y diagnosticada con un «cuadro de un idiotismo bastante profundo, con rasgos de torpeza»; el ítalo-ruso la vio el 13 de agosto y confirmó el diagnóstico con el Binet-Simón, dado que tenía trece años. La jovencita murió el 2 de febrero de 1943. De neumonía.

En estos tres casos, la colaboración de Caruso con la *neumonía* deja una estela que lo sigue más allá de su salida del Spiegelgrund. Casos en los que era «el aspecto psicológico el que llamaba la atención». No obstante, como pertinentemente señalan Benetka y Rudolph:

> Lo que no se puede deducir del material disponible es si los dictámenes psicológicos *per se* eran tan determinantes como para que los médicos iniciaran la «aceleración de la muerte». Los resultados de las pruebas psicológicas confirman –y con ello legitiman un poco más– las sospechas diagnósticas de los médicos.[32]

Digamos que este tipo de diagnósticos, realizados por los psicólogos, se convertían en condiciones necesarias, pero no suficientes, para acelerar la muerte. Veamos otros dos casos, que tienen ciertas diferencias con los anteriores, ya que se trata de aquellos en los que no fue necesario pasar por diagnósticos médicos. Benetka y Rudolph también trabajaron el caso de Adam Ujvary, el niño gitano, citado por Eveline List.

Recuérdese que, según List, Caruso escribió que se trataba de un caso de: «demencia en alto grado, en el caso de un gitano de sangre pura». Éste fue ingresado en junio de 1942. Los dos historiadores señalan que Caruso sometió al niño al procedimiento Bühler-Hetzer, y que su diagnóstico sólo contradice, en pequeños detalles, la hoja de ingreso.

> Provisionalmente, se puede hablar de una importante condición de debilidad y un considerable retraso en el dominio del cuerpo. El niño realizaba movimientos tambaleantes y se golpea con los puños y la cabeza.

Quince meses después, ya estando Caruso en el Theresien Schlóssl, el niño fue de nuevo diagnosticado por su ex colega Edeltrud Baar, quien escribió que su desarrollo promedio era de año y medio, siendo que tenía dos años tres meses de edad. Y añadió que su «dominio corporal es el peor y corresponde actualmente al primer año de vida. IQ: 0,61».

El 14 de enero de 1944, se envió la notificación a la Comisión del Reich. También, se respondía a la pregunta si podría esperarse, desde la perspectiva médica, alguna mejoría o curación. La respuesta a esta pregunta fue negativa. Lo cual:

> [...] revela el verdadero motivo para matarlo [:] «como gitano con retraso mental, más adelante, con seguridad, no podrá desempeñar un trabajo». La solicitud de muerte, por lo tanto, se hizo porque se trataba de un «niño gitano». Se legitimó con la referencia a los resultados de las pruebas psicológicas de desarrollo. [...] Adam U. murió el 30 de marzo de 1944. De neumonía.

Los autores añaden:

> La remisión a coeficientes de desarrollo acordes con el tiempo de vida no corresponde a una argumentación médica, sino puramente psicológica. Por lo pronto, se trata de aclarar una circunstancia que, al parecer, se contradice con nuestros planteamientos, y es que los dictámenes psicológicos aparecen también en historias clínicas, en las que la valoración médica ya es determinante para el posterior destino de los niños y, por lo tanto, los médicos no están sujetos a los reportes de los psicólogos, en ningún sentido.[33]

q. El caso de Georgine P. evidencia la colaboración de la doctora Baar y Caruso. Y además, muestra cómo dicha «científica» intentaba obligar a los niños a pasar por sus pruebas en dos periodos de edad distintos, a fin de establecer una selección de quiénes deberían ser transferidos al Am Spiegelgrund. Las diferencias entre la primera y la segunda valoración psicológica servían para normar el criterio de selección. Si entre la primera y la segunda el niño evolucionaba de manera positiva, se postergaba su envío. Si era negativa, entonces, era enviado a la Clínica de Enfermedades Nerviosas del Spiegelgrund, con la finalidad de establecer científicamente sus probabilidades futuras de aprendizaje.

Por esta razón, a la niña antes citada se le trasladó al Spiegelgrund, el 4 de marzo de 1941. En enero de 1942, se le hizo una tercera prueba, en la que Baar dictaminó que el IQ descendió de 0,55 a 0,36. El 16 de julio de 1942, se le practicó un cuarto dictamen que *a la letra* dice:

> Desde la tercera prueba psicológica que llevó a cabo la doctora Baar, el 26 de enero de 1942, la niña ha tenido muy pocos avances. Entonces, la pequeña de 22 meses mostraba un nivel promedio de desarrollo de 8 meses. Georgine tiene ahora 28 meses, pero en este medio año su desarrollo ha mostrado, cuando mucho, un avance de unas cuantas semanas. Y este pequeño avance se manifiesta sobre todo en el ámbito corporal. La niña puede sentarse sola y, sentada, se libera del pañal y trata de alcanzar los juguetes.
>
> En el campo del contacto, de la imitación y de la actividad material, no se comprobó ningún avance. [...] Como ya se mencionó en el último dictamen, todos los movimientos son lentos y poco vigorosos. I.Q. 0,30.[34]

Los autores añaden que este cuarto dictamen está firmado por Igor A. Caruso.

> Georgine murió el 8 de abril de 1943. Causa: Neumonía. Las cosas están claras en este caso: *los dictámenes psicológicos son los únicos responsables de que la niña fuera asesinada.*[35]

Entonces, tenemos, como mínimo, dos maneras de utilizar los diagnósticos: 1, la que implica una colaboración del psicólogo con el psiquiatra para confirmar o aguzar el diagnóstico del primero; 2, aquella en la cual el psicólogo puede, hasta cierto punto, prescindir del psiquiatra y, por lo tanto, sus diagnósticos resultan determinantes. Y todavía era posible que el médico o el psiquiatra ni siquiera requirieran del psicólogo para llevar a cabo sus diagnósticos con fines mortíferos o esterilizantes.

Sin embargo, entre la emisión del diagnóstico y la muerte no siempre transcurre un tiempo previsible para llevarla a cabo linealmente. En los dos trabajos que intentan analizar los datos duros, el de List y el Benetka-Rudolph, faltan elementos para hacerse una idea cabal de cómo los leían los responsables de matar a los niños. Y por qué, en algunos casos, diferían el desenlace.

Rudolph y Benetka completan y refuerzan, a la vez que matizan parcialmente, la investigación de la doctora List. Dichos autores establecen los aportes y posibles límites de los tests de desarrollo psicológico, respecto a su contribución a la eutanasia. Afirman que la colaboración pluridisciplinaria entre psicólogos y médicos se debió, entre otras razones, a los límites encontrados por estos últimos en algunos de sus diagnósticos, sobre todo, en relación al:

> [...] grado de incapacidad intelectual en los niños más pequeños y, a partir de ello, los pronósticos de su capacidad de desarrollo psíquico. Dependían de la colaboración de los psicólogos porque, en su propio campo médico de la psiquiatría infantil, no contaban con las técnicas de investigación científica correspondientes. Con lo que los médicos no podían hacer mucho, era con un simple comentario a sus suposiciones diagnósticas.

Y así establecen la diferencia entre las perspectivas utilizadas por Edeltrud Baar y Caruso, en relación con el desarrollo psíquico. Describen que desde la perspectiva de los médicos, la debilidad de los diagnósticos de Caruso era su falta de cientificidad. Ya que:

> [...] tendía a imitar el discurso de los médicos con fórmulas como «demencia infantil con tintes de esquizofrenia», «torpeza del niño», «hasta el límite de la debilidad mental profunda de corte erótico», etcétera. Los resultados de las pruebas en cifras, eran reportados por Caruso como algo incidental. Como si su investigación se orientara más por las historias clínicas de los médicos que por los resultados de sus propias pruebas.

> [...] Caruso, en efecto, se acoplaba mal a las normas dispuestas por las instituciones del Am Spiegelgrund, pero no porque estuviera en desacuerdo con éstas. Más bien parece al contrario: él, que hablaba mal alemán no contaba con el pasaporte y había perdido todos sus bienes, se esforzaba por complacer a los médicos. En vano, en todo caso, el problema no eran sus deficientes

conocimientos del idioma, sino el hecho de que Caruso había entendido de un modo diferente –y, con ello, malinterpretado– el rol de colaboración que los psicólogos deberían tener con los médicos. Baar hacía en el Am Spiegelgrund lo que había aprendido como psicóloga infantil con Charlote Bühler: sometía a los niños a prueba, trazaba curvas, e informaba de los resultados [...] Sus dictámenes, a diferencia de los de Caruso, se centraban en los valores del IQ, calculados por ella. Las cifras y los perfiles que entregaba a los médicos daban testimonio del rigor científico con el que asumía su tarea como dictaminadora.[36]

Se puede decir que, para los investigadores citados, a Caruso se le rescindió el contrato no por rebeldía, sino más bien por ineptitud en el *trabajo* requerido, aunque algunos de los diagnósticos consignados utilizan escalas de medición, como las de su jefa E. Baar. Y en cambio, con relación a esta última, la alta *cientificidad* demostrada en su trabajo, con sus curvas y cálculos –que prescindían tranquilamente del contexto–, le redituó, hasta el final de le guerra, un puesto seguro; e, incluso, en la posguerra. Ella iba *a lo suyo*, y que otros decidieran de la vida de los niños a partir de sus porcentajes. Ella cumplía con su trabajo, sin importar las consecuencias.

Si antes de 1945 los niveles «objetivos» de retraso en el desarrollo, detectados por Baar, fundamentaban la sospecha de un «grado considerable de debilidad mental» y conducían a los niños aludidos a la maquinaria de la muerte de la sección infantil, ahora, para la psicóloga, eran efecto de la hospitalización: la consecuencia de cuidados deficientes.[37]

Casi tendríamos una especie tortuosa de *antipsiquiatra* en ciernes, según este nuevo enfoque comenzado a utilizar por la psicóloga en la posguerra, bajo el lema: «Es el hospital el que enferma». Antes, sólo asesinaba.

En el juicio disciplinario contra Baar, en 1949, su defensa hizo de esta eficiencia una virtud: la dictaminadora mide lo que hay que medir; confirma hechos. No tiene ninguna responsabilidad sobre las consecuencias que se desprenden de estos hechos. El Centro de Atención a Jóvenes de la ciudad de Viena no podía prestar oídos sordos a estos argumentos; a principios de marzo de 1950, se levantó la suspensión provisional de Baar en el servicio público y, una semana después, fue reinstalada como empleada de la Comunidad de Viena.[38]

Aparentemente, en la supuesta ciencia pura, los hechos *son lo que son*, y uno aplica sus conocimientos sin importar el contexto ni sus posibles consecuencias. Sin embargo, parece que no todo eran IQs, curvas y porcentajes, ya que a los niños se les cercaba o francamente se les enviaba a la muerte por consideraciones como las que Caruso o Baar entregaban. Sus dictámenes, extraídos de porcentajes y con palabras como las antes citadas, caían en consideraciones revestidas por un lenguaje impresionista.

Así Eveline List remata sobre el desempeño de Caruso como dictaminador:

> No hay ningún indicio de que alguna vez Caruso haya criticado o cuestionado su actividad de dictaminador; es probable que no se haya sentido muy cómodo, dado que originalmente trató de conseguir una plaza en la universidad. Se podría decir, que Caruso «tan sólo cumplió con su deber»; pero habría que destacar que ningún peligro lo amenazaba, en caso de que se hubiera negado a participar en algún maltrato a los niños o en la elaboración de dictámenes para la esterilización y la eutanasia. En caso extremo, habría perdido su trabajo. De sus actas personales se desprende que pretendía un cargo académico, lo que al final consiguió.

No obstante, la psicoanalista e historiadora es cuidadosa al señalar que no existe:

> [...] *ninguna señal de que Caruso tenía simpatía especial por el régimen, pero tampoco hay señal de que él haya actuado de otra manera que*

conforme al sistema. Posiblemente había personas a las cuales no les simpatizaba; a Ernest Illing, por ejemplo, no le gustó su origen italiano-ruso,[39] pero eso no significó un peligro para su persona. También, es seguro que no hubiera significado un peligro rehusarse a participar en los maltratos a los niños, o en los dictámenes para la eutanasia y esterilización. En el peor de los casos, hubiera arriesgado su trabajo. Como lo expresó un psicoanalista, amigo de Caruso: «si quería trabajar como perito no tenía otra elección que escribir lo que ellos querían».[40] [Sin embargo, la doctora List añade:] No existe ningún ejemplo para sanciones draconianas (fuera de algunas medidas espontáneas en el ejército), porque alguien se hubiera rehusado a participar de manera directa o indirecta en operaciones de matanza, y no existía un concepto jurídico para una acusación de este tipo. Incluso la medida más drástica, ser reclutado por el ejército, no entraba en consideración por ser un apátrida.[41]

Lo que también es cierto es que Caruso:

[...] reingresó voluntariamente en la psiquiatría del nazismo [cuando ingresó al hospital Marie Theresien], a pesar de que, como enfatizó más tarde, ya desde [el] Steinhof había podido «descubrir progresiva y muy rápidamente los secretos del Tercer Reich».[42]

A su vez, Benetka y Rudolph concluyen su texto con estas palabras, que exigen citarse cabalmente.

La explosividad de los recuerdos de Caruso sobre su actividad en el Am Spiegelgrund fue reconocida sorprendentemente tarde en la rama del psicoanálisis institucionalizado, fundada por él en Austria. Hasta años después de su muerte se desató un debate, luego que se insinuó, porque ni siquiera se dijo, que su colaboración en el Am Spiegelgrund podría haber significado que colaboró con la eutanasia de niños[43]. *Dado que no había conocimiento de hechos concretos, el debate se vio sustentado en fantasías. Durante decenios, imperó la confusión, palpable tanto en los ataques contra Caruso como*

> *en la virulencia de su rechazo.* Muy raras veces, el malestar que surgió ha tenido en público una expresión clara: «nada más de pensar que el fundador de nuestra asociación pudiera haber contribuido, así fuese tan sólo de algún modo, a la matanza de niños, me sobrevienen un estremecimiento de horror, un vacío y una desilusión deprimentes, un sentimiento de culpa y vergüenza».[44]
>
> Tan insoportable como la idea misma es la incertidumbre de si en ella puede haber algo de cierto. El objetivo de nuestro trabajo es restarle a esta causa un poco de incertidumbre, lo que probablemente no consiga es ahuyentar el malestar.[45]

Y, en efecto, después de los textos de List, Benetka y Rudolph, las palabras del propio Caruso, así como las invalorables aportaciones del doctor Páramo sobre los secretos que le hizo el fundador del Círculo Vienés de Psicología Profunda, la incertidumbre disminuye y el «así fuese tan sólo de algún modo» se torna más preciso; y por lo tanto, el malestar no cesa.

Sabemos lo difícil que es dar cuenta de la complejidad de lo que el historiador Pierre Laborit describe como *la realidad multiforme del no consentimiento:* [Lo cual abarca] signos de disenso, de contestación y desobediencia.[46] Con la información disponible hasta ahora, no es posible percibir cualquiera de estas posibilidades de la actuación de Caruso en esa época.

VII. Igor A. Caruso en el Instituto Psiquiátrico Döbling (Marietheresien-Schlössl)

Eveline List precisa que, en noviembre de 1942, Caruso se cambió al Instituto Psiquiátrico Döbling, y añade que tal vez lo hizo porque sólo estaba capacitado como educador y aspiraba a un puesto académico. Esto lo deduce de un informe confidencial del doctor E. Illing a la oficina encargada de las instituciones de asistencia de Viena, fechado el 15 de septiembre de 1942. Este cambio, al parecer, significó tanto una promoción económica, como profesional, y lo libró de estar en el centro de un lugar de exterminación directa.

Este informe, en el que el doctor Illing le notificaba a la sección E del gobierno de la comunidad de Viena el despido de Caruso, dice:

> Él [Caruso] aspira a un nivel salarial correspondiente a su formación académica. Pero, dado el tipo de personal que requiere esta clínica, en los pabellones 15 y 17, no parece que sea necesario un psicólogo académicamente formado. El director del Centro de Educación Am Spiegelgrund, el doctor Krennek, no lo contrató después de su separación del área educativa de la Clínica de Pedagogía Terapéutica, y declara que ahora tampoco tiene ningún puesto que ofrecerle a Caruso.

El texto concluía con una especie de *certificado de buena conducta*:

> El doctor Caruso tiene buenos modales y es una persona agradable, pese a ser ajeno a nuestra raza (3/4 de ruso y 1/4 de ita-

liano). Todavía, enfrenta ciertas dificultades con la lengua alemana, que se manifiestan en las pruebas psicológicas que realiza y en la formulación de los protocolos de dichas pruebas. Pero, sin duda, podría desempeñarse muy bien como intérprete o profesor de idiomas.[1]

Los autores citados afirman que la solicitud de revocación del contrato tenía fecha del 31 de octubre de ese año. Aparentemente, el informe se refiere a alguien que *no da el ancho* en la actividad para la cual fue contratado, precisamente en los pabellones de la muerte, el 15 y 17 del hospital. ¿Se podría pensar que esa fue la manera de *resistir* por parte de Caruso? ¿Resistencia por ineptitud? No parece ser el caso. Sin embargo, lo recomienda como intérprete o profesor de idiomas, teniendo cuidado de aclarar que, por lo pronto, no lo podría ser del alemán.

No obstante, le reconoce que «a pesar de ser ajeno a nuestra raza», lo encuentra «agradable y con buenos modales». En todo caso, se trata de un despido en el que se guardan las buenas formas y en el que no se alude a ninguna rebeldía por parte de Caruso. En la medida en que se trataba de un escrito confidencial y de un asesino profesional, el dr. Illing tuvo la oportunidad de criticar a su subordinado si lo hubiese querido. No sólo no lo hizo, sino que habló bien de Caruso.

La versión de Caruso en la multicitada entrevista de 1979, acerca del cambio de clínica es:

> Hasta llegar a ese punto de que decapitaran a mi jefe [presumiblemente, el doctor Illing, en 1946], a ese mismo jefe, yo le parecía una persona desconfiable, rebelde, que no encajaba con los nazis alemanes, y entonces *me echaron*,[2] y fui a dar al Marie-Theresien-Schlössl, que era una pequeña clínica para enfermedades nerviosas en Viena, en Döbling.

En la versión de Caruso, este aparece como «rebelde» y poco fiable, e incluso «corrido» por su rebeldía. En la de Eveline List, la mirada es diferente. No había pruebas de que tuviera una especial simpatía por el régimen nazi, «pero tampoco una señal de que hubiera actuado de otra manera que conforme al sistema». Y abunda al respecto:

> Caruso y Aichhorn, a los cuales separaban muchas cosas, podían elegir, a diferencia de Ernest Federn [judío] y otros, ocupar una posición respetable dentro del aparato de dominio nacionalsocialista y seguir sus propios intereses.[3]

En la versión de Benetka y Rudolph, Caruso aparece más bien como alguien que no está a la altura del puesto, al no entender los límites de su función, pero de ninguna manera como rebelde. En todo caso, la rebeldía supuesta o real de Caruso, que no se trasluce de manera contundente o sutil en los diagnósticos citados; al parecer, no implicó un peligro para su vida, sino que lo más *grave* que le sucedió fue ser despedido del hospital de la muerte. Esto no fue menor; pero, en todo caso, su vida no corrió peligro. Lo cual aumentó sus posibilidades de haber abandonado el trabajo en cuanto se enteró, de entrada o «rápidamente», de la política de exterminio nazi. Según los datos que tenemos, diecinueve días después de su despido, consiguió un nuevo empleo. Benetka y Rudolph afirman:

> Caruso no enfrentó ninguna dificultad a causa de su despido. Al contrario, para su nueva ocupación, ni siquiera tuvo que cambiar de empleador y, además, su puesto fue mejor pagado que el anterior: Al principio, *a prueba*,[4] ingresó a la Clínica de Enfermedades Nerviosas Döbling (Marie-Theressien-Schlössl) de la Municipalidad de Viena que, desde el 1 de octubre de 1940, dirigía Alfred Auersperg.[5]

Este cambio le permitió al también conde Igor Caruso codearse con alguien de su condición, el príncipe Alfred Auersperg, médico que pertenecía a la antigua nobleza austriaca y quien, en 1936, había abandonado la «Unión de Nobles Católicos», de corte austrofascista, para afiliarse a la NSDAP.[6] El príncipe ingresó, al SS, en 1938[7]:

y se convirtió en jefe-comisario del citado Instituto Psiquiátrico,[8] de 1940 a 1945, año en el cual huyó a São Paulo.[9] De 1948 a 1968, fue el jefe de la Clínica Psiquiátrica de la Universidad de Concepción de Chile. Caruso le debía sus contactos latinoamericanos. En los años sesenta se le prohibió, a Auersperg, ingresar en Estados Unidos debido a su pasado nazi altamente [comprometido][10]. En ese entonces figuraba todavía en el primer lugar de la *comisión de honor* del Círculo Vienés de Psicología Profunda, de Caruso.[11]

Eveline List señala que, en 1945, fueron arrestados varios miembros del personal del Spiegelgrund, quienes se declararon: como no culpables; o que se habían visto obligados a actuar de esa manera; que simplemente no se habían enterado de nada. Incluso el doctor Illing, ejecutado en 1946, se declaró «víctima». La psicóloga Edeltrude Baar, la colega más cercana de Caruso se declaró inocente y fue absuelta gracias al peritaje de un doctor Koch, quien afirmó que sus dictámenes eran «enteramente científicos», con lo cual intentó dejar constancia que tanto el:

> [...] *encuadre institucional y el objetivo para los cuales se elaboraron estos dictámenes no eran de importancia.* El nombre de Caruso *no* fue mencionado en esos procesos. Algunas cosas de las que se juzgaron en este proceso jurídico y disciplinario contra la doctora E. Baar podrían haberse imputado también a Caruso. Por ejemplo, que en «la redacción de sus dictámenes ella no se guió tanto por la preocupación por el destino de los niños, sino más por la preocupación por su propia persona», y que ella «había fracasado terriblemente en los tiempos más difíciles, en el lugar más difícil y de más responsabilidad para el ser humano».
>
> Todos los implicados utilizaron después de la guerra, y casi siempre con éxito, sus contactos nacionalsocialistas para avanzar profesionalmente. [...] También Caruso consiguió, en 1945, *certificados Persil* [marca de un detergente para blanquear],[12] y se apoyó en conocidos del ambiente austrofascista y nacionalsocialista para salvar y promover su carrera profesional.[13]

VIII. Los análisis de Igor A. Caruso y la fundación del Círculo Vienés de Psicología Profunda

A. *Análisis didácticos*

Igor Caruso, librado, sin grandes contratiempos, del escollo de los juicios posteriores al conflicto bélico por colaborar con el régimen nazi, dice que intentó ser contratado en la Universidad de Innsbruck, pero su solicitud fue rechazada y decidió regresar a Viena, en donde abrió un consultorio privado y comenzó una formación «primero con Aichhorn (August) [y,] después, [...] con el barón von Gebsattel».[1]

Ahora bien, Aichhorn y Alfred Winterstein fueron al parecer los únicos miembros de la Asociación Psicoanalítica de Viena que se quedaron en Austria en los tiempos del nacionalsocialismo. Aichhorn cooperó con Mathias Göring y el Instituto del Reich, que estuvo a cargo de este último.

> [Aichhorn] aparentemente, tenía la idea de poder sostener el psicoanálisis aun bajo las condiciones de la dictadura nazi y condujo un círculo de candidatos de formación, de los cuales catorce hacían una terapia didáctica con él; Caruso no estaba entre ellos, sin embargo, el «conde Caruso, Igor, doctor en filosofía» aparece a partir del 1 de enero de 1944 en una lista de candidatos de formación y practicantes del Instituto del Reich[2], pero no entre las *terapias didácticas* o *análisis de control.*
>
> [...] Pero, de ninguna manera, Caruso estuvo en formación con Aichhorn después de 1945, como lo afirma en la emisión radiofónica. [...] Para su autorretrato, Caruso convirtió a Aichhorn en

su analista didáctico, pero posiblemente su contacto real no se extendió más allá de un certificado para el Instituto del Reich. Este (certificado) lo recibió Caruso después del cambio de mesa directiva, que pasó de H. Kogerer a Víctor von Gebsattel, el cual se encontraba en Viena desde principios de 1944.

En 1952, le agradeció a su «analista didáctico»[3] (Caruso mismo puso esta denominación entre comillas). [Von Gebsattel] era considerado como de «actitud no positiva» frente a los nazis, como «no perteneciente al grupo analítico» y [como el que] «ha abandonado Viena en los últimos días de la guerra[4]». A mediados de 1945, terminó la guerra en Viena. Por lo tanto, durante la guera, Caruso sólo pudo estar un año en análisis didáctico con Gebsattel, pero en la grabación afirma no haber hecho su formación en ese entonces, sino después de su regreso de Innbruck. Más bien parece referirse a pláticas personales, mientras daban paseos,[5] cuando llama a Gebsattel su analista didáctico entre comillas.[6]

Otra versión proviene de Solms-Rödelheim; según esa, al principio, Caruso había sido rechazado como analizante didáctico por Aichhorn , debido a su cercanía con Auersperg; más tarde, solicitó su ingreso en la Asociación Psicoanalítica de Viena, invocando su análisis con Gebsattel. Ahí se le dijo que tenía que hacer un análisis didáctico y su trabajo con Gebsattel no fue reconocido.

[...] Víctor von Gebsattel [...] tenía amistad con Lou Andreas-Salomé, y participó con ella en el congreso psicoanalítico en Weimar, en 1911, después de lo cual se analizó con Leonard Seif, quien se había apartado de Freud y conducía un Círculo Seif,[7] en Munich, para unirse posteriormente a C. G. Jung. *Seif también fue el terapeuta de Mathias Göring.* Gebsattel [...], de 1939 hasta 1944, tuvo una consulta privada en Berlín, y fue docente en el Instituto de Göring y, a partir de 1944, fue el director de la filial de Viena. Él representó una psicología profunda, *holista*, católica, que se apoyaba mucho en la fenomenología y en el análisis existencial.

> En esa dirección se ubicaban los intereses de Igor Caruso [...] Por lo que permiten deducir de sus publicaciones (1946-1948), había ahondado muy poco en (el trabajo de) Sigmund Freud [...] No obstante, no quiso someterse a los requisitos de formación de la IPA.
>
> [...] Caruso se autorizó, de cierta manera, a sí mismo y después del fracaso de sus aspiraciones universitarias en Innsbruck, fundó, en 1947, el «Círculo de Trabajo de Psicología Profunda» de Viena. Eso coincidió con la restauración generalizada del catolicismo político en Austria, que incluía una gran cantidad de individuos convencidos u oportunistas, que habían salido ganando bajo el régimen nacionalsocialista.[8]

Es decir, la formación propiamente psicoanalítica de Caruso, al menos en esa fase, parece ser casi o francamente nula. Y los análisis a los que alude dejan, según esta versión, muchas dudas en cuanto a su seriedad. Incluso, List afirma que *intentó entrar a la Asociación Psicoanalítica de Viena y fue* rechazado. Después, añade que Caruso no quiso someterse a los requisitos de la IPA. Dato importante que marca ambiguamente los principios del Círculo Vienés de Psicología Profunda. O sea que, según se desprende de lo dicho por la doctora List, después de *autorizarse a sí mismo*, todavía se dio el lujo de crear una institución para formar analistas.

En su minibiografía, Armando Suárez alude a los análisis de Caruso a partir de una versión cuestionada por Eveline List, junto con el inmediato posnazismo en Austria.

> En 1943 [...], Igor Caruso comenzó su análisis didáctico con Aichhorn, pocos meses porque, a principios de 1944, llegó Viktor von Gebsattel y decidió proseguir su análisis con éste durante el resto del año y parte del siguiente. Su nuevo analista dejó Viena, a fines de 1945, para residir en Friburgo.
>
> [Von Gebsattel], formado en la vieja escuela de la psiquiatría pertenecía, no obstante, al círculo reunido en Viena, entre los años 1912 y 1913, en torno a Freud. Se analizó después con Otto

Seif, un discípulo de Jung que se rehusó a tomar partido, una vez consumada la ruptura entre éste y Freud. [...] Von Gebsattel, por otra parte, nutrido de preocupaciones filosóficas bajo el doble influjo de la fenomenología husserliana y el *Daseinsanalyse* heideggeriano, si bien practicó siempre en el consultorio el psicoanálisis *clásico*, se negó a reducir la antropología a lo que consideraba el *naturalismo* freudiano, puntos en los que su trayectoria coincidía con la de otro amigo, discípulo de Freud, Ludwig Binswagner. Al llegar de Berlín, perseguido por la sospecha de mantener contacto con la resistencia antinazi, Von Gebssttel relevó a Aichhorn a la cabeza del grupo de estudios vienés, ejerciendo un influjo incisivo en sus discípulos; Caruso, entre ellos.

En 1945, con el cese de las hostilidades, renació la Wiener Psychoanalytische Vereinigung, sostenida por el incansable esfuerzo de August Aichhorn; pero, las circunstancias no habían cambiado tanto, como podría pensarse. Los analistas exiliados no volvieron. Y Viena se había vuelto más tolerante, pero no más simpatizante de Freud. La política prevaleciente en la Asociación, incluso después de la guerra, fue eminentemente conservadora, sin impulsos internos ni posibilidades externas de expansión ni de cuestionamiento.[9]

Y hay más, el doctor Suárez añade lo siguiente sobre el príncipe Auersperg:

Auersperg, neuropsiquiatra de cierto renombre, católico inquieto, se movía en el horizonte de la antropología médica proyectada por von Wieizsäcker, el de la fenomenología y la Gestalttheorie; pero, espíritu abierto, mostraba interés en el psicoanálisis y aceptó la invitación de Aichhorn de supervisar médicamente sus actividades de formación y las terapéuticas de sus candidatos. Pero hizo más: le llevó a algunos de sus colegas para que hicieran con él sus análisis didácticos –bajo el título de *tratamiento didáctico* impuesto por el Instituto: estaba prohibido mencionar la palabra psicoanálisis, los términos técnicos psicoanalíticos y, sobre todo, el execrable nombre de Freud. Tal fue el caso de Caruso. Primero, bastante informalmente, se organizaron discusiones en el Marie-Theresien-Schlösl sobre todo tipo de cuestiones: psicopatología, casos clínicos, técnicas terapéuticas, pero también de filosofía, teología, etc., en gran medida estimulada por el propio Caruso, aunque dirigidas por Auersperg.[10]

Como se puede ver, hay ciertos datos que coinciden con los de List, así como francas diferencias. Entre estas últimas: ¿cómo un sospechoso de simpatizar con la resistencia antinazi puede trabajar como docente en el Instituto Göring? Tampoco coincide la supuesta cercanía de Auersperg y Aichhorn, según Suárez, con el supuesto rechazo de este último a tomar a Caruso en análisis por su cercanía con el primero, según List. Por otra parte, el analista de von Gebsattel tomó, en buena medida, la dirección de los aportes de Jung. Y Caruso, como se advertirá más adelante, cuestionó, en un primer momento, como su «analista» Von Gebsattel, el «naturalismo» de Freud y se apoyó en Jung para su primera obra –*Análisis psíquico y síntesis existencial*, publicada en 1952, obra que lo proyectó como figura importante en el universo católico *psi* de la posguerra.

B. La fundación y los primeros miembros del Círculo Vienés de Psicología Profunda

List afirma que entre los integrantes originales del Círculo dominaban los católicos, políticamente ubicados en la derecha, antiguos aristócratas y nacionalsocialistas; aparte de Auersperg estaba Walter Birkmayer (1919-1996), un nacionalsocialista que ya en 1931:

> [...] era líder de la juventud hitleriana y que en 1936 entró a las SS y después del Anschluss, en 1938, fue asistente y líder de una unidad de la NSDAP,[11] en la Clínica Psiquiátrica de la Universidad de Viena. En 1938/39, era líder de la administración de la comarca, de la Oficina de Política Racial de la NSDAP, de Viena. En 1938, declaró, en una capacitación de los médicos de la SS, en la

cual expuso, entre otras cosas, el esbozo de una doctrina de un carácter colectivo, con fundamentos biológicos:

> «Quedó reservado para nuestro pueblo dar luz a un genio, el cual comprendió de manera instintiva y exigió que únicamente la pureza de la raza y de la salud genética puede salvar el pueblo de la decadencia. Y como seguidores fanáticos tenemos que eliminar todo lo enfermizo, lo impuro y ruinoso de nuestro pueblo para que esta depuración lo ponga en condiciones, dentro de varias generaciones, de cumplir con la misión que le ha sido destinada».[12]

Estas palabras no van a la saga de las que pronunció Carl G. Jung cuatro años antes (1934) con relación a un supuesto inconsciente ario y, como se verá más adelante, al gozoso surgimiento de sus arquetipos de compañía. En todo caso, iniciar el Círculo de Viena con dos camaradas con esas credenciales, y con el pasado de Caruso en el Spiegelgrund, no resulta ética y políticamente, especialmente digno.

Si a éstos le añadimos, por ejemplo, al provincial de los jesuitas en Austria, el padre Georg Bichlmair, director de la *Obra de Pablo*,

> [...] que buscaba evangelizar a los *no arios,*[13] entre los cuales no excluyó [la existencia] de *genes malignos*;[14] sacerdote que provenía del entorno del padre Wilhelm Schmidt, aborrecido por Sigmund Freud[15], el cual empleaba su influencia en publicaciones, y políticamente en contra del psicoanálisis.[16]

Y siguiendo con el parentesco político, se puede incluir también a Walter Albrecht, miembro de la NSDAP y de la SS:

> Y, después, primero integrante del Círculo de Trabajo para Psicología Profunda de Viena y, aproximadamente a partir de 1957, integrante de la Asociación Psicoanalítica de Viena. [Por otra parte], Ottokar Hans Arnold había sido instructor de Hans Stotzka en 1937, en un campamento militar para el fortaleci-

miento del cuerpo, donde los dos se entendían debido a su interés por la psiquiatría y como nazis ilegales.[17] Albert Niedermayer, el más joven de todos, desde 1948, fue asistente de la Clínica Psiquiátrica de la Universidad de Innsbruck [...] Willfried Daim [...] era el único psicólogo con un doctorado y tenía un trasfondo católico crítico del nacionalsocialismo. Él hizo su *análisis didáctico* con Caruso [durante algunos meses, dos veces por semana, cara a cara].

El Círculo de Trabajo tenía inicialmente el carácter de un *salón*, y el psicoanálisis no era en absoluto el tema importante. La influencia de C.G. Jung era muy grande y los temas religiosos eran dominantes. Hasta los años setenta, se consideraba como progresista el intento de Teilhard de Chardin de sintetizar el evolucionismo con la doctrina creacionista católica.[18]

[...] Todos los textos de Freud que contenían una crítica a la religión, sobre todo el *Moisés*, eran rechazados. En esta línea, Caruso organizó un simposio en Bruselas, en 1954, sobre la *psicología de la persona*, con aproximadamente 40 participantes, entre ellos Wilhelm Revers y Jacques Lacan [...] Ahora, Caruso era la cabeza de una Internacional Cristiana de Psicología Profunda.[19]

En resumen, pareciera que en los principios del Círculo Vienés de Psicología Profunda hubieran primado los que o colaboraron o simpatizaron con el régimen nazi, a excepción, aparentemente, de W. Daim. Sin embargo, conviene aclarar que cuando menos en 1953 no figuran, como miembros de la mesa directiva, tres de los nominados como cofundadores en 1947 por Eveline List: Birkmayer, Bichlmair y Albrecht.[20] ¿*Limpieza* posnazi tardía? ¿Borramiento de huellas?, o ¿mínima toma de conciencia de la brutal incoherencia? ¿O ninguna de las tres?

Suárez puntualiza la relación entre el Círculo de Viena y la Asociación Psicoanalítica:

Hasta principios de los años cincuenta, fueron de coexistencia pacífica y aún de intercambio de candidatos, que a veces concurrían simultánea o sucesivamente a ambos grupos. Los medios psiquiátricos y universitarios les eran prácticamente adversos. En

1950, se oficializa, en cierto modo, la constitución del Círculo, nombrándose como miembros honorarios al doctor Niedermayer, autor del más amplio y progresista manual de medicina pastoral (en el praesidium), y a Von Gebsattel, Alfonse Maeder (representante del análisis existencial en Suiza) y otros *consagrados* (en el comité de honor). A partir de entonces, el destino de Caruso estará ligado a los Círculos de Psicología Profunda.[21]

Por otra parte, el inicio del Círculo de Psicología Profunda coincide con la restauración del catolicismo político, y como doctrina grupal parece primar una especie de *existencialismo cristiano* y no un interés psicoanalítico, propiamente. Existencialismo que, más tarde, el propio Caruso cuestionaría. Y, además, con una influencia de los arquetipos de Jung, que se puede observar en el documento escrito, en 1952, por Caruso, titulado *Análisis psíquico y síntesis existencial*, en el cual se pueden leer cosas con el siguiente tenor:

> La represión de la culpa por el neurótico y su falsa localización significan un ensayo de restablecer aquella inocencia paradisíaca, como la que reinaba originalmente, antes de comenzar el conocimiento ético. El neurótico aspira a un estado [...] antes de que se comiese el fruto del conocimiento del bien y del mal. La neurosis está aquí bajo el signo de aquel arquetipo, que el inconsciente colectivo relaciona con aquel tiempo primitivo anterior al pecado original.
>
> [...] Pero el *arquetipo paradisíaco* es también una fuerza teleológica. [...] Nos enseñó Freud que la neurosis sólo comienza a ser curable cuando todos los anhelos y deseos neuróticos se transfieren a la persona del terapeuta [...] Ha de venir un hombre que se identifique con la historia de sufrimiento del neurótico. La neurosis busca un redentor. El *arquetipo Cristo* es el factor central de toda psicoterapia.
>
> [...] *La psicología profunda naturalista* es incapaz de demostrarnos que el gran drama de la redención de la humanidad –el verbo que se hizo carne, tomó sobre sí los pecados del mundo, murió por todos, descendió a los infiernos y resucitó– es solamente una

> proyección neurótica. En el plano mitológico [...], semejante afirmación es en ella misma neurótica: es la absolutización de la inmanencia intrapsíquica. Para un espíritu, que *a priori* no se ha sometido al dogma naturalístico absolutizado, parecerá por lo menos tan plausible el que la orientación del alma hacia la trascendencia y la redención corresponda a una necesidad que tiene que estar respaldada por la realidad. De lo contrario, las funciones anímicas más importantes centrales serían absurdas.[22]

Marcado por una perspectiva de la fe cristiana, Caruso postula que la neurosis, como enfermedad de la mala conciencia, surge del *apartamiento de lo absoluto*, de ahí que la siguiente consecuencia sea que, si la neurosis es producto de ese apartamiento:

> [...] tiene que ser también –considerada dialécticamente– una nostalgia de ese absoluto. [Por lo tanto...] «si la neurosis es un debate con lo absoluto, también habrá de serlo la psicoterapia» [...] La meta del psicoanálisis habrá de ser «conducir al neurótico hacia una auténtica adhesión a los verdaderos valores».[23]

Reconduciendo el sentimiento de culpa a su verdadera causa, se restablecería el desarrollo psíquico. Sosteniendo la vocación trascendente espiritual del individuo bajo la égida del redentor arquetipo Cristo, Caruso ofrece a una parte de los terapeutas católicos de la posguerra una «solución a la medida» que cuestiona la psicología *naturalista* que absolutiza la inmanencia, como el psicoanálisis freudiano.

Mientras la neurosis y la *culpa* se enfocaban por esos derroteros espirituales tan poco relativos, la exterminación nazi y las responsabilidades en el asunto parecían quedar casi en las sombras. Aunque, al final de la introducción del libro aquí citado, afirma que el totalitarismo y el nihilismo constituyen «las dos caras de una misma cosa, la apostasía de la escala real de valores».[24]

Según le cuenta Wilfried Daim, uno de los primeros miembros del Círculo, a Eveline List, se trataba de una psicología cristiana, holística,que amalgamaba el pensamiento de Jung, Von Weizsäcker, Von Gebsattel, Binswanger, y algo de Heidegger y de

Scheler con otro poco de Sigmund Freud, diluido entre tanta trascendencia y pensamiento jungiano. Por ejemplo, léase lo siguiente:

> Carl Gustav Jung se ha preocupado poco de las oscuras tendencias socialistas de Adler. Poco a poco, fue desentendiéndose de las alegorías energéticas que había en el fondo del modelo instintivo de Freud, así como en el método utilitario de Adler [...] Lo suyo era penetrar hasta el tuétano del hombre, hasta el tesoro escondido en el trasfondo del alma, hasta llegar a aquella linde que encubre el misterio inefable de la última peculiaridad. [...] Jung hubo de constar que tras los velos de la inconciencia no sólo se esconden las tendencias placenteras insatisfechas del niño, sino también las inmensas regiones de experiencias arcaicas del linaje humano.
>
> [...] El gran problema [del hombre] será, pues, si adoptará una actitud hostil e ignoradora frente al inconsciente colectivo, que empuja a la especie, y se estrellará en ese empeño, o bien, si percibiendo instintivamente sus llamadas, las recibirá en la lucidez de su conciencia.[25]

Ya tendremos oportunidad de citar a Jung (en el Anexo I) cuando «penetre hasta el tuétano» del «inconsciente ario», y se lo ofrezca como regalo a Hitler y a sus huestes. Es entendible, entonces, que al final del texto del ítalo-ruso aparezca la alocución que les dirigió, en abril de 1953, Pío XII a los asistentes al V Congreso de Psicoterapia y Psicología Clínica que, entre otras cosas, cuestiona la interpretación *naturalista*. Tal parece que dicha alocución se hubiera inspirado parcialmente en el texto de Caruso.

> Este libro, afirma A. Suárez, no solo le valió un reconocimiento internacional, sino que consumó una no desdeñable hazaña histórica: romper el hielo entre el catolicismo y el psicoanálisis.

Todo sería cuestión de a qué psicoanálisis se abrió el catolicismo y de qué tipo de catolicismo se trató. Ya ofrecí una muestra. No obstante, en este caso, el doctor Suárez es consciente de que una afirmación tan general, tanto para el catolicismo como para el psicoanálisis, implica algunas aclaraciones. Veamos.

Caruso proponía una especie de análisis *bautizado*, por decirlo así. Más aún: mostraba que el psicoanálisis era un medio, el más riguroso en todos los sentidos, de vivir una fe depurada, que era, en una palabra, el *ascetismo del siglo XX*. Tal podría ser el núcleo del mensaje que desciframos tantos psicólogos educadores y teólogos católicos, no solo de Austria, sino de España y América Latina, que emprendimos desde 1953 hasta fines de los años sesenta el gran viaje de purificación a Viena.

Ésa era, al menos, la imagen que yo tenía de Caruso cuando llegué a Viena, y que ya no correspondía al Caruso con el que me encontré.[26]

El viaje *purificatorio* podía implicar tanto una purificación para reafirmar la fe después de utilizar al psicoanálisis carusiano, o terminar en el agnosticismo –como fue el caso de Suárez– o, incluso, en un franco ateísmo. O, más allá de estas posibilidades, en diferentes intentos de utilizar los aportes del psicoanálisis para hacer un psicoanálisis *ad usum* del personal eclesiástico.

Por cierto, peregrinación católica también hubo hacia los seminarios de Jacques Lacan, pero, en algunos casos, como con los jesuitas Michel de Certeau y Francois Roustang, o el sacerdote Marc Oraison, se trató de un tipo de católicos que se diferenciaron de quienes habitualmente peregrinaron hacia los rumbos de Caruso.[27]

C. *¿Cómo combinar a Teilhard de Chardin con Herbert Marcuse,* sin morir en el intento?

Me he propuesto ser yo mismo.
Ten cuidado, espera a conocerte, por si acaso.

El Roto[28]

Todavía en los años sesenta, primaba en los círculos lo que se denominaba *Psicoanálisis personalista en su contexto histórico y social.* En este periodo se formaron los futuros cofundadores mayores del Círculo Psicoanalítico Mexicano; los doctores Raúl Páramo y Armando Suárez.[29] ¿Cómo logra Caruso *desaparecer* la concepción católica del psicoanálisis, y luego cubrirla con los aportes de Marcuse, Sartre o Freud, que fue el contexto en el que se fundó el CPM y que implicó una parte de los inicios de mi generación? No lo sabría decir con el rigor requerido.

No obstante, en una entrevista que el escritor Ignacio Solares le hizo a Igor Caruso en 1974, aprovechando su visita a México para los programas *Encuentro*, podemos detectar el traslape de ambas posiciones. Ignacio Solares considera, en la presentación que hace de Caruso, que este había logrado

> [...] acercar, en una nueva dimensión, como ningún otro psicoanalista lo había hecho hasta entonces –Reich primero, y luego Fromm lo habían intentado por rumbos muy distintos–, el psicoanálisis al marxismo.[30]

Caruso, ante la pregunta del escritor y periodista respecto a si la tecnología nos tiene al borde de la destrucción, afirma que no hay vueltas atrás, y para ello cita al jesuita Teilhhard de Chardin, para quien la flecha de la evolución no puede detenerse y, por lo tanto, añade Caruso: «es peligroso creer en el retorno a cualquier clase de paraísos». Matiza diciendo que no es la tecnología el problema, sino sus usos.

> Y aquí viene el meollo del asunto: yo creo que éste es, sobre todo, un problema político: no debemos permitir que las obras del hombre se vuelvan independientes del hombre mismo. Desde el momento en que la tecnología es, de alguna manera, un mecanismo autónomo, como es actualmente, es inhumana.[31]

Luego cita a Marcuse, cuando éste critica que para que el trabajo sea *productivo,* en el capitalismo, tiene que ser despojado de todo placer. Ignacio Solares avanza con una pregunta, con visos *cósmicos*:

> IS: ¿Qué ha sucedido entonces con los deseos –en el más amplio de los sentidos– del hombre moderno?
>
> IC: Han dejado de ser deseos verdaderos. Todos los que conocemos, que son inherentes a nuestra condición humana –la amistad, el gusto por la belleza, el sexo, y hasta el hambre– han sido deformados. No sabemos ya qué es un deseo verdadero [...] ¿Cómo extrañarnos entonces de que habitamos un mundo cada vez más neurótico, [pleno de la] necesidad de consumir artículos inútiles que van contra un verdadero deseo [...] Muchos de estos temas los traté en *La separación de los amantes*.[32]

Este párrafo, con visos universales e idealistas, y moral incluida, lo puede firmar sin problemas alguien como Joseph Ratzinger. Resulta que Caruso puede diagnosticar acerca de los supuestos «deseos verdaderos» y, por lo tanto, sostener que se tergiversaron, pero si la flecha de la evolución sigue su marcha, ¡menudo problema!

Solares cuestiona si ese deseo individual no se contrapone al denominado *yo colectivo*. Caruso responde que para tratar de evitar la terminología de Jung, habría que hablar más bien de un *yo-nosotros*,[33] ya que sólo podemos integrarnos a los demás *siendo nosotros mismos*. Y agrega que no hay nada más peligroso para el sistema capitalista que «la solidaridad entre los hombres».

> Por eso le interesa tanto al capitalismo mantener dentro de su sistema a individuos aislados, sin alma, nada tan peligroso como la individualidad porque por sí misma, como bien lo sabía Teilhard de Chardin, tiende a la unidad. Cuando somos nosotros mismos queremos –es inevitable– que los otros también sean ellos mismos. La individualidad es contagiosa.
>
> IS: ¿No es ésta una idea religiosa?
>
> IC: Sí lo es. Y la función de la religión debería ser alimentarla. El problema actual de la religión, me parece, es que ella también ha perdido sus verdaderos deseos.[34]

Me corrijo, esto ya no lo firmaría el ex papa Benedicto XVI, porque este último sabe *a ciegas* cuál es la verdadera religión, así como Caruso parece saber cuáles son los auténticos valores. Solares concluye su entrevista preguntándole qué ocurre con el psicoanálisis, en una sociedad capitalista.

> Hay dos tipos de psicoanálisis: el que supone que usted se ha curado cuando desaparecen los síntomas, y queda perfectamente adaptado a la sociedad. El otro, el que yo llamo progresista, no da tanta importancia a los síntomas y no quiere engañarlo con el espejismo de la felicidad. Yo creo que el fin del psicoanálisis es transformar una inconsciencia neurótica en una conciencia de nuestras miserias.
>
> Utopía e idealismo mediante, y por lo tanto algo de Hegel, termina su razonamiento así: «En una sociedad libre, el psicoanálisis no tendría por qué existir».[35]

Creo que una parte de estas afirmaciones Jacques Lacan las hubiese firmado, sólo añadiéndole el sistema de vida americano y olvidándose de la Rive Gauche, más apto para él y algunas de sus huestes. Es decir, Caruso se coloca del lado de los *verdaderos* valores y del *auténtico* psicoanálisis, y para ello no queda sino zambullirse a la búsqueda del *ser auténtico* que todos llevamos dentro. Se adivina en los entretelones de este razonamiento la nostalgia de otros tiempos y el trasfondo del alma del *inconsciente arcaico* postulado por Jung en donde estarían alojados los *auténticos* deseos de la humanidad. Amén. Lo interesante es que en los programas *Encuentro* y en las conferencia que ofreció en la UNAM ese mes y ese año, este tipo de razonamiento quedó hasta cierto punto, en segundo plano.

IX. Igor A. Caruso y su crítica al nazismo

Igor A. Caruso, después de la guerra, mostró cierta capacidad crítica sobre la política de exterminio del Tercer Reich, como lo atestiguan sus reflexiones respecto al mecanismo de *identificación con el opresor*. Por ejemplo, comentando el texto de Emmanuel Ringelblum –testigo acucioso del Ghetto de Varsovia,[1] en el que murió asesinado–, aborda la introyección del verdugo por la víctima en los siguientes términos:

> En cuanto el oprimido introyecta el superyó del opresor, sale al encuentro de la destrucción de sí mismo o de aquellos que él, a su vez, oprime. [...] esta destructividad no puede volverse normalmente contra el opresor; luego, se dirige contra el oprimido.[2]
>
> [Y remata:] Rechazar la opresión significa una verdadera toma de conciencia (y cuánto heroísmo, en ciertas circunstancias), que implica una crítica incorruptible de las propias introyecciones. [...] La trágica historia del Ghetto de Varsovia muestra, en una perspectiva monstruosa, como en un vidrio de aumento, las relaciones entre potencia e impotencia: relaciones verdaderamente mortales.[3]

Entre el Ghetto de Varsovia y el Steinhof no dejan de existir resonancias y similitudes mortíferas.

En el caso de Igor Caruso, hubiera sido importante[4] que explicitara a fondo la *terrible contradicción* de su vida bajo el Tercer Reich, y mucho mejor que hubiese realizado «una crítica incorruptible de sus propias introyecciones», así como de algunos de los efectos mortíferos que tuvieron sus acciones, y la de otros colegas, diagnosticando niños en la política de exterminación nazi. ¿Era mucho pedir? Sin duda, lo era.

¿Cómo fue posible, durante la guerra y la posguerra, ejercer, en Alemania y Austria, el psicoanálisis, la psicología y la psiquiatría?, y ¿cuál fue el costo, con tantas muertes y silencio acumulados? Más aún, cuando muchos quedaron del lado de quienes implementaron una política para asesinar u oprimir a una parte sustancial de su propia población, y ocasionaron, entre otras situaciones, el exilio de un número no despreciable de psicoanalistas, sobre todo judíos.

X. Igor A. Caruso y la cuestión de la responsabilidad

> La responsabilidad no es colectiva, pero hay estructuras perversas. Hay un mal estructural. Y esa es la tragedia. Esto exige que el individuo se niegue a hacer el mal, que desobedezca. Y ahí se la juega. Eso es el heroísmo: una rareza.
>
> SALVADOR GINER[1]

> Precisamente porque las cosas no son en blanco y negro es por lo que, para los delitos, no hay castigo fijo. El juez tiene que encontrar la medida de la culpabilidad. Establecer el grado de culpa. Averiguar si alguien ha sido o no el asesino... eso se resuelve rápido. Lo otro cuesta más.
>
> FERDINAND VON SCHIRACH[2]

En este tipo de casos, en los que se intentan analizar situaciones límite, en las cuales se implicaron y fueron implicados un cúmulo de individuos, es imposible evitar la pregunta: ¿y qué hubiera hecho yo en el caso que describo? Una parte de la cuestión consiste en discriminar entre el puntilloso análisis de lo ocurrido y la posición subjetiva de quien pretende analizarlos para tratar de no inhibir las interrogaciones que surjan del material, ni tampoco creer cómoda y retroactivamente, de manera imaginaria, que uno habría sido necesariamente más lúcido y más valiente que los sujetos a los cuales se pretende historiar. Pero tampoco se trata de renunciar a todo juicio analítico y moral, incluso si uno supone que seguramente no hubiera estado a la altura de lo que predica. Y más aún cuando hay asesinatos de por medio.[3]

Para comenzar a delimitar la discusión, conviene citar la reflexión que realizó Karl Jasper, a propósito de la culpa y la responsabilidad durante el nacionalsocialismo:

> Afirmé que todo aquel que vive en un estado y que no ha emigrado desligándose de él, a menos que hubiera arriesgado su vida para oponerse al crimen, es políticamente corresponsable y debe asumir las consecuencias de los acontecimientos [...] Las consecuencias serían la *dignidad* que consiste en reconocer lo hecho y lo sucedido sin evadirlo y, en lo particular, las consecuencias serían una revisión de acaso la mayor parte de nuestras concepciones comunes sobre la historia y sobre aquello en que debemos basarnos.[4]

A los contemporáneos y a los hijos de los verdugos les correspondería –desde la posición adelantada por Jaspers– asumir esa *dignidad* y la revisión de la herencia, pero de ninguna manera, en el caso de los segundos, sentirse culpables de los crímenes de sus antepasados. En cuanto a su *responsabilidad* como segunda generación, lo mínimo que se puede decir es que no están comprometidos de la misma forma que quienes, como Jaspers, ni salieron de Alemania durante el periodo nacionalsocialista, ni arriesgaron su vida para oponerse al crimen. No obstante, hay que señalar, que no existe Estado más fallido que aquel que coloca a sus ciudadanos en la posición de tener que convertirse en héroes. Falta mucho por aclarar y matizar respecto a la posición que sostiene Karl Jaspers.

A. Igor A. Caruso, ante la culpa y la responsabilidad

Veamos cómo concibe Igor Caruso sobre la *responsabilidad.* En una entrevista aparecida en 1973 –en una revista de corte eclesiástico–, en donde se le interrogó respecto a diversos temas[5], el entrevistador le hizo la siguiente pregunta, *ad hoc* para el tema que trató:

Kirch bunt: ¿Qué puede decir la psicología, con respecto al perdón, de la culpa?

Profesor Caruso: aquí tengo que remitirme, por supuesto, a la teología. Juzgar a alguien es un asunto muy delicado. Psicológicamente hablando, el arrepentimiento no puede ser comprendido como *cargo de conciencia* [¿conciencia de culpa?]. Carga de conciencia era la que tenía Judas cuando se ahorcó después de su traición. Para nosotros los psicólogos, la culpa puede ser anulada únicamente cuando el arrepentimiento se convierte en una práctica activa. El *insight*, la ampliación de la conciencia, es el punto de partida para sanar la carga de conciencia. Por lo tanto, una expiación malentendida –por ejemplo, en un sentido jurídico, mediante una sentencia jurídica, o en forma religiosa, como son las oraciones– puede convertirse en una verdadera coartada. Pero hemos notado muchas veces en el trabajo con personas que cargan una gran culpa, o que sufren debido a sentimientos exagerados de culpa, que esta culpa no puede ser anulada de manera *jurídica*. Sólo al aceptar su *self* esta persona puede ser *resocializada* de nuevo.[6]

Y, en efecto, el psicoanálisis[7] aborda el problema de la culpa de una manera diferente a la de los enfoques religiosos y jurídicos. Y también trata de analizar las coartadas que utilizan tanto el factor religioso, como las *salidas* neuróticas, procurando entender lo que se juega en *los sentimientos exagerados de culpa*.[8] Por otra parte, el caso de Judas parece concebirlo como el paradigma de una traición, que se volvió insoportable para la conciencia del apóstol.[9] ¿Se podría pensar que utilizando ese ejemplo alude a lo que entiende por arrepentimiento como *práctica activa*?

Lo que, efectivamente, afirma es que «la culpa puede ser *anulada*, únicamente cuando el arrepentimiento se convierte en una práctica activa». ¿Realmente puede ser *anulada* por el arrepentimiento convertido en práctica activa? ¿A qué tipo de práctica se refiere? O más bien se podría decir que, ¿sólo puede ser reconocida cuando se asume que se actuó de una manera tal que dañó a terceros?, como es aparentemente el caso de Ingmar Bergman.

Recuerdo parcialmente lo que Caruso escribió al respecto, citando a Alexander Mitscherlich:

> Reparación de la culpa no pude ser otra cosa que el enfrentar la verdad; admitir lo que se ha sido, sin regateo; reconocer su propia responsabilidad, así haya sido una *inocente* adaptación, o una simple participación en las consignas [...] Se trata de reconocer su responsabilidad justamente allí donde parecía ser éticamente justificada; en la fidelidad al deber, o en la obediencia a las órdenes.

Esta manera de encarar la responsabilidad iba, sin duda, más allá de lo que en 1952, inspirándose en Jung, denominaba el *arquetipo paradisiaco*; el cual implicaba el anhelo del neurótico de restablecer la inocencia perdida, así como su crítica a la psicología *naturalista* –léase, la freudiana–, que negaba el gran drama de la redención y el anhelo del *arquetipo Cristo* y, por lo tanto, de «la orientación del alma hacia la trascendencia».

Y concluía diciendo que debido a que el neurótico ha obturado su orientación teleológica hacia el absoluto sufre de neurosis. Y, entonces, la función de la psicoterapia sería reconducirlo «hacia una auténtica adhesión a los verdaderos valores».[10] La neurosis busca un redentor. «El *arquetipo Cristo* es el factor central de toda psicoterapia.»

Volviendo a la entrevista de la *Kirche bunt*, el entrevistador, siguiendo con sus interrogaciones más bien generales –incluso, demasiado–, le pregunta si toda la humanidad debería sentir culpa ante los males del mundo, a lo que Caruso responde: «Aun si en lo personal no somos criminales, somos partícipes de la *maquinaria del crimen* que mata a otros». Enfocar la situación de esa manera puede terminar en una especie de *inflación de las complicidades*[11] y disolución de las responsabilidades.

Al respecto, cité, de la entrevista de abril de 1979, las palabras con las que Caruso alude a sus *recuerdos estremecedores*, y luego sostiene: «*por supuesto uno sabía todo*, aunque unos y otros digan, afirmen, que la población no sabía nada, uno sabía todo, *se sabía todo*». Señalé también que entre *saber todo* y formar parte activa, aunque sea secundaria, de eso que terminó por saberse, hay diferencias y no implica la misma responsabilidad.

La parte inaudible y sustraída de los testimonios rescatados hasta ahora de Caruso es aquella en la que no pudo decir públicamente no solo que *sabía*, y que incluso le parece condenable eso que sabía, sino cómo participó en ello.

A estas alturas, sabemos que existen al menos tres testimonios indirectos en los que se afirma que Caruso logró hablar de su participación en los asesinatos del Spiegelgrund: el del doctor Páramo, aquel al que alude el texto de Karl Fallend, sobre la carta al editor de la revista *Zeitschrift für Psychoanalytische* de uno de sus antiguos maestros, Jochen Sauer[12], en la cual se refirió al supuesto silencio de Caruso, cuestionando a Eveline List: «Ya en el año 1972 habló de manera pública y autocrítica acerca de su papel en el Spiegelgrund, en un seminario de la Universidad de Salzburgo (y ante suficientes testigos)».[13]

Y Fallend se pregunta, con buenas razones:

> ¿Por qué él [Sauer] y los suficientes testigos nunca nos contaron de eso durante todos estos años de controversia por la sucesión de Caruso, si escucharon a Caruso en ese seminario? ¿O acaso la polémica nunca salió del aula, siendo demasiado amenazadora?
>
> «¿Ahora me quiere fusilar?», «¿quiere que me mate de un tiro?»;[14] éstos son los dos rumores que recuerdo, me llegaron el año pasado, sobre la reacción de Caruso en ese seminario.
>
> Les incumbe a los testigos directos la publicación de sus recuerdos de este seminario, seguramente memorable. [...] En todo caso, sigue siendo notable cuánto difería el nivel de conocimiento de la historia de Caruso, bajo el mismo techo del Instituto de Psicología de Salzburgo, sin que hubiera intercambio alguno.[15]

Igual ocurrió en México respecto a lo que sabía el doctor Páramo. Lo verdaderamente llamativo consiste en esta especie de encriptamiento de la información, como si se tratara de un secreto del tipo que prospera en sociedades secretas. Y tratándose de psicoanalistas, aún más curioso. A lo que apunta todo esto es a un complicado y sinuoso proceso para hacer que salga a la luz eso que algunos *sabían* y *escucharon* con bastante anterioridad. Caruso, según los rumores mencionados por Fallend, en todo caso, no tenía vocación ni de suicida ni tampoco de promotor de su *fusilamiento*; pero, probablemente, estaba viviendo una situación insostenible, de ahí las expresiones de fusilamiento o suicidio.

Entonces, el problema ya no es sólo de Caruso, sino de quienes lo escucharon y callaron. Con lo cual, se comprueba que no bastaba que él hablara del asunto del Spiegelgrund, sino que quienes lo escucharan estuvieran dispuestos a recibir la información y a interrogarlo, e interrogarse, para tratar de entender su actuación. Y no contentarse con tener la información cubierta *bajo siete velos*. Por las reacciones del 2008, los tres testigos mencionados parecen estar de acuerdo cuando menos en el hecho de que Caruso sí habló al respecto –quien ofrece más datos es el doctor Páramo.

Y también en la manera de transmitir el testimonio, ya que al *cargar las tintas* en el *sí habló* y luego procurar deslindarlo de toda responsabilidad –sea porque «no le quedó otra elección, ya que no quería ser un héroe muerto»; porque «sólo fue una pequeña pieza», o incluso porque se «trató de un *bashing*», entre otras razones–, la actitud en los tres testigos tiende a dirigirse hacia el mismo punto. De ahí que los tres coincidan en la descalificación a la doctora List, y ninguno cite el trabajo de archivo realizado por ella.

Me imagino que en ese entonces un grupo, aunque fuera minoritario, sólo buscaba que explicara públicamente sus actos de 1942, y de qué manera entendía su responsabilidad en lo que a todas luces criticaba. Y en caso, de haber considerado que no le quedó otra sino cooperar con los que promovían el Plan T4, ¿en qué se basó?

Todavía, Fallend añade un supuesto amago *interruptus* por parte de Caruso para que la información fuese difundida:

> Me quedé muy asombrado cuando un compañero de estudios mayor me informó, hace sólo poco tiempo que, con la polémica actual [2008], recordó el siguiente suceso: su visita a Caruso enfermo poco antes de que falleciera.[16] Un paseo durante el cual Igor Caruso quiso hablar con él de su tiempo del Spiegelgrund. Y como si los hombros sobre los que iba a poner el peso estuvieran demasiado pequeños, mi compañero no resistió la situación. Él o Caruso cambiaron el tema. Un cambio de tema que se mantuvo por 28 años.

Al menos sabemos que sobre los hombros del doctor Páramo sí puso el peso de la información, aunque esta tampoco circuló sino hasta octubre de 2012. Quienes la recibieron, sea en el aula o como confidencia íntima, pareciera que quedaron presos de un pacto de guardar silencio hasta que, por fin, alguien les preguntara si sabían algo al respecto, o incluso aunque no les preguntaran –como fue el caso de los doctores Sauer y Stöller, reaccionaron ante el *tabú de la explicitación*[17] –hecho añicos por el trabajo de Eveline List–, en 2008. Desde esta perspectiva, es entendible el *terremoto* que provocó el artículo de la aludida historiadora y psicoanalista.

Karl Fallend concluye esta parte de su texto con una mirada más bien pesimista:

> El diálogo que apenas hoy a menudo se desea, ya no es posible. La mayoría de los protagonistas de entonces están enterrados, y con ellos sus recuerdos, sus mundos emocionales, cómo enfrentaron su pasado. No hay diarios, apenas existen apuntes autobiográficos que nos revelan qué uso hacían los psicoanalistas de su instrumental para llevar una historia cargada, individual y colectivamente, a un discurso intergeneracional constructivo.
>
> En efecto, es una lástima.

B. Hanna Arendt y la cuestión de la «pequeñísima pieza»

Viajo a Auschwitz. Besos. Tu Heini.

Heinrich Himmler.[18]

Tomo esta expresión del testimonio ya citado de Raúl Páramo cuando, al aludir a la posición que ocupó Caruso en 1942, dice que solamente fue «una pequeñísima pieza de un engranaje que no estaba en sus manos impedir, ni por el lugar que ocupaba ni por la situación general». Presentados así los hechos no hay mucho que añadir; sin embargo, algo sí pudo intentar hacer: precisamente, dejar de ser una *pequeñísima pieza*, en cuanto se enteró de qué se trataba.

Y, por los datos recabados, aparentemente sí tuvo la posibilidad de utilizar esa diminuta rendija sin que su vida y la de su mujer estuvieran en juego, de manera incontrovertible. Aunque, me imagino, estuvo atravesado por el temor de que su vida sí estaba en juego si renunciaba. No obstante su concuño nazi, el trabajo que tenía su mujer y su condición de conde y apátrida pudieron servir parcialmente de contrapeso a ese posible temor.

Recuerdo que el doctor Páramo, para reforzar de alguna manera este argumento, añadió que esta política exterminadora «ocurrió de facto, no sistemáticamente, sino en unos pocos casos». Contra lo sostenido por el propio Caruso, quien reconoció el carácter sistemático de la mencionada política. Y aunque este último no la hubiese reconocido, sí lo fue. La cuestión estriba en el lugar estratégico que ocupaba la pieza en el engranaje, así fuera pequeña. No era quien hacía la limpieza de los sanitarios, o quien recogía a los cuerpos asesinados, sino quien elaboraba diagnósticos y sabía que estos podían tener repercusiones mortales, si eran confirmados por sus jefes médicos.

Esta cuestión del engranaje y las piezas fue trabajada por Hannah Arendt durante y después del proceso de Eichmann, el cual suscitó, entre otros, el asunto de la culpabilidad colectiva de los alemanes y austriacos. La perspectiva de Arendt ayuda a precisar mejor lo referido a K. Jaspers. Veamos:

No existe algo así como la culpabilidad colectiva o la inocencia colectiva: la culpabilidad o la inocencia no tienen sentido sino aplicadas a individuos.

Recientemente, durante el debate del proceso Eichmann, esas cuestiones relativamente simples se han complicado por eso que yo denominaré como la *teoría de los engranajes*. Cuando se describe un sistema político [...] es inevitable que nosotros hablemos de todas las personas utilizadas por el sistema en términos de engranajes que hacen funcionar la administración. Cada engranaje, es decir, cada persona, debe ser reemplazable sin que sea necesario cambiar el sistema; ése es el presupuesto subyacente a todas las burocracias, a todos los servicios públicos y a todas las funciones propiamente dichas. Ése es el punto de vista de la ciencia política, y si nosotros hacemos acusaciones o realizamos evaluaciones según su marco de referencia, hablamos entonces de buenos y malos sistemas, y nuestros criterios son la libertad, la felicidad o el grado de participación de los ciudadanos, pero la cuestión de la responsabilidad de aquellos que hacen funcionar todo el asunto es marginal. Y aquí llega a ser verdad lo que todos los acusados de los procesos después de la guerra han expresado para excusarse: si yo no lo hubiera hecho, algún otro habría podido hacerlo, y lo habría hecho.

Pues, en una dictadura, y con más razón totalitaria, incluso el relativamente pequeño número de responsables que se puede nombrar en un gobierno normal se reduce a uno, mientras que todas las instituciones y corporaciones, ejerciendo un control sobre las decisiones ejecutivas o ratificándolas, han sido abolidas.

En el seno del Tercer Reich, en todo caso, un solo hombre tomaba las decisiones, y podía tomarlas y era entonces, desde un punto de vista político, plenamente responsable. Ése era Hitler, [...] el cual, por consecuencia, y no sólo por un acceso de megalomanía sino bastante lúcidamente, se describió un día como el solo hombre en toda Alemania que era irremplazable. [...] ¿Eso significa, por lo tanto, que nadie más podía ser tenido personalmente por responsable?[19]

Arendt relata que, cuando asistió al juicio de Eichmann, percibió que el procedimiento judicial tenía la ventaja de no otorgarle ningún sentido al asunto de los engranajes.

> Seguramente, el hecho que la defensa [intentara] abogar que Eichmann no era sino una pequeña pieza, era previsible: que el acusado, él mismo, pensara en esos términos, era probable.[20]
>
> [...] Los jueces han tenido dificultades en señalar explícitamente que en un tribunal no es a un sistema al que se juzga, ni a la Historia, o a una tendencia histórica [...] sino a una persona, y en el caso que el acusado fuera un funcionario, también es sometido a una acusación porque incluso un funcionario es un ser humano, y es por esta capacidad que se le hace proceso. Evidentemente, en la mayoría de las organizaciones criminales, son los pequeños engranajes que cometen efectivamente los grandes crímenes, y se puede incluso sostener que una de las características de la criminalidad organizada por el Tercer Reich era que ella exigía pruebas tangibles de implicación criminal de parte de todos sus servidores, y no solamente en los escalones inferiores.[21]
>
> [...] Si se permitiese al acusado declararse culpable o no culpable, en tanto representante de un sistema, él se convertiría en un chivo expiatorio –Eichmann mismo deseaba convertirse en eso– [...] ha propuesto de colgarse en público y de tomar sobre sí todos los «pecados».[22] La Corte ha rechazado esta última ocasión de jugar con los sentimientos. En todo sistema burocrático, desplazar las responsabilidades forma parte de su rutina cotidiana.
>
> [...] a la respuesta: «no era yo quien hizo eso, es el sistema donde yo era un engranaje», la Corte respondió inmediatamente con la cuestión siguiente: «¿y por qué, por favor díganos, usted llegó a ser un engranaje y ha continuado en ser un engranaje en esas circunstancias?» Si el acusado desea desplazar sus responsabilidades, debe implicar a otras personas y debe ofrecer nombres, y esas personas aparecen entonces como posibles acusados, ellas no son la encarnación de la burocracia o de una necesidad. *El proceso Eichmann, como todos los procesos de ese tipo, no habría tenido ningún interés si no hubiera transformado en un hombre el engranaje o* referente *de la sección IV-B4 de la dirección de la seguridad del Reich.*[23]

No obstante, Arendt reconoce que si bien, en el caso del proceso judicial, la mirada se enfoca en la responsabilidad personal, el sistema, como tal, no puede dejar de tomarse en cuenta:

> Éste aparece bajo la forma de circunstancias, desde el punto de vista jurídico así como moral, más en el sentido donde nosotros tomamos en cuenta las condiciones de vida de los desfavorecidos como circunstancias atenuantes, pero no como excusas, en los asuntos de crímenes cometidos en los medios pobres.[24]

Siguiendo con la problematización del sistema y del contexto, Arendt añade que en el caso de los regímenes totalitarios, que tienen la característica de ser monolíticos, ya que coordinan todas las manifestaciones de la vida pública y exigen, por lo tanto, una aceptación sin equívocos de sus principios, quienes participan en las diferentes actividades de lo público están implicados inevitablemente en el conjunto del régimen.

> El fondo del asunto es que sólo aquellos que han dejado radicalmente la vida pública y que han rechazado toda responsabilidad política han podido evitar ser implicados en los crímenes y han podido evitar tener una responsabilidad moral y judicial.[25]

Frente al recurso de los acusados, según el cual sus crímenes podían ser calificados como «actos de Estado», o cuando menos que fueron cometidos acatando «órdenes superiores», Arendt siguiere no confundir ambas categorías. Las *órdenes superiores*, asegura, caen en la jurisdicción del campo de la justicia, incluso cuando el acusado dice encontrarse en la muy complicada situación del soldado que puede ser fusilado por una corte marcial, si se niega a cumplir ciertas órdenes; y colgado por un juez, si las acata.

En cambio, los *actos de Estado* serían aquellos que no están dentro del marco jurídico, son actos que se suponen soberanos y sobre los cuales ningún tribunal tiene jurisdicción. Según la teoría que se encuentra detrás de esta fórmula, los gobiernos soberanos pueden, en circunstancias extraordinarias, ser forzados a recurrir a medios criminales porque su existencia misma o la conservación del poder dependen de ello.

> [...] Según esta teoría, el acto de Estado equivale tácitamente al *crimen* que un individuo puede estar forzado de cometer por autodefensa, es decir un acto del cual se permite que quede impune por las circunstancias extraordinarias en donde la vida como tal está amenazada.[26]

Teoría polémica como pocas, que lleva a la justificación de los crímenes de *razón de Estado*. No voy a tratar la serie de objeciones que levanta, sólo me interesa señalar que el régimen nazi ni siquiera podía sostenerse en ésta, ya que de ninguna manera estaba amenazado. Y, como añade Arendt, lo que la teoría política no podía prever es que el régimen nazi iba a darle la vuelta completa a la legalidad, pues si los crímenes de estado implican una suspensión extraordinaria de la legalidad; en el caso del nazismo, toda la legalidad se suspendió, ya que la «maquinaria estatal imponía actividades consideradas normalmente como criminales».[27]

Por otra parte, cuando Estados Unidos, la Unión Soviética, Gran Bretaña y Francia firmaron el denominado *Acuerdo de Londres*, en 1945, que implicaba convertir los «crímenes de guerra y los crímenes contra la humanidad en actos punibles», los supuestos *buenos* de la Segunda Guerra se *metieron en un berenjenal* respecto a los crímenes de Estado y al derecho internacional, como justamente señala José María Pérez Gay. Y más aún cuando el presidente Truman decidió arrojar las dos bombas en Hiroshima y Nagasaki:

> ¿Cómo evitar la condena de las naciones que bombardearon de forma sistemática las poblaciones civiles de Alemania y Japón? De acuerdo con las normas del derecho internacional vigente, los aliados eran tan culpables como la *Lutwaffe* alemana. En su exposición final, el tribunal declaró inocentes a los alemanes y a los aliados porque «los bombardeos aéreos de ciudades y fábricas

> se han convertido en práctica habitual y reconocida por todas las naciones». El bombardeo de los civiles se ha convertido en derecho común.[28]

Sólo al precio de una hemiplejia moral y de un cinismo sin fisuras se juzgó a una parte de los criminales, precisamente por los representantes de la otra. A su vez, el jurista Yan Thomas constata un desplazamiento y transformación que se dio en el derecho cuando se introdujo el denominado *crimen contra la humanidad*, marcando las diferencias entre jueces e historiadores. Thomas escribe:

> Para el jurista, el contexto no ofrece sino una circunstancia que viene del exterior a atenuar o agravar la responsabilidad penal de un sujeto, irreductiblemente autor y responsable de sus actos. Para el historiador es al contrario, es lo que confiere a tales actos su sentido ejemplar, al punto de poder sustituirse a ellos.[29]

El historiador Carlo Ginzburg –autor del célebre artículo «Morelli, Freud y Sherlock Holmes: indicios y método científico»– precisó lo señalado por Thomas respecto al contexto y a los historiadores:

> El contexto, entendido como lugar de posibilidades históricamente determinadas, sirve para llenar aquello que los documentos no nos dicen acerca de la vida de una persona [o grupo]. Pero se trata de eventualidades, no de consecuencias necesarias, de conjeturas, no de hechos probados [...] llegar a otras conclusiones es negar la dimensión aleatoria e imprevisible que constituye una parte no despreciable (fuese ella importante o no) de la vida de un individuo.
>
> [...] Los hechos que jueces e historiadores examinan son en parte diferentes, lo que es diferente es sobre todo su actitud frente al contexto, o más bien los contextos.[30]

Ginzburg –al comentar el texto de Natalie S. Davis acerca de Martin Guèrra–, señala lo cuidadosa que es dicha historiadora en marcar las diferencias entre hechos confirmados y posibilidades, usando fórmulas condicionales del tipo *probablemente, a lo mejor, podría ser que.*

Por su parte, el psicoanalista –quien no puede ni debe sustituir al juez ni al historiador en los casos descritos– no trata de emitir un veredicto, sino que el individuo intente analizar su implicación en una situación contextual que rebasó con creces su relación familiar y que, por lo tanto, trascendió el ámbito contextual en el que el psicoanálisis regularmente se mueve, y que no coincide con el del juez ni el del historiador. En este tipo de casos, el dispositivo psicoanalítico y su campo de inclusión-exclusión[31] se ve trastocado y no exento de deslizamiento, sin proponérselo necesariamente, a la posición sea de juez o de historiador, o incluso de sociólogo.[32]

Deslizamiento con sus características específicas, de las que no están tampoco exentos, por cierto, estos últimos, como veremos a continuación. Volviendo a Yan Thomas y su aportación acerca de los *crímenes contra la humanidad*, él afirma que lo característico de estos crímenes es que «la inclusión del contexto en el acto es esencial a su definición jurídica».[33] De ahí se desprende que lo que sólo era probabilidad contextual se transforma sustancialmente, en la medida que se inserta en la definición del crimen.

> El sujeto desde ahora responde a través de sus propios actos, de la significación que se liga a la totalidad de un aparato de Estado. En esta nueva coyuntura llega a ser difícil distinguir al juez del historiador.
>
> [...] Eso que aporta el crimen contra la humanidad es la experiencia probablemente inédita de una articulación sistemática e implacablemente colectiva del crimen, bajo la forma rigurosamente impersonal del Estado. A esta eufemización organizacional y jurídica, un nuevo régimen de responsabilidad intenta responder.
>
> [En síntesis, para calificar se interpreta] la situación colectiva de un individuo, mientras que para imputar conviene articular en uno de sus agentes una operación infinitamente ramificada.[34]

Imputación como individuos que consintieron, permitieron o colaboraron activamente en una operación sistemática de exterminio.

El historiador, al ser requerido en el pretorio, no será solamente para ayudar al juez a informarse de lo que no vivió, sino para ayudarlo a introducir el contexto en el acto del imputado. Con lo cual el juez se transformará, *en parte*, en historiador, y este último asume también, *en parte*, la función de juez.[35]

Volvamos entonces a la reflexión que hace Arendt respecto a quienes abandonaron radicalmente la vida pública para evitar una complicidad activa con el régimen nazi, y a tratar de tematizar algunas de las posibles razones que los llevaron a ello.

> Nosotros deberíamos admitir que existen situaciones extremas en las cuales la responsabilidad del mundo, que es de entrada política, no puede ser asumida porque la responsabilidad política presupone, al menos, un mínimum de poder político. La impotencia o el no poder completo constituye, yo creo, una excusa válida.[36]

Y añade Arendt que supone que muchos de los que se retiraron a la vida privada fueron quienes rehusaron adaptarse de manera casi automática a la nueva y *terrible normalidad* impuesta por el régimen nazi.

> Los no participantes, calificados de irresponsables por la mayoría, han sido aquellos que osaron juzgar por sí mismos.
>
> [...] Ellos se han preguntado en qué medida serían todavía capaces de vivir en paz con ellos mismos después de haber cometido ciertos actos; y han decidido que valía más no hacer nada, no porque el mundo se comportaría mejor, sino simplemente porque no era sino bajo esa condición que ellos podrían continuar y vivir. [...] *Ellos han rechazado [matar] no en tanto que sostenían firmemente el mandamiento «tú no matarás», sino porque no querían vivir con un asesino, a saber: ellos mismos.*[37]

Quienes continuaron en la vida pública, como fue el caso de Igor Caruso y otros, tuvieron que seguir viviendo, de diferentes maneras *–según su grado de implicación–*, con la figura del asesino o de cooperante de éste, integrada a sus entrañas psíquicas. Los que no eran cínicos, me imagino, vivieron dolorosamente, atravesados el resto de su vida por ello.

A la luz de todo esto que acabo de mencionar, habrá colegas psicoanalistas que busquen evitar la emisión de un juicio respecto a la responsabilidad de Caruso y otros contemporáneos de éste so pretexto de que el psicoanalista no juzga, sólo analiza las implicaciones de un sujeto en su situación –en este caso, extrema– y a partir de una demanda de análisis que se le hace. Demanda que se debe a una oferta que él hizo previamente, al colocarse como alguien que ejerce el psicoanálisis. Y, desde un punto de vista, tienen razón, el psicoanalista no da sentencias, no es su función.

No obstante, en el caso que he intentado historiar, ni pidió análisis y además está muerto. Y, sin embargo, nos interroga *post mortem*, con sus actos, a un grupo de psicoanalistas, los cuales no sabremos qué pensaba seriamente en su fuero interno, por más que utilicemos nuestra batería de conceptos especulativamente. Y algunos no podemos dejar de plantearnos: ¿cómo es posible asumir la posición de psicoanalista después de haber colaborado con asesinos y no prevenir a quién lo iba a consultar? Más aún, ¿cómo es posible renunciar a todo juicio moral sobre determinados actos, con la excusa de creer que se puede vivir en la vida cotidiana como si se operara permanentemente inmerso en el dispositivo psicoanalítico, en una especie de suspensión de todo juicio, y no existiera una vida más allá del diván?[38]

Esta cuestión de la suspensión de todo juicio moral nos remite al problema de lo tolerable e intolerable. Si nadie puede ser juzgado porque se parte de la pregunta: ¿finalmente, quién sabe qué hubiera hecho yo en su lugar?, o de una identificación y *fusión con las razones de los otros*[39], aunado a los que pretenden vivir como psicoanalistas de tiempo completo, se puede terminar por justificar no importa qué. Un poco a la manera de ciertos etnólogos de corte culturalista y su concepción relativista.

XI. ¿Y qué se sabía en México, en el CPM, al respecto?

Todo cabe en un silencio si se sabe incomodar.

MERLINA ACEVEDO[1]

Ahora que se abrió el asunto, imposible no dejarse interrogar por éste y asumir las consecuencias institucionales, psicoanalíticas, éticas y políticas de ello, cuando menos *para algunos* de los que contribuimos a fundar el CPM. Cada quien *sacará sus cuentas* o simplemente no se sentirá interpelado.

Como ya lo adelanté en la introducción, un *hecho contundente fue el silencio que cubrió a estos hechos; en el caso del CPM, hasta principios de octubre de 2012.* ¿Acaso lo ignoraron Armando Suárez y Raúl Páramo cuando estudiaron en Viena y se analizaron con Caruso, a principios de los sesenta, en esa Viena en donde aparentemente se había corrido un tupido velo acerca de lo aquí descrito?[2] ¿Cuándo comenzaron a saberlo?, ¿o sólo Raúl Páramo lo supo? De él estamos seguros, por lo que asegura que le confió el propio Caruso y por lo que afirma en su respuesta al doctor Felipe Flores –diciendo que investigó el asunto «durante casi dos años»–, y también porque, además, alude al texto de Eveline List, a quien califica como alguien que desarrolló «una particular inquina».

El texto de List fue publicado en febrero de 2008,[3] así como el de Benetka y Rudolph. ¿Por qué no lo abrieron a la discusión de quienes obviamente iban a estar interesados en el asunto, aunque sólo fuera una *inquina* o rumores sin sustento, entre otros? Dado que hubo una ruptura de relaciones entre Raúl Páramo,

Armando Suárez y Fernando M. González, a finales de 1977, es explicable que la información que tuvo el doctor Páramo, respecto al asunto que nos ocupa,[4] no fluyera, pero el doctor Suárez, quien falleció en marzo de 1988, ¿realmente ignoró el asunto?

En todo caso, si atendemos a lo afirmado por Benetka y Rudolph, es posible –cuando menos es una duda razonable– que el doctor Suárez se haya enterado de los rumores y ataques contra Caruso; sin necesariamente ser partícipe de las confidencias de éste, como el doctor Páramo.[5] Suárez asevera que la última vez que tuvo contacto directo con Caruso fue en julio de 1975.

Sin embargo, el testimonio de Caruso, de abril de 1979, como mínimo, conmina a preguntarse qué hizo en 1942 y a no quedarse solo en su crítica al nazismo. Más aún cuando alude específicamente al caso del Theressien. ¿Realmente Armando Suárez no supo de esta entrevista cuando escribió, seis años después, la breve biografía de Caruso? Resulta difícil de creer que no hubiera estado enterado del todo.

Veamos ahora lo que se puede deducir de lo escrito por el doctor Suárez, el otro miembro del CPM que se analizó con Igor Caruso y que fue su discípulo. El entonces sacerdote dominico y más tarde psicoanalista, Armando Suárez –cofundador del CPM, en 1971, junto al doctor Páramo–[6] escribe que llegó a Viena en 1960 para analizarse, con la finalidad de:

> [...] exponer mi fe y mi vocación religiosa a la prueba de fuego del psicoanálisis –con la esperanza de decantarlas–, buscaba un analista *freudiano*, y Caruso, por lo que había leído de y sobre él, me parecía *demasiado creyente*. Las dudas no se disiparían sino parcial y paulatinamente; pero, una exploración suplementaria en el medio intelectual a mi alcance, me trajo una confirmación inesperada: en la Viena de entonces, Igor Caruso y su Círculo parecían representar la genuina continuación de Freud y su obra.[7]

Resulta llamativo que, en la Viena de entonces, según Suárez, Caruso fuera considerado la *genuina continuación de la obra de Freud.* ¡Cómo estaría la situación psicoanalítica posnazismo en Viena como para considerarlo así!

Una de las consecuencias del análisis de Suárez con Caruso fue la salida de aquel de la orden dominica y su agnosticismo discreto, pero coherente, por el resto de su vida. A continuación, cito lo que Suárez dice sobre la llegada del ítalo-ruso a Viena, como exiliado, alrededor de febrero de 1942:

> Desde el Anschluss de 1938, Austria pasó a formar parte del III Reich y Viena estaba controlada por los nazis. Para un psicólogo con sus antecedentes, no había muchas oportunidades de trabajo. Igor desempeña su primera actividad como psicólogo clínico en el departamento psiquiátrico infantil, en Spiegelgrund, durante 1942.
>
> Al año siguiente, despliega ya una actividad psicoterapéutica en la clínica, Caruso ya ejerce como psicoterapeuta en la clínica neurológico-psiquiátrica Maria Theresien Schlössl, dirigida por Alfred (príncipe de) Auersperg. Fue allí donde emprendió su largo itinerario hacia Freud.[8]

Ninguna alusión al asunto de los niños, la eutanasia ni al plan T4. Sólo una escueta línea, y podría pensarse que apresurada. Y no sólo eso, pues parece decir que, dada las pocas oportunidades de trabajo, no le quedó más que trabajar en el Spiegelgrund. Tampoco, ningún cuestionamiento a su relación con el príncipe Auesperg, ni a las militancias nazis de este último; ni al tipo de actividades clínicas que se hacían en este hospital; sólo referencia a la actividad intelectual.

Y estamos hablando de un texto de 1985, cuando ya se habían publicado la carta de Caruso a *Der Spiegel* (1964) y la entrevista a Caruso (1979).[9] En cambio, deja constancia del *largo itinerario hacia Freud.* Ahora bien, ¿cuál lectura de Freud? Ése es *otro cantar.* Todo parece *marchar sobre ruedas* para que Igor Caruso inicie este trayecto. ¿Se puede llegar a los aportes freudianos a partir de esos inicios y al precio de tales relaciones y actos? Y repito, ¿a cuál Freud?

Respecto al año de 1979, en cuyos inicios se da, en Salzburgo, la cuestionada conferencia de Heinrich Gross, y en abril la entrevista de Caruso, el doctor Armando Suárez –en su minibiografía de Caruso– comenta lo siguiente:

> Su fama internacional y su popularidad entre estudiantes no podían menos que suscitar envidias. Sus abiertas opciones políticas de izquierda escandalizaban a la derecha en el poder. Sus expresas reservas frente al *psicoboom* (grito primario, bioenergética, encounter, etc.) y su defensa sin capitulaciones de un psicoanálisis freudiano y socialmente crítico, frente al viejo y nuevo conductismo, le fueron confinando a un aislamiento institucional. Acorralado por los pigmeos, no supo defenderse sino, al decir de E. Boreman: «inerme ante la brutalidad de los ávidos de poder, reaccionando con graves trastornos psicosomáticos». Su salud, en efecto, se quebrantó, y su humor se ensombreció hasta tomar la decisión final de jubilarse en otoño de 1979.
>
> Los estudiantes organizaron, a partir de entonces, un frente de lucha para pedir que el sucesor de Caruso en la cátedra fuera un psicoanalista fiel a su línea de crítica social.[10]

¿Sería forzar la situación conjeturar que la jubilación de Caruso, en el otoño de 1979, además de las razones que describe el doctor Suárez, tuvo que ver con lo sucedido en ese mismo año con su supuesto amigo, el doctor Harrer, la invitación a Otto Gross y la necesidad de aclarar en algo las situaciones que irrumpieron sin eufemismos en ese periodo? Y, como consecuencia, ¿con el hecho de tener que reconocer su participación en la Clínica Steinhof, que salió a la luz ese año de la manera más contundente? No creo que sea descartable, sin más. Ésta es la información que considero se tenía a disposición, respecto al tema aludido y francamente eludido, hasta el momento de recibir la noticia, en octubre de 2012.[11]

Amando Suárez anota que en el viaje de Caruso a México, en 1969, éste le confió que desde hacía tiempo «tenía que luchar día a día contra el acoso de una insidiosa depresión endógena».[12] Finalmente, ¿qué se entiende, en el caso de Caruso, por practicar la crítica social con una parte de la vida cruzada por la exterminación –y que involucra una parte de la profesional–, dejada en buena medida en las sombras, de *la manera descrita*?

A. Elementos para pensar el contexto fundacional del CPM

Una pregunta que me incluye (FMG), y que hice en la introducción, como miembro cofundador del CPM, es: ¿por qué nunca se nos ocurrió investigar cuál fue la situación que durante la Segunda Guerra vivieron los psicoanalistas y psicólogos que se quedaron en Alemania y Austria,[13] y el precio que debieron pagar para hacerlo en todos los sentidos? Es como si hubiera habido una confianza básica en nuestros formadores mayores, emitiéndoles un *cheque en blanco.*

Y como si ese pasado nazi y católico idealista del Círculo de Viena hubiera quedado, para nosotros, muy atrás y relegado como un eco que se disolvió sin dejar huella,[14] cuando nos topamos efectivamente con la tradición de los círculos. Porque, ciertamente, los miembros de la primera generación del CPM partimos de otras coordenadas teóricas y contextuales. Con respecto a Caruso, quienes lo leímos un tiempo, nos encontramos, fundamentalmente, con las referencias que hacía respecto a Marcuse, Sartre, Marx y Freud, entre otros.

Armando Suárez escribe unas notas respecto a cuál fue el contexto que precedió a la fundación del CPM. Veamos.

> En septiembre de 1966, 74 delegados de diez círculos y grupos de estudios se reunieron en Innsbruck y fundaron la *Federación Internacional de Círculos de Psicología Profunda.* Caruso propuso lo que sería *el mínimo común divisor*: técnica psicoanalítica *clásica* (freudiana) y apertura a todas las cuestiones sociales. Se plantearon ciertas exigencias mínimas comunes en cuanto a la formación de candidatos, pero preservando cada círculo la autonomía organizativa y la originalidad de sus preocupaciones y enfoques temáticos.
>
> Caruso solía atribuir este rasgo institucional –en la medida en que respondía a sus expectativas y su proyecto– a su propia educación religiosa: en la iglesia *ortodoxa* las comunidades ecle-

siales son *autoacéfalas* y el *primado* es únicamente de honor, no de jurisdicción.

[La actitud de Caruso] frente al poder era marcadamente ambivalente. Fue presidente de la Federación hasta su muerte, siempre reelecto por mayoría absoluta, cuando no por unanimidad; pero, en varias ocasiones, quiso rehusarse o dimitir. En una de ellas, su sucesor actual en el cargo, Raoul Schindler, experto en dinámica de grupos, [...] respondió con estas palabras a su intento: «un alfa no dimite: se le fusila».[15]

Y esa autonomía dio por resultado fuertes discrepancias en la conformación ideológica en algunos círculos. Por ejemplo, Suárez señala que Caruso residió en Belo Horizonte, de mediados de 1968 hasta agosto de 1969, como *didacta* del *Círculo Brasileiro* –fundado en 1956–, con el que mantuvo relaciones *cordialísimas*, y que el propio Caruso le dijo, en 1974, que «de todos los círculos, el más rico y socialmente influyente, y el más productivo en el plano clínico y técnico, era el brasileño y... desgraciadamente, el más reaccionario políticamente».[16] ¿Relaciones *cordialísimas* con el círculo más *reaccionario*? Y, sin embargo, fue en Brasil, en esa su tercera vista a América Latina, en el año de los movimientos estudiantiles, que Caruso abogó con los militares para obtener la libertad de dos estudiantes presos.

En agosto de 1969, se reunió en México el IV Foro Internacional de Psicoanálisis, al cual asistió Caruso. Este foro era una especie de cooperativa de trabajo que se había fundado en 1962 en Amsterdam, «entre la Sociedad Psicoanalítica Alemana (seguidora de Schultz-Hencke), la [Sociedad] Mexicana de Psicoanálisis (fundada por Erich Fromm), y el Círculo Vienés. En 1963, se adheriría la Alanson White Psycoanalytic Society de Nueva York». Si bien se trataba de favorecer el intercambio de experiencias, publicaciones y docentes, la parte oficiosa era:

[...] reforzar las posiciones respectivas frente a la International Psychoanalytic Association. En realidad, quizás el único denominador común, más allá de las buenas intenciones declaradas, era el rechazo de toda ortodoxia psicoanalítica y del monopolio del psicoanálisis pretendido por la Internacional. Pero Caruso no compartía las posiciones abierta u ocultamente antifreudianas de sus socios, y con el tiempo se sentiría decepcionado respecto de la fecundidad de tal asociación.[17]

Caruso no pudo ignorar de entrada los límites que entrañaba esa *cooperativa*, como para años después terminar *decepcionado*. Y más aún, teniendo información de lo que a esas alturas se sabía con respecto a lo que significó en los tiempos del nazismo y en cuanto a los aportes de Freud, aquellos de Schultz-Hencke. ¿Se trató de pura estrategia política aunada a la complacencia? En todo caso, efectivamente, años después (1977), el CPM recibió una invitación para pertenecer a esta *cooperativa*, al parecer procedente de Austria, y Armando Suárez la rechazó terminantemente. Entre las condiciones para pertenecer estaba aquella que representantes del psicoanálisis frommiano tenían que evaluar si la formación del CPM cumplía con los requisitos para poder ingresar a dicho foro.

Precisamente, en esa visita a México, en 1969, Caruso tuvo un incidente con la policía en el aeropuerto, quien lo interrogó acerca de su proyecto para visitar «cierta isla»; obviamente se trataba de Cuba. Suárez le había escrito acerca de la posibilidad de aprovechar el viaje para ir a ese sitio. Por ello, este último asegura que la correspondencia había sido violada, dado que «las policías políticas y la CIA también le seguían los pasos». Al final de su estancia, afirma A. Suárez, Caruso le «dirigió un telegrama a Díaz Ordaz, intercediendo por los estudiantes detenidos en 1968. No tuvo respuesta alguna».[18]

Después, hacia finales de 1974 y 1975, siendo el CPM uno de los anfitriones temporales de algunos psicoanalistas que venían huyendo de las dictaduras militares del Cono Sur, la uruguaya y argentina, y viendo cómo convivían –en julio de 1974, en el programa televisivo *Encuentro*–, el ex apátrida Igor Caruso y la judía Marie Langer,[19] no pensamos en la posibilidad de un pasado, de uno y otro, diferente en Viena. Ello porque el inmediato pasado de Caruso y los retazos del presente que nos tocó vivir respecto a su persona –del que acabo de ofrecer algunos aspectos–, creo que contribuyó a no preguntarnos por los tiempos del nazismo. Fue gracias al programa que:

> Marie Langer y Caruso trabaron una entrañable amistad. Mimi visitaría a Igor varias veces en sus viajes a Austria y sería invitada por él a hablar ante sus alumnos, que la adoptaron como su mentora de ultramar. Caruso visitaría a [Franco] Basaglia al año siguiente, con sus alumnos.[20]

Si a todo esto añadimos que A. Suárez había trabajado como traductor en el Fondo de Cultura Económica con Arnaldo Orfila, y que más tarde lo acompañó también como director de la colección Psicoanálisis y Etiología, en la fundación de la editorial Siglo XXI, el nazismo estaba de entrada cuestionado, pero no interrogado en relación a la prehistoria del CPM. Suárez se refiere así a la época en que trabajó en dichos proyectos editoriales:

> En un golpe dirigido contra la *inteligencia* de izquierda que lo respaldaba, fue inopinadamente cesado de su cargo de director del Fondo[21] don Arnaldo Orfila: tres meses más tarde, el frente atacado se reuniría de nuevo en torno a su editor para fundar Siglo XXI.

En síntesis, aplicamos eso que Robert Castel denomina psicoanalismo, respecto a los principios del Círculo Vienés y de la época nazi. Ya que nos dimos el lujo de separar, en aquella época, las instituciones psicoanalíticas y sus prácticas cotidianas del contexto sociopolítico, como si no hubiera existido la materialidad sangrienta del totalitarismo nazi y su brutal determinación de todas las prácticas sociales. Asimismo, una especie de ideología flotante, llamada existencialismo cristiano, que contribuyó parcialmente a edulcorar la época del posnazismo, y que resultó, en nuestro caso, fácilmente desprendible, una vez aplicada la dosis pertinente de freudismo y marxismo declarativo. Todo esto aunado al contexto efectivo que sí vivimos, que no tuvo que ver con el régimen citado, pero sí con el autoritarismo priista y sus hechos sangrientos, así como con la denominada *guerra sucia* de los años setenta.

XII. Igor A. Caruso y el CPM: ¿una doble *ilegitimidad*?

> No cabe duda de que, a fuerza de no tener dudas, siempre acabas encontrándote, sin ninguna duda, con la mierda hasta el cuello.
>
> SALVO MONTALBANO[1]

A. Una ilegitimidad *vivida con orgullo crítico*

Alguna consecuencia que, considero, se puede extraer de este asunto puede ser, por ejemplo, la cuestión de una doble *ilegitimidad* de los círculos, empezando por el nombre. Lo demuestro a partir de las palabras que Caruso pronunció en la mesa redonda de 1974, en México, y en 1963, en Colombia.

> Yo soy psicoanalista, no ortodoxo por lo demás, ni reconocido por las instituciones psicoanalíticas: soy también profesor universitario. Entonces, ¿qué debo hacer? Debo vivir honestamente la contradicción de mi situación [...] Tengo 850 alumnos y muchos de estos estudiantes son marxistas, comunistas de algunas fracciones en las que se dividen, y me piden, me exigen la abolición de la ciencia burguesa: pero yo soy profesor de una universidad burguesa y, sin embargo, trato de ser un buen profesor progresista para estos estudiantes.[2]

Ya anteriormente se había posicionado críticamente ante la IPA. Acerca de esta orgullosa marginalidad, cito un párrafo que forma parte de unas conferencias que dio Caruso en la Facultad de Psicología de la Universidad Nacional de Bogotá, en agosto de 1963.

Es triste comprobar que la Asociación Psicoanalítica Internacional [IPA], llamada *ortodoxa*, en su espíritu antipsicoanalítico de totalitarismo y de institucionalismo, se ha hecho completamente infiel al espíritu de Freud, quien consideraba que la pretensión de los médicos de hacer ellos solos el psicoanálisis es un error pesado y grave. Sabemos ahora, por sus cartas, que él mismo quiso excluir a la Sociedad Americana de Psicoanálisis de la Asociación Internacional porque los psicoanalistas americanos no admitían sino médicos en el ejercicio del psicoanálisis.

Permaneciendo fiel a Freud, considero que ni el médico ni el psicólogo son aptos como tales para ejercer el psicoanálisis. Es necesaria la formación *psicoanalítica* que, como hemos visto, es una formación específica y científica, y nada tiene que ver con un sacramento.[3]

Esta fue la línea que se trató de seguir en el CPM, en virtud de la cual no se privilegiaba desde el inicio ni a los médicos –ni a su cuerpo anatomofisiológico–, ni a los psicólogos sujetos a todas las posibles corrientes –expertos en generalidades–, se trataba de formarse, desde el principio, de otra manera. Y en efecto, Freud y su artículo acerca de los legos, de 1925, fue un referente central. Por otra parte, Caruso no era médico, sino psicólogo.

Pero en la cita anterior de la conferencia en Bogotá, el énfasis de la crítica a la IPA está en cierto tipo de hegemonía de los médicos y no tanto como es el caso de Lacan, a sus 64 años, a los supuestos teóricos y clínicos de algunos de sus connotados representantes.

Para entrar más problematizádamente a la cuestión de la doble *ilegitimidad*, recuérdese que, según List, Caruso primero intentó entrar a la Asociación Psicoanalítica de Viena y fue rechazado, y después no quiso aceptar los requisitos para ingresar a la IPA, dada su manifiesta carencia de formación psicoanalítica. Después de ello, se *dio el lujo* de fundar su propia institución.

Digamos que aludiendo a su consideración como psicoanalista *no ortodoxo*, exalta un tipo de ilegitimidad que precede con bastante anterioridad al origen del CPM. Sin embargo, esta ilegitimidad y marginalidad que duró, en el caso del CPM, poco tiempo,[4] tanto en los Círculos de Psicología Profunda como en el CPM,[5] fueron vividas con orgullo y como resistencia crítica a la IPA y sus sucedáneas. Se puede decir que, en alguna medida, de la *necesidad* se hizo una virtud porque, realmente, la mayoría veníamos de la psicología. No obstante, también estaba sostenida en una convicción que se apoyaba, como acabo de aludir, en el texto de Freud acerca del *psicoanálisis profano*.[6] Asimismo, recuérdese lo que cité anteriormente respecto a la posición crítica ante la IPA, que también viene de lo que se denominó Foro Internacional de Psicoanálisis.

B. Caruso y el CPM*: ¿un malestar genealógico, producto de una* ilegitimidad *vergonzante?*

Intentaré responder desde mi implicación como cofundador del CPM, sin pretender, por ello, representar al resto de mis compañeros de generación, porque este asunto requiere un debate abierto, en el cual se manifiesten diferentes posiciones.

Creo que respecto a los sucesos de 1942, aunque no solamente de ellos, se podría desprender otro tipo de *ilegitimidad*, si uno se deja llevar por una lectura apresurada de lo ocurrido en esos años. Primeramente, habría que definir los efectos que se pudieran deducir de dichos sucesos en sus pormenores; ante los cuales, creo que habría que tomar posición, sin titubeos ni silencios pudorosos. ¿En qué consistiría específicamente dicha ilegitimidad?

Por lo pronto, en la irrupción de un tipo de alteridad que conspira contra lo que Diana Napoli denomina una *comedia de la identidad*;[7] es decir, contra una identidad fundacional e institucional que se quiere presentar como propia, sin *restos* impresentables que la perturben. Y que va acompañada de una pregunta elemental: ¿se puede ser psicoanalista después de haber participado,[8] *antes de serlo,* en actos que contribuyeron a asesinar a niños considerados no dignos de vivir?

En el caso que nos ocupa, esta pregunta puede parecer retórica porque el hecho es que Igor Caruso ejerció como psicoanalista después de estos sucesos, inmerso en un silencio *estentóreo* –con todo los matices que he intentado restituir– hasta el final de su vida. Y, por otra parte, por las acciones descritas de 1942 nunca enfrentó un juicio que permitiera deslindar responsabilidades y encontrar atenuantes, en el caso que los hubiese.[9]

Y eso no fue todo, luego siguió su colaboración en la psiquiatría nazi, en el Theressien. Continuó con la autorización como analista, con la deficiente formación que tenía, y concluyó, según lo investigado por la doctora List, con la fundación de un organismo que más tarde se definió psicoanalítico. Conformado, en buena medida, por algunos miembros que fueron algo más que simpatizantes del nazismo. Entonces, a la pregunta: «se puede ejercer como psicoanalista después de», se le debe añadir: ¿y fundar instituciones psicoanalíticas con? Sin duda, todo esto trajo, como consecuencia, un tipo de *psicoanálisis* atravesado por una disociación flagrante entre los conocimientos que pretendía trasmitir y trabajar, y los actos criminales y complicidades previas, de diferentes maneras, con un régimen totalitario y asesino. Esos principios, en el sentido adelantado por Michel Foucault, marcan, en gran parte, la nominación Círculos de Psicología Profunda.[10]

Al responder negativamente a las preguntas recién planteadas; es decir, que después de esa experiencia me parece que no es posible ejercer como psicoanalista, algunos demandaron si no sería digno de consideración disolver los círculos o, mínimamente, cambiar la nominación de círculo sin borrar la historia que lleva a ello.[11] Sin embargo, no hay que olvidar que la palabra círculo, en el caso del CPM, no es unívoca, ya que está constituida por diversas tradiciones. Por lo tanto, creo que más bien se trataría de explicitar con honradez ese pasado para que pueda *pasar*, así como aceptar la no univocidad que encierra la citada denominación.[12]

Cuando hablo de qué *pueda pasar*, soy consciente de que introduzco algo que podría prestarse a polémica, entre otras razones, porque uno puede quedar encajonado en la demanda que se le hace comúnmente a los historiadores,[13] y que, según Michel de Certeau, sería el encargado de *reabsorber la diferencia con el pasado*. En el sentido que estoy entendiéndolo, *se trataría más bien de tematizar al máximo lo irreductible de un pasado que no es reabsorbible*. Y menos aún con respecto a la actuación de Caruso en 1942, así como en la fundación del Círculo de Viena.

Ahora bien, una vez que salió a la luz, primero como interrogación y luego como corroboración suficientemente plausible, se impone una segunda pregunta: ¿acaso esa genealogía que precede tanto a la fundación del Círculo Mexicano de Psicología Profunda (CMPP) como a la del CPM constituiría un tipo de causalidad y continuidad que anularía sin más, lo que se construyó desde otras bases sin saber y sin contar con ella? Y esto último por una sencilla razón: los que fundaron estas dos instituciones no fueron actores, ni activos ni pasivos, de ese contexto mortífero. Incluso, la mayoría no había nacido.

Pero hay que insistir que los cofundadores mayores del CPM no son responsables de los actos de Igor Caruso, ni de aquellos de los colegas que lo acompañaron en la fundación del Círculo Vienés de Psicología Profunda. Tampoco podemos suponer que fundaron el CPM con el fin exclusivo de resguardar un secreto. Lo que sí los convirtió en responsables fue no haber transmitido lo que sabían acerca de esa parte de la historia previa a la fundación del CPM, así como no haber investigado por qué dos de sus cofundadores no explicitaron lo que sí sabían o sospechaban sobre las implicaciones en el régimen nazi, tanto de Caruso como de algunos de los cofundadores del Círculo Vienés.[14] En todo caso, esta interrogación sólo se pudo plantear ya que uno de ellos, el dr. Suárez, ya había fallecido.

También resulta urgente preguntar por qué, ni en la primera generación del CPM ni en las siguientes, *nadie* preguntó qué hicieron algunos de nuestros predecesores durante la Segunda Guerra. ¿Por qué esa confianza en que lo percibido en ese entonces podíamos retrotraerlo hacia el pasado que no habíamos vivido, considerándolo como si formara parte de una línea de continuidad, sin desfallecimientos? Digamos que lo que aplicamos se podría nombrar como *continuidad retroactiva.*

Por esta razón, considerar que el CPM se podría reducir a una especie de *simulacro contaminado de esa genealogía, que aparentemente está totalizándolo, lo único que haría es un uso escandalizante de la historia provocando que ese irreductible no pasara en el sentido que lo he descrito,* sino al contrario, aludiendo a lo que mencioné al respecto en el apartado I, refiriéndome al trabajo de Marco Revelli y que aquí recuerdo:

> El segundo carácter distintivo del uso escandalizante de la historia es la abolición de la diferencia del pasado y presente. En sustancia, la presentificación absoluta de cualquier evento: su reproducción *como si sucediera ahora.*

Ahora bien, una vez sabido, existe un tipo de responsabilidad ineludible que el nieto de Jean Jardin[15] (Alexandre) plantea con lucidez para este tipo de situaciones, y es la siguiente:

> Si nosotros no somos culpables de los actos de nuestros padres o de nuestros abuelos, en cambio sí somos responsables de nuestra mirada.[16]

Y lo primero en esa mirada es tratar de restituir lo que ocurrió y no silenciarlo con el riesgo ahora sí de contribuir a la excavación y cristalización de criptas. Hecho esto, intentar situarlo en su justa dimensión para no exorbitarlo, ni utilizarlo para negar o tratar de anular lo que ocurrió en otro contexto y circunstancia. Por lo tanto, en el caso del CPM postular que los actos pretéritos de un referente fundacional, que no cofundador y de los otros cofundadores del Círculo de Viena, invalidarían sin más a la institución CPM y lo llevarían a una refundación, me parece muy poco sostenible.[17]

Por otra parte, la gran autonomía que tuvo el CPM para implementar sus referencias teóricas y clínicas, desde su fundación, pero más acentuada después del congreso de Insbruck de

1973 y el arribo de los psicoanalistas exiliados del Cono Sur a finales de 1974, terminó por alejar la poca influencia que venía de la Federación de Círculos.

En todo caso, habría que deshacerse de la mirada cristiana del *pecado original*, que supuestamente marcaría, irreductiblemente, a las siguientes generaciones estableciendo una continuidad sin fisuras; y para colmo, sin poder recurrir esta vez a un redentor que interpretaría tres papeles –como la trinidad que ironiza Friedrich Nietzsche: el de verdugo, el de víctima y el de salvador. Porque según esta postura, no habría redención posible ya que como la maldición judía abarcaría más de siete generaciones. Y hablar de redención o de maldición, implicaría incluirse y aceptar el modelo judeo-cristiano descrito, y por lo tanto una culpa y una responsabilidad que en el caso que me ocupa no es pertinente.

Y también habría que dejar de lado el modelo de la limpieza de sangre.

> La idea de pureza de sangre española [...] se basa en la noción de una transmisión hereditaria (a lo largo del linaje) de una mácula espiritual o moral, debida al vínculo genealógico con infieles, moros o judíos [...] No se refería a caracteres físicos, ni fisiológicos, sino a cualidades y proclividades morales, sobre todo ligadas, a la infidelidad, al rechazo a Cristo.[18]

Esta vez habría que sustituir a moros, judíos e infieles por nazis. Desde ambas posiciones, es por esta razón que para los que se ligan a estas posiciones, lo único que quedaría disolver la institución y fundar otro linaje. Porque esta contaminación originaria, totalizó teleológicamente lo que sucedió después de eso, impidiéndole cualquier posibilidad analítica y de pensamiento. Entre las maneras de simplificar las cosas, sin duda esta se lleva las palmas, y no faltarán candidatos que buscarán fomentarla siguiendo a los que efectivamente participaron en ello.[19]

En este caso, como ya señalé, incluso permite sentirse radical y henchido de buena conciencia revolucionaria, anticapitalista, antineoliberal y lo que se acumule. Pero no habremos avanzado significativamente en el análisis de las cosas y de sus posibles efectos, sólo se habrán establecido supuestas continuidades simplificadoras en donde una especie de mancha infamante y contaminante cambiaría de ropajes pero permanecería intocada. Sólo los aspirantes a purificadores que ofrecen la disolución como el primer paso de un cambio radical suponen que podrían dejar atrás la estela de su concepción de mancha original. Unos, los cristianos, se bautizan y luego se confiesan para conjurar el pecado original, otros, que se dicen marxistas disuelven. A cada quien sus purificaciones.

Pero lo más importante, es que en esta propuesta se evita la discriminación y diferenciación de tiempos, contextos, actos y responsabilidades; el pasado está inmerso masivamente en el presente de manera totalizante e invalidante a la manera de las transferencias plenas. El único corte posible no es el de analizar y discriminar lo que parece amalgamado, sino cortar de tajo tratando de no quedar contaminado por la podredumbre que se deja, y salir lo más rápidamente posible del lugar maldito como si ahí hubiese ébola. Es en este sentido hablé de un acto con pretensiones purificadoras.

Resumiendo, el *para que pueda pasar* implica la ruptura de un pacto con visos perversos, en el sentido en que lo concibe Jean Clavreul:

> El hecho de que ellos sean secretos, que sus términos así como su práctica no sean conocidos sino por los interesados, no significa que el tercero esté ausente. Al contrario: es la puesta aparte lo que constituye la pieza mayor de este extraño contrato.
>
> [Este tercero] está presente en una posición en donde es necesariamente un ciego, un cómplice o un impotente.[20]

De ahí se deriva que, en el caso de este tipo de contratos, la manera de romperlos sea explicitando el secreto para «poner al corriente a los excluidos. Es el escándalo el que constituirá la ruptura».[21]

De nuevo hay que decir que, en el caso del CPM, este tipo de contrato estaba más cerca de la ceguera que de la complicidad o la impotencia. Porque, como ya afirmé se podía colocar más cerca del modelo de *La carta robada* de Edgar Allan Poe, ya que, bastaba emitir una pregunta e ir a buscar la respuesta en lo que estaba ya disponible, en diferentes grados y posibilidades, desde 1959, 1964, 1972 y 1979, en el caso de los círculos, y, ya más clara y contundentemente, desde 2008.

Entonces, romper el silencio implica hacer que estalle un tipo de secreto encriptado para ocultar, según los casos, una responsabilidad no asumida, una vergüenza posible, o incluso un orgullo derrotado pero conservado,[22] para que circulen, se transmitan y cuestionen. La complicación es que una vez explicitada la información, puede todavía tener efectos totalizadores según los casos, que terminen por invalidar cualquier proyecto.

Sin duda, existen actos que efectivamente invalidan a ciertas instituciones por su *gravedad, continuidad y complicidad,* pero en el caso del CPM, no se trata de una *simple continuidad de algo que se fraguó antes de su fundación. No obstante, los actos de Caruso durante el periodo nazi, y luego la conformación de un espacio que pretendió ser psicoanalítico en la Viena de entonces, en la que habían quedado* girones *de lo que fue la tradición freudiana, no dejan de interrogar a sus miembros. Y lo primero que había que hacer, una vez explicitado y corroborado, era hacerlo público. De lo contrario se caería en un comportamiento institucional que repetiría puntualmente la estrategia de mantener encriptada una práctica y un saber. Lo segundo, que nadie de la institución, obviamente, esté dispuesto a intentar quitarle gravedad a ese pasado o a justificar las acciones que en este ocurrieron.*

La transmisión del psicoanálisis no sólo pasa por el análisis del analista, ni por la teoría, la supervisión o el denominado control, sino por las vicisitudes de la historia institucional que trasciende con creces, como es evidente, la historia individual del analista y del analizante, en el denominado análisis didáctico en circuito *cerrado*. En el caso que nos ocupa, esto se torna muy claro.

Sintetizando, el *para que pueda pasar* implica *mantener sin cicatrización un irreductible, para que no quede silenciado u opere como punto de cristalización no significable o sobre significado, y menos aún con efectos supuestamente totalizadores e invalidantes de cualquier proyecto.*

El acontecimiento del Spiegelgrund y el trabajo en el Theressien, por un lado, y los análisis de Caruso y la Fundación del CVPP, *por el otro, interrogan de doble manera a la institución* CPM*; éticamente y con relación al tipo de saber transmitido. No hay manera de erradicar la interrogación y el tipo de afectación. En cuanto al saber transmitido, se dio claramente un corte constatable y con relación a los análisis de cada uno, entraron otros analistas en juego, además de Armando Suárez y de Raúl Páramo.* Y no sólo analistas, sino otros saberes y experiencias.[23]

Los hechos aludidos se pueden considerar como un *retorno de lo suprimido*, que no de lo reprimido, porque, como es sabido, las instituciones no tienen inconsciente; pero, a cambio, generan una zona para lo impensado y lo suprimido, así como diferentes tipos de no dichos y de secretos, que nos remiten tanto a pactos denegativos[24], como a lo que Freud denominaba la ilusión en las grupalidades. E incluso operan en lo que Norbert Lechner llamaba el *poder normativo de lo fáctico*.

Jugando con otra versión posible de *El hombre Moisés*, podríamos decir: el CPM no sólo era freudiano y cruzado *de cabo a rabo* por las lecturas francesas, en las cuales los aportes de Lacan, así como de la primera generación de sus discípulos, marcaron una perspectiva, sino *egipcio* por *Caruso*. De igual modo, esta última referencia necesita precisiones porque se trata de una referencia también múltiple, por ejemplo:

1. El CPM no se inspiró para nada en el Caruso *católico*. A este respecto, cuando lo fundaron los dos que estudiaron en Viena ya habían ajustado cuentas con sus creencias católicas.

2. Carusiano también quiere decir freudo-marxista. Esta genealogía sirvió como referencia de una posible mirada crítica de la sociedad en el CPM, pero no produjo un sinnúmero de trabajos efectivos, sólo en el caso del doctor Páramo y, además un trabajo muy crítico de corte epistemológico acerca de las relaciones entre marxismo y psicoanálisis, en el caso de Armando Suárez, y sobre todo algunas representaciones más bien

imaginarias de ser *muy críticos*. Se comprenderá que no basta con postular que se es freudo marxista, o que el *psicoanálisis forma parte del continente del materialismo histórico* –como se decía en la década de los setenta– [25] para que los hechos fluyan sin problemas, y menos aún los análisis rigurosos. La izquierda freudiana, ciertamente, es mucho más amplia que la aportada por Caruso, y lo fue en el CPM.

3. Una tercera referencia de lo carusiano remite a un tipo de trasmisión de la tradición del Círculo de Viena, que propugnaba la apertura a las ciencias sociales y a la filosofía, la crítica al modelo médico de la IPA, y un tipo de institucionalización inspirada en el modelo de las iglesias de oriente; es decir, la conformación de una red de círculos sin *primo inter-pares*, compartiendo un mínimo de elementos sustanciales: el análisis individual, las supervisiones y los seminarios –en los que el referente central era el texto de Freud. Todas estas cuestiones fueron propugnadas por Caruso.[26] Ciertamente, como ya señalé, el referente Freud no era abordado de igual manera en los diferentes círculos, ni tampoco los escritos de Caruso.[27]

4. La cuarta posibilidad de lo carusiano tiene que ver con lo ocurrido en el Spiegelgrund y en el Theressien, prácticas previas a la fundación del Círculo Vienés y a los *análisis* de Caruso de una genealogía psicoanalítica, pero que en la inmediata posguerra se articulan, a todas luces, acríticamente con la fundación del citado CVPP, el cual no fue propiamente psicoanalítico en el sentido *freudiano*,[28] sino hasta ya muy entrada la década de los años cincuenta.

Una cuestión significativa del CPM es que los dos cofundadores con más edad en ese tiempo –los doctores Páramo y Suárez–, a pesar de haberse formado en Viena y haber coincidido en sus años de formación, siempre caminaron por pistas diferentes en cuanto a sus apegos psicoanalíticos. El primero estaba mucho más ligado al psicoanálisis alemán y austriaco y tenía como premisa muy válida saber el idioma alemán para leer, en su lengua original, a Freud. Y también hablaba inglés.

El segundo, que manejaba también con solvencia el alemán y el francés y leía el inglés, partía del supuesto que el nazismo había arrasado con el psicoanálisis alemán y austriaco y que si bien existían algunos representantes muy dignos de consideración, que habían surgido en la posguerra, la creatividad en el campo psicoanalítico se situaba en Francia, en donde Lacan y la primera generación de lacanianos estaba a la vanguardia.

Sin embargo, Suárez no sólo apreciaba el ámbito psicoanalítico de ese país, sino también el antropológico, epistemológico, sociológico y filosófico, en el que descollaban los nombres de Michel Foucault, Claude Levi Strauss, Georges Canghilem, Emile Benveniste, Ferdinand de Saussure, Roland Barthes, entre otros.

Como se podrá apreciar, el contexto del nacimiento del CPM, en el inmediato y sangriento post 68 mexicano, distaba mucho del contexto de Viena, del inmediato posnazismo y de la no desnazificación del Círculo de Viena, así como de su *psicoanálisis personalista.* Más aún si consideramos que cuando los miembros del CPM entramos en contacto con la segunda oleada de psicoanalistas, perseguidos esta vez por las dictaduras latinoamericanas, en México se desarrollaba lo que se denominó *guerra sucia.*

En todo caso, a la primera generación del CPM se le puede achacar no haber traído al ámbito de la reflexión colectiva lo que estaba ocurriendo en la realidad sociopolítica, ya que estábamos, en el interior del grupo, demasiado ocupados en las disquisiciones teórico-clínicas de los ámbitos intelectuales que he mencionado y los desarrollos de la antipsiquiatría. Lo cual no quiere decir que ignoráramos lo que estaba pasando, sólo que cada quien se hacía cargo individualmente de ello.[29] Nuestro espíritu crítico fue más bien discursivo y declarativo, a excepción de la humilde pero efectiva contribución a los cambios en el ámbito de las legitimaciones institucionales del campo psicoanalítico, y a la puesta en circulación de otros discursos, como los de los autores mencionados.

Ahora bien, con el surgimiento de lo que no debió esperar tanto tiempo para comenzar a saberse, Caruso representa, en ese caso, un doble obstáculo en el contexto austriaco, que no mexicano, para el feliz matrimonio con la IPA, y que al parecer fue *superado*. Primeramente, por el asunto de su actuación en el Steinhof y, segundo, por su *resistencia* y marginalidad frente a la IPA. ¿Qué hicieron efectivamente Caruso y los otros cofundadores en aquellos años? ¿Qué callaron? ¿Qué se sabía desde entonces y por qué todo siguió aparentemente como si nada? ¿Es posible aplicar el método del *persil* sólo hasta 1979 o incluso en el 2008, con todo lo que se ha revelado ya de los tiempos del nazismo?

¿Se puede mandar al olvido el asunto, diciendo que por tratarse de una situación en la cual nadie había quedado limpio de complicidad como para denunciar, era mejor ni siquiera referirse al tema, puesto que todos fueron cómplices? Y entonces, ¿los que sí se la jugaron y resistieron, de diferentes formas, pasarían sin más a formar parte de aquellos que en esa oscura época postulaban que *todos los gatos fueron pardos*?

Vistos los hechos de esa manera, se caería en lo que cité anteriormente de Milan Kundera; es decir, en la *inflación de las complicidades*. Y, en muchos casos, se da una articulación entre los diferentes tipos de complicidad y la franca cobardía. Cobardía que a unos les permitirá *trivializar su actitud y les devolverá el honor perdido*, y a otros –los que resistieron– les puede ofrecer un tipo de buena conciencia,[30] que los lleve a ver:

> [...] su honor como un privilegio especial al que no quieren renunciar. Por eso tienen por los cobardes [o los cómplices] un amor secreto; sin ellos, su coraje se convertiría en un esfuerzo corriente e inútil que no suscitaría la admiración de nadie.[31]

No obstante, nada les quitará el honor de haber resistido en su momento. El camino, como se comprenderá, está lleno de trampas. Gracias a la irrupción en nuestro medio de la información *en crudo* –en los inicios de octubre de 2012–, tenemos la oportunidad de interrogar e interrogarnos acerca de una historia que, como ya señalé, no creíamos tan cercana, o que incluso llegamos a pensar que tenía muy poco que ver con quienes nos formamos en la primera generación del CPM.

Me refiero al Caruso de los cuarenta y cincuenta, muy cercano a un tipo de catolicismo y armado de toda una batería de mediatizaciones espiritualistas para filtrar y licuar lo producido por Freud.

Por cierto, el propio Caruso hace una referencia autocrítica, en años posteriores, a esta perspectiva.

> En el Círculo Vienés también se cometen errores, se ha hecho mucha ideología, especie de existencialismo cristiano, justamente por cierta resistencia contra el dogmatismo freudiano,[32] y nuevamente hemos regresado al freudismo. En muchos puntos somos más ortodoxos que los ortodoxos, lo digo como lo pienso, y tratamos sobre todo de volver a situar el estudio de la persona humana, por esto se llama personalismo, psicoanálisis personalista, en su contexto histórico y social.[33]

Y el producido por Freud, ¿cómo lo piensa Caruso? Paradoja enunciada, ¿más ortodoxos que los ortodoxos? ¿Qué quiere decir eso? Como ya escribí, Caruso, en la posguerra, se convirtió, en los dominios austriacos y holandeses, en un referente de la llamada *psicología profunda (tiefenpsychologie)*. Término por demás polisémico, que se ha prestado a *meter en el mismo saco*, aunque no del todo confundidos, tanto al psicoanálisis freudiano, como a la *psicología de los complejos y arquetipos* de Jung, o aquella de la *persona*, de Adler. Demasiados elementos que pueden terminar por volver a todos equivalentes, si se torna uno complaciente. Y complacencia hubo en una parte importante del llamado psicoanálisis alemán –antes del conflicto bélico, durante y a la salida de la guerra–, así como una gran dificultad para asumir frontalmente el periodo nacionalsocialista, hasta fechas recientes.

En síntesis, como sugiere Michel de Certeau, una de las maneras de asumir las genealogías y las pertenencias institucionales es la de tratar de colocarse entre la «distancia y la deuda».

> La pertenencia no se dice sino desde la distancia, alejándose de un suelo identificatorio. [...] Pero la escritura no puede olvidar

el malestar [genealógico] de donde procede su necesidad. Ella comienza con un éxodo [...] Ella no tiene otro recurso que la elucidación [...] Ella es análisis.[34]

Malestar de la escritura, aunada a una distancia crítica y conciencia de que no se está ligado a una *sustancia*, genealógica e identitaria homogénea, ni menos aún a nombres propios, como propiedad privada. Aunque, precisamente, en el campo psicoanalítico, los nombres propios, a la menor provocación, cristalizan y contradicen flagrantemente aquello que la teoría de la falta (Lacan) y de la crítica a las idealizaciones tienden a postular.

De Certeau, comentando el multicitado e iconoclasta texto freudiano de *El hombre Moisés*, señala que para Freud el gesto separador de la elección de Yahvé respecto del pueblo judío, que privilegia un corte identitario-*cartesiano* entre dicho pueblo y los otros, queda radicalmente cuestionado cuando postula que Moisés era egipcio. Con lo cual:

La división se torna interna, ella escinde al sujeto mismo [...] La identidad no es una, sino dos. Lo uno y lo otro. En los comienzos, era lo plural.[35]

Pluralidad conflictiva que nos retrotrae a la genealogía carusiana del Círculo Vienés, con la cual existe una deuda, pero también una distancia y una diferencia, la cual hay que analizar y seleccionar para no tratar de silenciar las razones, tanto de lo que se conserva, como de lo que activamente se está dispuesto a cuestionar y no compartir.

Hechas estas puntualizaciones, *queda un problema irreductible: el motivo que llevó a este escrito no es desechable, sólo constatable y analizable en su pertinencia histórica.* Cada quien sacará sus conclusiones; es más, muchos ya las sacaron. Presenté lo más pormenorizadamente que pude las razones de las mías. En todo caso, es una magnífica oportunidad para ajustar cuentas con elementos del pasado que tienden a dejar caer su sombra sobre las instituciones, impidiéndole abrirse a posibilidades futuras.

Y *ajustar cuentas* no quiere decir *borrón y cuenta nueva*, sino la aceptación de sacar las consecuencias de los efectos que va a producir, en el presente y en la apertura a un futuro, el hecho de haber explicitado la información que se ignoraba.

Epílogo
Se trató de una tragedia y no de un *bashing*

> También la historia es *caníbal*. Ese pasado [...] se insinúa de nuevo en este *limpio* lugar [...] que el ocupante actual expulsó (o creyó expulsar) para apropiarse del lugar. [...] Se infiltra ahí, lo inquieta, vuelve ilusoria la conciencia que tiene el presente de estar en *su casa* [...] Y este *salvaje*, este *obsceno* [...] esta *resistencia* [...] inscribe ahí, sin que lo sepa o en contra del propietario [...] la ley del otro.[1]

Por todo lo hasta aquí narrado, me parece que lo ocurrido en el hospital Am Spiegelgrund, desde 1939 hasta 1945, sólo puede ser comprendido como una tragedia, primeramente para los niños y los otros pacientes, y para las familias que no los enviaron para librarse de ellos, o ser asesinados. Una tragedia sistemática, planeada a ciencia y conciencia para *purificar* a la raza *aria*. También en *otro sentido* para el propio Caruso –quien desembarcó en el corazón de la máquina de exterminio–, y en la medida en que no pudo poner un límite a tiempo, a un tipo de actividad que contribuía a generar muerte, supongo que lo marcó dolorosamente el resto de su vida.[2]

Y además no fue juzgado por la justicia. Aunque, como ya relaté, su compañera experta en diagnósticos fue juzgada y considerada inocente porque ella sólo hacía *diagnósticos científicos*, sin importar el contexto ni las consecuencias. Esto último se puede considerar equivalente a la respuesta de los militares y militantes de la causa nazi, quienes aducen: «Yo sólo cumplía órdenes».

Ahora bien, después de los actos relatados y de la manera de afrontarlos, me parece que operar como psicoanalista y fundar una institución, haciéndose acompañar de algunos nazis o simpatizantes del régimen nacionalsocialista que nunca se deslindaron,[3] implicó una opción ética que no podía sino entrar en inevitable confrontación y contradicción con una disciplina que estaba totalmente atravesada por la judeidad, y más específicamente por el proyecto de exterminación de los judíos. Lo cual implica la otra cara de la purificación, esta vez dirigida contra los considerados como *contaminadores* externos.

Además, habiendo participado como psicólogo en el exterminio previo de quienes no necesariamente eran judíos, al ocupar después el lugar de analista –no de ingeniero o agrónomo–, los hechos adquirieron una densidad notable. ¿Qué hizo, por ejemplo, cuando las historias de los simpatizantes del nazismo o los críticos de éste circulaban por su diván? Caruso afirmó que, durante su práctica hospitalaria, me imagino que en el Theressien, no trató de librar de la responsabilidad a los internos, sino que enfrentaran sus actos; sin por ello jugar al héroe.

Comprometida posición la de quien, tiempo después, pretendió ejercer como psicoanalista. ¿Cómo sostener una escucha psicoanalítica, que implica un tipo de distanciamiento que no obture la palabra de los analizantes, cuando en toda una zona de la vida personal e institucional no se han enfrentado públicamente tales actos? Y aun así, ¿quiénes estarían dispuestos a acudir para ser analizados por quienes colaboraron de tales maneras?

Si la vida de un hombre no se puede reducir solamente a algunos actos de su vida, ni tampoco puede considerarse necesariamente invalidada por ellos, o hacer de sus posteriores posiciones una pura formación reactiva con visos de puro ocultamiento, las prácticas diagnósticas con efectos mortíferos, de 1942, no se dejan escindir ni encapsular, ni menos aún borrar. En todo caso, se puede asumir otra trayectoria que trate, en adelante, de evitar violentar o matar, pero nada hará olvidar el haber vivido y sobre todo actuado en una realidad en donde todo la excedió.

Se puede creer en la redención y el perdón del modelo cristiano, o se puede tratar de asumir que hay acciones que ocasionaron un daño irreparable. Lo cual no debería evitar asumir la responsabilidad de sus actos y de sus consecuencias, aunque ya no se pueda reclamar el perdón de los asesinados. ¿Qué podría librar de un dolor así? No lo sé. Y menos aún de la responsabilidad.

Concluyo afirmando que los intentos de averiguar lo ocurrido, en el caso específico de Igor A. Caruso, en 1942, no puede ser reducido, sin caer en una especie de *negacionismo,* a un *bashing*, a una reedición del modelo totémico, a simple mala entraña, o incluso al dolor que provoca la caída de un sujeto idealizado. No, desgraciadamente se trata de un doloroso drama marcado por una exterminación sistemática en la que se vio inserto Caruso y de la que no evitó participar *en cuanto se dio cuenta.*

Tampoco es cuestión sólo de conflictos con objetos internos, significantes o fantasmas edípicos por parte de aquellos que intentan saber qué ocurrió. Producto de una perspectiva que se pretende psicoanalítica, y que tiende a deshistorizar, refractar y a reducir a historias de diván la historia efectiva. Nada, pues, de qué alegrarse, y sí mucho que lamentar.

La cuestión que recorre esta tragedia supone la interrogación elemental de quién es el semejante. Y es por eso que, entre otras situaciones, interroga a un tipo de psicoanálisis que, en el límite, parece más preocupado por querer diluir o reducir al otro humano, sin mayúsculas, a un producto y a un efecto de operaciones puramente subjetivas. La tragedia es haber contribuido de diferentes maneras a ejercer un tipo de autoridad sobre los niños que no solamente los desposeyó de cualquier poder, sino que, además, contribuyó a asesinarlos.

Reflexión final

Lo que comenzó constatando una irrupción, que implicaba articular dos contextos que, a primera vista, no parecían tener relación alguna –los tiempos del nazismo y los del post-68 mexicano–, adquirió cada vez más complejidad y obligó a reconsiderar los hechos. Ya no fue posible seguir pensando la transmisión de los conocimientos y la práctica psicoanalítica en nuestro medio –tan subordinado a las metrópolis intelectuales– prescindiendo de las relaciones de poder y de la violencia que sufrió la institución psicoanalítica respecto al nazismo, y a las consecuencias y secuelas posibles que dejó este acontecimiento mortífero. Sin que eso significara remitir todo a esa época.

De la Viena de los tiempos de Freud –que se trastocó con el advenimiento de Hitler al poder– y las concesiones que hicieron un sector de los psicoanalistas para intentar salvar su disciplina, nadie salió indemne: ni la IPA, ni las sociedades psicoanalíticas –como la vienesa, la alemana, la holandesa, la húngara, la francesa, etcétera–, cada una con sus singularidades. El intento de enfrentar la historia de ese periodo ha costado años, y no siempre se ha salido gallardamente en cuanto a lo dicho y lo silenciado.

Esta vez le tocó enfrentarlo a una institución que creía que esos dolorosos asuntos eran exclusivos de quienes directamente los sufrieron, y que si bien uno se conmovía e incluso se indignaba retroactivamente por lo sucedido –hecho por demás no exento de comodidad–, no era asunto de este lado del Atlántico, más tocado por las dictaduras del Cono Sur y, en el caso mexicano, por el autoritarismo priista o por el poderío del país del norte que, al mismo tiempo –como señaló Octavio Paz–, es tanto una democracia como un imperio.

Los retornos a Freud, los intentos de leerlo no sólo directamente, sino a partir de nuevas coordenadas epistemológicas y en el contexto de un conjunto de aportaciones frescas y creativas –que iban de la semiología a la antropología y la sociología, las teorías del discurso, sin olvidar la filosofía–, parecían que podían prescindir de los años grises como si se hubiera tratado de un abrupto accidente, de una pesadilla ya pasada y perfectamente superada.

Estas aportaciones, sin duda, contribuyeron a ampliar nuestros horizontes, pero paradójicamente también nos encerraron en los libros de referencia y en el benedictino placer de lecturas cuidadosas, llevadas pacientemente por años. En general, siempre a la saga y siguiendo muchas veces beatamente los aportes de los productores metropolitanos.

Esta retracción a los textos, potenciada por las cuatro paredes de la práctica cotidiana en los consultorios y el tipo de socialización que implica, en muchos casos, la transmisión del psicoanálisis como operación teórico, clínica y comercial dentro de la fronteras de la secta psicoanalítica de pertenencia, llevó a una especie de *autismo psicoanalítico*. El cual se manifiesta en una exaltación de la profesión psicoanalítica –que, en muchos casos, recuerda el promovido por la noción de *vocación* en la iglesia católica–, así como en un *mirarse el ombligo* de diferentes maneras, como decía Marie Langer. Entre otros, discutiendo acerca de los usos discrecionales del tiempo de sesión, sea como tiempo escandido o burocráticamente administrado, o sesudos debates acerca del deseo del analista y la transmisión, las maneras de *pasar* o quedarse atorado, etcétera. Discusiones indudablemente interesantes, pero que tienden a perpetuarse y que, desde la perspectiva que pretendo enfatizar, contribuyen al repliegue no solo a la *interioridad* del analizado, sino hacia la *interioridad* de las instituciones.

Y como una especie de compensación a la humilde y acotada labor de analizar radialmente a las personas que lo solicitan, emitiendo a veces discursos grandilocuentes y omniabarcativos, que pretenden hablar por la humanidad entera. Por ejemplo: los intentos imaginarios de articular Freud con Marx, con el fin de producir una sociología espontánea para el uso de los aspirantes a guerrilleros de Sigmund Freud, ofreciendo cruces supuestamente inéditos entre la dinamita del inconsciente y la crítica de Marx –producto virtual, y de buena voluntad *radical*, del que, por supuesto, casi nadie se entera.

Ahora bien, este tipo de discurso que pretendió, hasta cierto punto, establecer continuidades entre la *liberación* en el diván y la sociopolítica,[1] encontró su antídoto en otro horizonte filosófico-psicoanalítico, en el cual lo que se promueve es *operar de la esperanza*, según las propias palabras de Jacques A. Miller,[2] y que colocándose en un horizonte cercano al de Heidegger construye una teoría que en buena medida se podría sintetizar como la del *ser para la falta*, con su consiguiente ejército generoso de *misioneros de la falta*, compuesto por expertos en descubrir el *agujero negro* en todos los discursos y prácticas después de haber realizado supuestamente una ascesis, que pasaría por la caída de los *significantes amo* o de las genealogías, hasta arribar al puerto de lo que alguien denomina *la presencia de la maravillosa carencia.*[3]

¿Por qué hablar de *operar la esperanza*? Porque esta corriente, al pretender suspender las certidumbres del sujeto y confrontarlo con sus idealizaciones, tendría una posible incidencia en la política –con mayúsculas– por el sesgo de su *desidealización*.

> El psicoanálisis –afirma J.A. Miller– puso en evidencia el carácter elemental de los modos de captura del sujeto, de su imaginación, de su deseo y, más aún, de la simplicidad engañosa de sus impulsores; significantes amo y plus de goce.

Por lo tanto, desde esta perspectiva, el psicoanálisis no puede verse como revolucionario, en la medida en que sería más proclive:

> […] a resaltar lo que [se] podría llamar invariantes antropológicas, que a depositar sus esperanzas en cambios de orden político.

> Cree operar en un nivel que no conoce el tiempo o, mejor dicho, donde los puntos del espacio-tiempo guardan una relación topológica.
>
> [...] El psicoanálisis no es revolucionario, pero sí es subversivo, lo que no es igual [en la medida en] que va contra las identificaciones, los ideales, los significantes amo. [...] *Digamos que él nos opera de la esperanza.*[4]

Como puede verse, esta forma de mirar las cosas se colocaría en las antípodas de las diferentes posiciones freudo-marxistas. Y si Miller asegura con tal firmeza lo que cité recientemente es porque tiene en quién apoyarse. Me refiero a Jacques Lacan, cuando, en el Seminario III, describe lo que denomina como *discurso abierto y cerrado*, y utiliza la esclavitud como ejemplo. Empieza con una contundente afirmación *sociológica*: «nosotros vivimos en una sociedad en la cual la esclavitud no es reconocida»,[5] lo cual implicaría que no solo no está *abolida*, sino que incluso está *generalizada*. ¿Por qué? Entre otras razones, continúa Lacan, porque aun aquellos que se denominan explotadores no están colocados fuera de una relación de «servidores en relación a las leyes de la economía». De esta manera:

> [...] la duplicidad amo-esclavo está generalizada al interior de cada participante de nuestra sociedad.
>
> La servidumbre fundamental de la conciencia en este desdichado estado hay que relacionarla con el discurso que ha provocado esta profunda transformación social. Este discurso lo podremos denominar como el discurso de la fraternidad.
>
> [...] En síntesis, detrás de la servidumbre generalizada, existe un discurso secreto, un mensaje de liberación que subsiste, de una cierta manera, en estado de represión.[6]

A partir de esta *duplicidad amo-esclavo*, que instala una especie de equivalencia en cada participante de la sociedad y en la cual, finalmente, se tendería a diluir la perspectiva analítica promovida por Marx, Lacan se interroga si acaso se puede relacionar este *mensaje de liberación* con lo que se podría denominar como *discurso de la libertad.* Y se responde que no, pues constata «la discordia que existe entre el hecho puro y simple de la revuelta y la eficacia transformadora de la acción social». Es más, añade lo siguiente:

> Yo diría incluso que toda revolución moderna se instituye a partir de esta distinción y sobre la noción de que el discurso de la libertad era, por definición, no solamente ineficaz, sino profundamente alienado en relación a su meta y su objeto, que todo aquello que se liga a él de demostrativo es, propiamente hablando, el enemigo de todo progreso en el sentido de libertad. [...] Lo cual no quiere decir que ese discurso de la libertad [renunciaría a] articularse en el fondo de cada uno, como representando un cierto derecho del individuo a la autonomía.[7]

Lacan concluye el planteamiento que viene desplegando de una manera que lo descoloca de los tiempos en los que se promueve el individualismo y se cantan loas a la autonomía de los sujetos.

> Un cierto campo parece indispensable a la respiración mental del hombre moderno, aquel en el que se afirma su independencia en relación no solamente a todo maestro, sino también a todo dios, aquel de su autonomía irreductible como individuo, como existencia individual. Esto es, sin duda, una cosa que merece ser comparada, desde todos los puntos, a *un discurso delirante.*
>
> [...] Muy seguramente, si yo les demandara formular y describir la parte exacta de libertad imprescriptible en el estado actual de las cosas, ustedes me responderían por los derechos del hombre, o por los derechos a la felicidad, o por mil otras cosas. [...] Finalmente, la existencia en el individuo moderno de un discurso permanente de la libertad me parece indiscutible.
>
> [Sin embargo...] El psicoanálisis no se coloca jamás sobre el plano del discurso de la libertad, incluso si éste está siempre presente y constante al interior de cada uno, con sus contradic-

ciones y discordancias, personal al mismo tiempo que siendo común, y siempre, imperceptiblemente o no, delirante. El psicoanálisis apunta al efecto de ese discurso en el interior del sujeto.[8]

Y como bien señala Pierre Henri Castel, cuando Lacan sostiene esta perspectiva se coloca en una posición a contrapelo del discurso que sostiene el individualismo democrático; es decir, «el de la extensión de la autonomía en todas direcciones».

Lacan ha investido el psicoanálisis de la misión de denunciar este ideal de autonomía como ilusión paradigmática del yo *(moi)* moderno, [pues se trata] de un discurso delirante, e incluso de un delirio colectivo. [A lo cual] Lacan le opone eso que yo denominaría como una *heteronomía-condición*, y que es la verdad reprimida.

La singularidad histórica de Lacan, moralista antimoderno, es la de haber comenzado a trabajar en el momento en donde el psicoanálisis era todavía un hecho moral total. [...] él es el último que piensa que el psicoanálisis constituye el punto de vista desde el que se puede abarcar la totalidad del proceso de subjetivación, el último a movilizar con este fin las ciencias y las artes, la política y la medicina, la historia y la antropología. Pero, en el momento en donde él muere, en 1981, el psicoanálisis definitivamente ha perdido ese estatuto.[9]

Esta perspectiva que promueve el desengaño político y que, en el plano colectivo, considera que las luchas sociales tienden a fomentar amos a granel, con la respectiva sucesión de discursos delirantes que buscarían denodadamente al amo perdido, o al de sustitución del momento. Por otro lado, ofrece, en el recogimiento de los divanes, la posibilidad de una conversión que enfrente, sin anestesia, su *heteronomía-condición,* la cual se expresaría así:

¿Qué es, pues, la heteronomía-condición? ¿En qué sentido sería ella la condición de una libertad, es decir, de una autonomía individual más real, al punto que ella desaprueba hasta la idea de

> individuo y de autonomía? Es la idea que nosotros no podemos suponer un sujeto sino sujetado, alienado al Otro. Su fórmula emblemática, hela aquí: «El deseo del hombre es el deseo del otro».[10] De ahí se sigue que *separarse del Otro*, operación que presupone la alienación previa al Otro, lleva a un último análisis[11] [...] a autorizarse a no someter *a priori* su deseo a las demandas imaginarias del Otro (es decir, aquellas que proyectamos en él).
>
> Es precisamente cuando el sujeto alienado a la idea y exigencia de completud del *yo*, y más o menos directamente de independencia o de libertad, que se encuentra reflejado en sus semejantes, en el gran espejo de la vida social.
>
> [Por lo tanto] Lacan defiende la idea de que el resorte de esta separación del Otro [...] consiste, para un sujeto, en enfrentar la *manque* [falta, incompletud], que aflige estructuralmente a este Otro. *Castración* es uno de los nombres sorprendentes de esa falta, porque eso que le falta ahí está en el Otro (simbólico). De golpe, el Otro pierde su carácter total. Él deja de asemejarse a Dios. La castración en el Otro es, en suma, eso que evita de sucumbir a las fascinaciones proyectivas que pueblan el campo del Otro, de entidades que exigen el oscuro sacrificio.[12]

Sin embargo, esta conversión que se postula como posible implicaría el fin del análisis. Final que también sería parcialmente ilusorio porque la relación con el inconsciente no termina nunca de producir amos. Incluso la teoría y la clínica, que pretende cuestionar la completud que se presupone en el Otro, puede terminar por creer que nada la limitaría, que por su amplitud de miras y su ahistoricismo la castración no la tocaría. Teoría total, sin exterioridad posible.

En todo caso, la ascesis que promueve no puede dar el salto sin más a lo social-colectivo, aunque Lacan parece insinuarlo, cuando menos para realizar el diagnóstico *sociológico* que cité de él. Esta ascesis, que propugna el *agotamiento del gesto sacrificial*[13] que supuestamente *exigiría* el Otro, tan sólo da para que aquellos que lograron dicha separación –gracias al proceso transferencial en psicoanálisis– anden por el mundo advirtiendo y predicando que el Otro exige sacrificios vanos que no corresponden. No obstante, si la única política es la desidealización; entonces, ay de aquellos que se lancen a intentar siquiera un poco la transformación de un orden socio-político concebido solamente como el de los amos y esclavos redoblados.

Y para más complicaciones, al parecer desde esta perspectiva, sólo los psicoanalizados por personas de esta corriente lograrían la caída de la demanda sacrificial. No obstante, como consecuencia, quedarían de alguna manera desocializados del conjunto de los *delirantes*. Todo un tema para desarrollar que aquí sólo dejo apuntado.

Frente a esta perspectiva –y volviendo a la temática central que recorre este libro–, ¿qué hizo y pensó Lacan cuando los aspirantes a amos (los nazis) invadieron su país y cómo vio a aquellos que lucharon contra el invasor y estuvieron incluso dispuestos a *jugarse la vida*? Es decir, a *sacrificarse* por la patria y a apostar por un tipo de solidaridad. Y después del conflicto bélico, ¿se lo replanteó a partir de la perspectiva posconflicto que produjo y que acabo de describir? Desconozco si existe un escrito de dicho autor al respecto, pero no lo descarto.

Y mientras tanto, el fragor del mundo sigue su marcha, sin necesariamente tomar en cuenta al minúsculo campo de producción y clínica psicoanalítica, que se puede permitir el lujo de utilizar categorías que parecen prescindir de sus marcas históricas y de su humilde pero atendible lugar, como si el último grito de la corriente en boga fuese a ser la última batalla. Desde una mirada sociológica, lo que se le puede cuestionar al psicoanálisis, dice el otro Castel (Robert):

> [...] no es tanto su complicidad con las estructuras político-sociales del poder [...] es más bien su pretensión de haberse liberado de ellas, sus fingimientos de desenvoltura, de autonomía, lo que es todavía más extraordinario, de subversión [en síntesis], la vacuidad de la pretensión del psicoanálisis de reivindicar un derecho de extraterritorialidad social.[14]

No obstante, ahora el psicoanálisis enfrenta otra manera de ver las cosas que no viene de su campo de preocupaciones primarias. Me refiero a lo que P. H. Castel describe como:

> La lenta emergencia de un sí *cognitivo*, es decir *cerebral*, que modifica el dato de eso que hasta ahora se denominaba como un individuo. La experiencia de la interioridad (¡si acaso subsiste!) y las dificultades de la acción personal y libre salen profundamente afectadas en su naturaleza. [Me refiero] al declive del psicoanálisis y a la emergencia de las terapias comportamentales, y luego cognitivas.[15]

Tema para trabajar en un futuro, evitando caer en una perspectiva que sólo lo entienda como una amenaza que debe evitarse; tratando, en todo caso, de dar cuenta de sus implicaciones en la teoría y clínica psicoanalíticas, así como de sus repercusiones políticas, más allá del campo psicoanalítico.

Finalmente, este libro es un intento limitado de enfrentar *parte* de una historia del psicoanálisis más general y compleja que, por muchos años, estuvo invisibilizada y, por lo tanto, no interrogada ni pensada sino hasta hace muy poco tiempo en una institución muy pequeña. En este caso, la escala del CPM, por azares de la historia, inesperadamente se conectó con una más amplia, en la cual lo mortífero actuó a placer, y no se pudo decir con palabras sino hasta muchos años más tarde. Una historia marcada por aquello que Freud produjo en su lectura de Moises, y luego repensada por Michel de Certeau: la *continuidad equívoca*. Equivocidad que deja una tarea para ser realizada: por ejemplo, de qué manera la transmisión del psicoanálisis carusiana estuvo presente en el CPM, pero también cómo se relacionaron sus actos, aquellos efectuados antes de autorizarse como psicoanalista, con la posterior fundación del CVPP, además de por el *silencio laborioso*.

Una vez comprobado, nos tocaba hacer público el vínculo de Caruso con el régimen nazi; pues, de no hacerlo, la continuidad equívoca podría trastocarse en continuidad cómplice. Sin embargo, este libro no agota, ni pretende agotar, los problemas y las preguntas acarreadas por este caso. Por tal motivo, no queda ninguna duda de que habrá que seguir trabajando para ir más allá de la denuncia o de la postulación de continuidades simplificadas.

Fernando M. González
Instituto de Investigaciones Sociales - UNAM
Ciudad de México, 31 de mayo de 2014

Varias miradas de miembros del CPM

Los niños de Caruso

Katia Weissberg Glazman

Una vez más nos adentramos en el tema, polémico y difícil, de la participación de Igor Caruso en el Am Spiegelgrund como perito psicológico infantil en el marco del programa de eugenesia implementado por el nazismo. Es un asunto que vuelve recurrentemente a ponerse en nuestra mente y que no sólo requiere sino que exige una reflexión continua. Nos convoca una y otra vez desde diversos lugares y se extiende conectándose con cuestiones diversas, a partir de enero de 2014, cuando se presentó la primera versión de este escrito en el marco de una mesa redonda realizada en el Círculo Psicoanalítico Mexicano. Entonces se trataba de hacer una exposición de lo que se había generado en el colectivo a partir del des-cubrimiento de la participación de Caruso en el marco de dicho programa mortífero. Ya en 2013, al interior de la institución, había iniciado el diálogo a partir de que saliera a la luz la información al respecto y de que empezaran a realizarse labores de investigación precisas para tener, con la mayor claridad posible, los conocimientos que permitieran realizar una reflexión seria y concienzuda, a pesar de lo dolorosa que ésta fuera. Después, ha sucedido una serie de eventos desafortunados que vuelven una y otra vez los reflectores sobre el trabajo de Caruso en el Am Spiegelgrund y su relación con el CPM. La reflexión personal continúa y se muestra por escrito, como parte de un testimonio que da cuenta de un tránsito difícil, doloroso y que, al mismo tiempo, no ha dejado de resultar elaborativo. Elaborativo a muy diversos niveles. Escribo estas líneas desde mi lugar como judía, como psicoanalista y como perteneciente al Círculo

Psicoanalítico Mexicano, y desde estas tres posiciones que se integran y se desarticulan a la vez.

Judaísmo y Eugenesia

Soy judía. Esto quiere decir que las historias vistas en películas, leídas en libros o escuchadas, en mi caso, son familiares. Mi bisabuela murió en las cámaras de gas después de haber viajado a América para la boda de un hijo; varios tíos y tías también murieron gaseados. Otros estuvieron escondidos en diferentes lugares por uno o dos años, casi sin agua ni comida o enterrados en zanjas en las que apenas podían moverse. A algún otro lo mató un soldado nazi ya al final de la guerra; iba corriendo, después de haber sido liberado del campo a buscar a su familia –que estaba escondida en la trastienda de un edificio–, un soldado nazi que iba en un camión soviético lo vio venir y le pegó un tiro. Mi abuela escapó de Polonia en el último barco al que le permitieron la salida; y mi abuelo, hermano de algunos de los que estuvieron escondidos, se libró por haberse ido a Bélgica, muy enamorado, tras una novia con la que no se casó para no hacerse cargo de su suegra. En los registros de Auschwitz aparece un tío que no murió porque logró saltar de los trenes, dos veces; es uno de los tres judíos que salvó la resistencia belga. Su hermana logró sobrevivir escondida en un prostíbulo; tenía 15 años.

Todos estos muertos, o más bien sus fantasmas y los efectos que produjeron, fueron los que me llevaron, hace muchos años, a acercarme al psicoanálisis. Mis síntomas psíquicos nunca han dejado de estar relacionados con mi judaísmo y algo de éste siempre se expresa en ellos; ahí se pone de manifiesto. Del mismo modo y actualmente, el psicoanálisis me confirma cotidianamente como judía. En cada interpretación que hago, en cada tema que pienso desde esta perspectiva, en mi trabajo cotidiano y en mi labor de todos los días, cualquiera que esta sea –clínica, formativa, de supervisión y demás– el judaísmo no deja de estar presente y encontrar ahí algo vinculado a su raíz. A pesar del deseo de Freud, el psicoanálisis es, para mí, una *ciencia judía.*

Personalmente, me he topado dentro del mundo psicoanalítico con pocas reacciones antisemitas, no muy frecuentes pero sí contundentes, muy elocuentes y que muestran el arraigo profundo del prejuicio. Me ha sucedido que no me he enterado de la muerte de parientes cercanos de compañeros queridos porque «seguramente yo, siendo judía, no podría entrar a la iglesia»; que me han citado como un texto básico de la historia del pueblo judío a *Los protocolos de los sabios de Zion* –bibliografía básica de *Mi lucha* de Hitler– o quienes me han atosigado con preguntas sobre algún asunto palestino cuando se enteran de que soy judía. La experiencia que más recuerdo fue la última vez que André Green visitó México y asistí a una supervisión colectiva. Presentaban el caso de una joven judía y conforme avanzaba el relato, crecía en mí un sorprendente convencimiento de que estaba frente a una escucha antisemita; quizá no sin relación contra-transferencial con algo del conflicto familiar de la joven, todo se iba reduciendo a sus relaciones con judíos y no judíos. No había sujeto, no había deseo, no había conflicto, no había historia, no había inconciente. Había judíos y no judíos.

La cuestión de Caruso –cuestión, asunto, affair. Ya lo hemos dicho, todos los términos resultan frívolos, superficiales– tiene, en este sentido, un aspecto positivo para mí: Nos recuerdan que el régimen nazi fue destructivo por principio y en su fundamento. Nadie se hubiese salvado, ni aún perteneciendo a un grupo o a otro. Detrás del intento de limpieza racial y la purificación aria, la intención primera y última era el exterminio y no de unos u otros en particular sino como fin en sí mismo. Los judíos, los gitanos o los comunistas fueron sólo a quienes se utilizó como disfraz y pretexto de las predilecciones y los ánimos devastadores generalizados con los que justificaron y ocultaron sus amplias intenciones aniquiladoras. No es gratuito que sus ideales de supremacía aria y las acciones correspondientes fuesen considerados como crímenes contra la humanidad; atacan una característica de la condición humana sin la cual ésta dejaría de existir: la diversidad.

Cito: «Esta expresión [matanza administrativa] tiene la ventaja de deshacer el prejuicio según el cual actos tan monstruosos solamente pueden cometerse contra una nación extranjera o una raza distinta. Es notorio que Hitler comenzó sus matanzas colectivas concediendo la *muerte piadosa* a los *enfermos incurables*, y que tenía la intención de continuar su programa de exterminio desembarazándose de los alemanes *genéticamente lesionados* (con enfermedades de los pulmones y el corazón). Pero prescindiendo de este hecho, resulta evidente que tal tipo de matanzas puede dirigirse contra cualquier grupo, es decir, el criterio selectivo depende únicamente de ciertos factores circunstanciales».[1]

Por su parte, no olvidamos que para el régimen nazi siempre fue claro su deseo de eliminar a los judíos de su territorio y que quería que la totalidad del pueblo judío despareciera de la faz de la tierra. La maquinaria burocrática administrativa y la inversión tecnológica montada para este fin no dejan lugar a dudas y las acciones vinculadas con los objetivos de la eugenesia, justificadas *científicamente*, no dejan de relacionar ambos temas. Nuevas categorías criminales hicieron así su aparición en el marco de estas acciones, tales como aquellas contra la condición humana y contra la naturaleza de la humanidad.

¿Qué es ser nazi en 2014? ¿Qué fue serlo en 1942? ¿Podemos responder a la pregunta sobre 1942 desde 2014? ¿Tienen la misma implicación? En la Alemania de entonces, todos fueron nazis de algún modo y tuvieron que serlo en alguna medida; pero esta cuestión de *la medida* es compleja. En *Eichmann y el Holocausto* se dice que «la única posible manera de vivir en el Tercer Reich y de no comportarse como un nazi consistía en no dar muestras de vida[2]». Las mentiras sostenidas una y mil veces como verdad –*slogan* acuñado y utilizado por Goebbels, reconocido actualmente por cualquier agencia de publicidad–, las oscilaciones permanentes en cuanto a los mandatos entre los dirigentes del partido y entre éstos y quienes las implementaban, las modificaciones constantes de declaraciones y propuestas directrices aunadas a los claros objetivos de los líderes nazis no pudo menos que crear un ambiente de confusión y falta de consistencia que pudo haber dejado a amplios sectores de la población inermes mentalmente para dar cuenta y hacer frente a la invasión de discursos contradictorios y acciones aniquiladoras que se mostraban ostentosamente y se ocultaban al mismo tiempo. Era un ambiente dominado por la presencia permanente de la muerte violenta.

El nazismo, se decía, era un movimiento, no un partido político y, como tal, no podía quedar restringido a programa alguno; sus dirigentes hacían caso omiso del mismo y la última palabra la tenía siempre el Führer y sus allegados más cercanos. Esto en un contexto de crisis económica, bélica y de colapso moral; de una atmósfera enrarecida, deprimida, enajenante y confusa que pudo haber producido la desubicación enloquecida y enloquecedora de cualquiera. Un ambiente al que prefiero recurrir porque la utilización del dato duro como tal conduce fácilmente a lo que se ha llamado el *uso escandalizante de la historia*, como lo recupera Fernando González en *Igor A. Caruso: nazismo y eutanasia* (2014), particularmente aquél que se refiere al borramiento de la diferencia entre pasado y presente, bajo el supuesto de que cualquier evento anterior puede ser entendido desde las perspectivas de la actualidad, reduciendo el pasado histórico y haciendo que los datos particulares sean susceptibles de convertirse en artículos de uso más que de comprensión. La afirmación «¡Es un nazi!» se ha convertido más en un juicio extemporáneo que en la formulación de una pregunta histórica y éticamente necesaria, por lo menos en el caso que nos convoca.

La intención no es justificar ni absolver desde posiciones simplistas, unilaterales o idealistas a nadie, ni evitarnos el duro y amargo golpe del clavado que es necesario echarse a los infiernos del nazismo para intentar responder de modo fiable a las cuestiones –individuales, comunes o colectivas– que tenemos por delante. Tampoco es la de olvidar que Hitler, diagnosticado con esquizofrenia a sus 17 años y maltratado por un padrastro con sangre judía durante su infancia alcanzó el poder por vía democrática, apoyado por una mayoría nacional que votó por él y sus propuestas y que lo sostuvo ahí el tiempo necesario y suficiente para provocar la masacre humana e instrumentar la máquina de muerte que llevó a cabo. Tampoco lo es olvidar la *tradición* antisemita prevaleciente en la mayoría de los países europeos que condujo, para decirlo rápido, al exterminio del arraigado judaísmo europeo, componente de la historia del continente sin el cual ésta hubiese sido diferente.

Desde el inicio de la diáspora, con la destrucción del Segundo templo de Jerusalén en los tiempos de la Roma antigua, los judíos formaron parte de la comunidad de pueblos europeos de diversos modos a lo largo de la historia del continente. A ella se relacionan, en diferentes momentos y lugares, las figuras del judío perteneciente a la Corte de *Sefarad*; el judío prestamista de la Edad Media, ocupado en la usura por el veto de la Iglesia católica a que sus feligreses se dedicaran a dichas actividades hasta la Revolución industrial; el judío emancipado, liberal, producto del Renacimiento y de la Ilustración que puso en el centro del pensamiento al individuo y sus posibilidades, más allá de su fe religiosa e independientemente de la misma; el judío religioso y pobre que habitaba el Palio de Residencia dominado por los zares; el judío sionista, que imaginó un territorio para su pueblo en el marco de la conformación de los estados-nación europeos; el asimilado, como lo eran muchos de los judíos alemanes y austriacos exterminados en el Holocausto. Si bien la presencia judía siempre estuvo acompañada por ataques y rechazos religiosos, antisemitas y antisionistas de diverso tipo –desde las hogueras de la Inquisición hasta los *pogroms* de la Rusia zarista–, también existía la certeza de su sobrevivencia, de que la vida judía no dejaría ser parte de Europa; que ésta sin aquellos era algo difícil de concebir o que se tendría, en algún momento, la intención de que el continente fuere un territorio *judenrein*, libre de judíos.

Las cámaras de gas de la *solución final* estuvieron estrechamente relacionadas al programa de eutanasia, ordenado por Hitler en los primeros días de la guerra y de los que fueron sujeto pasivo los enfermos cuya vida era *indigna de vivirse.* El programa de exterminio en las cámaras de gas en el Este nació en relación al programa de eugenesia. Ya en 1935, Hitler había dicho al director general de medicina del Reich, Gerhard Wagner, que en tiempos de guerra sería más fácil poner sobre el tapete la cuestión de la eutanasia. Las primeras cámaras de gas fueron construidas en 1939 para cumplir el decreto de Hitler del 1° de septiembre de ese año; éste, haciendo referencia a los enfermos mentales, decía: «debemos conceder a los enfermos incurables el derecho a una muerte sin dolor». Entre diciembre de 1939 y agosto de 1941 alrededor de 275 mil prisioneros psiquiátricos alemanes y austriacos fueron asesinados sistemáticamente en el marco de la Action T-4 por gas de monóxido de carbono, «en instituciones en las que las cámaras de la muerte tenían las mismas engañosas apariencias que las de Auschwitz, es decir, parecían duchas y cuartos de baño[3]». Las matanzas masivas por gas en el Este –Auschwitz, Chelmno, Majdanek, Belzek, Treblinka, Bergen-Belsen y Sobibor– comenzaron casi de manera simultánea a la suspensión de la práctica explícita de la eutanasia en territorio alemán. Las premisas de la necesidad de la *solución final* y la puesta en marcha, a pasos forzados de la misma, fue un proceso que inició hacia finales de 1941 y estuvo consolidado para los primeros meses de 1942. La muerte en las cámaras de gas era, de acuerdo al lenguaje nazi, la manera humanitaria de aniquilar sin dolor a aquellos que eran inservibles para la vida y los enemigos para la raza aria superior.

El programa de la Action T-4 fracasó por la oposición y las protestas de algunos sectores de la población y de la Iglesia, situación que no se repitió frente a los asesinatos masivos de judíos, ante los que hubo mayor indiferencia. Sin embargo, la política de exterminio contra los enfermos mentales continuó dentro de hospitales, disfrazada y oculta. La totalidad del cuerpo médico, las salas de maternidad y autoridades de la salud tenían la obligación de informar sobre cualquier persona que cubriera los criterios descritos; también existía un monitoreo permanente de la población para alcanzar y descartar a todo aquel que no cumpliera con los estándares para el «mejoramiento de la raza aria maestra».

El hospital Am Spiegelgrund se ubicaba en Viena y tenía el propósito de ejercer la Operación T-4 de limpieza e higiene de los considerados *sin valor para la vida* a través de la eutanasia infantil. Los discapacitados de cualquier tipo y los mentalmente enfermos fueron detectados, perseguidos y encerrados en todo territorio nazi. Entre 1941 y 1945, murieron cerca de 7 mil 500 niños y jóvenes y, en total, incluyendo a los adultos de otros hospitales, cerca de 18 mil 200 personas.

Los niños y jóvenes eran separados de sus familias, internados en el Am Spiegelgrund y sometidos al hambre y frío extremos, torturas y experimentación (relacionadas con la tuberculosis, por ejemplo), envenenamiento por Luminal (que producía neumonía y otras enfermedades infecciosas) y esterilizaciones forzadas como parte de una estrategia negligente, sistemática y forzada.

Igor Caruso fue trabajador de base en el Am Spiegelgrund de febrero a octubre de 1942 (ocho meses) y realizó cerca de cien reportes de niños ahí internados, en los que aparece su firma; de éstos, catorce o quince fueron exterminados. Las evaluaciones psicológicas eran parte del proceso médico-burocrático. La influencia de los mismos en la sentencia última debió haber sido variable, poco uniforme y fidedigna. En el hospicio infantil Am Spiegelgrund murieron, entre 1940 y 1945, 789 niños. En los archivos se encontraron sólo 561 expedientes, de los cuales 160 contenían dictámenes psicológicos.

Institución

El saber ocupa un lugar. Llama la atención que los textos que he leído en relación al tema empiezan haciendo un recuento de las reacciones y juicios que se han generado al respecto antes de hablar del asunto en sí. Desde quienes opinan que es un ataque premeditado o un rumor malintencionado contra una persona respetable de labor intachable, hasta quienes acusan a los defensores a ultranza del personaje que ocultan y velan el pasado negro y verdadero del mismo. Tristeza, decepción, rabia, por un lado, así como agradecimiento, respeto y admiración idealizada, por el otro, están presentes en el asunto. Se defiende a Igor Caruso como padre fundador idealizado (sin tacha ni error) o como padre totémico terrible (asesino de niños) desde donde se deslegitima su herencia.

Sin embargo, las posiciones demasiado claras conducen a la desconfianza; las pasiones extremas desplazan la posibilidad de encaminar una reflexión que permita alcanzar algún puerto y conducen a juicios vanidosos y apresurados. Ello nos obliga a pensar en la articulación de los poderosos afectos presentes en el debate, que tampoco pueden estar ausentes. Se dificulta ver a Igor Caruso en el Am Spiegelgrund porque cada quien ve a su Caruso. ¿Qué padre no está? ¿Qué padre hemos perdido? ¿Cómo nos ubicamos frente a él y continuamos? ¿Fue Caruso padre fundador, referente fundacional, analista y maestro de fundadores? ¿Qué lugar ha ocupado en la historia del CPM, en la historia reciente del CPM? ¿Cómo se modifica la historia con el saber de *actualidad?* Muchos de estos temas los hemos hablado y seguimos en ellos en el Círculo.

Igor Caruso no fue fundador del Círculo Psicoanalítico Mexicano. Para algunos, fue referente fundacional de los fundadores –Armando Suárez y Raúl Páramo, principalmente–, de quienes fue maestro y analista. Para otros, no fue siquiera eso: no estuvo presente en ningún acto fundacional o tuvo injerencia alguna en el proceso de composición institucional. Para éstos, los peritajes realizados por Caruso no se llevaron a cabo desde una perspectiva psicoanalítica, a la que sólo accedió después de la guerra, sino sólo desde una postura psicológica. Sin embargo, los diagnósticos de los niños que hizo Caruso tienen un fuerte carácter nazi. Estuvieron realizados desde la supuesta búsqueda de la enfermedad mental, confirmada por la raza de los pequeños o por su «mal comportamiento». Más bien, por su conducta vista con *malos ojos*. Estuvieron marcados por el prejuicio que implica estudiar un fenómeno cualquiera sabiendo, de antemano, lo que ahí se va a encontrar para garantizar un pronóstico establecido en un contexto que impulsaba la muerte eugenésica como supuesta vía de salvación. Diagnósticos encaminados a patologizar la diferencia y justificar su destrucción gozante y sádica. Diagnósticos que no fungen como indicadores o hipótesis de trabajo y que enmascaran el desenlace de una situación cuyo final estaba ya escrito y contado.

Por su parte, Caruso fue analista de los fundadores del Círculo Psicoanalítico Mexicano, después de haberse acercado al pensamiento psicoanalítico. Ello podría conducirnos a poner en signos de interrogación la probable influencia de esta cuestión en la fundación del CPM. Los avatares del análisis y el poder de la transferencia podrían hacernos dudar al respecto y cuestionar la influencia de Caruso a través del análisis de fundadores. Sin embargo, Caruso se acercó al psicoanálisis años después de haber llevado a cabo dichos diagnósticos. Estamos frente a momentos históricos diferentes dentro de la biografía de una persona. También estamos frente a actores diversos y superponer a unos con otros es una operación peligrosa y riesgosa. Los analizantes de Caruso que fundaron el CPM no son quienes llevaron a cabo los diagnósticos, aunque no sepamos cómo lidiaron con éstos y si pudieron hacerlo. Sin embargo, existen diferencias de tiempo y espacio que es necesario recordar para no caer en mecanicismos fáciles, que conducen a respuestas apresuradas y simples ante una situación marcada por la complejidad.

Desde sus inicios, la institucionalización del psicoanálisis estuvo marcada e influida por la mezcla de las principales necesidades de asociación con lo que podrían llamarse los efectos del temor. Los requerimientos de agrupación, organización, ordenamientos colectivos y difusión no fueron ajenos y estuvieron confundidos con el miedo a los enfrentamientos hacia las principales ideas del psicoanálisis, los prejuicios ante él y a los ataques de adversarios –tanto internos como externos– contra la figura de Freud. Esta confusión de planos, mezclados como si fueran una misma cosa, estableció una vía de institucionalización del psicoanálisis promovida desde un lugar muy particular. Al poco tiempo de conformarse las principales asociaciones psicoanalíticas –la de Viena en 1908 y las de Berlín y Zurich en 1910– y poco tiempo de las tres disensiones que trajo aparejadas –la de Adler, la de Steckel y finalmente la de Jung–, se creó un *comité*, conformado por los colaboradores más cercanos de Freud –Sachs, Ferenczi, Rank, Abraham, Jones y Eitingon, posteriormente–, cuya labor principal era la de proteger *la causa*.

En esta defensa cabían la protección personal de Freud contra todo lo que era percibido como ataque; la promoción de sus principales ideas por la vía de la fidelidad a su palabra y la evitación de cualquier confrontación que pareciera desvirtuarlas, tergiversarlas o traicionarlas.

La constitución de dicho *comité*, que tenía como finalidad conformar una barrera de protección humana en torno a la figura de Freud, no dejó de estar vinculada a los problemas que se generaron a partir de los inicios de la institucionalización del psicoanálisis y de la forma como se llevó a cabo. Las rivalidades internas, los celos y las diferencias de favoritismos que se generaron dentro de los grupos fueron vividos como situaciones que ponían en peligro *la causa* del psicoanálisis, no como resultado de las distinciones de trato promovidas por el propio Freud al interior de los diferentes centros. Su apuesta, bastante prejuiciosa, de buscar en el extranjero y en un extranjero a aquel que salvara sus ideas y las proyectara a niveles internacionales fue determinante. Desde entonces buscó alcanzar la legitimación institucional alejándose de los orígenes locales del propio trabajo analítico, como si la solicitud de una filiación de extranjería validara dicho proceso en sí mismo.

Las diferencias de atención y consideración por parte del *Maestro* ante los diversos grupos de las asociaciones recién formadas y sus preferencias políticas por los que algunos consideraban como los advenedizos extranjeros, frente a los miembros más antiguos y que habían tenido mayor cercanía a Freud por más tiempo, derivaron en las primeras escisiones del movimiento psicoanalítico, vividas como amenazantes y, en contraparte, en una concentración institucional centrada en la defensa de *la causa* en la que la seguridad del *Maestro* ocupaba un lugar central.

Esta circunstancia no deja de relacionarse con la obsesión del fundador del psicoanálisis de separarlo de su origen como *ciencia judía* ni de las suspicacias, a veces fundadas, de los tintes antisemitas de ciertos ataques a las ideas psicoanalíticas. Cerca de 1913, cuando Adler y Steckel ya se han escindido del movimiento psicoanalítico y Jung ha puesto su distancia, ante una carta que Ferenczi recibe en la que este menciona que la diferencia entre los vieneses y los suizos consiste en que los primeros son judíos y los segundos *arios*, Freud le aconseja a Ferenczi contestar en los siguientes términos: «Existen, efectivamente, grandes diferencias entre el espíritu judío y el ario. Podemos observarlo a diario. A cada momento podrá ser posible encontrarse, por lo tanto, con enfoques diferentes en la vida o en el arte. Pero no puede haber una ciencia aria o judía. Las conclusiones de la ciencia tienen que ser las mismas, aunque varíe su forma de presentación. Si estas diferencias se reflejan en la captación de las relaciones objetivas en la ciencia, debe de haber algo que no va bien[4]».

La institucionalización del psicoanálisis parece así influida, desde sus inicios, por procesos de aseguramiento de una causa y de protección del fundador, ambos necesitados de resguardo frente a ataques diversos y en diferentes ámbitos. Esta perspectiva personalista ha sido determinante en la conformación de escuelas, grupos e incluso líneas de pensamientos dentro del psicoanálisis. El lugar que ha ocupado el fundador de cada una de ellas ha sido central y nuclear. Al mismo tiempo, el proceso no ha dejado de estar marcado por desacuerdos y diferencias de ideas y concepciones que han derivado en verdaderas disputas y desgarramientos al interior de los grupos y de las organizaciones que han establecido una pauta de institucionalización del psicoanálisis marcada por el resquemor, la sospecha y el resentimiento. Éstos han pautado el establecimiento de líneas de pensamiento e ideas desde los acontecimientos afectivos no resueltos de los propios fundadores. Lacan fue expulsado de la IPA por su propuesta del manejo de tiempo variable en la sesión psicoanalítica, la escansión. Su sentimiento frente a dicha situación, las disputas que se generaron al respecto y la falta de reflexión en torno a sus propuestas no dejaron de marcar una línea de discurso que estuvo presente en su enseñanza y determinó la influencia de aspectos políticos institucionales en la misma. La presencia de sus afectos exacerbados se percibe en sus escritos contemporáneos, en los que se expresa verdadero resquemor por sus adversarios, al tiempo que se muestra la prolijidad con la que los mismos impulsaron y nutrieron sus propuestas doctrinarias e institucionales. De cualquier modo, la enseñanza de Lacan siempre se centró en torno a sí mismo y las instituciones que fundó nunca dejaron de pertenecerle y de llevar su marca y su nombre. Paradójicamente, desde este enlace entre lo político y lo personal, lo político y lo doctrinario, se han generado propuestas institucionales innovadoras que, sin embargo, no dejan de tropezarse con los escándalos personales de sus fundadores e integrantes y con los fuertes resentimientos irresueltos de los mismos.

El saber sobre el trabajo de Caruso en el Am Spiegelgrund se destapa en momentos institucionales particulares. En Viena, en febrero 2008, con los artículos «¿Por qué no en Kischniew? Sobre un documento en audio autobiográfico de Igor Caruso», publicado en la *Revista para la Teoría y la Práxis Psicoanalítica* y «Por supuesto que entonces pasaron muchas cosas. Igor Caruso en Am-Spiegelgrund» en el *Werkblat Zeitschrift für Psychoanalyse und Gesellschaftskritik;* en México en 2012, a partir de la lectura del primero. El segundo, que aborda el significado contextual de los peritajes psicológicos y los procesos de decisión en el Am Spiegelgrund –indispensable para evaluar la relevancia de los diagnósticos realizados por Caruso en el desenlace final de la vida de los niños– recibió menor atención. Igor Caruso había mencionado su participación en el Am Spiegelgrund de febrero a octubre de 1942 en una entrevista radial en 1979 y en la revista *Der Spiegel* en 1964. Rosa Tanco y Armando Suárez lo habían hecho en artículos respectivos en 1959 y en 1985.

Desde 1997 se había estado promoviendo en Austria el enlace institucional entre el Círculo Vienés de Psicoanálisis, la Sociedad Psicoanalítica de Viena (que cumplía 100 años en 2013) y la Academia del Psicoanálisis, de reciente apertura. Según se dice en una carta de Johaness Reichmayr enviada a los editores de la *Revista para la Teoría y la Práxis Psicoanalítica* titulada «¡Furor es Error![5]» la nueva casa tenía que ser limpiada. El movimiento psicoanalítico austriaco no realizó el trabajo de depuración de los funcionarios y colaboradores nazis que se hizo en Alemania durante la posguerra y esa tarea había quedado pendiente. Además, después de la expulsión y del exterminio del judaísmo europeo, las sociedades de psicoanálisis se enfrentaron a las dificultades de su reconstrucción y tuvieron que reconciliarse con las decisiones tomadas antes de la guerra. Aparecía la idea de haberse apoderado del judaísmo y de la labor psicoanalítica de modo indebido. No se olvide que Jones estuvo de acuerdo en dejar fuera de la Asociación Psicoanalítica Vienésa a todos los judíos pertenecientes a la misma antes del estallamiento de la guerra, en un ejercicio de sobrevivencia tanto de los propios integrantes judíos como de la labor institucional psicoanalítica misma. El Círculo Vienés de Psicoanálisis tenía que *desnazificarse* para poder legitimar su unión con un nuevo socio y ubicarse dentro del grupo de la IPA. Así se aprovechaba la oportunidad de exonerar al Círculo Vienés de Psicoanálisis exponiendo, no sin riesgo, al padre fundador del mismo como asesino de niños y utilizándolo para ser sometido a los rituales de limpieza y sacrificio pendientes. En este libro, Fernando González afirma que «Caruso representa, en ese caso, un doble obstáculo en el contexto austriaco, que no mexicano, para el feliz matrimonio con la IPA. Primeramente por el asunto de su actuación en el Steinhof, y segundo por su *resistencia* y marginalidad frente a la IPA».

Es, entonces, dentro de este contexto particular que parece producirse el debilitamiento de la represión, o de la renegación, y el consecuente retorno de lo reprimido. Ello permite atender a algo que lleva dicho mucho tiempo sin haber sido escuchado y que ahora puede serlo puesto que puede ser utilizado en el marco de cierta política institucional. No deja de ser relevante la necesidad de legitimización de una institución para anexarse a otra y la precisión, dado el ajuste de cuentas pendiente, de deslegitimar un pasado negro para poder llevar a cabo el proceso. Es la necesidad política la que posibilita este levantamiento de la represión y la que permite que algo expuesto de diversas formas, pueda ser atendido. Aquello que resultaba tan crudo y doloroso que no podía ni ser visto, cambia de signo y pasa a ser útil en el marco de un nuevo contexto de alianzas institucionales. Éstas, paradójicamente, obligan a mostrar lo que había permanecido oscuro con la intención de deslindarse de ello, lo que permite que dicho pasado, pueda ser, entonces, visto.

En México pareció jugarse la misma necesidad para separarse del grupo cuando no respondió a la intención de algunos de limpiar la institución. La cuestión de la legitimidad y de la legitimación aparece como de primer orden. ¿Por qué? ¿Por qué se hace necesario deslegitimar algo para legitimar otra cosa? Caruso intentó entrar a la Asociación Psicoanalítica de Viena y no fue aceptado. Luego rechazó los requisitos de ingreso a la IPA y no se sometió a ellos. Años después aparece la necesidad de deslegitimar a un sujeto largo tiempo sostenido como ideal para poder acceder a una legitimación que no pareció importante para el sujeto en cuestión. Quizá lo fue en un primer momento y su rechazo sólo constituye una formación reactiva ante la falta de aceptación institucional inicial o quizá encontró otras formas de entender la pertenencia institucional posteriormente.

De cualquier modo, pareciera ser que, efectivamente, una institución analítica se legitima, en parte, deslegitimando a otra, oponiéndose a otra que le sirve de referencia. El CPM surgió precisamente como una alternativa frente a las disposiciones de la APM, consideradas, en principio, poco acordes a propuestas psicoanalíticas básicas: Las exigencias endogámicas del análisis y supervisión de los candidatos en tiempos y con personas asignados institucionalmente y la de ser médico para acceder a una formación en psicoanálisis. El Círculo Psicoanalítico Mexicano empezó por impulsar el análisis personal desde la transferencia individual más que desde la pertenencia institucional y cualquier lego; siempre y cuando pasara por proceso de análisis, podía formarse como analista si lo deseaba. Pronto se agregaron la promoción de la apertura a las ciencias sociales, la referencia central al texto de Freud en la lectura y un tipo de institucionalización inspirado en la conformación de una red de círculos sin *primo inter pares* que compartían un mínimo de elementos substanciales, todas ellas cuestiones promovidas por Igor Caruso.

Sin embargo, al oponerse y cuestionar la instancia de legitimación por excelencia, el CPM pareciera haberse quedado sin formas propias de acceder al proceso o las que ha encontrado han sido ambiguas, poco consistentes, movedizas, no conforman vías para alcanzar acuerdos y producen fracturas que no dejan de resultar deslegitimadoras en sentido propio. Quizá las múltiples escisiones del CPM se relacionan, en parte, con esto. Juega un papel importante el imaginario de no ser una institución y su consecuente necesidad de oponerse a todo lo que remita a mecanismos burocratizadores, entendidos como paralizantes del pensamiento. La lucha por la marginalidad se ha deslizado hacia una exaltación por la marginación. Todo ello ha dificultado la construcción de una colectividad que no sólo actúe y funcione como tal sino que no se perciba, a su vez, como atacante y aplastante de la singularidad de los integrantes del grupo. La autogestión, la autonomía, la crítica y la alteridad se dificultan.

Efectivamente, uno de los debates al interior del CPM se refiere a la cuestión de su definición como institución. El surgimiento del CPM se estableció desde una postura anti-institucional y en oposición a la de la Institución analítica por excelencia, estableciendo una solución de continuidad entre ambos factores de la ecuación. Ello ha dificultado hasta empantanar las definiciones propias de todo grupo, que le dan carácter propio e identidad, orientan su quehacer y posibilitan su labor. Es evidente que, a sus 40 años, el CPM ha consolidado sus propias formas institucionales, así como se ha enfrentado reiteradamente a los conflictos provocados por la ambigüedad y una intención reiterada de impulsar la falta de definición en este sentido. Una y otra vez la discusión aparece sobre la mesa y los callejones sin salida nos conducen a repensar los argumentos que se repiten insistentemente de maneras poco claras.

José Perrés entendía lo instituyente como la fuerza que transforma la institución o que la funda cuando no existe. El producto de la misma sería, precisamente, lo instituido. Lo instituyente se refiere, entonces, a un proceso cuyo resultado devendrá lo instituido; proceso conflictivo y, al mismo tiempo dialéctico, entre las fuerzas instituyentes y los niveles instituidos que pone a la institución frente al constante reto de ubicarse entre la renovación y la reproducción de sus formas. Lo instituido recupera las fuerzas instituyentes para anularlas e integrarlas a lo existente, al *statu quo*. Sin embargo, no es posible pensar que todo proceso instituyente es positivo frente a lo negativo de sostener lo instituido. A menudo sucede que las fuerzas instituyentes impiden la consolidación de lo instituido y la verificación de sus alcances y límites. Por su parte, una fuerza instituyente constante es humanamente inexistente, ya que los sujetos, los grupos y las instituciones necesitan momentos de equilibrio y estabilidad; sólo así es posible pensar en un proceso que rescate en lo institucional la dimensión dialéctica.

Entonces se sabe del affair Caruso, un callejón sin salida. El evento tuvo en el CPM el efecto de un trauma como lo definen Davoine y Gaudelliere:[6] Rompe el lazo social y el sostén simbólico que implica para la subjetividad, disloca la dimensión de tiempo –que entra en un espasmo sin brújula ni posibilidad de ubicación– y busca insistentemente una inscripción a fuerza de no poder lograrla. La legitimidad del Círculo Psicoanalítico Mexicano quedó cuestionada por la aparición, casi fantasmal, de un suceso desgraciado y terrible. El des-cubrimiento del tema de Caruso produjo bombardeos desde diversos lugares que expresan ánimos egoístas y reducen los caminos posibles a seguir. El develamiento del propio evento impulsó los narcisismos –individuales y colectivos, de miembros activos y ajenos, de colegas y detractores– a manera de defensa y en varios intentos desesperados por rescatar-se, ubicar-se y, sobre todo, deslindar-se de un drama de tal magnitud. Sálvese quien pueda.

La exaltación de los afectos, la monstruosidad de los hechos de entonces y la complejidad del momento actual tocan dimensiones profundas. Las dinámicas propias de la institución y la perspectiva de la reducción del campo de acción de la disciplina tal como la concebimos en el CPM impulsan propuestas de soluciones extremas que no conducen a nada y contribuyen a pensar que la única vía de salvación es una imposible. La autodisolución no deja de remitir a una solución final. Una disolución sin elaboración del instituto no garantiza su renovación y no produce más que una negación de la historia y del futuro. La historia no se disuelve. No se soluciona en una disolución. El evento histórico está ahí y se muestra a las miradas que puedan hacerlo ver y oír. Se atraviesa, en la medida de lo posible, haciéndole frente y re-conociéndolo como parte del tiempo de la historia del sujeto, del colectivo, de una institución.

Queda, entonces, la búsqueda por realizar una reflexión posible, sobre todo a la distancia que implica el paso del tiempo y la perspectiva que ofrece. No es una propuesta sencilla ya que, ante la magnitud de los eventos y sus implicaciones, el pensamiento no alcanza, se queda corto. Ya Hannah Arendt[7] habló de la impotencia de las palabras y los pensamientos ante la banalidad del mal, al mismo tiempo que la definió como la consecuencia de dicha impotencia, de la irreflexión. Ante tal imposibilidad, el delirio hace de las suyas y se apodera del terreno del pensamiento.

Queda una intención por rescatar algo del psicoanálisis que se ha hecho en el CPM, que sigue siendo vigente y necesario. La búsqueda por reinventar algo de lo nuestro y buscar nuevas vías de construcción.

Queda, para mí, pararse ante el espejo nuevamente y no sólo verse en él sino mirarse rodeado de todas esas sombras y reflejos del pasado que ahí se muestran, ahí están. No se las puede negar, ocultar, borrar, eliminar. No desaparecen. Nos acompañan, nos rodean, nos martirizan. Una vez más, salen a la luz los muertos y fantasmas infantiles para ponerse frente a mí e intentar verlos. Entender. Ahora se agregan los rostros de los niños de Caruso. Se agolpan en el espectro del espejo.

Los niños jugaban al ataúd sin fondo, como cuenta el relato de una enfermera, Alice Platen-Hallermund, en *El exterminio de enfermos mentales en la Alemania nazi,* retomado por Fernando González en este libro. Temían ir al hospital y no salir de ahí con vida, no volver a casa. Adolfo Schindler y Alfred Führman sobrevivieron. Franz Jasper, Franz Karlowitz, Herta Kraft, Adam Ujvari, Johann Mitterecker, Ana H. murieron entre 1942 y 1943 y fueron evaluados por Igor Caruso con diagnósticos que poco aportaron para evitar su muerte.

Los niños de Caruso vieron demasiado, sufrieron demasiado y cargaron sobre sus espaldas el excesivo peso de la historia. Pagaron con su corta vida y su por-venir el costo de la locura y el trauma. Fueron *diagnosticados* para la muerte. Que la vida pendiente, la que estos niños hubieran podido tener, alimente la nuestra y nos permita seguir adelante, continuar el camino vital de la renovación y que ésta se nutra de su ausencia temprana.

El sector salud al servicio de la muerte
De la exaltación eugenésica a la eutanasia fascista

Claudia Brinkop
Psicoanalista, egresada del CPM

Los días 16, 17 y 18 de diciembre del año 2002, en la concurrida plaza Wittenberg en Berlín, se leyó una lista con los nombres de 30 mil 161 víctimas de los asesinatos médicos ocurridos entre 1939 y 1948. En este periodo se había asesinado sistemáticamente a unos 300 mil prisioneros *psiquiátricos*: 275 mil entre 1939 y 1941, la llamada acción T4,[1] y otros 25 mil entre 1948 y 1949 a los cuales se dejó morir de inanición. El resto de las víctimas permanece en el anonimato hasta el día de hoy, ya que sus nombres no figuran en ningún archivo oficial. El gobierno alemán se opuso a la lectura pública de la lista, arguyendo que se debía proteger la identidad de las víctimas y de sus familiares. Los integrantes de la asociación que la hizo pública, junto con el reportero Ernst Klee, argumentaron que seguir callando los nombres significaba asesinarlos por segunda vez.

Aún hoy en día, las víctimas *psiquiátricas* del fascismo parecen ser de segunda clase, probablemente porque en muchas familias todavía persiste la vergüenza de hablar de los que fueron difamados como *enfermos psiquiátricos*. Y el gobierno alemán tardó, hasta los años setenta, en reconocer el derecho a una indemnización para los sobrevivientes.

Una de las grandes preguntas que se desprende de las atrocidades cometidas durante el Tercer Reich es sobre el concepto de *humanidad* inventado, y perseguido hasta sus últimas consecuencias, por el fascismo. Una idea de humanidad que no sólo exigió el exterminio de millones de judíos, eslavos, gitanos, izquierdistas, homosexuales, enfermos, lisiados, discapacitados de toda índole, soldados y SS con síndrome post-traumático, cualquier persona incómoda, sino que también mandó a la guerra a muchachos de apena 14 años; y exigió a la población alemana, indefensa, no aceptar la derrota sino ofrecerse como carne de cañón a las tropas de los aliados, puesto que la única opción de vida para un alemán era el nacionalsocialismo.[2]

Este trabajo pretende rastrear diversas conceptualizaciones históricas que confluyeron en la ideología fascista con su exaltación de la *raza aria superior*, el ideal de una sociedad perfecta, pura, que siente la vocación de expandirse y de someter a todas las razas inferiores. Para alcanzar esta superioridad, el pueblo alemán, *contaminado* tanto por cuerpos extraños como por un debilitamiento de su sangre, debía someterse a un proceso de purificación y eliminar todos aquellos elementos que disminuían su vigor, tanto genética como económicamente. En el cumplimiento de este deber colectivo yacía el destino del individuo.

En este proceso –que consistía en la selección, reclusión, esterilización y posteriormente aniquilación de los que eran considerados agentes contaminantes–, la principal responsabilidad recaía sobre científicos y médicos, y en particular sobre los psiquiatras: los encargados de establecer parámetros para la selección y el trato de las vidas consideradas no valiosas.

Breve recorrido histórico sobre las ideas de la pureza de las razas

Para comprender cómo la ciencia y, en particular, la ciencia encargada de velar por la vida del hombre, es decir, la medicina, llegó a este grado de comprometimiento y excesos, me parece necesario rastrear un poco la historia de las ideas con el fin de desplegar las condiciones previas al decurso de las ciencias, con un enfoque centrado en la idea del progreso que las condujo hasta el Holocausto.

Las reflexiones en torno a la reproducción y sus consecuencias para la pureza de los pueblos no son una novedad del siglo XIX, como tampoco lo son las medidas de control demográfico y de planificación familiar de parte de los poderes centrales, ya que hay testimonio de ellas desde la antigüedad. Por ejemplo, en el renacimiento, época del surgimiento del capitalismo mercantilista y de las ciudades estado que dieron lugar a los estados centrales, pensadores como Tomás Moro (*Utopía*, 1516) y Francis Bacon (*Nova Atlantis*, 1627) se dieron a la tarea de describir las sociedades ideales del futuro basadas en el nacimiento de un hombre nuevo, libre de defectos físicos y morales.

El siglo XIX vio nacer gran parte de las ciencias, estrechamente relacionadas a valores liberales como la educación, el progreso, la prosperidad, pero también la libertad intelectual y el humanitarismo. Entonces, el ideal de una sociedad progresista y educada se concebía con base en el libre comercio, el progreso técnico y social –vectores que dependían, por su parte, de los avances en las ciencias y en la medicina. Ésta última incorporó los nuevos valores y definió la salud como la base del bienestar y de la prosperidad individual así como de una sociedad civilizada y productiva.[3] En general, reinaba un enorme optimismo: se creía que mediante las ciencias se resolverían todos los problemas que desde siempre habían aquejado a la humanidad, que por fin se llegaría a dominar las fuerzas de la naturaleza y a mejorar las condiciones de vida. Consecuentemente, los expertos de la salud no sólo adquirieron un enorme prestigio basado en las expectativas puestas en ellos, sino además se convirtieron en precursores, incluso directores, de las políticas sociales. Es en este contexto en donde hay que ver el papel de la eugenesia y de las teorías darwinianas y spencerianas que aparentemente proporcionaron un modelo para construir una sociedad ordenada, desarrollada y sana. Rodeadas por el halo de la verdad, la ciencia y la medicina ofrecieron incluso una alternativa a las incómodas teorías sociales y políticas partidistas, ofreciendo una base con principios naturales *comprobados* para las políticas destinadas a remediar todos los males sociales. Muchos de estos males eran el resultado de una falta de regulación estatal del proceso de industrialización, y en este vacío pretendían intervenir los promotores de la eugenesia: mediante la regulación de la vida familiar y de la sexualidad, los eugenésicos pretendieron alcanzar el ideal de un organismo social adaptado (*fit*) y saludable, condición previa para restablecer la estabilidad y la integración social que se encontraban seriamente amenazadas por los procesos de migración, urbanización, lucha de clases, etc. El objetivo último, sobre todo del Estado alemán a fines del siglo XIX, era afianzar el poder del Estado recientemente unificado (entre 1870 y 1871) y que debió enfrentar los retos concomitantes del desarrollo. Con palabras de Weindling: «Health was not only an ideology of matinal integration at a time of rapid social change, but it also could ensure national unity through a uniform life style in everyday life. Scientific medicine thus define an elite profession which would take a leading role in consolidating national unification».[4]

Como parte del entusiasmo, para no decir *fe*, en el inevitable progreso de la historia y de la humanidad, proliferaron las teorías raciales y de herencia genética. Sus antecedentes teóricos directos son las teorías positivistas de Auguste Comte y de J.A. Gobineau que reflexionaban en torno al Estado absolutista, la composición racial de su población, la legitimación de las guerras de conquista debido a la superioridad de un pueblo determinado –teorías que tienen como contexto histórico la competencia de los Estados europeos en la lucha por colonizar el resto del mundo. Por esta razón, la gran mayoría de los escritos provenían de Francia y de Gran Bretaña.

Impulsado por los descubrimientos de viajeros y naturalistas inició una especialización en el campo del saber que llevó a la tan lamentable división entre las ciencias llamadas exactas y las inexactas, las ciencias sociales. En el campo de las humanidades se separó la antropología cultural de la antropología física, cuyo objeto de estudio es el progreso orgánico, un enfoque novedoso que se debió a los descubrimientos del británico Charles Darwin. Impulsado por la teoría de éste, en los años sesenta surgió el evolucionismo como un nuevo paradigma epistemológico, aunque retomó ideas tanto de Auguste Comte como de Herbert Spencer.

De hecho, la idea del progreso como principio general del desarrollo previamente había sido presentada por John Hunter y por J.B. Lamarck para la historia natural, y en la filosofía antropológica por G. Vico, Voltaire, J.G. Herder y sus sucesores.[5]

La idea de la *lucha por la existencia* adscrita a Darwin tampoco era nueva, ya que antes la habían planteado Robert Malthus y Thomas Hobbes. Malthus, el precursor de toda política de Estado destinada a un control demográfico, planteó que el crecimiento de la población no correspondía a la producción de sus medios de sustento, de manera que el hambre y la miseria resultantes tenían que terminar en una encarnizada *lucha por la existencia.* La aportación de Charles Darwin residía en la aplicación de estos principios a la historia de las especies naturales. Según él, el principio de selección entre las especies era la condición previa para su proliferación. Sin embargo, a diferencia de Herbert Spencer, Darwin entendía esta lucha por la existencia como una metáfora, lo cual aclara en su segunda magna obra, *El origen del hombre* (1871). Ahí establece que no es la fuerza bruta de una población dada la que la hace prevalecer sobre otra, sino el desarrollo de aptitudes sociales y de solidaridad.[6] Justo en este punto, Darwin siempre ha sido malinterpretado al adjudicarle la idea que el mecanismo de la selección era la lucha individual basada en la fuerza y no en la solidaridad del grupo. Otro aserto darwiniano, escamoteado por sus seguidores, era que la historia humana demostraba que el progreso lineal no existe, puesto que determinados contenidos culturales, ciertas costumbres, supersticiones y creencias inhibían este progreso. De esta manera, Darwin había *desnaturalizado* el proceso de desarrollo del hombre y lo explicaba en términos de sus logros culturales, mientras el sociólogo Herbert Spencer veía en la evolución humana sólo un aspecto parcial de los procesos de la naturaleza.

Como pensador organicista y extremadamente liberal, Spencer consideraba a los conjuntos como la suma de sus partes cohesionadas por leyes que procuran un orden. En este sentido y siguiendo las ideas de Adam Smith y Stuart Mill, enfocaba a la sociedad desde la perspectiva del individuo y sus libertades.[7] Para Spencer, el proceso de selección era una lucha individual por la existencia. De hecho, el principio *la sobrevivencia del más apto* deriva de él y no de Darwin. Esta lucha era natural y deseable, por lo cual no debía ser obstruida por algún tipo de intervención, como por las políticas sociales del Estado. La evolución de una sociedad era el resultado de la evolución de sus individuos que van liberándose de sus patrones y actitudes ancladas en lo sensitivo para adquirir por vía hereditaria formas de actuar y de pensar ideales y abstractas.

Paradójicamente, donde Darwin, siendo naturalista, adjudicó el mayor significado a la selección colectiva, basada en el desarrollo de mecanismos sociales cohesionadores, el sociólogo Spencer y sus sucesores mal llamados socialdarwinistas (deberían ser llamados socialspenceristas) no superaron la idea de una lucha individual por la vida. Para ellos, el éxito que obtenía el individuo en su sociedad se convirtió en el criterio de su utilidad y de su valor biológico, comparando de esta manera la sociedad con un organismo biológico.

Los postulados más importantes del socialdarwinismo se pueden resumir de la manera siguiente: Como la sociedad humana forma parte de la naturaleza, las leyes que rigen a ésta se pueden transferir a la primera. Esas leyes son, ante todo, *la lucha por la existencia* y *la sobrevivencia del más apto*. Las diferencias existentes entre los humanos son naturales, de manera que la jerarquía social sólo sirve como reflejo de dicha desigualdad. De ahí resulta la concepción de la sociedad, estrictamente determinista, que considera como error intervenir en las fuerzas de la naturaleza y sus leyes para no obstaculizar el progreso. En plena coincidencia con las ideas liberales, consideradas vanguardistas en esta época, las leyes naturales coincidían con la voluntad de Dios, por lo cual cualquier política social del Estado contravenía a la religión.

La recepción de las ideas spencerianas y darwinianas entre la comunidad científica norteamericana, por ejemplo, fue sobresaliente, ya que congeniaban con la doctrina calvinista de la predestinación y elección del pueblo por la gracias de Dios. Entonces, surgió el paradigma del éxito: el ascenso social como expresión de la mejor adaptación, de modo que el proletariado se presentaba como el residuo de la selección natural y su muerte miserable obedecía a las leyes de la naturaleza.

El científico que en 1883 creó finalmente el término *eugenesia* –de *eu*, bueno, y *genos*, pueblo– fue el médico y naturalista Francis Galton, primo de Charles Darwin. Profundamente impactado por la obra de su pariente, realizó estudios sobre los mecanismos de la herencia genética y postuló que el factor genético era más importante para el desarrollo de capacidades mentales que los factores sociales. Según sus observaciones, la clase alta producía más personas dotadas que las clases bajas; sin embargo, éstas se reproducían más y, por lo tanto, existía el peligro de que la raza se degenerara. Esta observación ponía de cabeza el principio de *la sobrevivencia del más apto*, por lo menos para las razas más civilizadas. Ante el peligro de que los sectores sociales menos aptos podían desplazar a los más valiosos, Galton exigió la intervención del Estado con el propósito de evitar la degeneración de la raza. Con esto se convirtió en el padre de la eugenesia, la doctrina de la higiene racial políticamente implementada, que pretendía el autocontrol de la evolución humana. Galton diferenció entre la eugenesia positiva, por la cual él optaba y que pretendía fomentar una mayor taza de reproducción de los más adaptados y, por lo tanto, valiosos; y la eugenesia negativa que excluye a los *inferiores* de la reproducción. En este sentido, Galton propuso que los débiles y no aptos fueran acogidos en monasterios donde vivirían de manera célibe, mientras que sus seguidores del siglo XX optaron por medidas estrictamente negativas como las esterilizaciones forzadas, hasta llegar al extremo de la eutanasia en la Alemania durante la Segunda Guerra Mundial. A finales del siglo XIX y durante la primera mitad del siglo XX, estas propuestas eran ampliamente debatidas y personajes tan destacados como George Bernhard Shaw, Julian Huxley, John Maynard Keynes y el mismo Darwin tuvieron una postura favorable al respecto.

La teoría de la superioridad racial de la raza aria vino paradójicamente de pensadores franceses. Eran los hermanos Thierry, hijos de la revolución francesa, quienes transfirieron sus experiencias de las guerras napoleónicas a una interpretación de la historia como secuencia de conquistas e imposiciones de dos razas –la germánica dominante, representada por los francos que cruzaron el río Rin, invadieron Galia y sujetaron a la raza celta. A mediados del siglo XIX, el conde Gobineau retoma la teoría de la desigualdad entre las razas en su ensayo *Essai sur l'inégalité des races humaines* (1853-1855) donde planteaba la superioridad de la raza aria (de los francos), siendo su representante más puro la aristocracia francesa –a la cual él pertenecía– por encima del sustrato celta, de las clases sociales inferiores. Del filósofo alemán Christoph Meiners así como de Comte había tomado la idea de la corrupción de las razas al mezclarse, planteamiento al que otorgó validez universal.

Las hipótesis de Gobineau acerca de la superioridad aria finalmente encontraron el camino a Alemania, donde Cosima Wagner las promovió en el influyente círculo alrededor de su esposo Richard Wagner. Parte de este grupo era el escritor inglés Houston Chamberlain quien mezcló el antisemitismo reinante con la teoría racial y declaró al pueblo alemán como el máximo y más puro representante de la raza aria. Su libro *Los fundamentos del siglo XIX* (1899) tuvo amplia difusión y contribuyó en buena parte a la formación de la ideología nacionalsocialista. Ahora sólo era cuestión de tiempo que la idea de la superioridad racial se uniera a la doctrina eugenésica.

En 1895, el médico alemán Alfred Ploetz esbozó los fundamentos de la *higiene racial*, término que en Alemania se usó como sinónimo de *eugenesia*, y que definió como la «doctrina sobre las condiciones de la conservación óptima y la perfección de las razas humanas». Ploetz diferenciaba entre la *raza vital*, que comprendía los ejemplares más sanos y más aptos, y la *raza sistémica*, conformada por la raza en su totalidad. Según su propuesta, únicamente parejas con la mejor materia hereditaria, la *raza vital*, debían procrear hijos. Además, la cría de los hombres debía ser reglamentada por el Estado, que autorizaba los matrimonios, fijaba la cantidad de los niños permitidos y, en su caso, decidía el aborto y la eutanasia de niños con alguna malformación. Como Galton, justificó las desigualdades sociales con ideas socialspencerianas, sosteniendo que los segmentos pobres de la sociedad se habían mostrado demasiado débiles para la sobrevivencia. Por consiguiente, el cuidado y la atención a los enfermos, ciegos, sordomudos y de todos los débiles, eran sentimentalismos que no sólo obstaculizaban la eficacia de la selección natural, sino que hicieron posible una *contraselección*. Por el mismo motivo, la higiene racial rechazaba la asistencia médica, en particular de obstetras, los seguros médicos y de desempleo para que la lucha por la existencia se mantuviera con toda su agudeza.

Es una característica de los defensores de la eugenesia el que hayan rechazado todos los avances y logros sociales del proceso civilizatorio que constituyen los verdaderos fundamentos de una sociedad solidaria. Charles Darwin y otros antropólogos, como Henry Morgan, habían enfatizado que eran precisamente estos lazos de solidaridad los que cohesionaban a un grupo y le daban ventajas competitivas por encima de otros menos integrados. De ahí se plantea la pregunta por la enorme ceguera que había en los eugenésicos en cuanto a los mecanismos reales que permiten la sobrevivencia de un pueblo. Probablemente, las ideas y medidas por ellos propugnadas nos hablen del grado de descomposición y de crisis de la sociedad occidental que por un lado ya se encontraba en una fase más avanzada de su desarrollo capitalista, pero que en sus formas políticas y sociales seguía con ensoñaciones feudales que no proporcionaban soluciones viables a los problemas que arrojaba el proceso de industrialización. El paradigma medieval fue esgrimido, ahí donde era conveniente, por los ideólogos fascistas y les permitió *legitimar* medidas como la eutanasia. Así dictaminó el conocido teólogo moral Mayer de Paderborn, a quien la cancillería de Hitler consultó sobre la justificación de la eutanasia antes de iniciar con la acción T4. El profesor Mayer «presentó un esbozo teológico histórico detallado acerca de este problema, señalando que desde los tiempos de Cristo se consideraba a los enfermos mentales como poseídos por el diablo, por lo cual se les trató duramente durante el Medievo».[8]

A partir de 1900, el médico Wilhelm Schallmayer se convirtió, además de Ploetz, en uno de los representantes más influyentes de la higiene racial alemana. Sus dos artículos más influyentes fueron sobre la «Transmisión genética y selección en la trayectoria de los pueblos» (1907) y «Sobre la amenaza de la enajenación física de los pueblos civilizados». Schallmayer acuñó el término *eugenesia social* que pretendía incrementar las capacidades de un pueblo mediante medidas que debían limitar la procreación de personas con características genéticas consideradas negativas, impidiendo de esta manera la degeneración de la humanidad. Definió la eugenesia social como la doctrina de las condiciones para que una población dada conservara e incrementara sus factores hereditarios y exigió la realización de esta doctrina en una práctica eugenésica concreta. En primer lugar había que reorientar la educación ideológica y emocional en el sentido de una *moral del servicio a la raza* para que la juventud reconociera la prioridad del fomento de la herencia genética por encima de nociones tradicionales como *justicia* y *libre albedrío* –que sólo opacaban la existencia de diferencias en el valor genético de las personas. Para Schallmayer existía una analogía entre los bienes materiales de una economía nacional y sus bienes genéticos, de manera que no bastaba con una administración económica nacional, sino que también era necesaria una *biología nacional* que administrara los bienes genéticos y que controlara la selección de características consideradas positivas y redujera, a la vez, los rasgos genéticos con valor negativo. Esta administración debía perseguir un crecimiento demográfico tanto en el aspecto cuantitativo como en el cualitativo. Las medidas propuestas eran: regulación de la procreación y de la paternidad por el Estado; reformas hacendarias que favorecieran a las familias con muchos hijos; certificados médicos como requisito para contraer matrimonio; registros genéticos para el control de la capacidad reproductiva de las futuras generaciones; y en dado caso prohibición para casarse, encierro en asilos y esterilización.

El científico, que finalmente hizo la síntesis entre los postulados de la higiene racial con la idea de la superioridad del *hombre ario*, fue el antropólogo social Ludwig Woltmann. A partir de 1902 publicó sus ideas en su *Revista política antropológica*, dedicada a «la difusión de verdades político-antropológicas». Retomando a Gobineau y a Houston Chamberlain explicó el desarrollo social y la existencia de las clases como consecuencia de las diferencias raciales. El verdadero creador y portador de la cultura era *el germano de pura sangre*. Sin embargo, su liderazgo estaba amenazado por la mezcla racial, por lo cual debía proteger su herencia genética mediante la *higiene racial*. Las razas inferiores como los asiáticos, indios, y negros, no eran capaces de crear una cultura ni eran aptos para ser civilizados, lo que justificaba su sometimiento y colonización.

Desde principios de 1900, la eugenesia o higiene racial fue un tema de interés público en Alemania y se estableció como una ciencia. En 1905, el médico Ploetz promocionó la fundación de la Sociedad Alemana para la Higiene Racial, la primera de su tipo en todo el mundo. El requisito para obtener dicha membresía era que los integrantes debían pertenecer a la *raza nórdica aria* y hablar alemán. En 1908, en Inglaterra se fundó la Eugenics Education Society y países como Holanda, Suecia, Noruega y los E.E.U.U. siguieron el ejemplo. Estas asociaciones promovieron el debate público en torno a la temática eugenésica mediante conferencias, presentaciones, pero también a través de concursos, obteniendo influencia sobre otras áreas científicas como la medicina y la criminología. En 1911, se celebró, en la ciudad de Dresde, la primera Exposición Internacional de Higiene que abordó temas relacionados a la salud pública y personal, los cuales fueron identificados como problemas relacionados al crecimiento y a las grandes aglomeraciones urbanas, y conllevaron la rápida propagación de enfermedades de la piel y de transmisión sexual así como tuberculosis. En el contexto de esta exposición, el tema de la salud se abordó tanto desde la perspectiva de la asistencia médica pública y sus costos, como desde las posibles medidas preventivas para la higiene genética. Dos años después, la Sociedad alemana para la higiene racial fue admitida en la importante Sociedad alemana de naturalistas y médicos, lo cual atestigua el incremento de su prestigio científico.

El tema de la herencia de las enfermedades llegó a ser un campo importante de la investigación médica, donde se podían esperar oportunidades profesionales y económicas. Un hito en la investigación médica fue lanzado por el famoso psiquiatra Emil Kraepelin, quien en 1909 publicó su manual de psiquiatría, en donde estableció que ciertas enfermedades mentales no sólo eran congénitas, sino además hereditarias y degenerativas. Según el cuadro clínico por él establecido, la *dementia praecox* o esquizofrenia llevaba de manera inevitable a la idiotez, definida como muerte mental. Tanto la doctrina de Kraepelin como el método de diagnóstico por él elaborado tendrían consecuencias funestas. Lo particular de este método consistía en el uso de una especie de cuestionario basado únicamente en las observaciones del médico sobre el paciente. Kraepelin desarrolló ese método durante su estancia en Estonia, donde se veía confrontado por pacientes cuyo idioma no entendía, por lo cual descartó por completo la comunicación directa entre médico y paciente, convirtiendo a éste en objeto de sus observaciones. De regreso en Alemania siguió usando este cuestionario que ofrecía muchas ventajas por su gran objetividad y racionalidad, ya que hacía innecesarias las conversaciones con los enfermos.[9]

Uno de los discípulos de Kraepelin fue el psiquiatra Ernst Rüdin, quien durante el Tercer Reich se convirtió en el psiquiatra más influyente de toda Alemania.[10] El también cuñado de Alfred Ploetz publicó, en 1916, sus estudios sobre la transmisión genética de la *dementia praecox* donde pretendía hacer pronósticos sobre la utilidad de los enfermos o la necesidad de aniquilarlos; sin embargo, nunca pudo comprobar que las enfermedades mentales son hereditarias «de alguna manera». Posteriormente, Rüdin asumió el liderazgo en la hasta entonces moderada Sociedad alemana de higiene racial.

La Primera Guerra Mundial y la República de Weimar

Hasta entonces, el debate en torno a la higiene racial había sido enteramente teórico y sin repercusiones políticas concretas. Esto cambió con la cesura que significó la Primera Guerra Mundial, sin la cual no puede entenderse el rumbo que tomó la eugenesia en Alemania. Para muchos promotores de la higiene racial, esta guerra significó una gran oportunidad pues, desde el punto de vista de la *selección natural,* se esperaba que los acontecimientos bélicos concluyeran en la selección de los más fuertes, pero al mismo tiempo se esperaban graves pérdidas entre los mismos y su *pool* genético. La consecuencia directa sería la sobrevivencia de los *inferiores*, los que regresaban debido a sus lesiones y que ya no estaban en condiciones de luchar o trabajar, requiriendo así de la asistencia pública.

Con la guerra también creció el interés por la política demográfica entonces estrechamente ligada a la eugenesia, la cual empezó a repercutir sobre las instituciones del Estado. En público se discutían asuntos relacionados con la salud social y el manejo de enfermedades incurables. Este debate se desarrolló en muchos países en el contexto de la crisis económica mundial y de los crecientes gastos en el rubro de salud. En la vanguardia de la política que simpatizaba con la eugenesia se encontraba el estado de Prusia, cuyo secretario del Interior, el socialdemócrata Wolfgang Heine, seguidor de las ideas eugenésicas, elevó la discusión acerca de extender certificados oficiales de salud como requisito para contraer matrimonio al nivel de la Oficina de salud, preparando de esta manera el camino para la toma de medidas políticas eugenésicas en el Ministerio del Interior.

En 1920, el parlamento alemán dispuso el envío de una rotativa eugenésica a todos los registros civiles advirtiendo sobre la descendencia con defectos hereditarios, aunque se rechazó la opción de prohibir el matrimonio a los considerados *inferiores*. Socialmente, la aceptación política de la higiene racial fue muy limitada en Alemania. Aunque los diferentes partidos, en particular el Partido Socialdemócrata, siempre retomaron el debate acerca de posibles leyes para la esterilización, éstas nunca fueron promulgadas, ni siquiera para la esterilización voluntaria.[11]

Fue Hans F. K. Günther, eminente teórico de la eugenesia desde los tiempos de la república de Weimar, quien creó los fundamentos científicos que iban a justificar la política de higiene racial nacionalsocialista y quien abogaba por la esterilización forzada de personas con factores genéticos inferiores, por los abortos forzados y por la deportación de mulatos, ya que significaban un peligro para la raza aria. Después de la guerra, las tipologías raciales por él establecidas eran todavía muy valoradas en Estados Unidos, de manera que en 1953 la American Society of Human Genetics lo incluyó entre sus asociados.

Las políticas de higiene racial nacionalsocialistas

Durante el régimen nacionalsocialista, la eugenesia fue aplicada en su vertiente positiva para *mejorar la raza*, a través de políticas públicas que pretendían incrementar la tasa de natalidad en las familias arias; y mediante la eugenesia negativa destinada a impedir la vida considerada no digna de ser vivida, seleccionarla y en una segunda fase aniquilarla. El pueblo alemán debía obtener la autarquía en todos los ámbitos, en lo político, lo cual implicaba acabar con el caótico[12] sistema de partidos que debilitaba el país, recuperar sus territorios perdidos en la primera guerra y fortalecer la economía nacional. Estas medidas tenían su análogo biológico. La nación no podía sanar mientras su cuerpo se estaba debilitando a causa de la infiltración de elementos extraños, débiles, desviados e inferiores. El conjunto de las medidas tomadas por Hitler después de la toma de poder el 30 de enero de 1933 iba dirigido en este sentido.

Apenas llegó al poder, empezó a reestructurar todas las instituciones del Estado y a someterlas al control absoluto de su partido (Gleichschaltung), con el fin de emprender la realización de sus planes para cohesionar la sociedad alemana, tanto ideológica como biológicamente. El 27 de febrero fue incendiado el parlamento, lo cual dio inicio a una oleada de arrestos de políticos, activistas e intelectuales de izquierda. El 28 de febrero se anularon los derechos constitucionales de la libertad personal, de prensa, asociación y de reunión así como el secreto postal y telefónico. El 24 de marzo fue promulgada la Ermächtigungsgesetz, la ley anticonstitucional que empoderaba a Hitler al reunir, en su persona, los poderes legislativos y ejecutivos. El 7 de abril entró en vigor la ley para la reinstalación de los servidores públicos arios que tuvo como consecuencia el despido de todos los profesores y médicos judíos que trabajaron en hospitales del Estado, y aprovechando la coyuntura, también de los socialistas y socialdemócratas. El 20 de marzo de 1933 escribió la esposa del psiquiatra Rüdin a la esposa del promotor de la higiene racial Alfred Ploetz: «Como te imaginarás, Erni y yo estamos muy contentos con el gobierno nacional [...] En Berlín están limpiando los hospitales, tenían hasta un 100 % de médicos judíos [...] Esperamos que el nuevo gobierno esté convencido de la necesidad y la razón de ser de la higiene racial!».[13] El personal considerado como *políticamente no confiable* fue despedido o jubilado y en su lugar se contrató personal cuya calificación principal consistió en ser militantes del partido. Los que querían conservar sus plazas entraron al partido, si aún no eran miembros. Klee constata que ningún otro grupo de profesionistas apoyó tanto al régimen como los médicos, (45 % de los médicos registrados eran militantes, en algunos estados las cifras se elevaron hasta 64 y 78 %), a diferencia de los maestros, entre los cuales sólo el 25 % militaban en el partido.[14]

Esta enorme base de apoyo en la medicina, de la cual el estado se había asegurado mediante la reorientación de la formación, explica en buena parte la gran disposición que había para ejecutar las leyes así como las órdenes de disposición en torno a los enfermos que primero eran esterilizados y posteriormente eliminados. Ernst Rüdin, el discípulo de Kraepelin, quien llegó a ser el psiquiatra más influyente del país, decía que gracias a Hitler se realizaba el sueño abrigado durante más de treinta años de poner en práctica la higiene racial.[15]

Pronto se promulgó una serie de leyes que aseguraron el marco legal de las medidas que serían tomadas: La ley eugenésica para la esterilización forzosa llamada *Ley para la prevención de la descendencia con enfermedades hereditarias* fue promulgada el 14 de julio de 1933 y entró en vigor oficialmente el 1 de enero del año siguiente. Las esterilizaciones se realizaron en una amplia gama de casos donde se suponía una causalidad genética: esquizofrenia, maniaco-depresivos, epilepsia, corea de Huntington, ceguera y sordera hereditarias, deformaciones físicas, alcoholismo grave.[16] La edad mínima para la esterilización era 14 años.

Esta ley obtuvo su legitimidad por la exigencia del Führer manifiesta en *Mi lucha:* «El que no esté sano física o mentalmente, no puede eternizar su padecimiento en el cuerpo de sus hijos. El deber del Estado es vigilar que únicamente pueda reproducirse el que esté sano».[17]

Mediante esta ley, se esterilizaron durante 6 años, hasta que iniciara la guerra, a 300 mil personas, y hasta el final de la misma a otros 60 mil –lo cual supera, por mucho, las cantidades en otros países (compare, por ejemplo, Estados Unidos, quien, entre 1907 y 1939 esterilizó a unas 31 mil personas).[18]

El aparato propagandístico

Con la promulgación de las leyes de Nuremberg en 1933, leyes que incluían las primeras medidas de higiene racial para la prevención de la descendencia con trabas hereditarias inició una discusión pública sobre la política racial: en las escuelas y en muchas carreras universitarias, pero en particular en la de medicina, la materia de higiene racial era obligatoria pero, sobre todo, era el tema más relevante en los exámenes profesionales; por otro lado, se crearon diversas revistas para difundir el tema de la higiene racial, y éste también se utilizó como argumento para el cine, el medio de propaganda destacado del el aparato nazi. Se presentaron películas educativas como *Los pecados contra la sangre y la raza,* las cuales mostraban imágenes sensacionalistas de *idiotas* con malformaciones incapaces de ayudarse a sí mismos. No hay que subestimar el efecto que pudieron tener estas imágenes y el bombardeo constante con supuesta información acerca del peligro que partía de los minusválidos para el cuerpo sano del pueblo sobre el hombre común –se hablaba incluso de la amenaza de muerte del pueblo. Así se difundió que según los cálculos médicos de Friedrich Prinzing, miembro de la Sociedad Alemana de Higiene Racial, el 10% de la población no era sujeto pleno en cuanto a su salud, ya que presentaba alguna traba que podía significar una deficiencia de la vista. Ante la magnitud de la amenaza *científicamente demostrada* cabía considerar que la renuncia de un reducido grupo al derecho de la reproducción sucedía para el bien de la sociedad en su conjunto.[19]

Además, el aparato del Estado no descuidó el proceso de legitimación mediante comparaciones con el extranjero. En la prensa constantemente se filtraban artículos que informaban sobre tendencias y medidas eugenésicas tomadas en otros países, las cuales tampoco faltaban.

Otro medio de difusión importante era la radio. En un programa radiofónico, el doctor Arthur Gütt, Secretario del Departamento para la Salud del Pueblo que pertenecía al Ministerio del Interior, explicó las razones por las cuales se requería la intervención del Estado en este asunto. Si éste actuaba era por amor al prójimo, por el bien de la progenie, pues, de lo contrario, en tres generaciones sólo quedarían seres inferiores; por el otro lado, adujo el aspecto económico, ya que para los débiles y enfermos mentales, así como los asociales, el Estado erogaba millones que podían ser mejor utilizados con los sanos.[20]

El aparato al servicio de la higiene racial

Con el objetivo de tener un registro nacional de la población que presentaba alguna tara hereditaria, el personal del sector salud estatal –todos aprobados por el partido, incluyendo a médicos, enfermeras, parteras, fisioterapeutas y hasta masajistas– debió presentar la denuncia correspondiente ante la corte de salud genética distrital. Los psiquiatras del Estado aspiraron a tener un expediente genético de cada ciudadano. Se creó una nueva rama de la justicia, la justicia hereditaria con 205 cortes en todo el país, donde los jueces y médicos peritos decidían en ausencia del acusado sobre su destino. A continuación se realizaron dictámenes por médicos enteramente confiables que sólo se basaban en los expedientes médicos previos –y dicho sea de paso, cobraron muy buenas tarifas.[21] La sentencia era ejecutada por médicos que eran militantes probados. El procedimiento consistía en la vasectomía para los hombres, y en el corte de las trompas en el caso de las mujeres, muchas de las cuales murieron como consecuencia.

Esta primera ley pronto fue seguida por otras como la *Ley para la protección de la salud genética del pueblo alemán* del 18 de octubre, que prohibía el matrimonio en caso de enfermedades contagiosas, hereditarias o trastornos mentales. Esta ley obligaba a todas las personas con intenciones de formar una familia a presentarse con un médico del Estado que les debía extender un certificado acerca de su aptitud para el matrimonio. El 15 de septiembre de 1935, la *Ley para la protección de la sangre y del honor alemán* completó el canon de las leyes discriminatorias y prohibía no sólo el matrimonio mixto con judíos, sino también el sostener relaciones sexuales con ellos.[22]

Reacciones en las dos iglesias

Tanto en la iglesia protestante como en la católica, las denuncias o siquiera oposiciones a las medidas de la higiene racial eran más bien la excepción. Básicamente, los jerarcas de ambas iglesias no eran ajenos a la eugenesia y al clima paranoico generalizado que presentía una amenaza para el Volkskörper. Compartían estos temores hasta el grado de aprobar la exclusión de las personas con taras congénitas o hereditarias de la procreación. No obstante, había divergencias con respecto al *modus operandi* adecuado.

En cuanto a la iglesia protestante, es notable su actitud no sólo condescendiente, sino colaboradora con el régimen. Uno de los protagonistas en la discusión sobre las personas consideradas inferiores fue el obispo Fritz von Bodelschwingh, quien conducía al mismo tiempo una de las instituciones más famosas de atención a personas discapacitadas, la Institución Bethel. Bodelschwingh, quien ha sido una figura muy controversial y cercana al tema de la higiene, prestó, siendo obispo, un juramento sobre el Führer, y se pronunció de la siguiente manera en torno a las esterilizaciones forzadas: «Quiero verlo como una obligación conforme a la voluntad de Jesús. Yo tendría el valor de realizar la eliminación de otros cuerpos, si yo fuera el responsable de ellos, siempre y cuando estén dadas todas las condiciones y que haya límites».[23]

En Bethel se esterilizaron aproximadamente a mil 700 de los 3 mil internos. En palabras de Volkmar Herntrich, docente en Bethel: «Hay que alabar aquellos que están tomando medidas eficaces contra tanta miseria a través de las leyes sobre la herencia genética. Tenemos que alabar aquellos que nos han enseñado una manera nueva de mantener el cuerpo puro».[24]

En la conferencia del obispado católico en donde se discutieron las esterilizaciones no existió unanimidad, tampoco en los dictámenes de los teólogos morales consultados. Al igual que los representantes de la iglesia protestante, no se dudaba de la cualidad humana negativa de las personas con alguna discapacidad, sino en la forma de proceder sobre el peligro que partía de ellos. Así le aseguró el cardenal Faulhaber a Hitler en una conversación en 1936: «De parte de la iglesia, Herr Reichskanzler, no se le niega al Estado el que aleje mediante las leyes que protegen la moral y en legítima defensa a estos parásitos del colectivo del pueblo. En ese principio estamos de acuerdo. Sin embargo, disentimos en la cuestión de *cómo* el Estado puede defenderse contra la corrupción de la raza».[25] El asunto que en primer lugar les preocupó fue que las leyes de esterilización entraran en contradicción con la encíclica Casti Connubii[26] promulgada en 1930 por el papa Pio XI, en la cual la santa sede aclaró su posición acerca de las condiciones del matrimonio, sus funciones y limitaciones. Esta encíclica también contiene un párrafo sobre la eugenesia como reacción a su trascendencia internacional.

La encíclica declara, en torno al aborto y otras intervenciones en contra de la vida, que ni el individuo ni el Estado tienen el derecho de impedir la procreación, sea por razones eugenésicas, o sea en parejas donde cabe esperar una progenie inferior a causa de la herencia genética, o por cualquier otro tipo de razones.

Pero, a pesar de su pronunciamiento a favor de la vida, el máximo representante de la iglesia confirmó el planteamiento central de la eugenesia: que las personas con alguna *anormalidad* no tenían el mismo valor que las consideradas normales. La discapacidad equivalía a inferioridad.

Sin embargo, la parte de la encíclica que preocupó a ciertos jerarcas católicos alemanes no era ésa, sino la parte en donde se refería a la función del matrimonio que el sumo pontífice recordó a sus fieles: los enlaces nupciales están sujetos únicamente al deseo de la procreación, no de la concupiscencia. Como en la lógica de la iglesia católica una persona esterilizada ya no puede procrear (para la iglesia, la esterilización es equivalente a la impotencia), tampoco debe concedérsele el derecho de casarse. Con este planteamiento se iba más lejos que las leyes oficiales, de manera que incluso un jefe de la Gestapo le recomendó al arzobispo Gröber no publicar una carta pastoral con tal contenido para no inquietar a la población católica.[27]

Otro punto a negociar con el gobierno era el grado de cooperación del personal católico (monjas, enfermeras, etc.) en los hospitales, así como de los médicos y jueces católicos en las denuncias obligatorias de personas con alguna discapacidad y en las esterilizaciones. Las soluciones encontradas en muchos casos consistían, por ejemplo, en que la monja respectiva podía asistir en los preparativos para la operación, abandonar el quirófano durante la misma y volver a entrar para el tratamiento posoperatorio.[28] En la conferencia de obispos de Colonia se decidió, en 1934, que la denuncia de una enfermedad hereditaria le era permitida a un católico, puesto que esto no constituía cooperación directa. Cabe preguntarse, a partir de qué momento se consideraba que había una cooperación directa, pues al parecer bastaba con cerrar los ojos para no estar implicado. De cualquier manera, la cooperación se permitía en los casos donde la negativa de un católico pondría en peligro su permanencia en el puesto público que ocupaba.[29]

Para el teólogo moral Franz Keller: «El objetivo de la ley no es la esterilización de un individuo, sino la prevención de una progenie con enfermedades hereditarias, lo cual es en sí un buen objetivo. [...] El estado cuya vocación es ser guardián de un *pool* genético saludable, de las raíces sanas de un pueblo, por ende debe emprender todo para prevenir este peligro».[30]

Camino hacia la eutanasia

A diferencia de la eugenesia, la discusión en torno a la eutanasia o higiene social no fue llevada hasta el ámbito de la sociedad, sino se mantuvo limitada a un círculo de expertos en la materia. Son dos las consideraciones que prevalecieron en ese debate: en primer lugar el argumento humanitario, la compasión con el sufrimiento de los enfermos que supuestamente estaban hartos y cansados de su propia vida. Liberarlos de su sufrimiento sería un acto piadoso tanto para ellos como para la sociedad que debía cargar con ellos. Como se ve, el segundo argumento, el económico, iba perfectamente de la mano con el humanitario.

La obra clave en este sentido fue *La legitimación de la destrucción de la vida no valiosa*[31], publicada dos años después de concluir la Primera Guerra Mundial. Sus autores, Karl Binding, profesor de derecho y presidente del tribunal de justicia del Reich, así como el médico Alfred Hoche, acuñaron la expresión *vida no valiosa de ser vivida* (*lebensunwertes Leben*) que pronto será uno de los argumentos más esgrimidos en el debate en torno al destino de los enfermos mentales y discapacitados. Binding era un representante del positivismo jurídico que veía en el Estado un conjunto orgánico cuya voluntad está por encima de cualquier deseo o interés particular. El núcleo de sus hipótesis formaba la pregunta, si había vidas que habían perdido todo valor jurídico y cuya existencia por ende no tenía valor ni para ellos ni para la sociedad. No obstante, hay que destacar que la mayoría de los médicos contemporáneos se opuso al postulado de Binding y Hoche de *liberar la vida no valiosa*, ya que existía el temor fundado de que el Estado podía determinar la eliminación de cualquier persona catalogada como *inútil*, sirviéndose para ello de la medicina.

Vale la pena reproducir un párrafo clave que ilustra la lógica con la cual se pretendía legitimar la muerte *piadosa*: «No tienen la voluntad de vivir ni tampoco de morir. Por un lado no hay de parte de ellos un consentimiento significativo para su exterminio, pero por el otro lado tampoco existe una voluntad de vivir que habría que quebrantar. Su vida no tiene sentido, aunque para ellos no resulte insoportable. Su muerte no deja ningún hueco –exceptuando tal vez a la madre o la cuidadora fiel».[32] En una nota al pie de página, Binding en torno a los niños nacidos con alguna discapacidad declaró: «Únicamente quiero plantear la pregunta, si no hay también criaturas nacidas con alguna deformidad a las cuales se les podría hacer el mismo favor desde muy temprana edad. Desde hace años observo con horror la indignante falta de sensibilidad frente a estos pobres que se convierten en curiosidades y que muchas veces son objetos de miradas impertinentes o incluso de burlas. Lo que espera a estos pobres es una vida llena de persecución y de acoso».[33]

Finalmente, Binding enlaza el aspecto compasivo con el utilitario al lamentarse de la enorme disparidad en cuanto a trabajo, cuidados y costos que se desperdician para mantener vidas no valiosas hasta que la naturaleza determine su fin, muchas veces despiadadamente tarde. En cambio, la sociedad sacrifica las vidas más caras de jóvenes soldados y trabajadores que mueren en el cumplimiento de su deber.[34] Para evitar que las instituciones que acogían enfermos y minusválidos siguieran *robando* los recursos de los genéticamente sanos para sus instalaciones, se realizó una *reforma* que integraba estos centros con el conjunto de las necesidades laborales y económicas de la nación. Carl Schneider, uno de los psiquiatras clave en la investigación y experimentación con enfermos mentales, defendía la así llamada *terapia de trabajo*, que en realidad significaba la explotación laboral de los enfermos en condiciones de trabajar (como esclavos) y la eliminación de los considerados improductivos.

Con respecto a la tan esgrimida misericordia para con los enfermos, Alice Platen señala con razón que estaba destinada más que nada a los familiares de los mismos y a la humanidad que era capaz de generar tales degeneraciones. En este sentido, el horror que provoca el aspecto de un enfermo mental o de un discapacitado no es otro sino el horror que nos causa la destrucción de nuestras investiduras narcisistas e omnipotentes de perfección e indestructibilidad. De joven, al regresar de la Primera Guerra Mundial, Hitler había experimentado en carne propia lo que significaba pertenecer al segmento social de los *inferiores* cuando se veía obligado a buscar refugio en los asilos nocturnos de Viena junto con indigentes y lisiados de guerra. Platen presume que en ese periodo podía haberse arraigado en el joven Hitler el odio contra todo lo *degenerado* de lo cual él había formado parte.[35]

En su obra propagandística *Mi lucha*, de 1924, Hitler no sólo trazó un programa de partido para la NSDAP, sino que esbozó una nueva cosmovisión basada en el mito de una raza pura y, por lo tanto superior, personificada por el héroe Parsifal, guardián de la sangre, quien –en la interpretación de Hitler– debía reemplazar al rey Amfortas, enfermo por la contaminación de su sangre. En el capítulo 11, «Pueblo y raza» escribió: «Todas las grandes culturas del pasado perecieron, debido a que la raza original y creativa murió por la contaminación de su sangre... La conservación está determinada por la ley de hierro de la necesidad y el derecho de vencer del mejor y más fuerte. Así que, el que quiera vivir, que luche; y el que no quiera luchar en este mundo del forcejeo eterno, no merece la vida».

En otro lugar, Hitler dice: «Nosotros sufrimos la enfermedad de la sangre mezclada y corrompida. ¿Cómo podemos purificarnos y expiar? Dense cuenta de que la compasión que sentimos está dirigida a una parte corrompida y ambigua en nuestro interior. Y esa misericordia conoce una sola acción, dejar morir al enfermo... No son los pueblos históricos conocidos los referentes para un orden en el futuro, sino la noción de la raza que lo abarca todo... Nuestra revolución es el paso definitivo para superar el historicismo y para el reconocimiento de los puros valores biológicos».

Hitler había sentido un profundo rechazo para las ciencias de las humanidades debido a su propio fracaso como estudiante de arte; la noción de lo biológico adquirió para él tintes casi religiosos. Platen habla incluso de una *cosmovisión biológica.* Lo biológico le ofreció un marco de referencias más tangible del cual se derivaron las demás aptitudes y valores de un pueblo, incluyendo su misión en la historia. Hitler nuevamente: «El que entienda al nacionalsocialismo únicamente como un movimiento político, no sabe nada acerca de él. Es más que religión, es la voluntad de crear un nuevo hombre... La política sin un fundamento biológico y sin objetivos biológicos es completamente ciega». Al anudar la ideología del movimiento nacionalsocialista con el organicismo del siglo precedente, la lucha por la existencia para él representaba el fundamento de un orden natural y de una ley de la naturaleza a la cual el hombre no podía escapar. Todo lo contrario, esta lucha era glorificada y se convirtió en un fin en sí. Los intentos de negar este supuesto orden natural eran considerados como quimeras sentimentales de una *Weltanschauung* humanitaria anticuada.[36]

Según algunos testimonios citados por Platen, probablemente Hitler planeaba eliminar a los enfermos mentales y discapacitados desde que llegó al poder en 1933, lo cual era la consecuencia lógica de la cosmovisión biológica-racial que compartía con sus allegados. Sin embargo, por cuestiones tácticas prefirió esperar hasta el inicio de la guerra, calculando que así evitaría una mayor resistencia de la población y las iglesias. Finalmente, la acción T4 inició poco después del asalto a Polonia, en octubre de 1939, pero el decreto secreto de Hitler data del 1 de septiembre de ese año, probablemente para señalar que la guerra era total: hacia adentro y hacia afuera. Es de suponerse que simbólicamente quería expresar el inicio de un nuevo orden, tanto en el interior como en el exterior.

Hitler deseaba mantener en secreto el *Führererlass,* el decreto de la eutanasia,[37] ante todo para que el asunto no trascendiera en el extranjero. Nunca hubo una legislación correspondiente, sino, como era común, la voluntad del líder convertida en acción del Estado.

Platen supone que había otra consideración que pudo motivar a Hitler para proceder con la acción T4, basada en los planteamientos que el profesor Alfred Ploetz hizo en una conferencia sobre *Higiene racial y guerra* en un congreso internacional sobre la higiene racial y la guerra en Berlín en 1935. Ahí, Ploetz advirtió ante el efecto contraselectivo de la guerra, en la cual se eliminaba a los más valientes, mientras los débiles y lisiados sobrevivían puesto que no seguían luchando. Concluyó diciendo: «Desde el punto de vista de la higiene racial, deberíamos contrarrestar el efecto contraselectivo de la guerra mediante el incremento de la cuota de exterminio». Probablemente, Hitler sacó la conclusión que en caso de guerra había que aplicar métodos más radicales para evitar un deterioro de la raza.[38]

En cuanto a la identificación de los enfermos, los lineamientos eran tan amplios como imprecisos. En su decreto, Hitler sólo hablaba de enfermos incurables a los cuales se les podía conceder la muerte de gracia, lo cual daba lugar a todo tipo de interpretaciones. La comisión del Reich para la salud del pueblo, que se dedicaba al fomento de la ciencia y a la difusión propagandística, coordinaba la instrucción de las oficinas de salud a nivel de los estados y realizaba cursos de capacitación para los médicos que trabajaban en el sistema de salud. Según la definición de persona minusválida, no se distinguía entre débiles mentales, enfermos mentales, lisiados, indigentes, psicópatas, asociales, inadaptados y enfermos;[39] lo cual permitía que se aplicara arbitrariamente. Uno de los planteamientos psiquiátricos más cuestionados era el de la heredabilidad de las psicopatías que defendía el profesor Kranz, director del Instituto para la Higiene Genética y Racial de la Universidad de Giessen y de la oficina de política racial del NSDAP. Él acuñó el término *clanes asociales*, que en realidad describe a un determinado segmento social antes que un cuadro nosológico y postulaba la eliminación física de estos *asociales* en los siguientes términos: «Al individuo lo juzgaremos de acuerdo a la forma en que se presenta frente al colectivo, si se integra y qué logros es capaz de realizar para éste. En principio, sabemos que no sólo los criminales constituyen un peligro económico y biológico para el pueblo, sino que existe una cantidad mucho mayor de personas que, aunque no lleguen a delinquir, hay que considerar como parásitos de la totalidad social, escoria de la sociedad humana: el ejército de los inadaptados al colectivo que probablemente llegue al millón, cuyos genes pueden ser eliminados del proceso procreativo únicamente por la vía del exterminio».[40] Otros científicos, atrapados como Kranz en la trampa del biologismo, llegaron a integrar a la lista de las debilidades a erradicar defectos como debilidad visual y otras malformaciones menores, por lo cual una tercera parte de los alemanes podía ser catalogada como *inferior*. Hasta este grado llegó, en los ámbitos científicos, la amenaza de degeneración e incluso extinción, un desarrollo catastrófico ante el aumento de la cifra de débiles de mente y cuerpo. En este contexto muchos se convencieron de la idea de que había que tomar medidas drásticas.

El tratamiento *de los niños enfermos*

Durante la guerra, se detuvieron los tribunales especiales que trataban los casos de adultos con trabas hereditarias que anteriormente se resolvían mediante la esterilización. En su lugar se puso en marcha el aparato de exterminio, tanto para adultos como para niños; éstos, desde su nacimiento, tenían que ser reportados a las oficinas de salud que canalizaban los expedientes directamente a la comisión especial de la cancillería de Hitler. Ésta consultaba a tres dictaminadores que según el caso anotaban en sus cuestionarios un «+» que significaba el *tratamiento*, o sea, la sentencia de muerte; un «–» cuando se consideraba que el niño tenía potencial de desarrollo; y un «?» cuando su diagnóstico estaba indeciso. Un cuarto dictaminador pronunciaba el fallo decisivo.[41] Se trataba de una maquinaria burocrática perfectamente articulada, donde cada instancia se apoyaba en la superior, de la cual sólo recibía órdenes. En el caso de los niños, el procedimiento era ordenado y *científico*, ya que se basaba en una herramienta objetivamente elaborada: los famosos cuestionarios psiquiátricos. Con la justificación de la utilidad social, también se mató a muchos jóvenes que eran socialmente no adaptados: es decir, que no se querían someter a las instituciones estatales.[42]

Además, la eliminación de un niño malformado causaba mucho menos culpa en el personal médico, en la opinión pública y en la misma familia, que la eliminación de una persona adulta que en algún momento fue sana y que ya había establecido lazos con su entorno.[43]

Los centros de exterminio eran los centros psiquiátricos juveniles que se abrieron en muchos hospitales y adonde se enviaba a los niños enfermos. Para eso, primero se convencía a los padres que en estos centros había tratamientos novedosos para la cura de los infantes, aunque existían algunos riesgos. Si los padres no querían entregar a sus hijos eran presionados, por ejemplo, con la cancelación de algún apoyo o asistencia que recibían. El *tratamiento* de los niños con un diagnóstico desfavorable era definido por el criterio del médico. Generalmente se les administraba luminal, una droga que provocaba problemas de circulación y pulmonares. Sin embargo, no se les inyectaba una dosis letal, sino varias para invitar a los padres antes del deceso a visitar a su hijo y a constatar que se encontraba *enfermo*. Una vez muerto, el diagnóstico oficial solía decir: «Murió a causa de una neumonía». Los cuerpos nunca eran entregados a los familiares. En muchos centros psiquiátricos, los niños morían también debido al descuido, al maltrato y al hambre. Cuando se enviaban grupos de niños apretujados en un compartimiento del tren sin personal de asistencia médica ni comida, muchos de ellos llegaban muertos a los centros hospitalarios.[44]

En el caso de los adultos, se usaban otros métodos de asesinato. Se hicieron experimentos con diferentes tipos de gas que se inyectaba en sótanos o *bunkers*, donde se encerraba a los condenados. Posteriormente se adaptó un camión que tenía una cámara hermética y tanques de gas y en el cual cupieron hasta 77 personas –el precursor de las cámaras de gas que después operarían en los campos de concentración. Muy diferente era el proceder en los hospitales psiquiátricos y centros para personas discapacitadas en los países ocupados como Polonia. Ahí los enfermos e incluso internos de los asilos para ancianos simplemente eran fusilados y enterrados en fosas comunes escondidas en los bosques. De esta manera se hacía lugar para unidades del ejército invasor o para agrupaciones de las SS y otras organizaciones nazis, contabilizando 93 mil 521 camas hasta finales de 1941.[45]

El personal tratante guardaba silencio absoluto sobre estos sucesos, probablemente no por obligación, sino por temor. Por el otro lado recibían bonificaciones especiales para obtener su colaboración.[46] Sin embargo, con todas estas medidas de control, la gente empezaba a sospechar acerca de lo que ocurría cuando aumentaban las desapariciones de niños que ingresaron completamente sanos a los psiquiátricos. Y en los centros donde se recurría a la cremación de los cuerpos, las humaredas que no se podían esconder pronto alertaron a la población. Tanto se sabía de la matanza en esos centros que los niños en los alrededores jugaban al *ataúd* y se amenazaban mutuamente con ser ingresados al hospital y no regresar.

Cuando en 1941 se supo públicamente de enfrentamientos que se dieron entre padres de familia y el personal que recogía a los niños en los temibles camiones, algunos obispos católicos rompieron el silencio y empezaron a denunciar los sucesos durante las homilías. Las quejas de los representantes de la iglesia protestante eran más puntuales, limitadas a evitar que se deportaran los internos de sus centros de asistencia.

En esta situación y para evitar que decayera su imagen, Hitler dio por terminada la acción T4 de la misma forma informal que como había iniciado. Empero, se sabe que en muchas instituciones y con la connivencia de la cancillería T4 continuaba. Ya no se usaba el luminal para ir matando a los niños, sino se recurría a métodos más silvestres, básicamente el abandono y la inanición. Según las estadísticas oficiales de los centros de exterminio, ahí murieron unas 70 mil personas –cifra de la que también parte Platen y que representaba entonces el 0.1% de la población alemana. Pero hoy en día se habla de alrededor de 300 mil tomando en cuenta a los exterminados en los países ocupados. Con la lectura pública de sus nombres en Berlín salieron por fin del anonimato.

Conclusiones

Si tratamos de resumir los factores sociales y tendencias que confluyeron para hacer posible los hechos que acabamos de describir, nos encontramos con corrientes y formas de actuar del Estado y de sus instituciones que en lugar de desaparecer se han ido estableciendo, especialmente en lo que atañe al sector salud.

Revisemos, por ejemplo, los planteamientos del jurista Binding, quien se hizo vocero de un amplio debate cuyo núcleo yacía en los problemas sociales presentes en los Estados nacionales con un incremento radical en su urbanización e industrialización. Este proceso conllevó fenómenos sociales nuevos como la falta de viviendas para los trabajadores, el hacinamiento, la propagación de enfermedades infecciosas, la desnutrición, falta de servicios y de higiene, insalubridad, criminalidad, alcoholismo, prostitución. Lo que preocupaba, sobre todo a los eugenésicos y las autoridades, era la existencia de lo que Marx llamaba *Lumpenproletariat*: grupos tildados como *asociales*, incapacitados para el trabajo y que vivían de la caridad, de la asistencia pública o de las iglesias. Entre ellos hay que destacar la presencia masiva de lisiados, discapacitados y traumatizados que produjo la Primera Guerra Mundial y que no se podían reincorporar laboralmente. Ante estas problemáticas sociales abrumadoras, los científicos y reformadores propusieron únicamente soluciones biológicas, ya que no había suficientes instituciones para hacerse cargo de este segmento de la población. Además, existía en Alemania, desde los tiempos de la legislación social de Bismarck (1883), un control casi total del Estado sobre el sector salud, puesto que formaba al personal médico, regulaba las instituciones de asistencia y decidía quienes tenían derecho a esta atención y quienes no. En consecuencia, durante el fascismo, los médicos estatales implementaron en la práctica la política de la salud oficial y, como dictaminadores, fungían al mismo tiempo como juez y parte.

Desde finales del siglo XIX reinaba en las ciencias, especialmente en la medicina, y en la sociedad el biologismo que recubría el nacionalismo político imponiéndole nuevos ideales así como una cosmovisión racial. En adelante, la ciencia se evaluaba según su utilidad o perjuicio para la sociedad.[47] Este biologismo tendría consecuencias fatales para la medicina que era transformada en una ciencia exacta, la cual redujo todas las enfermedades psíquicas y mentales a determinismos biológicos. Así la medicina entró en un círculo vicioso, resultado de su concepción reduccionista del hombre y de la naturaleza, concepción supuestamente regida por leyes naturales: no podía curar los males que declaraba congénitos y hereditarios, por lo cual decidió eliminarlos. Además, para la doctrina de la higiene racial no contaba el sujeto, sino únicamente el pueblo. Los factores hereditarios del hombre eran determinantes para su valor y su destino, y si eran considerados indeseables o amenazantes, se justificaba su sacrificio para salvar al colectivo. Paradójicamente, este pensamiento atrajo a muchos idealistas dispuestos a someter su propio bien y sus deseos a la fe en la nueva sociedad, especialmente a los jóvenes y entusiastas médicos que se habían formado en el pensamiento biológico. Un representante de este tipo de médico, Karl Brandt, médico de las SS, cirujano personal de Hitler y comisario general del sistema de salud, declaró ante la corte militar norteamericana de Nuremberg: «Al observar mis actos como médico desde una perspectiva aislada, individual, parecen no tener sentido. Este sentido yace en lo profundo, ya que su *Leitmotiv* es el colectivo. Si soy culpable por este colectivo, entonces asumiré la responsabilidad también por este colectivo». Brandt fue ejecutado el 2 de junio de 1948.

Veamos por último las transformaciones en la psiquiatría que repercutieron en el tratamiento y exterminio de los considerados enfermos. Si la eutanasia era posible, se debía sobre todo a la devaluación del paciente que hacía el médico en base a ideas preconcebidas que desplazaron el encuentro entre médico y paciente en el nivel de la solidaridad y empatía humana. El diagnóstico no se establecía mediante la comunicación, sino de manera autoritaria, haciendo valer la ciencia, la verdad y las necesidades del colectivo, determinadas por factores coyunturales.[48] Y los autoproclamados representantes de este colectivo crearon una ficción del hombre ideal, donde la enfermedad era clasificada como algo anormal que debía erradicarse. Pero la enfermedad es parte de la vida.

Uno de los psiquiatras clave en la investigación y experimentación con enfermos mentales, Carl Schneider, quien se suicidó en la cárcel en 1946 para evadir su condena, escribió en 1939: «Todo indica que la doctrina acerca de los trastornos mentales se encuentra en un momento decisivo de su transformación como una ciencia natural exacta... Por ende, la culminación de la transformación de la psiquiatría implica una concepción biológica de los hechos psíquicos.» También sostuvo que los lineamientos dados por el Führer en *Mi lucha*, para la sanación genética del pueblo alemán, eran determinantes para la psiquiatría que encontraba realizado su deseo de higiene racial en las leyes sobre la herencia genética.

Al tratar de entender cómo eran posibles estos crímenes contra la humanidad, sus excesos, su frialdad burocrática y la poca resistencia que encontraban, se pueden ubicar en el contexto histórico alemán e internacional muchos factores que iluminan ciertos aspectos del fenómeno. La tarea de la reflexión y la comprensión resulta un fardo pesado y doloroso, no sólo para los herederos de los perpetradores, sino también para las víctimas y la humanidad entera que no cesa de repetir una y otra vez los mismos errores que derivan de la intolerancia contra el otro, el genocidio, el etnocidio, el racismo, la xenofobia, el nacionalismo, la discriminación, la segregación, el bullying, etc. Y no dejamos de *inventar* nuevas formas de infringir dolor al otro, como lo muestran los noticiarios internacionales. ¿Habrá plazas públicas suficientes para denunciar todo aquello?

Omnipresencia del nazismo

Eloísa B. Rodríguez e Iglesias

> Lo conmovedor no emerge desde el silencio del pasado. La Segunda Guerra Mundial permanece actual de múltiples maneras
>
> GERHARD SCHRERBER

Introducción

Al principio dudé mucho en acercarme con empatía al nazismo, su contexto histórico social en Alemania, Austria y a Igor Caruso –quien vivió una parte importante de su vida durante la Segunda Guerra Mundial (1939-1945), participando en la eugenesia del hospital Am Spiegelgrund, ocasionando lecturas y posturas diversas en el ámbito social de la post confrontación (guerra fría) y, actualmente, polémica al interior del Círculo Psicoanalítico Mexicano, institución a la que pertenezco. El ser uno de los fundadores de los Círculos de Psicología Profunda de Viena y una de las genealogías de la institución citada nos convoca a reflexionar sobre nuestros orígenes.

En un intento por acercarme, explicar y analizar mi posición acerca de estos procesos históricos me ha interesado su entorno social; lo que me permitirá historizar aspectos del nazismo y del post nazismo, en la cual prevaleció la pulsión de muerte, odios, rencores y, hasta la actualidad y con incapacidad para elaborarlo, silencios acumulados generacionalmente. El título de este ensayo da cuenta de la atemporalidad de la problemática a desarrollar. Estamos inmersos en el tiempo histórico de manera imperceptible, en cambio en lo inconsciente no hay fechas; nuestra historia aparece en sueños, en lapsus, en olvidos, fantasías. Cotidianamente lo construimos y de-construimos a lo largo de nuestra existencia. La historia está viva en nosotros, tanto social como individual y nos remite al antes, al ahora y después de la Segunda Guerra Mundial, hecho coyuntural que transita mostrando sus vaivenes en los contextos históricos a través del tiempo-espacio y lo atemporal inconsciente.

Como punto de partida, retomaré algunos elementos conceptuales de la corriente historiográfica francesa de los Annales, que ha intentado sustituir a la decimonónica historia política, biográfica y narrativa del positivismo, por una historia económica, social y mental, que se pretende historia total. Ésta fue propuesta por tres invetsigadores: Marc Bloch con su *Introducción a la historia*, Lucien Febvre en *Combates por la Historia,* y E. H. Carr con su texto ¿Qué es la historia? Estos investigadores fundaron la revista Annales en 1929, que fue continuada años después por Fernand Braudel, autor de *El Mediterráneo y el mundo mediterráneo en la época de Felipe II,* a partir de un enfoque estructural y economicista. La revista fue culminada, finalmente, por los historiadores de los terceros Annales Jacques Le Goff y Geoges Duby, entre otros en los años que van de 1969 a 1989, desarrollando la historia de las mentalidades –posiblemente la aportación más original de la nueva escuela francesa.

Al comprender el pasado desde el presente o viceversa, el historiador no es un anticuario y debe nutrirse de la vida que le rodea; es decir, mirar una historia viva y dialéctica. Siendo éste un compromiso social y de divulgación para hacer historia, con una conexión entra la academia y la sociedad; entre el pasado, el presente y el futuro.

Alemania fue cuna de la historiografía positivista y su derrota en la Segunda Guerra Mundial creó, en la década de los sesenta, las condiciones geopolíticas para el triunfo internacional de la versión *annaliste-marxista*, abandonando la historia fragmentada de las biografías de los grandes hombres y acontecimientos –la cual desde esta postura carece de un contexto determinado por el tiempo y el espacio.

Esta corriente historiográfica considera la historia como un proceso, como una construcción abierta, en relación con el presente, comparativa y total; es decir, como historia global, como historia mundial.

Así, la historia es el espejo del pasado en el cual el presente se observa y vive, y trata de elucidar algunos elementos del futuro. Nosotros necesitamos de ella para investigar, explicar y analizar los procesos humanos, sus coyunturas y discontinuidades, la diacronía y la sincronía en la búsqueda de la reconstrucción del pasado y la permanente e inacabada construcción del presente. No se trata de la historia *tal cual fue*. Por el contrario, la historia, al menos en algún sentido, es *historia contemporánea*, es decir, está condicionada más no determinada por problemas, intereses y percepciones coetáneas con el historiador. Por lo tanto, no es *la* historia sino que existen diversas *historias*; las cuales son, al menos en algún sentido, *verdaderas* para el grupo desde el cual son producidas.

Principios nacionalsocialistas

El éxito en política provenía –escribe Adolf Hitler en *Mi lucha*, libro que contiene su autobiografía y doctrina en veinticinco puntos– de «sembrar el terror, ser brutal e intolerante; la masa es semejante a una mujer, que tiene horror a los débiles, a los tibios; se somete al hombre fuerte, entero, fanático, que infunde miedo y». Durante su primera infancia, a diario, él recibió ese mal trato de su padre; sin embargo, ya siendo el Führer se vanagloriaba ante sus secretarias de no emitir un solo grito durante los azotes.[1] Sabemos que esas escenas dejan una huella indeleble en el adulto, desplazando el odio hacia el padre. Joachim Fest, uno de los biógrafos de Hitler, afirma que cuando supo del origen judío de su padre, encontró una vía para ca-nalizar el odio que sentía por él, Alois Hitler: exterminar a los judíos.[2]

Antes de la persecución del pueblo judío y gitano, de la comunidad gay, de los partidarios comunistas, y de los seguidores de Karl Marx, Hitler emprendió una salvaje experimentación, tortura y asesinato de personas con discapacidad, con el pretexto de un plan de eutanasia que le permitiera concretar su delirante sueño de la pureza racial en la Alemania Nazi. Éste es, quizás, uno de los temas más delicados y dolorosos de abordar en un repaso histórico. Estas técnicas tempranas de exterminio incluyeron muerte por inanición, gases tóxicos y exposición de personas con dolencias mentales a fatales infecciones. En éstas participó Igor Caruso.

Por sufrimiento, por omisión o represión, estos acontecimientos –repetidos una y otra vez, en películas, novelas, entrevistas, grabaciones– han escapado de ser elaborados en un ejercicio profundo de análisis, de reconstrucción, que nos permita llegar a los orígenes y dar con claves para la comprensión de fenómenos como el racismo, la discriminación y la inclusión social del pasado en el presente.

El tema de las relaciones entre experiencias históricas *traumáticas* y sus vínculos con la historiografía y la política; específicamente, el *ajuste* con el pasado en Alemania y su incidencia en la generación de identidades colectivas presenta varias problemáticas, ya que el tratamiento de cualquier cuestión relativa al nacionalsocialismo en la colectividad alemana, a comienzos del nuevo milenio y, por ende, a más de dos generaciones de distancia, sigue siendo un asunto sensible. El pasado todavía no es *pasado* y aún permea el tema de la culpa que se entreteje con la preocupación de que tal experiencia histórica no pueda repetirse.

La convicción referida a la responsabilidad sobre la *guerra* y el Holocausto ha marcado la producción historiográfica alemana sobre un *pasado* inmediato casi omnipresente; el desarrollo de la ciencia política y la historia en ámbitos de convergencia entre ambas disciplinas. La enseñanza y la filosofía en el sistema educativo alemán han estado sometidas a este tipo de imperativos sociales, donde, por ejemplo, gran parte de su desarrollo –entre los años 1950 y 1960– fue construir y practicar una disciplina al servicio de la evolución democrática.

En el Estado totalitario nazi la función de control ideológico fue encomendada a la SS, cuyo símbolo es la suástica, la orden de seguridad, guardia negra y militar del Partido Nacional Socialista, creada por Adolfo Hitler. Sus integrantes eran cuidadores de *esclavos* de los campos de concentración, pero a su vez estaban siendo esclavos de sí mismos, pues satisfacían los deseos del Otro-dictador, aunque lo representan en su ausencia, infundían miedo y terror en su nombre, distribuían castigos y asumían el papel de déspotas de los oprimidos –que en éste caso son los impuros, no arios.

Los avasalladores, al encontrarse en el colectivo, se sienten libres, sin embargo están atrapados por el sistema dictatorial enajenante, no piensan, no razonan, no comprenden sus acciones.

El debate sobre el nacional socialismo de los pensadores sociales

En el verano de 1986, en la entonces dividida Alemania, hubo un debate entre el filósofo Jürgen Habermas y el historiador Ernste Nolte –quien planteaba que «diversos grupos de interés (no identificados con claridad por el autor) se empeñaban en politizar la historia alemana moderna, y en particular el período nazi, con el propósito de satanizarle. De esta manera, se impedía un enfoque, es decir, con un criterio equilibrado y no-contaminado del Tercer Reich, para examinarlo con perspectiva y objetividad historiográfica, en lugar de que Hitler y el nazismo fueran una especie de fuerzas diabólicas e incomprensibles».[3]

La intención de Nolte[4] era abrir un debate que permitiese ver esa etapa sin estereotipos ni prejuicios, sino como un proceso ubicado en un contexto de causas y efectos, con raíces y consecuencias que eran necesarias de comprender. La historia factual-oficial influye en la generación de identidades colectivas y de un pasado común, referencia estandarizada de la *Nación*: Tomemos la leyenda del Pípila que representa la participación del sector indígena en la lucha por la independencia, la cual no se ha modificado con la producción de los historiadores y resulta menos claro determinar cómo y cuándo se transforma o influye en la *conciencia colectiva* o en la generación de éstas. Las identidades sociales se construyen en un juego de múltiples factores donde la *imagen* del otro, o los otros, es, a veces, fundamental; pero la percepción de la historia propia, es decir aquello que hemos ido *siendo* a través del tiempo (ya sea de manera mítica, imaginaria o real), no es menos significativa. No hay ninguna forma de generalizar en relación con el peso y la influencia de los historiadores, como individuos o como grupo (si es que existiesen como tal), en la formación de la opinión pública y en la construcción de las similitudes colectivas; pero resulta lógico suponer que, en la medida en que las élites políticas y culturales compartan, se identifiquen o representen determinadas percepciones o preferencias en materia historiográfica, éstas tiendan, a su vez, a transformase en un constitutivo de identidades agrupadas por un pasado, tradición, lenguaje y territorio comunes. Sobre este tópico podría decir que los regímenes carentes o con precaria legitimidad democrática buscan la producción de la historiografía (oficial) para compensar sus carencias.

En México tenemos varios ejemplos como la invención del Pípila, o la de los niños héroes de Chapultepec, que exaltan la historia de bronce, las acciones de los indígenas durante la guerra de independencia o del Colegio Militar en la intervención estadounidense de 1847. Ambos hechos se han convertido a lo largo de la historia en mitos *fundantes*.

Una interpretación histórica divergente de los contenidos ya estandarizados *oficiales* o políticamente correctos, suele ser considerada como *revisionista* –concepto que, en el ámbito de quienes representan la interpretación oficial, adquiere una denotación crítica cuando no admonitoria: cambiar o cuestionar una perspectiva socialmente aceptada, relativa a hechos constitutivos de la identidad del grupo deja de ser un problema de especialistas para transformarse en un momento donde es posible redefinirlo parcial o totalmente. Como sucede en nuestra institución, el Círculo Psicoanalítico Mexicano A.C.

El pasado omnipresente ya sea guerra, holocausto o culpa, se convierte en historia que altera la propia imagen social de dicho grupo y de los individuos que lo componen. En este sentido, las colectividades humanas reaccionan como las personas: la imagen que proyectamos y que queremos fraguar afecta la manera en que podemos relacionarnos con los demás. Pensemos cómo la Segunda Guerra Mundial y los asesinatos masivos han afectado a la posteridad el sentir de los judíos y nuestras actitudes hacia ellos.

De hecho, una obra tan lúcida como la de Hannah Arendt sobre el totalitarismo describe un sistema en el que «todos los hombres devienen Un Hombre, y toda acción tiende a la aceleración del movimiento de la Naturaleza o de la Historia». La filósofa judía fue enviada a Jerusalén por la revista *The New Yorker,* en 1961, al juicio a Adolf Eichmann para escribir un artículo, que después sería convertido en libro.[5] Arendt se quedó pasmada ante la mediocridad, frialdad del personaje y la enormidad del crimen, introduciendo el famoso concepto sobre la banalidad del mal. La película de Margarethe von Trotta sobre Arendt[6] se concentra en los cuatro años más intensos del conflicto entre la escritora y sus detractores; comentarios, documentales y escenas originales en blanco y negro del pasado. La supuesta traición que implicaba el que cuestionara la legalidad del juicio por genocidio del dirigente nazi y que dudara de la integridad de ciertos líderes judíos durante el Holocausto, le ocasionó diversas pérdidas.[7] El escándalo de amigos, lectores y enemigos, principalmente entre la comunidad judía, nos sirve para evocar que ser disidente, razonar, pensar y comprender por cuenta propia para diferenciarse de los demás, requiere inteligencia, entereza y fuerza combativa como lo muestra la brillante discípula de Karl Jaspers y Martín Heidegger.[8]

Pocos meses después del fin de la Segunda Guerra Mundial, Karl Jaspers publicó una obra fundamental para el debate sobre el tema de la *culpa* de Alemania, de los alemanes, con relación al régimen nazi y su desempeño. Titulada en castellano *El problema de la culpa*, este pequeño libro constituyó un paso adelante en la reflexión de Jaspers, muy diferente a lo que el mismo autor había dicho años antes al considerar el tema a propósito del desenlace de la Primera Guerra Mundial. Según la posición de Jaspers, también asumida por Max Weber, era necesario condenar las pretensiones de las potencias vencedoras para conducir la humillación de Alemania hasta el punto de exigir una *confesión de culpa.* En un plano más específicamente filosófico, Jaspers argumentó que la culpa alcanzaba a toda persona y a todo grupo humano, en vista de la escasez de recursos en el planeta y del imperativo de combatir para obtenerlos. De allí resulta que todo individuo porta en sí algo de culpabilidad por el mero hecho de existir: «Mi ser resta espacio a los otros como el de ellos me lo quita. Toda posición que conquisto desplaza al otro de la posibilidad de reclamar para sí parte del espacio disponible. Cada una de mis victorias empequeñece al otro y mi vida depende del combate victorioso de mis ancestros». De tal manera que, desde esta perspectiva, no resulta posible eludir esa culpa: «Si yo autorizo con mi ser condiciones que, siendo indispensables para mi existencia, exigen el combate y sufrimiento de otros, soy entonces culpable de la explotación de la que vivo». En consecuencia, era absurdo imputar una culpabilidad particular y especial a Alemania por la Primera Guerra Mundial, pues junto con las otras potencias no había hecho otra cosa que participar de la lucha conjunta por el espacio vital que es común a la existencia humana sobre la tierra.

Esta postura filosófica de Jaspers experimentó un cambio fundamental luego del fin de la Segunda Guerra Mundial, y aún mucho antes de su culminación. Consideraba que lo sucedido bajo el régimen nazi no podía atribuirse a una especie de destino o proceso histórico superior e inevitable, sino a una situación «cuyos resultados son determinados decisivamente por nuestra libertad individual sobre la base de lo auténticamente cognoscible, que siempre es algo particular». En otras palabras, de acuerdo con Jaspers, en esta nueva etapa de su pensamiento, «lo decisivo es que no hay ninguna ley natural o ley de la historia que determine en su totalidad la marcha de las cosas. El futuro es una cuestión de la responsabilidad de las decisiones y actos de las personas y, en última instancia, de cada individuo de los miles de millones de personas. Todo depende del individuo». No era ni digno ni justo centrar de manera exclusiva la responsabilidad por las decisiones tomadas por el régimen nazi en sus jerarcas, ya que las dictaduras requieren también de la complicidad activa y pasiva de buena parte de la sociedad: «El terror produjo el sorprendente fenómeno que el pueblo alemán participara en los crímenes del Führer». Los sometidos se convirtieron en cómplices. Desde luego, sólo en una medida limitada pero de forma tal que personas de las cuales nunca uno lo hubiera esperado...asesinaron también concienzudamente y, siguiendo órdenes, cometieron crímenes en los campos de concentración. Jaspers sostuvo que en el caso de los jerarcas nazis podría hablarse de un mal *diabólico* o *absoluto*, en tanto que la ciudadanía alemana había caído en el *mal radical*: Nos robaron la libertad, primero la interna y luego la externa.[9]

Para Jaspers, el concepto de *culpa* tiene cuatro connotaciones que deben ser diferenciadas: la (1) *culpa criminal*, que consiste en acciones demostrables objetivamente que infringen leyes inequívocas; (2) *culpa política*, que se desprende de las acciones de los conductores políticos y ciudadanos de un Estado, cuyas consecuencias competen a cada individuo por el hecho de estar sujeto a la autoridad de ese Estado, pues cada persona es corresponsable de cómo sea gobernada; (3) *culpa moral*, que surge de mis acciones como individuo, pues nunca vale, sin más, el principio de *obediencia debida*: «Los crímenes son crímenes, aunque hayan sido ordenados (si bien hay siempre circunstancias atenuantes, dependiendo del grado de peligro, chantaje y el terror)». En el presente, en el aquí y ahora tendríamos que preguntarnos a nosotros mismos, a nuestra conciencia moral: ¿de qué hemos sido y somos cómplices?, ¿qué acallamos colectiva e individualmente?

Vale explicar la conciencia moral desde Freud: como un acto de la experiencia individual del proceso del pensamiento; desde la teoría de la cura es fundamental la toma de conciencia integrando recuerdos, construcciones, repeticiones en la transferencia, en el trabajo elaborativo y finalmente las interpretaciones que dan lugar a modificaciones estructurales del psiquismo. Freud considera la conciencia de culpa como «la tensión entre el superyó que se ha vuelto severo y el yo que le está sometido. Se exterioriza como necesidad de castigo». Y agrega: «uno se siente culpable ...cuando ha hecho algo que discierne como *malo.*[10] Lo amenazante es la pérdida de amor y es necesario evitarlo por la angustia que se genera en el sujeto, por ello se evita que la autoridad lo descubra. Esa instancia, por el contrario, les exigía sojuzgar a los discapacitados y no arios.

Por último, Jaspers menciona la (4) *culpa metafísica*: «hay una *solidaridad* entre hombres como tales que hace a cada uno responsable de todo el agravio y de toda la injusticia del mundo, especialmente de los crímenes que suceden en su presencia o con su conocimiento. Si no hago lo que puedo para impedirlos soy también culpable. Si no arriesgo mi vida para impedir el asesinato de otros, sino que me quedo como si nada, me siento culpable de un modo que no es adecuadamente comprensible por la vía política y moral». Desde luego, el concepto de *culpa metafísica* corre el riesgo de extender excesivamente la cobertura de una imputación moral o criminal, más allá de las necesarias distinciones que cabe hacer en cada caso, pero tiene por otra parte el mérito de representar –en el caso de Jaspers– una posición autocrítica muy distante de las fórmulas demasiado complacientes de sus escritos previos sobre el tema.[11]

Jaspers insiste en que tiene sentido atribuir responsabilidad a todos los ciudadanos de un Estado por las consecuencias que se desprenden de las acciones de éste. No obstante, sostiene, igualmente, que semejante responsabilidad se encuentra limitada y no implica una inculpación moral y metafísica de los sujetos. Por otro lado, sólo se puede ser castigado por la conducta y los crímenes específicos. No puede haber, dice Jaspers, «culpa colectiva, ni moral, ni metafísica de un pueblo o de un grupo determinado dentro de un pueblo, exceptuando la responsabilidad política». Sólo es criminal el individuo. También distingue entre los que denomina *activos* y *pasivos*. Los actores políticos, ejecutores de órdenes y propagandistas del régimen, aunque no todos hayan sido criminales, tuvieron por su actividad una culpa determinable; pero además cada alemán lo fue por no haber hecho nada, aunque ésta pasividad es diferente:

«La impotencia disculpa; no se exige moralmente llegar hasta la muerte efectiva».

Se reconocen varias culpas y conflictos psíquicos que se entretejen en relación con los silencios generacionales: el padre, la madre calla, la sociedad obtura, ignora y reprime la historia de la época nazi. La culpa, la vergüenza confronta a varias descendencias pero sus silencios *hablan.* Theodor Adorno establece el intento del ser humano por evitar y olvidar el pasado, como si no fuese algo trascendente para el sujeto, Freud señala que ante las masas el individuo adopta y se identifica con el todo, antes de superar y enfrentar los conflictos individuales. El yo requiere lograr el equilibrio y evitar los peligros del mundo externo e interno, mostrándose ambivalente en el conflicto, sin el manejo de los afectos, lo cual va a generar más ocultamientos y culpa.

Se ignora el camino para la situación traumática, los silencios vividos por Igor Caruso. Es claro que, como actor presencial activo de los procesos de eugenesia, deseaba salvaguardar su integridad, evitar la ansiedad, el conflicto, los cuestionamientos. Intelectualiza, se vuelve *analista de analistas* pienso que en un intento de dominar los peligros instintivos, niega sus deseos, pensamientos, sentimientos reprimidos de su apasionada juventud que emigra y le causó zozobras; así guarda sus secretos vergonzosos y de culpa, los cuales han dado un modelo de vínculo con el objeto y de su estructuración psíquica. Se repite la díada opresor-sometido, el amo y el esclavo.

Es evidente la enajenación que causó el nacionalsocialismo nazi en la población trabajadora-obrera y en los diferentes grupos sociales, se evidencia con la gran frialdad de la masa y los sujetos que la componían, robotizados, dejando ese ser humano. No pienso en el pasado, no siento, ni leo, prefiero oír-escuchar.

Una de las consecuencias de ese proceso de guerra, en la modernidad, es que vivimos en la «era del vacío, con un sentimiento interior y de absurdidad de la vida, una incapacidad para sentir las cosas y los seres».[12]

En una sociedad permisiva con una especie de flotación narcisista, un conjunto de individuos viven rompiendo los lazos sociales, tienen relaciones sin compromiso profundo para no sentirse vulnerables y, entre otros miedos, para evitar la decepción. Se practican las relaciones libres, free sex en pasiones descontroladas, uso de drogas y violencia. Se preconiza la indiferencia, se vive en una especie de búnker afectivo, con pornografía, las parejas tríos o cuartetos swingers, generando un gran desapego para protegerse de las decepciones amorosas y de los propios impulsos que amenazan el equilibrio interior. Pero, para compensar este entorno han surgido, dentro de los grupos de algunos adolescentes, emos, darketos, cholos y muchos otros. También, *gracias* al avance de la tecnología, han surgido los clubes de encuentro, las redes sociales, el WhatsApp, los celulares, Skype, Twitter y otros más, favoreciendo, en algunos sujetos, el no involucramiento afectivo.

Se convoca a pensar como testigos de la historia pasada-presente de diversas genealogías; a leer, buscar, analizar para comprender los porqués del holocausto y de la participación de sujetos implicados, en una u otra dimensión, en el inicio del Círculo Psicoanalítico Mexicano hace 40 años. Esto implica abrir el pensamiento sobre la Alemania de la Segunda Guerra mundial y los de la posguerra como un todo, no haciendo responsables a determinados sujetos de las atrocidades realizadas por el Tercer Reich.

En relación con la culpa colectiva, existe una solidaridad entre las personas que han cometido algún tipo de injusticia en el mismo periodo; aunque en caso de que el ser humano actúe y enfrente lo que sus posibilidades le permitan, urdir, presenciar los hechos y no hacer nada lo vuelve criminal.

Cabe señalar que, tanto en la historia como en el psicoanálisis, no se trata de buscar culpables o inocentes, se evita el maniqueísmo, los buenos y los malos; se pretende llegar a los orígenes de los procesos, los traumas, los síntomas, sus causas, la pulsión de muerte subjetiva y colectiva para comprender, analizar, moverse de lugar y profundizar para que una zambullida trace nuevamente nuestras marcas del pasado.

Existen varios ejemplos de la escritura de otra historia: en *La visión de los vencidos*, Miguel León Portilla tiene el objetivo de contarnos la historia de la conquista española desde las voces indígenas. Peter Sichrovky en *Nacidos culpables. Hijos de familias nazis,* nos presenta el sentir de los silencios que asumieron los colocados en el lugar de la llamada raza pura.

Los campos de concentración son una representación de la barbarie humana, agresiva, castrante y su irresponsable naturaleza, en donde persiste la pulsión de muerte. Pero hay que experimentar con nuestra fantasía, porque allí actualmente solamente hay barracas, dormitorios vacíos, alambradas y, sin embargo, la realidad nos alcanza. Tras nuestra visita imaginaria nos sentimos agotados, agobiados; pero el lenguaje no posee palabras para describir, escribir lo sucedido y cuanto más leemos sobre este horror intentamos comprenderlo desde diferentes dimensiones.

El actuar, el trabajo cotidiano nos coloca; suele suceder que desconocemos las dimensiones histórico-sociales y psíquicas del proceso personal y colectivo que se lleva a cabo en el afuera. Se niega el pasado y el presente, aparentemente desconociendo que formamos parte de él y nos convertimos en esa generación silenciada, olvidando el encadenamiento de los acontecimientos históricos y psíquicos, no encontrando, no buscando las propias determinaciones del pasado. Entran en la premisa que postula Walter Benjamín, «el rechazo a pensar y tomar responsabilidad del pensamiento propio, es la tierra fértil del totalitarismo y sus horrores». Hacer nuestra la falta en la historia y en el psicoanálisis da cuenta de que al no decir o escribir *todo* solamente guardamos y escogemos para trabajar o analizar lo hechos marcados y trascendentales que emergen desde el acontecer histórico e inconsciente, para re-escribir lo conflictivo, doloroso, innombrable para nombrarlo a través de la palabra.

En síntesis, de acuerdo con Jaspers, los alemanes en ese tiempo tuvieron parte de responsabilidad política por el nazismo, sin embargo hay una pequeña minoría, inclusive austríacos que en un primer momento se opusieron a Hitler y persistieron en su actitud opositora hasta el fin del régimen y de sus vidas. Otros pocos han sido juzgados en tribunales por las atrocidades cometidas como nazis. Las distinciones y puntualizaciones de Jaspers con una postura ideológica-filosófica y política ha contribuido a pensar ese lapso histórico desde otro lado. Además, a mediados de 1964, en la Universidad de Münich, el destacado filósofo Eric Voegelin pronunció una serie de conferencias sobre «Hitler y los alemanes», que constituyen un aporte al debate sobre la *culpa*; ya que, destacó y arremetió contra el conformismo intelectual y político que había dominado la actitud de muchos alemanes luego de los tiempos inmediatamente posteriores a la guerra. Este conformismo se extendió con el paso del tiempo y las tensiones entre los bloques comunista y capitalista distanciando los eventos de la época nazi y minimizando lo entonces ocurrido en función de las exigencias de *unidad occidental.*

A ello se sumó la tendencia, predominante en ciertos círculos historiográficos, periodísticos y políticos, a *satanizar* la figura de Hitler y convertirlo en una especie de fenómeno supra-social, una fuerza irresistible de mágica seducción y dominio, cuyo poder insondable explicaba y excusaba por tanto a quien le siguió. Las propias teorías sobre el *totalitarismo*, en boga en los años cincuenta y sesenta del siglo pasado, contribuyeron en alguna medida a dibujar la imagen de procesos incontenibles de intimidación y manipulación, procesos colectivos que superaban y avasallaban a los individuos, dejándolos presúntamente huérfanos de voluntad y sin defensas morales para resistir y negarse a la sumisión, al menos en el terreno ético.[13]

Rememorando contextos históricos de algunas mentalidades

Durante la primera mitad del siglo XX, sobre todo, los libros de psicología nacional estaban de moda. Sus autores analizaban la mentalidad de diversos pueblos, especialmente europeos, contrastando a los de raíz latina: franceses, italianos y españoles reconocidos como emocionales, apasionados y poco disciplinados, frente a los disciplinados y rígidos germánicos (alemanes, holandeses y escandinavos). Se hablaba además de la sensible alma de los eslavos (rusos y polacos) y su inclinación a la melancolía.

En Hispanoamérica también existen libros sobre la mentalidad de los pueblos latinos del continente que se aferran a sus valores culturales, en contraste con el utilitarismo de los anglosajones de Estados Unidos, de mentalidad más mercantil que cultural y espiritual. Eso, por lo menos, lo afirmó el escritor José Enrique Rodó a principios del siglo XX, en su libro programático *Ariel* (1900). Samuel Ramos trata de describir el carácter nacional mexicano en *El perfil del hombre* (1952) *y la cultura en México*; «El Laberinto de la soledad» (1950), un clásico de la literatura mexicana moderna, Octavio Paz va por el mismo camino.

Todas estas teorías sobre las mentalidades nacionales son interesantes y seductoras, pero demasiado subjetivas. Alimentan prejuicios y crean un esquematismo rígido, por eso las ciencias sociales actuales ya no las toman en cuenta. Sin embargo, las teorías sobre los caracteres nacionales gozan aún de gran popularidad en los medios de comunicación.

La diferencia de pensamiento entre austriacos y alemanes es divergente, desde una perspectiva política hay claras diferencias entre ambos, y aún más marcadas habían sido hace tres décadas entre la República Democrática Alemana y la República Federal Alemana. Pero desde una perspectiva cultural las cosas se ven diferentes, los habitantes del sur ven con cierta antipatía la forma de vivir de la gente del norte. Bávaros y austriacos, cuya forma de vida es más relajada, critican la forma de vida rígida de los prusianos del norte, cuya capital hasta la década de los años treinta había sido Berlín. Los bávaros se sienten dominados por los prusianos, lo que a veces les duele y por eso exigen mayor autonomía para su estado federal. Baviera tiene sus propias relaciones diplomáticas con el Vaticano, y por lo general el Gobierno de Münich cultiva muy buenas relaciones con el de Viena. Algunos todavía recuerdan que durante la Edad Media, los bávaros colonizaron a las tribus de los Alpes, quienes posteriormente se convirtieron en austriacos. Uno de los grandes misioneros, que cristianizó a los habitantes paganos de los Alpes, fue san Wolfgang, o Wolfango, quien durante muchos años fue obispo de Ratisbona. Con el tiempo, los nuevos territorios colonizados se convirtieron en un Estado alemán muy fuerte, en cuya capital, Viena, residieron durante muchos años los emperadores alemanes de la familia de los

Habsburgo. Allí gobernaban en el siglo XVIII la gran emperatriz María Teresa y su hijo José II, quien permitió que Mozart desarrollara una brillante carrera como compositor. Fue también entonces cuando Federico II El Grande, de Prusia, venció en las tres guerras de Silesia a María Teresa, y creó así los fundamentos del nuevo Estado de Prusia, que se extendió por gran parte del norte de Alemania. Viena continuó como capital del imperio alemán hasta 1806. En este año, el emperador renunció a la corona porque su poder se había reducido demasiado frente a los reyes prusianos de Berlín. Alemania era un país fragmentado; sus estados más grandes y fuertes eran Prusia y Austria. En 1871 se hizo el intento de unir los territorios alemanes bajo el mando de una sola corona. Austria no pudo encabezar este proceso porque en su estado vivían, además de alemanes, húngaros, eslavos e italianos. Así creó Berlín, bajo el mando de un emperador protestante, el Kaiser, una nueva Alemania unida, dejando fuera al Imperio Húngaro.

Algunos escritores, como el narrador de origen judío Joseph Roth, lamentan la caída del imperio austrohúngaro. Para él, este Estado multinacional había sido una verdadera patria unida por una cultura católica. Pero los diversos pueblos de este imperio derrocado querían crear sus propios Estados Nacionales. Muchos austriacos alemanes deseaban integrarse a la gran Alemania. En 1933 los alemanes eligieron como jefe de gobierno a Adolfo Hitler, un austriaco nacionalizado alemán. Para él, alemanes y austriacos eran un sólo pueblo, y cuando en 1937 tropas del imperio alemán invadieron la república de Austria, casi nadie protestó, así, unidos, entraron a la Segunda Guerra Mundial pero al finalizar la guerra, en 1945, se separaron de nuevo. Sin embargo, en los habitantes de ambos Estados se enfrentan al pasado nazi. Culturalmente, y sobre todo en el ámbito de la literatura, Alemania y Austria forman una unidad; los escritores de Austria y la Suiza alemana superan los límites de lo regional, publican en grandes editoriales que distribuyen en todo el territorio de lengua alemana. Se puede hablar de literatura austriaca como se habla de literatura bávara o renana, pero todas las grandes obras escritas en alemán figuran en las historias de la literatura alemana. Es la lengua la que da unidad a la literatura.

Sin embargo, las diferencias regionales continúan vigentes. Los habitantes de Viena o Múnich no siempre ven con simpatía a los *prusianos* de Berlín. Prusia ya no existe, pero el estilo de vida y la mentalidad prusiana aún no han desaparecido. Muchos creen que los alemanes del norte son prepotentes y se sienten superiores a los del sur. Tal vez los bávaros y austriacos ven a los alemanes del norte como los tapatíos a los chilangos. Todo esto nos muestra que las fronteras políticas no necesariamente separan mentalidades y culturas.[14]

Algunos postulados de Jacques Lacan y Sigmund Freud en torno a la culpa

Por último, en torno a la culpa, Lacan aseguraba: como sujetos estamos implicados en lo que nos pasa y hacernos cargo de lo que creemos desconocer y responder por estos actos es una responsabilidad que a veces se convierte en desconocimiento de lo que hizo o lo que no tuvo intención de hacer. El sujeto tiene que dejar de posicionarse en ese lugar donde la culpa siempre es del otro. Sólo se puede ser culpable por haber cedido en el deseo, relacionado con los sentimientos incestuosos del Complejo de Edipo: matar al padre y gozar con la madre. Tiene que ver con el deseo universal de que desaparezcan los competidores (padre, hermanos) por el amor de la madre; es un proceso inconsciente.

Para paliar el sentimiento inconsciente de culpa el sujeto busca un castigo. Lacan llega a decir que la culpa se encuentra de forma consciente o inconsciente tras todos los síntomas. Mientras el sujeto esté así se sentirá libre de toda culpa. Y ésta es una de las causas de que aparezca la posibilidad de la no cura y sí del apaciguamiento de ésta.

El tratamiento de la culpa en nuestra época por la vía de la vergüenza, el perdón y el síntoma (mutilaciones, heridas al cuerpo), ha sido desarrollado desde una perspectiva clínica que señala la diferencia entre desavergonzar, perdonar o tratar el síntoma por la abolición del castigo, es decir, prevalece la pulsión de muerte en su manifestación súper yoica. Con Lacan se ha constituido la oposición entre el tratamiento de la angustia y el de la culpa: la premisa es desangustiar no desculpabilizar, mediante el discurso psicoanalítico explorando y precisando la dimensión ética orientada a situar la responsabilidad del sujeto en sus actos.

La culpabilidad es uno de los efectos promovidos por la escisión psíquica del sujeto, constituyendo éste un elemento crucial para el analizante en la experiencia psicoanalítica. Freud dijo que el sentimiento inconsciente de culpa se produce porque el sujeto experimenta la falta por el hecho de gozar y hasta por el mismo hecho de existir.[15] Lacan, por otra parte, aseguró que el dolor de existir se sustenta en la culpabilidad del sujeto por vivir.

En líneas generales, podemos preguntarnos sobre el tratamiento que nuestra contemporaneidad concede a la culpa, Lacan sostiene estos tres elementos: vergüenza, perdón y síntoma. El primero, es un afecto que adquiere un valor considerable en la acción psicoanalítica, formando parte de la serie de la culpabilidad. Sentir vergüenza es una forma de tratar a la culpa.

Freud nos dice que la operación psicoanalítica se funda en la verdad, en el amor por la verdad, excluyendo toda ilusión y engaño; así en la neurosis cuando son develadas en el análisis, producen vergüenza causada por la culpa generada por el goce pulsional. Ésta se genera por el levantamiento del velo de la represión inconsciente, constituyendo una categoría de la teorización freudiana. Así, asistimos en nuestro tiempo a una serie renovada de avergonzamiento.

Recordemos el cuestionamiento de Freud a Dora al preguntarle cómo estaba involucrada en lo que le aquejaba, introduciendo lo que Lacan llamó *rectificación subjetiva en lo real.* Lacan, en un capítulo de el *Seminario XVII,* «El reverso del psicoanálisis», relacionado con el *Analyticon,* concluía contando a sus discípulos que bajo su régimen, Pompidou exponía a los jóvenes revolucionarios diciendo: «Mírenlos cómo gozan». El amo pone al descubierto a quienes no se hacen responsables por su goce. El sujeto goza, por eso se siente culpable y se avergüenza.

En la experiencia psicoanalítica es necesario que el sujeto se haga responsable por su goce aunque ello implique avergonzarse. El goce del sujeto, al tratar de ser tramitado por diversas vías pone al descubierto la insuficiencia del Nombre-del Padre para dar cuenta de éste.

Freud sostiene que la angustia es algo que siente, que experimenta el sujeto. No es un concepto, es un fenómeno o, para ser más preciso, se le ubica como un afecto que invade al sujeto, descubriendo la función que ejerce la angustia en el psiquismo. Su esencia se establece en un nivel específico: a nivel de alarma, de señal de la presencia de lo real. Presencia de una ausencia.[16]

Lacan se aparta de este camino iniciado por Freud, y la pulsión de muerte no la trabaja ligada al concepto *pulsión*, sino al *deseo*. La muerte está relacionada con la falta, con lo imposible de la satisfacción del deseo a partir del ingreso a la ley, al lenguaje. Lacan dice que lo único que desde el punto de vista analítico puede crear culpa es haber cedido sobre su deseo, pero aquí desde un principio se encuentra estrechamente unida a la pulsión de muerte en su manifestación superyoica. Lo que permite ver con mayor claridad la relación entre Freud y Lacan, en relación con el concepto de la culpa, es posiblemente la idea de la *deuda* como sustentación de lo que es el deseo; Lacan nos muestra que «si el análisis tiene un sentido, el deseo no es otra cosa que lo que sostiene el tema inconsciente, la articulación propia de lo que nos hace enraizar en un destino particular, el cual exige con insistencia que la deuda sea pagada».[17]

Lacan sostiene que en la angustia el sujeto se confronta con lo real, lo indecible, lo insoportable; registro en el que se soporta la clínica de la angustia, el goce y la dimensión del significante simbólico. La angustia traduce la señal de la confrontación del sujeto con lo real del goce, en donde el fantasma lo tramita.[18]

El lastimar al otro, discriminar, someter, recluir, asesinar al discapacitado; su rechazo social es del orden del goce, enfrentar el dolor, el espanto y hacerse cargo de él hasta la clara y escasa presencia de ésta historia olvidada no incluida en la oficial, manifiesta un síntoma oscuro del vacío del que los distintos colectivos del exterminio, marginación, asesinato, siguen siendo víctimas hoy en día, esclavos de un amo, quien decide quien vive y muere.

Por ejemplo, el esclarecimiento y el reconocimiento del exterminio en Alemania no fueron reconocidos hasta 1989 que se colocó una placa en la calle Tiergartenstrasse en memoria de las víctimas, un acontecimiento que provocó que numerosos hospitales alemanes admitieran haber colaborado con los nazis en sus experimentos en ingeniería genética.

Un grupo de médicos británicos reabrió la polémica cuando recomendaron la eutanasia para recién nacidos con discapacidad, confirmando que aquel *clima científico* de los años 30 aún conserva varios adeptos en el mundo. La asociación de médicos ingleses había pedido a los demás médicos del país que practicaran la eutanasia a los recién nacidos con algún severo daño cerebral o físico. Según informó la prensa, el Royal College of Obstetricians and Gynecology sugirió, dentro de una lista de recomendaciones al Consejo de Bioética de Nuffield, que el exterminio de estos bebés es mejor que realizar extensas cirugías o tratamientos. En su discurso, la asociación concluyó que «un niño discapacitado puede generar una familia discapacitada. Si el acortar vidas y las intervenciones deliberadas para matar infantes estuviera disponible, deberían tener un impacto en las decisiones obstétricas».

A partir de estos testimonios y, sin un previo ejercicio de la memoria, sin una valoración exacta de los crímenes cometidos bajo la influencia de ideologías similares implantadas sin debate, a mansalva, es que podemos percibir la necesidad de un repaso consciente por este suceso. Al respecto, el reconocido escritor Juan Gelman asegura: «Junto a las *limpiezas étnicas* de la ex Yugoslavia existen las *higienes políticas* bien conocidas en nuestro Cono Sur, y ambas son genocidas. Cuando esa ideología dirige la política de Estado, desemboca en el exterminio masivo. En la Alemania nazi se empezó segregando a muchas clases de enfermos mentales y discapacitados físicos (incluidos los que padecían ceguera, sordera y deformaciones hereditarias). Siguió la esterilización forzada de hijos de madres alemanas y padres no blancos (los *bastardos del Rin*) que alcanzó a 375 mil personas, el 0,5% de la población total.

Científicos, filósofos, políticos, naciones, muchos y variados fueron quienes se dejaron seducir por el crimen y el delirio; el Holocausto no hubiera podido sostenerse sin el consentimiento de tantos.

Hoy es nuestro deber no mirar a un lado y saber que cada uno de nosotros tiene la posibilidad de apostar a una memoria que construya un futuro verdadero, reflexivo, justo, con lo mejor de la humanidad, sin indiferencia y sin abandono. «(...) hubo millones y millones que sabían y no hicieron nada. Y también es importante considerar quién llevó a cabo esto: fue realizado por un gobierno, no por un grupo de gente insatisfecha y desorganizada sino por un gobierno legítimo que llegó al poder a través de un proceso democrático en la nación que era la más altamente educada del mundo en ese momento, así que hemos aprendido que los valores democráticos y la educación no son suficientes. Existen hasta el día de hoy asesinatos masivos en la historia pero nunca antes o después ha sucedido algo parecido al Holocausto, con este nivel de intención y motivación profunda, con este alcance y metodología», afirma la lic. Sara Bloomfield. Es tiempo de que éste, como tantos otros crímenes puedan ser saneados a fuerza de compromiso con la vida y compromiso con aquellos que murieron siendo víctimas[19].

Remontarse en esta historia de horror implica un fuerte e ineludible ejercicio de compromiso humano por deconstruir-reconstruir una presencia sin la cual permanecemos desautorizados ante la verdad, y sin ella no hay forma de conocernos, sabernos seres libres, con capacidad de futuro, permanecemos esclavos de nuestra falta de conciencia, de temores, de no asumir aquello que casi constituye un crimen: la negación.

¿Acaso algunos de los nazis, la camarilla ejecutora, la sociedad de ese entonces y la contemporánea, los líderes de los Estados entre otros, han sentido y experimentan angustia-vergüenza por la exterminación, la eugenesia, la eutanasia, de sus propios actos, de la pobreza, la discriminación, la hambruna?

Esto me parece que se ha convertido en un síntoma mundial reprimido, del que muchos callamos, siendo cómplices.

Por ello, Lacan aseguraba: «Cuando los dados han sido lanzados y el sujeto ya no puede dar la espalda a las miserias del padre, a las miserias del Otro, confirma que éste es inautentificable y no queda más remedio que apostar a su deseo. Sólo allí podrá hacer economía de sacrificio atreviéndose a crear desde la nada y en desamparo. Para ello es preciso transitar el análisis y su fin».

Anexos

Anexo 1
El contexto austriaco y alemán en los tiempos de la anschluss de Austria por los nazis

Lo que no se puede decir también lo publicamos, pero sin tinta.

EL ROTO[1]

Dicho lo anterior, pasemos ahora al contexto previo alemán y austriaco –entre 1933 y 1938–, en el cual, de manera vertiginosa, se comienzan no sólo a preparar, sino a dar los primeros pasos de las *dos* exterminaciones sistemáticas: la aplicada a los propios y, luego, a los ajenos. Exterminaciones que van a traer consecuencias violentas en el campo psicoanalítico; que implican, por ejemplo, la colaboración, bajo el poder nazi, con la propia erradicación y *purificación* de su referencia judía, así como las condiciones adversas para la aplicación de la teoría y práctica psicoanalíticas. Ello aunque habrá psicoanalistas que, durante el ascenso del nazismo y en plena guerra, y ya no digamos después del conflicto armado, pretenderán haber salvado al psicoanálisis, aceptando aplicarle quirúrgicamente algunos cortes *necesarios*.

A continuación, menciono fechas y presento una síntesis de los acontecimientos altamente significativos para el tema que nos convoca. 1933 sería el año en el que se inaugura un tipo de régimen mortífero que marcará la historia del siglo XX: el 30 de enero, Hitler es nombrado canciller. Freud aguza la inteligencia y expresa lo que cree que sucederá inexorablemente, en una carta a Max Eitingon, reciente exdirector de la Sociedad Psicoanalítica Alemana (DGP), fechada el 21 de marzo de ese mismo año:

1. El psicoanálisis caerá bajo los golpes de las prohibiciones y el instituto será cerrado por las autoridades administrativas. Es en esa coyuntura que al menos hay dos cosas por ser dichas o por hacer, usted se ha mantenido hasta el último momento, antes de que la nave haya naufragado.
2. [Al instituto] usted lo ha sin duda fundado y por largo tiempo dirigido, pero usted lo ha cedido a la sociedad de Berlín, a la cual pertenece ahora. [...] Es de interés general que sea mantenido para que pueda continuar existiendo una vez que esta época haya desaparecido. Mientras tanto, un individuo inconsistente, como [Max] Boehm, puede asegurar la dirección; [el instituto] no debería ser frecuentado por las personas del lugar ni por otras llegadas de otras partes, mientras duren las medidas restrictivas.
3. Todavía no le ocurre nada al instituto, pero usted deja Berlín de propia voluntad o forzado. Esta eventualidad deja entrever [...] que vuestra influencia desaparecerá totalmente y que crece el peligro de que los adversarios internos, Schultz-Hencke, se apropien del instituto y se sirvan [de él] para realizar sus proyectos. *Contra eso no hay sino un solo remedio: que el Comité de la Asociación Psicoanalítica Internacional descalifique y excluya, de una cierta manera, un instituto de tal manera desviado de sus fines legítimos, hasta que este pueda ser rehabilitado.*

Evidentemente, yo os pongo de entrada frente a una tal solución. ¡Qué triste debate![2]

Estas directivas ayudarán a entender parte del debate cerrado y ríspido, durante la posguerra, entre la DGP, la IPA y, más específicamente, entre Schultz-Hencke y Carl Müller-Braunschweig –quien, junto con Boehm, estuvo a la cabeza de la DGP hasta su desaparición, en 1938, y después en el Instituto Alemán de Investigación Psicológica y de Psicoterapia, bajo las órdenes del doctor Göring y al servicio de la política de salud del Tercer Reich. Asimismo, muestran la confianza de Freud en la posibilidad de *capear el temporal* hasta cierto punto o, al menos, rehacer o reconducir, después de la época oscura, la DGP y el Instituto. En ese caso, sería la IPA la que recuperaría el *filo cortante de la verdad freudiana*.

Sin embargo, un tal Jacques Lacan, quien había pasado la ocupación de su país aparentemente sin grandes sobresaltos,[3] decidió que los representantes de la propia IPA habían confiscado la verdad freudiana y lanzó su magna cruzada para recuperar los textos sagrados, después de habitar, hasta los 64 años, en la institución *contaminada*, intentando reformarla desde adentro.

El 9 de abril, apareció, en el *Journal of Medicine*, un decreto de los nazis por el cual todas las organizaciones médicas oficiales deberían *arianizar* sus comités directivos. Por lo tanto, los judíos debían ser excluidos de las instancias dirigentes de las asociaciones científicas. «Tres judíos eran miembros de la dirección de la DGP: Max Etingon, Otto Fenichel, Ernest Simmel».[4] Este suceso dio lugar a que, el 17 de abril, el doctor Felix Boehm viaje a Viena para pedirle consejo a Freud acerca del nuevo decreto. Ernest Jones, en ese entonces presidente de la IPA, narra así el hecho:

> Freud pensaba que una prohibición del psicoanálisis en Alemania era ineluctable, pero no encontraba prudente ofrecer inmediatamente el pretexto a las autoridades, absteniéndose de cambiar a las personas (E. Jones, t. III).

No obstante, Ana Freud ofrece otra versión sobre la posición de Freud al respecto:

> Yo podría decir que mi padre no quería nada que pudiera complicar los asuntos de los berlineses; [pero] en cuanto a estar de acuerdo con su manera de proceder, nosotros naturalmente no lo estábamos.[5]

Todavía el 6 de mayo, luego de una asamblea general extraordinaria de la Asociación Psicoanalítica Alemana (DGP), la mayoría rechaza la demanda de Felix Boehm –ya en esa fecha director de la DGP, luego de que Max Eitingon dejara el cargo– de cambiar el comité directivo.

Si bien la moción fue rechazada por el momento, todos parecieron coincidir en que:

> [...] tarde o temprano terminaría por ocurrir, para preservar la DGP y el Instituto. Fenichel, que era entonces vicepresidente de la DGP, suelta un comentario que ilustra perfectamente la situación: «Mi inteligencia me dice de votar a favor, pero mi sentimiento en contra; si yo supiera con certidumbre que la modificación fuera decidida con voto, yo votaría conforme a mi sentimiento».[6]

En ese periodo, se arresta a E. Simmel, ex director de la Asociación de Médicos Socialistas.[7]

Al renunciar, finalmente, los miembros judíos a la dirección de la DGP, Boehm y Müller-Braunschweig forman la nueva dirección, pero en la comisión de enseñanza quedan dos analistas mujeres de origen judío y, poco después, otras dos aumentan la lista.

En mayo de 1933, los libros de Freud, entre otros, fueron quemados:

> [...] mientras que el terror progresaba y los libros de Freud eran quemados, una voz pronunciaba: «contra el lugar preponderante otorgado a la vida sexual y sus efectos mortíferos sobre el alma, y por la dignidad del alma humana: yo doy al fuego los escritos de la escuela de Sigmund Freud».[8]

A este calórico acto, Freud reaccionó con ironía, sin calibrar todavía, en toda su dimensión, lo que se avecinaba,[9] al exclamar: «¡Qué progreso hemos logrado! En la Edad Media ellos me habrían quemado. Hoy se contentan de hacerlo con mis libros».[10] Sin duda, se trataba de una manera algo abrupta de enterarse, por parte de Freud y los psicoanalistas, de que algo había comenzado a cambiar sustancialmente. Por ejemplo, que la *ciencia judía* debería desaparecer, pero de una manera muy específica, como veremos más adelante.

En cambio, Carl Gustav Jung aparentemente no vio ningún problema en la quema de los libros de Freud, si nos atenemos a lo que escribió un año después (1934) respecto a los aportes de Freud y los propios. La llegada oficial del nazismo al poder pareció más bien regocijarlo y probablemente hizo la apuesta de que su teoría de los arquetipos iba a ser una de las más reconocidas. En todo caso, le ofreció generosamente al poder nazi su noción del *inconsciente racial* por si les hiciera falta. Veamos de qué forma:

> En el *inconsciente ario*[11] habitan núcleos de creación y de energías de tensión todavía plenos de promesas. Desvalorizándolos como si se tratara de un romanticismo de guardería, se los expone a un peligro de orden psíquico. Tomada como un todo, la raza judía posee [...] según mi experiencia, un inconsciente que no se deja comparar sino bajo condición con el inconsciente ario. Abstracción hecha de algunos individuos creativos, el judío medio es muy consciente y diferenciado para que las posibilidades del porvenir, ese infante todavía por nacer, puedan fecundarlo. *El potencial del inconsciente ario es más fuerte que aquel del inconsciente judío*; es la ventaja y el inconveniente de un ser joven que todavía no se ha emancipado completamente del elemento bárbaro. En mi opinión, la psicología médica reinante ha cometido un grave error aplicando de manera inconsiderada a los germanos y a los eslavos cristianos las categorías (del pensamiento) judío que no han sido jamás obligadas para todos los judíos. De este modo, se ha representado el precioso secreto alemán y su alma profunda, creativa y rica en intuiciones, como un banal jardín para infantes. Mientras que se interpretaba como antisemitismo las advertencias que yo prodigaba desde hace decenas de años y sobre las cuales Freud había arrojado la sospecha. Ellos no conocían el alma alemana como tampoco todos los repetidores germanos.[12]
>
> La brusca aparición del nacionalsocialismo, que capta la mirada asombrada del mundo entero, le ofrece la suerte contraria: ¿en dónde se encontraban esta tensión y estas formas inéditas

hasta que surgieron? Ellas se escondían en el alma alemana, en su profundidad sin relación con la podredumbre de los deseos infantiles no cumplidos, o en los saldos de los resentimientos familiares.[13]

Según relata la psicoanalista Regine Lockot, Jung, fascinado por la *brusca aparición* de los supuestos arquetipos del inconsciente ario,[14] se encontraba en Berlín para dictar una conferencia el día de la visita oficial de Mussolini a Hitler, y mirando por la ventana el desfile que el führer le ofreció al duce, exclamó: «He aquí los arquetipos que surgen».[15] ¡Curiosos arquetipos!, tan racial y nacionalmente marcados. Ya habría tiempo después de la guerra de aplicarles, de nueva cuenta, el detergente persil para volverlos más universales.

No obstante, a Jung no le bastó esa propuesta: su aversión por el psicoanálisis *judío* lo llevó, en febrero del año citado, a tratar de prohibir el psicoanálisis en Alemania. Por ejemplo, se puede leer, en una carta dirigida a uno de sus alumnos, Wolfgang Kranefeldt, lo que sigue:

> Contra la estupidez, como se sabe, no hay nada que hacer,[16] pero en este caso, los arios pueden atraer la atención sobre las maneras de ver que han sido públicamente defendidas por Freud y Adler, justamente son concepciones en las cuales el carácter esencialmente destructor es demostrable.[17]

Todavía, el 18 de noviembre de 1939, ya muerto Freud, Jung, el promotor del *inconsciente ario*, le escribe a Göring, el director del Instituto de Psicología del Reich, en estos términos:

> Señor y querido colega:
>
> Estoy enteramente de acuerdo con vuestra proposición y yo os enviaré el artículo de Brüel, en el caso de que este me lo envíe primero. Por otra parte, yo creo que, dadas las circunstancias actuales, no es conveniente publicar la foto de Freud en la Zentralblatt.[18]

Sin embargo, cuando Daniel Vigneron directamente preguntó si las acusaciones de cercanía con los nazis dirigidas contra Jung estaban justificadas, el psicoanalista e historiador Alain Mijolla respondió así:

> A.M.- Sí y no, puesto que Jung no es un ser simple. Él es conocido por su antisemitismo. Él acepta la presidencia de la Sociedad Internacional de Psicoterapia en 1934, y ha sido codirector con Mathias Göering, de la revista de esta sociedad, de la cual renuncia sólo hasta 1940. En 1933, él escribe que «el inconsciente ario tiene un potencial superior al judío», pero en 1936, en *Wotan*, él también escribe que «la cosa más impresionante en el fenómeno alemán es que un sólo hombre que con toda evidencia está *poseído*, ha contaminado una nación entera».
>
> D.V.- ¿La teoría jungiana, dado el lugar que le otorga al inconsciente colectivo, no era más *hitlero-compatible* que el punto de vista freudiano?
>
> A.M.- Digamos que su teoría era menos incompatible con el nazismo que la freudiana. Y no olvidemos que las reflexiones de Jung acerca de las diferencias fundamentales entre el inconsciente judío y el ario. Eso muestra que el antisemitismo y el nazismo han sido igualmente el producto del pensamiento de una época. *Nadie puede pretender que las teorías de Jung hayan podido servir para alimentar la ideología nazi.* Sin embargo, este pensamiento traduce la marca de un contexto intelectual que permite comprender el suceso de esta ideología.[19]

La disyuntiva que describe el dr. Mijolla, más parece inclinarse por el sí. Que el citado doctor afirme sin pestañear, que nadie podría pretender que las teorías de Jung hayan servido para alimentar la ideología nazi resulta, por lo menos, llamativo. Ciertamente no se puede afirmar que sea una de las teorías constituyentes, porque cuando Jung escribe lo del inconsciente ario las cosas ya estaban caminando. Pero de ahí a decir que para nada sirvió para alimentarla, francamente parece una negación de lo evidente.

Volvamos al otoño de 1933. Según el relato de Boehm, dos psicoterapeutas de la NSDAP[20] se acercaron a la dirección de la

DGP para insinuarles que si todos sus representantes fuesen *arios*, sería posible que persistieran como institución. Hasta el momento de la asamblea general del 18 de noviembre, ya un buen número de judíos había emigrado y comunicado su dimisión a la DGP. Según Karen Brecht, la mayoría de los que dejaron Alemania en 1933, salieron de la DGP, mientras que aquellos que partieron en 1934, tendieron a permanecer como adherentes.

> La migración de Eitingon había sido preparada, y de muchos otros había sido suficientemente preparada para que los *colegas del Reich* no estuviesen en la situación que les hubiera permitido destituir por un voto a sus colegas judíos.[21]

El 1 de octubre, en La Haya, se encontraron Müller-Braunschwieg, Boehm, Jones y Von Ophuljsen, miembro del comité director de la IPA; Boehm señala que el acuerdo «fue perfecto». Sin embargo, Von Ophuljsen escribe una circular en la cual afirma:

> La sociedad alemana no está en posibilidades de cumplir todas las condiciones escritas y no escritas que exige la calidad de miembro de la IPA. Y deberíamos preguntar si en su forma actual, la DGP todavía puede ser autorizada a formar parta de la IPA. Se trata de un estado de urgencia.[22]

La psicoanalista y entonces candidata del Instituto de Berlín, Kathe Dräger, señala que el primero de diciembre de 1935:

> [Ernest] Jones vino a Berlín. Y en una sesión de la DGP, presidida por él, los pocos miembros titulares judíos que se habían quedado en Alemania tomaron la decisión de salir de la sociedad con el deseo de salvarla de la disolución.[23]

En el tomo III de su libro, Jones señala:

> [...] acerca de esta decisión, la opinión terminó por dividirse. Algunos habían juzgado digno que la sociedad, en signo de protes-

ta, se hubiera disuelto ella misma, como lo hicieron más tarde nuestros colegas de Holanda, en una ocasión semejante (*on a similar ocassion*). Pero en esa época subsistía todavía la mínima esperanza de poder salvar alguna cosa.

[...] Yo debo al doctor Heinz Kohut –dice la autora– [la información] que apenas instalado en Berlín el doctor Bernhardt Kamm, un analista que no era judío, rompe para protestar contra el Instituto y decide emigrar.[24]

Ahora bien, Jones afirma que «algunos judíos, que todavía estaban presentes, ofrecieron su dimisión para salvar a la asociación de la disolución».[25] Esta versión es seguida por Boehm quien, pleno de eufemismos, insinúa que los judíos habrían podido decidir generosa y libremente en esas circunstancias. Habría que señalar que cuando Jones se refería a *algunos judíos* que todavía quedaban se trataba de 18; es decir, la mitad de los integrantes de la asociación.

[...] Yo debo decir una cosa muy desagradable: después de la guerra, después de que los crímenes terribles de los alemanes habían salido a la luz [...] Boehm ha declarado en una reunión (el texto no ha sido publicado) que la más grande proporción de judíos del antiguo Instituto de Psicoanálisis de Berlín había, de todas maneras, incomodado.[26]

Al respecto, Jones, en una carta dirigida a Anna Freud, alude a la referida reunión de noviembre de 1935, especificando los tres puntos de discusión en ésta. El primero era saber si había que disolver la DGP, y señala que sólo una minoría estaba a favor; el segundo, si era cuestión de suprimir la afiliación a la IPA. Afirma que Boehm y muchos otros apoyaron esa medida, mientras que Harald Schultz-Hencke y Carl Müller-Braunschweig estuvieron en contra. El tercer punto de discusión era el álgido punto de la expulsión de los judíos de la DGP. Sobre éste, sostiene:

En la reunión precedente, los judíos y los no judíos en conjunto habían tomado la decisión unánime a favor de la dimisión

> inmediata de los judíos, y que esta cuestión, ya decidida, no necesitaba mi caución. Sin embargo, ante la noticia de mi visita, los judíos han cambiado de opinión y me han presentado buenos argumentos contra la lógica de presentar su dimisión en ese momento. Más allá de sus argumentos, yo veía ciertos peligros que tal acción podía tener para la sociedad misma, dando a entender que el pretendido mundo ideológico del psicoanálisis es idéntico a la ideología judía, en contradicción con la *weltanschauung* nazi.[27]

Al presentar estos puntos, Jones sorprendió a Boehm, quien creía que el asunto ya estaba arreglado. Pero finalmente, los judíos terminaron por *irse*.

Quienes creyeron que esta nueva concesión al poder nazi apaciguaría la situación, muy pronto, en febrero de 1936, recibieron la noticia del departamento médico del Ministerio del Interior, que si bien consideraba al psicoanálisis como una *terapia útil*, se les aconsejaba, por razones de concepción de mundo (*weltanschauung*), no referirse a Freud ni a su obra. Y les propusieron asociarse a otras escuelas, en un nuevo instituto común. En el mes de marzo de 1936, los nazis confiscaron el conjunto de bienes, libros y revistas de las ediciones internacionales sobre el psicoanálisis.

Ya a finales de 1935, el 26 de noviembre, Otto Fenichel había visto con suma claridad hacia dónde se dirigía la situación y en una carta escrita desde Praga se lo dijo a Jones:

> A nuestro entender, la sociedad alemana se dirige sin eficacia y se expone inútilmente a riesgos muy ciertos por las diversas medidas que ella trata de aplicar. Si se considera la tendencia dominante actual, la sociedad alemana no podrá protegerse por el hecho de hacer desaparecer las fotos del profesor de los muros del instituto para reemplazarlas por otras, más al gusto del día; o bien reduciendo el gran número de sus miembros judíos por razones raciales; o bien exigiendo promesas escritas de los practicantes de escoger a un tipo particular de pacientes. [...] Yo comprendo la situación difícil en la cual la sociedad se encuentra,

así como los esfuerzos actuales para distanciarse en relación a un cierto colega. Sin embargo, yo creo que los colegas no comprenden una cosa: durante el periodo de esta «limpieza», una resistencia tenaz, a propósito del verdadero problema, ha sido su manera de protegerse; es decir, que deben exponer sus puntos de vista lo más alto posible, que los analistas en ejercicio no pueden ser tenidos por responsables de las eventuales transgresiones de sus pacientes.[28]

Lúcida crítica de Fenichel, al mismo tiempo que ofrece una *solución* harto frágil y desesperada, no exenta de cierta ingenuidad. En 1936, la DGP se retira de la Asociación Psicoanalítica Internacional (IPA). En mayo de 1936, se inaugura la nueva asociación que iba a federar a las diferentes escuelas: el Instituto Alemán para la Investigación Psicológica y la Psicoterapia, bajo la dirección de Mathias Heinrich Göring, sobrino de Hermann Göring,[29] del cual la DGP, una vez disuelta (en 1938) formaría parte con nuevo nombre: *Grupo de trabajo A*.[30] En julio de 1936, Jones se reunió con Boehm, Müller-Braunschweig y Göring para negociar con este último la inserción de la DGP en dicho instituto. En él, se van a federar las diferentes escuelas de psicoterapia alemanas *puramente arias*.

Mathias H. Göring había suscrito que la DAAGP, en su artículo 2, hiciera un voto de incondicionalidad a Hitler, y que en el 7 existiera el *imprimatur* sobre todas las publicaciones, e incluso la posibilidad de interrumpir a los conferencistas que abordaran temas considerados prohibidos. Con ello había renunciado, si tomamos *a la letra* lo suscrito, a la libertad de pensamiento y circulación de las ideas en una sociedad que decía tener visos científicos. Este individuo, doctor en derecho (1900) y en medicina (1907), asistente de Kraepelin (1909-1910), se había formado como psicoterapeuta con Seif y Kuenkel, discípulos de Adler, y estaba ligado, desde 1928, a la AAGP. También es considerado como ferviente nacionalista y pietista, y aunque era un:

[...] nazi convencido, no era considerado peligroso para aquellos que pensaban de otro modo: no lo veían ni prestando la mano a la represión del Estado ni librándose a la denuncia. Aunque todos esos elementos no deben engañar en cuanto a su firme decisión de purificar la nueva medicina psicológica alemana de toda influencia judía alemana.[31]

Para hacer más compleja la situación, hay que señalar que la esposa de Göring estaba en análisis con Werner Kemper y, como se verá posteriormente, aparentemente esta *analizada* actuaba también como informante que ayudaba a proteger a los colegas de Kemper.

1.1. La imposible neutralidad política de los psicoanalistas en Alemania y Austria, y no solamente ahí

Ante esta serie de sucesos, todavía existía, en algunos, la idea de tratar de salvar algo de la institución psicoanalítica. Maria Langer, de ascendencia austriaca, estaba en formación psicoanalítica en 1934 y en análisis con Richard Sterba, y además pertenecía al Partido Comunista. Esta doble pertenencia, además de ser judía, se tornó para ella demasiado complicada –léase, inviable.

> Vivir con el psicoanálisis y con el partido comunista no era muy fácil. [...] En febrero de 1934, cuando también la socialdemocracia ya estaba proscrita, ocurrió un hecho que terminaría por dar fin a mi experiencia de formación psicoanalítica de Viena. En Berlín, Hitler estaba ya en el poder. La Gestapo aprehendió a Edith Jakobson después de seguir a uno de sus pacientes.[32] Para proteger al psicoanálisis [y al psicoanalista] y a sus pacientes, se reunió la plana mayor en torno a Herr Profesor, como llamaban todos a Freud, y dictaminó que ningún analista podía militar en ningún partido clandestino, ni menos aún tratar a personas que lo estuvieran haciendo. El Partido Socialista, el Comunista, hasta los Nacional Socialistas eran clandestinos. [...] Esto ponía a los analistas en la alternativa o de interrumpir el tratamiento de sus pacientes, lo que va en contra de la ética

médica, porque la gran mayoría no eran pacientes didácticos y había pacientes graves, o a los pacientes de evitar el tema en el curso de las sesiones, lo que va contra las reglas analíticas más elementales; o a la pareja analista-analizado, de violar las disposiciones de la institución.

Mi analista me comunicó este *dictum*, según él [sostenido por] Herr Professor (hace apenas unos años me enteré en Viena de que la medida había sido promovida por P. Federn), y me dijo que debíamos atenernos a él. Yo, desde luego, seguí militando y guardando en la militancia la mayor reserva acerca del análisis, y en éste acerca de la militancia. Muy pronto, Sterba me dio de alta. [...] Me dolió este final, no me hizo bien, pero igualmente aceptaba que, mientras ardía el mundo, no era tiempo de mirarse el propio ombligo.[33]

Más claramente no se pueden expresar las difíciles disyuntivas que se planteaban en esa época en Austria, previamente a la *anschluss*. La doctora Lockot abunda en el tema al afirmar que, desde su punto de vista, una vez iniciada la serie de golpes del proyecto nazi, con el propósito de instaurar una dictadura, los objetivos de un tratamiento psicoterapéutico «no podían llevarse a cabo», ya que todas las adquisiciones culturales habían sido declaradas nulas. Porque cuando no existen condiciones sociales para estar libres del miedo, un supuesto elemental para operar psicoanalíticamente no se cumple, debido a que sólo se trata de sobrevivir y adaptarse. E insinúa que había algunos que postulaban mantenerse en su puesto, incluso mientras se dieran los bombardeos. Claro, con el consiguiente peligro para los pacientes temerarios o sometidos por la trasferencias a morir en el diván, analizando los *objetos internos*, y haciendo poco caso de lo externo que tendía a explotar –por ejemplo, Melanie Klein analizó durante la guerra en Londres.

A. El caso de Edith Jacobson

Esta psicoanalista y profesora fue miembro de la DGP desde 1928. Fue arrestada por la Gestapo el 25 de octubre de 1935.

Pertenecía a un grupo de resistencia que se hacía llamar Neu Beginen (Comenzar de nuevo) –grupo social demócrata que se había separado del grupo Miles y que «había comenzado, en febrero de 1933, a resistir por medios ilegales».[34] A finales de 1935, numerosos integrantes fueron arrestados, pero la Gestapo no logró destruir al grupo. Al militar clandestinamente, Edith Jacobson ocasionó que sus colegas de la DGP y la IPA no supieran nada sobre el tipo de actividades a los que se dedicaba, cuando fue arrestada.

Nic Hoel –un analista noruego, integrante de la DGP desde 1934– sirvió de informante a E. Jones. Jones intentó organizar una operación política y médica para liberarla, pero Boehm lo impidió, porque temió que «comprometiera» a la DGP, y ésta fuera disuelta por los nazis.

En el acta de acusación, se decía que la doctora Jacobson había conocido a cierto personaje que utilizaba el apartamento de la aludida para supuestamente ofrecer conferencias acerca del psicoanálisis, pero en realidad era un pretexto para llevar a cabo discusiones sobre marxismo y fascismo. El expediente señala que la acusada reconoció los hechos. Fue juzgada y se le impusieron dos años de prisión. No obstante, a raíz de una operación, a finales de 1937, logró un permiso al término del año siguiente, y finalmente logró huir a New York en 1939.

El caso Jacobson puso en jaque la supuesta neutralidad psicoanalítica en un régimen totalitario, ya que bastaba un caso con ese tipo de militancia para sospechar de todos los psicoanalistas, quienes ya estaban bajo la lupa de los nazis y eran considerados como peligrosos y virtuales promotores de la desagregación de la nación y las identidades. Cuando menos algunos nazis que se tomaron la molestia, poco tiempo después, de leer *El Hombre Moisés* –del judío malquerido, de apellido Freud–, pudieron corroborar algunas de sus sospechas.

Precisamente, es Nic Hoel quien plantea con precisión el asunto Jacobson en un reporte que le dirige a E. Jones. En él relata que había hablado con Anna Freud y que ella le había pedido que le transmitiera a Fenichel la enorme presión a la que estaba sujeto Boehm, y que además habían abordado el tema de madame Jacobson. Madame Freud estaba convencida de que la mencionada:

> [...] había actuado sin precaución, poniendo al movimiento psicoanalítico en peligro [...] La acusación no era, como lo habíamos creído al principio, que ella tenía un paciente muy politizado, sino que ella había permitido a ese paciente, así como a otros militantes, reunirse en su casa.
>
> [...] Ella decía que Edith había traicionado a Boehm porque no le había informado ni de la existencia de ese paciente, ni de que había otorgado su acuerdo para que se dieran las reuniones en su casa. Yo le he respondido que quizás Edith, por conciencia personal, encontraba que era imposible de poner a su paciente en situación de romper el análisis, que le era imposible por lo tanto informar a Boehm. [...] ¿Cómo Boehm habría podido ver al ministro de Cultura y discutir con él de la conformidad del psicoanálisis con los ideales alemanes, sabiendo esas otras cosas?
>
> [...] Como mínimo, se podría decir que su comportamiento demuestra una cierta ingenuidad, tanto analítica como política, pero no se puede hablar de traición. [...] Anna Freud dice que el psicoanálisis debe primar antes que cualquier otra cosa, pero yo encuentro que es una fórmula muy simple. *Ahora nosotros vemos en Berlín la terrible obligación que tiene Boehm de esconder informaciones científicas; ahora que los analistas están obligados por el gobierno alemán de seguir (no solo formalmente, sino realmente) las teorías alemanas. Yo pienso que es una ilusión el creer que se puede mantener la ciencia psicoanalítica fuera de todos estos factores, como una ciencia pura. Mi punto de vista es que esos analistas no son neutros. Lo menos que se puede decir es que están obligados pasivamente a abandonar el aspecto de la investigación, de la encuesta, que es el análisis.* [Con Boehm] hablamos de Fenichel, él me ha explicado que su *aislamiento* provenía del peligro que él representa en tanto que hombre, donde el solo nombre podía ser acto de acusación para otras personas, que la Gestapo lo había buscado en el Instituto, y que la suegra de Fenichel había sido arrestada.[35]

Esta cita, aunada a la de Marie Langer, alude directamente a la cuestión de las condiciones –de posibilidad e imposibilidad– de operación del dispositivo psicoanalítico, en una situación política de esas características, a inicios de la consolidación del régimen nazi. Aunque se trata de casos en un *extremo* del abanico, sirven de reveladores de la fragilidad en la que se encontraba basada la escucha analítica. Edith Jacobson, en una situación, imagino, insoportable para ella, decidió aunar a su posición de analista la de militante clandestina. ¿En qué momento terminaba una y comenzaba la otra, y qué distancia analítica mínima tenía ante su paciente y, al mismo tiempo, compañero de militancia? A saber.

En la medida en que ambas mujeres, Langer y Jacobson, eran militantes –una analista y la otra paciente–, estaban obligadas a transgredir las reglas que crean el artificio de una *suspensión* temporal de la dimensión política y de la convención de no *guardarse nada*, en lo posible. Su posición desconfiguraba el marco de referencia habitual en el cual el psicoanálisis puede operar, que es un marco de relativa paz, dentro de la violencia que conforma todo sistema social.

En el otro extremo, otros trataron de colocarse como dispuestos a ceder lo necesario para intentar salvar lo salvable de la institución y de su práctica clínica, procurando cercenar y recortar artificialmente, tanto los contextos sociopolíticos, como a los integrantes de la institución bajo sospecha de los nazis, o prescribiendo los buenos candidatos al análisis para que no volvieran demasiado explícito lo no neutralizable de la realidad política, que se resistía a ser transfigurada por los filtros de la rejilla interpretativa psicoanalítica.

En síntesis, ambas posiciones que se comienzan a decantar ofrecen argumentos que resultan irreductibles. A finales de 1935 se debaten en «un clima de extrema tensión, entre tres opciones posibles: desmantelar la organización, retirarse de la IPA o separar a sus miembros judíos».[36] Los que intentan salvar a la institución y el ejercicio del psicoanálisis y los que consideran que ya no existen condiciones ni institucionales ni contextuales para su ejercicio, se reencontrarán después de la guerra una vez los hechos consumados y la polémica seguirá con otra opción: «si la salvamos al precio de algunas concesiones»; ésta, en realidad, sólo contribuyó a liquidarla o, dicho más amablemente, conmocionarla.

Robert Castel es muy preciso al describir las condiciones de posibilidad de la supuesta neutralidad psicoanalítica. Su posición, que está dedicada a quienes se creían los subversivos, siguiendo las enseñanzas de Lacan, no fue escuchada en su momento. Y lo que nos llegó a México fue la ilusoria e ingenua propuesta de la supuesta *dinamita del inconsciente*,[37] aunque también, los originales aportes clínicos de esta corriente.

> Para que la neutralidad sea posible, es necesario que se haya cumplido por lo menos una de las dos condiciones siguientes:
>
> Que exista en el trasfondo de la relación una especie de situación de endogamia social y política, el doble conformismo del analista y del analizado en el sentido de la conformidad de sus ideas con las ideas dominantes, que elimina de facto el problema político.
>
> Que cuando el consenso no esté dado desde un comienzo, las reglas de la convención analítica sean lo bastante fuertes para invalidar las diferencias respecto de las posiciones sociales y políticas que existen entre los asociados.
>
> [...] Los problemas del sujeto, como los del analista, no se plantean en el plano de la producción y la explotación [...] todo está organizado de manera tal que la realidad exterior[38] no se imponga brutalmente a la atención. Se sabe, desde un principio, que hay que dirigir la mirada hacia la escena primitiva, la novela familiar, etcétera. Y no hacia una grosera causalidad objetiva; todo en la situación de los protagonistas tiende a mantenerlos en la ilusión que escapa a ella.[39]

Y para ejemplificarlo, Castel se refiere a dos casos: el de la Alemania nazi y el de las dictaduras del Cono Sur. En el primer caso, se concluyó con el intento de realizar el triple recorte descrito con anterioridad: el habitual de la realidad sociopolítica, tanto de la institución como el de los participantes en el proceso analítico; el de los miembros judíos y, finalmente, el de los pacientes o analistas militantes. En el segundo caso, no se dirigieron expresamente los regímenes militares a los judíos, pero sí a los militantes y a las posiciones políticas de los analistas como ciudadanos. En ninguno de los dos casos fue posible eludir y transfigurar el *peso de lo real no psíquico*,[40] protegiéndose en la otra escena y en los vericuetos del análisis del deseo. Dramas que, como señala Castel, son:

> [...] muy elocuentes respecto al contexto *normal*, que exige el psicoanálisis más trivial [...] se trata de nada menos que estar al abrigo del destino social para que las dos partes puedan consagrarse a la elucidación de su destino individual. Pero dado que no sufrimos la violencia social en sus formas extremas, nos sentimos tentados de olvidar [...] que ella impregna la vida cotidiana en forma atenuada. El psicoanálisis supone la posibilidad objetiva de este olvido o, por lo menos, de esta puesta entre paréntesis.
>
> La negativa a neutralizar la dimensión específica de lo político, a dejarse *interpretar*, es una violación de la convención que provoca una crisis en la relación. [...] El dispositivo psicoanalítico implica, como su condición de posibilidad [...], aquello mismo que excluye para existir.[41]

Dicho esto, se entiende mejor aquello sobre lo que Karen Brecht pone los puntos sobre las íes: lo que denomina el *dilema irreductible* de la IPA, en los tiempos del nacionalsocialismo.

> El asunto Edith Jacobson pone en evidencia el dilema irreductible de la IPA, condenando, por un lado, la colaboración de los psicoanalistas alemanes y, por el otro, la participación a la resistencia activa. Jamás el conflicto fue objeto de una reflexión general, y no encuentra lugar en la tradición consciente de la IPA. Las minutas de la asamblea general de esta asociación, reunida en Zurich, en 1949, para su primer congreso de la posguerra, muestran bien que no se osa abordar la delicada cuestión de la adaptación de los psicoanalistas alemanes al nacionalsocialismo. Sin

embargo, no dejará de explicitar la necesidad de separar el buen grano de la cizaña. Esta cuestión domina la discusión alrededor de la reintegración de la DGP, en el seno de la IPA, aunque el acento fue desplazado sobre la distinción entre la buena y la mala formación psicoanalítica. En ese nivel fue posible separar los borregos negros de los blancos.[42]

B. El camino hacia la purificación final

Entre el 11 y 12 de marzo de 1938, Alemania invade Austria. Ese mismo día, grupos de las SA[43] asaltan la casa de Freud. Ocho días después, Anna Freud es arrestada por la Gestapo, durante un día. El 4 de junio, el octogenario Sigmund Freud deja Viena rumbo a su exilio londinense, gracias, entre otros apoyos, a la princesa Marie Bonaparte.[44] La situación analítica en Viena es desoladora: «de ciento dos analistas y candidatos, no quedan sino dos».[45] Esta desolada situación es la que encontraría Igor Caruso al llegar a esa ciudad a finales de 1941, o inicios de 1942. Su *irreductible dilema* austriaco tendrá otros elementos, más allá de aquellos que se les presentaron a los psicoanalistas alemanes que se quedaron a ejercer en su patria.

En noviembre del año citado, se disolvió la Asociación Psicoanalítica Alemana (DGP):

> [...] a la cual desde marzo había tenido que anexionarse la vienesa, para integrarse en el Grupo de trabajo A del Instituto Alemán para la Psicoterapia.[46] Este instituto, que coordinaba a todas las asociaciones del III Reich, fue dirigido por el doctor Mathias H. Göring [...] y para poder ejercer la psicoterapia había que incorporarse a él y someterse a sus dictados; *pero, en realidad, fuera de cierta censura y cierto control sobre las actividades de sus miembros, no pudo obtener la cooperación para sus delirantes (cuando no criminales) designios; para la mayoría* –y sobre todo para los psicoanalistas arios y especialmente los no médicos– la pertenencia a esta organización de cobertura les garantizaba *hasta cierto punto* la posibilidad de proseguir su formación y su ejercicio profesional, en las ya de por sí adversas condiciones bélicas.[47]

Esta descripción de Armando Suárez permite hacerse una idea de lo que éste consideraba como los efectos específicos que el psicoanálisis había sufrido durante el nacionalsocialismo. Si el referido Instituto Alemán solo ejercía «cierta censura y control» y había un margen para no someterse a sus «delirantes o criminales designios», ¿quiere esto decir que no necesariamente la vida de los terapeutas estaba en juego, si no eran judíos? Al parecer, sí fue el caso.

En otro contexto, el margen para no tener que participar en los «criminales designios» no primó en el caso de Caruso, ya que según las palabras de su colega Raoul Schindler, entrevistado por la doctora List, como trabajaba en el Am Spiegelgrund, no le quedaba otra posibilidad sino obedecer a sus amos nazis y hacer los famosos diagnósticos que podían ayudar a fatales conclusiones. Al parecer, el juicio del doctor Schindler era inapelable; no obstante, por la información recabada hasta ahora, no es posible tomarlo tal cual, a la letra. Con respecto al Instituto Göring, hay otros autores que no opinan como Armando Suárez respecto del margen de libertad que dejaba, ni tampoco la ambigüedad del hasta *cierto punto*.

Los ya citados Lohmann y Rosenkötter, al hacer el balance del periodo nacionalsocialista, señalan que en sus predecesores la fidelidad al psicoanálisis, como ciencia e institución, se dio bajo la convicción de que habría salido intacto frente al fascismo hitleriano, pero que cuestionados por sus colegas más jóvenes, tuvieron que reconsiderar su posición. Ello debido a que al analizar los documentos que conocían vagamente, llegaron a la conclusión que no era posible seguir sosteniendo una opinión «tan unívoca».

Añaden que los analistas alemanes, si bien no militaron en el nazismo –salvo una excepción–; en su mayoría, estuvieron dispuestos a someterse al *führerprinnzip*, encarnado por Mathias Göring, y a resolver su condición de víctimas del racismo nazi. Además, no sólo se pusieron a disposición por la vía administrativa, sino que incluso –en el caso de Müller-Braunschweig– se avanzó por la línea del biologismo nazi. Creyeron que podrían salvar lo esencial del psicoanálisis, cediendo a la purificación de los judíos y sólo haciéndolo representar por los *arios*. Haciendo esto, los autores se preguntan si el psicoanálisis alemán no habría trastocado el umbral en el cual se anulaba como tal. La respuesta que se darían deja un margen para pensar que a pesar de todo el traspasamiento del umbral, no lo había anulado sin más.

Aluden al hecho de que los signos que llegaban de Viena, entre 1933 y 1938, se prestaban a equívocos y ambigüedades. Afirman, por ejemplo, que:

> La pasividad de Freud, su rechazo para abandonar Austria a tiempo, su espera finalmente de poder mantener la neutralidad del psicoanálisis *autoriza* las inadvertencias o equivocaciones. No hay que olvidar que Freud, miembro de una minoría perseguida [...] no quería atraer sobre sus colegas *arios* la persecución conocida por los judíos.
>
> [...] De hecho recaía sobre los psicoanalistas *arios* la iniciativa de una franca solidaridad, como más tarde fue el caso de los psicoanalistas holandeses.
>
> Tampoco se puede obviar que el antiguo presidente de la IPA, Ernest Jones, participó en la limpieza del psicoanálisis en Alemania. Él fue una pieza importante, por su presencia y consejos de la *arianización* de la dirección del DGP en 1933, como de la sociedad entera en 1935. Su encuentro con M. H. Göring en Bali, en 1936, da luz verde para el fagocitaje de la DGP por el Instituto Göring. Boehm podía interpretar la posición adoptada por Jones y su disponibilidad al compromiso, como justificación de su propia conducta.[48]

Terminan afirmando que si se quiere hacer un juicio mesurado, no se puede, sin más, hacer un juicio puramente negativo acerca de la actividad de los psicoanalistas en Alemania. *Si bien consideran que es imposible maquillar su integración a las organizaciones nazis, su sumisión al racismo y su traición a los colegas judíos, así como la manera de transformar al psicoanálisis en una psicoterapia y la renuncia completa a la función crítica*:

> Todos los documentos hoy disponibles permiten ver que los freudianos del Instituto no mostraron complacencia en relación al régimen nazi, sino la que fue necesaria para ejercer su trabajo sin ser molestados. En el grupo de trabajo A, solamente Eckart von Sydow fue miembro del partido nazi, y efectuaba trabajos bajo contrato para los SS, con una línea directamente política. Todos los otros analistas se limitaron al tratamiento de pacientes y a las actividades de enseñanza.
>
> [Por otra parte] no vemos nada infamante en los cuidados médicos dados a una adolescente de 17 años, hija de un oficial SS. Mme. Kalau von Hofe y otros opusieron públicamente su propia concepción psicogenética de la homosexualidad a la doctrina biologizante, entonces en curso.
>
> [...] Si bien M. H. Göring tenía las obras de Freud encerradas en el *armario de los venenos*, no podía impedir que ellas circularan, por la vía del préstamo personal, entre los miembros del Instituto y los becarios.
>
> Después de la guerra, el grupo psicoanalítico se pudo reconstituir en Berlín. Y después de severos enfrentamientos, se forma, en 1949, la Asociación Alemana de Psicoanálisis (DPV)[49] [la cual, se convirtió en una] rama de la Asociación Internacional de Psicoanálisis (IPA).[50]

A pesar de señalar contundentemente lo que consideran como negativo en la actuación de sus maestros –y en eso van más lejos que el análisis ofrecido por Armando Suárez–, al final, piensan que sus predecesores *arios*, al no «mostrar complacencia» frente al poder nazi, sino solamente la «disposición necesaria» para seguir ejerciendo sus trabajo sin ser molestados, lograron ejercer su oficio sin tener que traicionar la causa y práctica del psicoanálisis.

Es decir, suponen que finalmente lograron aislar con éxito el contexto nacionalsocialista que aparentemente, según la opinión de estos autores, no formaba parte de la relación analítica, sino que podía ser perfectamente recortado, como si se tratara de un dato exterior al dispositivo, y controlable a voluntad.[51] Digamos que parecería tratarse de un ejemplo contundente de un comportamiento denegativo que, en palabras de Octave Manonni, se enuncia de esta forma: «Ya lo sé, pero aun así».

Regine Lockot analiza críticamente el tipo de escrituras de la historia del psicoanálisis alemán después de la guerra. Igualmente, señala que rápidamente se encuentra la conflictiva pugna entre la DPV y la DGP, ya que cada sociedad reivindica ser la verdadera sucesora del Instituto Psicoanalítico de Berlín. Y afirma que todos los autores que escriben acerca del destino del psicoanálisis en el nacionalsocialismo:

> [...] comienzan por una declaración de principios; los unos lo tienen por *liquidado*; los otros como *conmocionado*; y los terceros escriben que fue *salvado* [...] Los psicoanalistas que aceptan el psicoanálisis clásico como el único que los compromete, dicen mucho más seguido que fue *liquidado*. Ellos se atienen a la tradición que ha sido creada por Jones en su biografía de Freud (1962).[52]

La otra tradición, la de aquellos que pertenecen al círculo de Boehm y Schultz-Hencke, habla más bien de haber *salvado* al psicoanálisis. Si en un caso se ofrece la imagen de la víctima del nacionalsocialismo; en el otro, se configura la imagen del personaje *secretamente heroico*. Entonces, ¿qué precio moral, teórico y técnico implicó, para el movimiento psicoanalítico, borrar a todos sus miembros judíos de la lista de pertenencia de las asociaciones alemana, vienesa y holandesa, entre otras, empezando por Freud?[53]

En primer lugar, el precio de quedar marcado por una contundente falta elemental de solidaridad con una parte de los integrantes a quienes contribuyó a excluir. Con ese acto, corroboró y prolongó en su territorio el racismo nazi. Ahora bien, *lo que en el campo psicoanalítico se objetiva como exclusión, no fue sino el primer paso de un proyecto de exterminación, sin eufemismos que valgan*. Saberse cómplice cabal del primer paso no es ciertamente algo para llenarse de orgullo. Unos todavía seguirán afirmando: "lo hicimos para salvar la institución, la teoría y la práctica". Y no faltarán quienes se lo crean.

E. Jones, en agosto de 1949, redacta un reporte de la situación de la DGP que sirve para conocer lo que se consideraba desde la cúpula de la IPA respecto a la salida del conflicto armado.

> La sociedad alemana ha debido someterse al mismo procedimiento de nivelación que las otras asociaciones científicas bajo el régimen nazi, y ella se emancipa difícilmente de la fusión y confusión de las diversas escuelas de psicoterapia. Ella se reconstituye después de la guerra y nosotros le hemos acordado un reconocimiento provisorio. La situación allá no es del todo satisfactoria. [...] No es fácil decir cuántos de los treinta y siete miembros son todavía psicoanalistas en los términos reconocidos. El doctor Müller y el doctor Bohem hacen esfuerzos magníficos para mejorar la situación y para realizar una verdadera formación.
>
> [...] La sociedad alemana ha sido disuelta antes de la guerra, así como la sociedad vienesa. Después de la guerra, el doctor Müller-Brauinschweig no ha anunciado, en 1946, la reconstrucción nueva, que obviamente nosotros hemos acogido con gusto.
>
> [...] Sin embargo, desde entonces, las informaciones acerca de la situación de la sociedad alemana son muy confusas. [...] parece que la presión mantenida con el fin de amalgamar las diferentes formas de psicoterapia –Jung, Adler, Freud, el neoanálisis– en un sólo conjunto ha debido influir sobre los integrantes durante estos diez o doce años. Lo que es probable es que ciertos analistas han permanecido... honestos y verdaderos psicoanalistas [...] El doctor Múller... nos ha mostrado ayer un bello ejemplo de ello.
>
> En el otro extremo, al parecer ha habido otros que no deberíamos considerar como tales. Entre los dos, un número indefinido. [...] La discusión en el seno del Comité Central Ejecutivo giraba alrededor del hecho de que esta sociedad, trabajando siempre bajo la égida del Instituto Alemán de Psicoterapia –por lo tanto, sometida a una formación mezclada–, no es del todo eso que se puede denominar como una sociedad de psicoanálisis.[54]

El doctor Werner Kemper le retruca que la «simbiosis con el Instituto Alemán de Psicoterapia era *inevitable*». Y le recuerda a Jones algunos de los problemas que enfrentaban durante el nazismo; por ejemplo, que por tratar a un paciente judío, se provocaba el envío a un campo de concentración. Y dice que antes el grupo portaba el estigma de *marxista*, y ahora de una *desviación burguesa*. Y que ciertamente no se contaba «ningún nazi entre ellos».

La discusión sigue y el doctor Müller-Braunschweig se va directamente contra el neoanálisis de Schultz-Hencke, respecto al cual sostiene:

> El neoanálisis es el resultado de la eliminación draconiana de todo aspecto del psicoanálisis, que en el desarrollo de esta ciencia ha suscitado resistencia.
>
> [...] Suprime los grandes conceptos de Freud. [...] El inconsciente del psicoanálisis no es concebido como un dominio de la psique, con su propio modo de funcionamiento...[55]

Esto da lugar a un intercambio de cartas entre Schultz-Hencke y Müller-Braunschweig cada vez más ríspido. En una carta del doctor Müller, dirigida a los miembros de la Sociedad Psicoanalítica Alemana, éste les comunica que las dudas del Comité Central Ejecutivo terminarían respecto a dicha sociedad, «si nosotros tomamos claramente distancia de los grupos no psicoanalíticos, y en particular con M. Schultz-Hencke».[56]

Finalmente, lo que Freud le predijo a M. Eitingon, con relación a Shultz-Hencke, parece haberse cumplido parcialmente. Concluyo este apartado con otro comentario de K. Brecht respecto a los dilemas y cuestionamientos de la historización del psicoanálisis en Alemania y, por concomitancia, en Austria.[57] Dejo para una futura investigación el enfrentamiento del psicoanálisis francés durante la guerra, ya que una de las genealogías del CPM proviene de ese lugar.

> En 1950, Müller-Braunschweig funda la Asociación Alemana de Psicoanálisis (DPV) (Deutsche Psychoanalytische Vereinigung). [...] Él decide separarse de la DGP cuando le fue evidente que no podría lograr su objetivo de instaurar un programa de formación

psicoanalítico independiente en el seno de la DGP. Esta separación hizo entrever una posibilidad ilusoria a los miembros de la DPV, ya que creyeron poder justificar su pasado de colaboradores y sentirse rehabilitados por el hecho de la exclusión de la DGP por la IPA.

Ni Müller-Braunschweig, ni el pequeño grupo fundador de la DPV, tampoco Boehm y la DGP, hicieron un análisis exacto de su propia historia. [...] Durante ese periodo, al contrario, la DPV cultiva una falsa identidad, pretendiendo reunir los *mejores alemanes*, por su pasado, y reclamándose incluso de los *mejores padres alemanes* que aquellos de la DGP, o incluso *padres judíos*. Alexander Mitscherlich termina por ocupar un lugar de primer plan, tanto en el seno de la DPV, como al exterior, su debate crítico con el nacionalsocialismo le asegura una fachada conveniente detrás de la cual desaparece muy oportunamente la historia verdadera del psicoanálisis en Alemania.

[...] Gracias a una serie de confrontaciones y de reflexiones alrededor de los diferentes puntos de vista, la DPV descubre hoy el pasado y se recuerda cada vez más certeramente.[58]

El doctor Mijolla ciertamente es menos piadoso en su diagnóstico respecto de Müller-Braunschweig, Boehm y Schultz-Hencke que respecto a Carl G. Jung. Veamos:

A la pregunta muy poco matizada[59] de Daniel Vigneron, sobre si acaso el objetivo de los psicoanalistas arios:

¿Era *solamente* servirse del psicoanálisis para preparar al individuo a aceptar la ideología totalitaria?

M: Evidentemente. Carl Müller-Braunschweig, Felix Boehm y Harald Schultz-Hencke, el futuro fundador del *neopsicoanálisis*, buscaban poner la psicoterapia al servicio del régimen. Müller-Braunschweig escribe, en un famoso artículo intitulado «Psicoanálisis y concepción de mundo»: «en buenas manos, el psicoanálisis se esfuerza en transformar los *ineptos* en personas enérgicas y comprometidas con la vida». Su *psicoterapia* era una mezcla de teorías freudianas, adlerianas y junguianas para hacer perfectos arios.

Naturalmente, después de la guerra, estos practicantes buscaron justificarse arguyendo haber mantenido contra viento y marea el psicoanálisis. Hay, sin duda, algo de verdad en esta afirmación, pero...

[En Francia...] René Laforgue tendrá una correspondencia nutrida con Matthias Göering y buscará incluso –sin éxito– fundar en Francia una asociación hermana de su instituto *nazificado*.[60]

El siguiente comentario del psicoanalista alemán Georg Bruns ofrece una manera de plantear la continuación de los *dilemas irreductibles* en un contexto actual:

Nosotros, los alemanes, vivimos escindidos entre la lealtad a nuestros padres nazis y la identificación con las víctimas; el resultado de la escisión es una parálisis de la creatividad.[61]

Y a todo esto, por si hiciera falta, habría que añadirle la complicación de por lo menos dos historias de una Alemania dividida, que con la reunificación terminaron por confrontarse, en una Alemania descrita lúcidamente por Hans Magnus Ezensberger, muchos años antes, en 1963:

Nosotros pertenecemos a dos partes de un todo que no existe: dos partes de las cuales cada una niega ser una parte y actúa a nombre del todo, como si ella fuera un todo. Ese todo, que no tiene más existencia propia, está a la vez cortado en dos. Esta situación pasa por ser a la vez provisoria y definitiva. [...] cada parte rechaza a la otra toda existencia o derecho de existencia.

[...] En esas condiciones, decir nosotros es a la vez resorte de la terminología oficial, y alta traición. Ese término tiene, sin embargo, dos significaciones que se condicionan y se excluyen mutuamente.

Decir nosotros en Alemania es librarse a una serie de aporías, que no son solamente aporías económicas, ideológicas o políticas, sino aporías de identidad.[62]

Anexo 2
Werner Kemper, Anna Kattrin Kemper e Igor A. Caruso

El historiador Hans Füchtner desarrolla una investigación acerca del psicoanalista Werner Kemper y su supuesta relación con el nazismo, así como sobre su papel como actor central en la historia del psicoanálisis en Río de Janeiro. En su texto –cuyas versiones publicadas en francés, portugués y alemán fueron censuradas–, Füchtner intenta restituir la imagen dse Kemper, de quien dice que ha sido «injustamente considerado como un antiguo nazi». De dicha investigación se extrae una *lección*:

> El comportamiento de Kemper conlleva [...] un aspecto ejemplar, del cual se puede extraer una enseñanza. La de reconocer la necesidad de comprender y analizar por qué Kemper y algunos otros analistas, no solamente alemanes, han estado largo tiempo convencidos del error que la adaptación al régimen nazi iba a permitir salvar al psicoanálisis en el seno del mismo régimen. Habría que comprender también por qué algunos han podido sostener retrospectivamente que ellos han triunfado, sin que esta ilusión sobre ellos mismos se tope con contradicciones. Eso tiene que ver con su ingenuidad política y su ceguera social.
>
> Sus errores no son el problema de algunas personas aisladas [...] Al contrario, la ingenuidad política y la ceguera social forman parte de la concepción dominante del psicoanálisis que Robert Castel denomina como psicoanalismo. El psicoanalismo es la abstracción del psicoanálisis de sus fines sociopolíticos, de sus determinaciones socioeconómicas, de sus constreñimientos institucionales y de su responsabilidad social.[1]

A Kemper, instalado en Berlín durante la guerra, no le fue nada bien. Según Füchtner, fue acusado del arresto de su amigo y analizado Rittmeister –quien, a su vez, fue acusado de complotar contra Hitler, dado que pertenecía a un grupo de resistencia, Rote Kapelle, y fue fusilado en septiembre de 1942. Esta acusación, según el historiador alemán, es uno más de los infundios contra Kemper. De otro lado, este tenía en análisis nada menos que a Erna, la esposa de Matthias Heinrich Göring. En sus memorias, Kemper relata:

> La señora Göring, por ejemplo, cuando ella tenía informaciones en las que alguien de nosotros estaba amenazado, pasaba de manera discreta consignas insignificantes, pero que eran suficientemente comprensibles para quien sabía entender.[2]

Sin embargo, Kemper, al parecer, no se enteró por la citada señora del inminente arresto de su amigo y analizado. En cambio, se comprueba que a diferencia de todos los demás miembros del instituto, Kemper no obedeció la orden de interrumpir su contacto con Rittmeister en la cárcel. Manejada con suspicacia, esta información se prestaría a pensar que debido a que Kemper analizaba a madame Erna Göring, tenía cierta protección. Lo notable es que dicha madame tuviera la posibilidad de contar sus avatares sin cortapisas. Bueno, es un decir.

Además, el hecho que fuera una *doble agente*: *psicoanalizada* e informante, introducía aún más densidad a la situación. *En todo caso, la burbuja artificial para implementar el dispositivo psicoanalítico clásico, del psicoanálisis de closet, o pasado por agua, estaba minada irremediablemente, como ya señalé en los casos de Marie Langer y Edith Jacobson.* Ello porque para hablar de la historia personal o de las relaciones con papá y mamá, etcétera, se necesitan ciertas condiciones.

Por ejemplo, que no se deje *entrar* –lo que, por otra parte, está ya dentro, pero neutralizado en buena medida– la situación sociopolítica.[3] Y cuando esta *irrumpe* y sobrepasa cierto umbral, a decidir en cada ocasión, termina por determinar la situación analítica. Y, entonces, el estatuto de la escucha y la práctica psicoanalítica, en su conjunto, cambia sustancialmente. Los psicoanalistas pueden emitir sus discursos supuestamente radicales, cargados de idealismo, sólo cuando la situación sociopolítica no totaliza los comportamientos.

Por esta razón, Füchtner concluye su argumentación señalando que Kemper había *minimizado* su implicación con el régimen y que no quiso reconocer «el carácter problemático de su colaboración con el Instituto Göring, así como de la adaptación del psicoanálisis al régimen del cual él era uno de sus representantes».[4] Minimización que, afirma, no se limitó a Kemper, sino se extendió a otros colegas de éste, que fueron demasiado clementes en juzgar la actuación de Göring dentro del régimen nazi. Actitud que les permitió evitar la pregunta central: «¿en qué consistió la colaboración del instituto al régimen nazi?».[5]

Lo llamativo de este texto, erudito e informado, es que al mismo tiempo que sostiene la inocencia de Kemper, afirma acerca de Igor Caruso, sin presentar ninguna prueba, lo siguiente:

> La ironía es que después de su divorcio [de Kemper], Anna Kattrin Kemper se asocia con Igor Caruso, con el cual funda el Círculo Psicoanalítico de Río de Janeiro, hacia el final de los años sesenta.[6] Es decir que –muy probablemente, sin saberlo– ella ha colaborado con este analista, del cual la culpabilidad terrorífica ha sido probada posteriormente. *Caruso había, en efecto, participado en el asesinato de niños deficientes, en tanto que experto psicológico.*[7]

La afirmación es contundente: «participó en el asesinato de niños». ¿De qué manera participó? No lo menciona. Y además no cita de dónde extrajo tal afirmación. Hasta donde se puede colegir, se trata de un texto escrito antes de que fuera publicado el de Eveline List y el de Benetka-Rudolph.¿Esto querría decir que las informaciones corroboradas por List ya circulaban con ese nivel de contundencia? Si fuera así, ¿de qué manera y a partir de qué datos *duros*? No lo sabría decir.

Anexo 3
Puntualizaciones acerca del freudomarxismo (Armando Suárez)

Me parece útil citar algunos párrafos del texto de A. Suárez acerca del freudomarxismo, dado que sirvió de guía a algunos miembros del CPM en este heterogéneo y vasto territorio. Las citas son producto del texto leído en el coloquio desarrollado en julio de 1974, en la Facultad de Ciencias Políticas de la UNAM, y publicado en un texto colectivo titulado «Razón, locura y sociedad». Fue convocado por el propio Suárez y, entre otros, asistieron como participantes Franco Basaglia, Igor Caruso, Marie Langer y Eliseo Verón.

> El freudomarxismo es un movimiento ideológico-crítico-práctico, protagonizado por un grupo no organizado de psicoanalistas de la segunda generación que despliega su actividad en el ámbito cultural y político austro-alemán, entre 1926 y 1933. Su proyecto histórico común es la integración de la teoría y la práctica psicoanalíticas al materialismo histórico y al movimiento obrero inspirado en él. Los protagonistas del movimiento son: Sigfried Bernfeld (1892-1953), Wilhem Reich (1897-1957), Otto Fenichel (1898-1946) y Erich Fromm (1900-1980), a los que, en diversos momentos y con distinto grado de afinidad y compromiso, se unirían otros psicoanalistas: Paul Federn, Annie Reich, Richard Sterba y Georg Simmel entre otros. [Se trata] de una generación que había vivido la primera guerra mundial en las trincheras (salvo Fromm), que era testigo de la división del movimiento obrero, desgarrado entre la socialdemocracia y el partido comunista, que veía con cierta esperanza el experimento ruso tras la victoria bolchevique y empezaba a sentir la ola de violenta irracionalidad antisemita del movimiento nazi.

[...] la división y la derrota paulatina del movimiento obrero que conduciría a la victoria sin lucha de los nazis, junto al triunfo teóricamente inesperado del comunismo en Rusia, puso sobre el tapete la problemática del *factor subjetivo* en la revolución. Cuando las *condiciones objetivas* para la revolución socialista parecían dadas, algo *no marchaba* en los *sujetos históricos* (líderes y masas), en tanto daba tan paradójicos resultados.

[...] Bernfeld procede de la pedagogía, pertenece al ala izquierda socialista del movimiento sionista. Reich se incorpora al dispensario psicoanalítico de Viena (fundado en 1922 y del que será director desde 1928 hasta 1930) y toma ahí su primer contacto con la miseria sexual y psicológica de las masas proletarias; la represión brutal que el municipio socialdemócrata vienés hace a una manifestación obrera de protesta, lo obliga a asumir una militancia política. En 1929 fundará, con otros camaradas, la Sozialistische Gesellschaft für Sexualberatung un Sexualforschung, que en poco tiempo pondrá en funcionamiento seis centros de higiene sexual. Fenichel tendrá una participación más teórica y a nivel de discusiones con intelectuales obreros, y cooperará, en 1934, en la oposición marxista dentro del psicoanálisis. Fromm, que se forma junto con Fenichel en Berlín, rehúsa también la militancia política, pero hará contribuciones teórico-metodológicas importantes en este periodo y, sobre todo, será enlace entre el movimiento freudomarxista y la Escuela de Frankfurt: Theodor Adorno, Max Horkheimer y Herbert Marcuse.

[...] La adhesión de los freudomarxistas al psicoanálisis es, en principio, sin reservas, pero la comprensión y asimilación de sus premisas teóricas y de la índole y el alcance de la revolución freudiana son desiguales. Desigual también, pero mucho más débil e incompleta, es su asimilación del marxismo, al que acceden dentro del marco interpretativo dominante entonces en la II Internacional: positivista, mecanicista, economicista y voluntarista. Su debate con los ideólogos y los burócratas del movimiento obrero y de la Internacional se desarrollará bajo el signo de un doble malentendido, tanto para el psicoanálisis, como del materialismo histórico. Su praxis política tuvo que desarrollarse contra la oposición desconfiada e incomprensiva de los dos cuadros de sus dos movimientos de referencia. La Internacionale Psychoanalytische Verein (IPV o IPA) y las organizaciones obreras (comunista y socialdemócrata, sobre todo). El destino común de todos ellos fue el exilio, con breves estaciones de paso, a Estados Unidos. El más señero y comprometido de todos, Wilhelm Reich, fue expulsado del Partido Comunista Alemán en 1932, y de la IPV en 1934, y tras una estancia azarosa en Noruega, se estableció en 1939 en los Estados Unidos, donde desarrollaría una teoría (la orgonomía) y una praxis terapéutica (la vegetoterapia), que ya nada tendrían que ver ni con el psicoanálisis ni con el marxismo. Sigfried Bernfeld y Otto Fenichel, que permanecerían en el seno de la IPV, renunciarían a toda vinculación con la problemática marxista y a toda intervención social. Erich Fromm abandonaría, años más tarde, la Internacional Psychionalytical Associatión y desarrollaría un sistema propio, *el psicoanálisis humanista*, combinación híbrida de un psicoanálisis sin metapsicología (ni libido ni tópica), un *marxismo humanista* (sin lucha de clases, no determinación, en última instancia, por la economía) y una vaga religiosidad (trascendencia sin Dios), centrada en la elaboración del concepto de carácter social y comprometida con un rescate de los *valores humanos*.[1] El resto de los que participaron en el movimiento siguieron su carrera en la IPV, entregados a la clínica.[2]

Esta primera generación de la izquierda freudiana, así como su heterogénea aportación, quedó descoyuntada, edulcorada y francamente neutralizada. Pasaría un buen tiempo para que *retornara* la *otra escena*: la política, filtrada y eufemizada por las categorías psicoanalíticas. Como pertinentemente lo señala A. Suárez:

> El proyecto histórico de los freudomarxistas [...] fue abortado. En los términos en que los protagonistas de la empresa definían las prácticas que de articular se trataba, el proyecto era quizás inviable; las analogías formuladas eran más bien formales y superficiales y desconocían, en gran parte, el núcleo epistemológico de ambas teorías. El proyecto era además históricamente prematuro. El movimiento psicoanalítico, que apenas había superado su etapa de ostracismo y marginación de *la ciudad de la ciencia*, empezaba

a consolidar posiciones en Europa y Estados Unidos, y estaba aún demasiado fascinado por su propio descubrimiento y celoso de su autonomía para permitirse confrontaciones con una teoría de la sociedad y de la historia que tenía ya ocupadas todas las posiciones que el *psicoanálisis aplicado* pretendía conquistar. Por su parte, los ideólogos del Comintern no podían hacer otra cosa que trasmitir las exigencias impuestas al internacionalismo proletario por la «construcción del socialismo en un solo país», que tenía otras prioridades. Si es cierto que Freud desconoció la verdadera índole del materialismo histórico, no es menos cierto que ninguna de las grandes cabezas del marxismo contemporáneo –empezando por Lenin– mostraron la más mínima comprensión del psicoanálisis. Sólo Trotski mostró simpatía y un germen de comprensión, pero no calibró toda su importancia, ni le dedicó estudio especial alguno, y si rompió alguna lanza por el psicoanálisis, fue en su combate a muerte con el estalinismo. Pero, sobre todo el proyecto histórico del freudomarxismo fue abortado por la irrupción brutal en Alemania [y en Austria] del nacionalsocialismo. Si la empresa de [W.] Reich encontró cada vez más prevención y rechazo dentro del movimiento psicoanalítico, no fue tanto por lo que podía significar de adulteración del freudismo, sino porque lo exponía a los ataques del fascismo en ascenso. Reich fue *cabeza de turco* en este intento de prevenir la aniquilación del movimiento psicoanalítico. Marie Langer ha contado la perplejidad y la confusión trágicas del propio Freud, al pedir a los analistas que no tomaran en análisis a militantes o, en caso de aceptarlos, les prohibieran proseguir su militancia. De nada sirvieron estas componendas.

[...] Durante todo el periodo de la dominación nazi fascista en Europa, el psicoanálisis freudiano –no así el jungiano– fue proscrito. Más exactamente: los analistas freudianos no *fichados* pudieron seguir trabajando conjuntamente con adlerianos y jungianos, dentro de un mismo instituto y aceptando las modificaciones teórico-técnicas impuestas por Schultz-Hencke.[3]

A. Suárez alude a los aportes, posteriores a la guerra, de H. Marcuse, E. Bloch y J. P. Sartre. Del primero señala que fue en el verano de 1956 que tanto el Instituto de Investigaciones Sociales de Frankfurt (Adorno y Horkheimer), como la Universidad de Heidelberg, promovieron un ciclo de conferencias acerca de *Freud en la actualidad*, lo cual dio pie a que Herbert Marcuse presentara dos conferencias, que constituyeron el germen de su libro *Eros y Civilización*, publicado en 1956, y traducido al castellano en 1967.

Caruso aprovechó al vuelo, y a su muy especial manera, los aportes del antiguo miembro de la escuela de Frankfurt. A su vez, Ernest Bloch escribió, en 1959, su obra de referencia *Das Prinzip Hoffnung* [*El principio de esperanza*]. En este texto, debate con Freud a quien *toma en serio*. Bloch, refiere Suárez:

> [...] captó una dimensión esencial de la derrota del movimiento obrero frente al fascismo, al declarar: «los nazis proferían mentiras, pero hablaban a hombres; los comunistas decían verdades, pero hablaban de cosas».
>
> En 1960, Jean Paul Sartre, después de haber intentado un *ersatz* existencialista del psicoanálisis en *El ser y la nada*, publica su *Crítica de la razón dialéctica*, donde plantea de nuevo la cuestión de las *mediaciones* necesarias para la comprensión de la subjetividad, invocando entre ellas el papel imprescindible del psicoanálisis. En la trama de su argumentación se encuentran estas dos declaraciones programáticas:
>
> «Hoy sólo el psicoanálisis permite estudiar a fondo la aventura por la cual un niño, en la oscuridad y a tientas, va a tratar de desempeñar sin comprenderlo el personaje social que le imponen los adultos, y solo él nos mostrará si se ahoga en su papel, si trata de evadirse de él o si lo asimila enteramente». Y: «los marxistas de hoy no se preocupan más que de los adultos: leyéndolos uno creería que nacemos en la edad en que ganamos nuestro primer salario. Han olvidado su propia infancia y todo ocurre, leyéndolos, como si los hombres experimentaran su alienación y su reificación en su propio trabajo por vez primera, siendo así que cada uno vive por vez primera, como niño, en el trabajo de sus padres».[4]

Después, en la década de los sesenta, Althusser publicaría un texto intitulado *Freud y Lacan* y, posteriormente, *La izquierda lacaniana*, con Jean Oury, Félix Guattari y la *psicoterapia institucional*, y el texto del segundo, intitulado *Psicoanálisis y transversalidad*, así como los de Michel Tort, siguiendo la línea althusseriana y sosteniendo el supuesto de la inserción del psicoanálisis en el *continente* del materialismo histórico. También, los usos de la noción de *corte epistemológico* de Gastón Bachelard, ya en los setenta, en América Latina, para aludir a la *ciencia* freudiana frente a las ideologías de las diferentes psicologías. Podemos decir que la *subversión* psicoanalítica se traslada, en parte, del campo político al teórico, enmarcado en el eje ciencia versus ideología.[5]

Por un tiempo corto, todavía la cuestión del corte se centraría dentro del campo psicoanalítico, en la discusión entre el *verdadero* psicoanálisis, el lacaniano, frente al freudiano, *infestado* supuestamente de ideología. Aquí todavía los compañeros de ruta, hasta ese momento, podían decir: «está bien, estamos en el camino correcto, el lacaniano, pero pueden existir, aunque sea con dificultades, dos moradas: la freudo-lacaniana y la *auténtica* lacaniana, con Freud *desplazado*.[6]

A partir de entonces y mientras se dirimía quién sería el depositario legal de la obra de Lacan, la lucha en la metrópoli sería descarnada y tendería a reproducirse en las *colonias*. Finalmente, el yerno de Lacan –Jacques A. Miller– se quedaría con los derechos a mediados de los ochenta y, si logra vivir hasta el 2020, probablemente terminará de publicar los seminarios completos.

No obstante, la muerte de Lacan desplazaría el debate, esta vez, hacia dentro del campo lacaniano y, entonces, el *estadio del espejo textual* del citado estallaría y comenzaría una lucha por la verdadera interpretación de éste. Ya no se trataría tanto del *retorno a Freud*, sino de quién tiene desde entonces la correcta lectura y la práctica legítima que se desprenden de la enseñanza de Lacan, sea el primer Lacan, el segundo o el tercero, más lo que se acumule.

En la misma década en la que se comenzó a configurar el debate ciencia versus ideología y sus posteriores desplazamientos en el Cono Sur –Argentina y Uruguay–, a finales de la década de los sesenta e inicios de los setenta, un puñado de psicoanalistas reunidos en los grupos Plataforma y Documentos comienzan a escuchar nuevamente el fragor del mundo y los sonidos del conflicto político, que tendió a quedar refractado en los divanes como si se tratara de una cuestión enmarcada en los problemas personales, y como efecto de los *objetos internos*.

Esta vez, la segunda generación de la izquierda –ahora freudo-kleniana, o también freudo-althusseriana– terminaría en el exilio, por sus posiciones ciudadanas que pretendían utilizar las nociones psicoanalíticas para contribuir a la «liberación de América Latina». O, como ya señalé, de manera más teórica e interna, al propio psicoanálisis: «liberar al psicoanálisis de la diversas ideologías». Sin embargo, el exilio comenzó a mediatizar a la mayoría; cuando menos, a los mexicanos. Y sus aportes fueron, entre otros, su crítica a la institución psicoanalítica; los elementos para pensar los grupos, las familias y las parejas; introdujeron nuevos enfoques acerca de las psicosis, y contribuyeron sustancialmente a la transformación del campo psicoanalítico mexicano y de sus maneras de legitimar a los psicoanalistas.

No obstante, una parte derivó hacia la *subversión del deseo. Si la revolución no se pudo realizar, al menos hagamos la rigurosa ascesis que nos lleve a la caída de los significantes amo*, lo que Suárez denomina *el repliegue hacia la pura interioridad del analizado*. En términos marxistas, y esto no sólo valdría para los exiliados, no deja de ser interesante atender al siguiente argumento de Suárez:

> En cuanto terapeutas [los psicoanalistas], no forman parte de las fuerzas productivas, sino de los restauradores de las fuerzas de trabajo; por su clientela habitual –en la medida en que su trabajo se reduce al consultorio o a las clínicas privadas–, ni siquiera restauran la fuerza de trabajo de los productores directos, sino de los *cuadros*. Viven de las *migajas del plusvalor*.

E inspirándose en R. Castel, Suárez así cierra la argumentación:

La *extraterritorialidad* invocada explícita o implícitamente por algunos analistas es indudablemente una ilusión. Robert Castel ha insistido con toda razón en este punto.

[Finalmente,] la teoría –el materialismo dialéctico como práctica teórica– no puede deslindar competencias definitivamente, sino marcar puntos y modalidades posibles de relación (constitución, préstamo, modelo, analogía, crítica, etcétera).[7]

En fin, el texto de Suárez ofrece muchos más puntos de reflexión y polémica de los cuales no cito sino una parte. Me interesaba mostrar algunas de sus aportaciones para dar una idea de cómo marcó, en su momento, una posición del CPM ante el heterogéneo debate que se suscitó en las décadas de los sesenta y setenta. Debate del que, a estas alturas, se recuerda muy poco, pero en el que se plantearon cuestiones que persisten, aunque hayan quedado en las sombras o claramente devaluadas.

Anexo 4
M. Heidegger ante sus críticos: Derrida, Faye, Gadamer, Habermas, Jaspers, Lacoue-Labarthe, Marcuse, etc.

Voy a retomar una nota al pie de página que referí anteriormente, cuando aludí a una carta que Herbert Marcuse le dirigió a Heidegger, porque implica un tipo de crítica acerca del filósofo que ya no lo deja solamente enmarcado en una especie de *lapsus* que tuvo entre 1933 y 1934 al apoyar al nacionalsocialismo, sino que, incluso, después de la guerra mantiene su posición de aquel periodo. Me parece útil abundar en el tema, ya que dicho filósofo se convirtió además en un buen ejemplo de las dificultades para enfrentar con probidad su relación con el nazismo. Pero aclaro que no pretendo invalidar sin más la obra filosófica de Heidegger; esto, además de pretencioso, sería absurdo.

Este apartado pretende continuar la interrogación que hice respecto a Caruso, acerca de *si se puede ser psicoanalista después de.* Esta vez la hago respecto al que se supone el filósofo más importante de la primera mitad del siglo XX. Y me lo planteo de la siguiente manera: ¿Se puede separar limpiamente la obra de dicho filósofo y su compromiso con el nazismo? O dicha de otra menra: ¿La obra filosófica de Heidegger tiene tal coherencia propia que el episodio nazi, que no sólo sería durante el rectorado, quedaría como pura exterioridad sin afectar el corpus conceptual? Para ello, me voy a apoyar de entrada en un texto de Emmanuel Faye, intitulado *Heidegger, l'introduction du nazisme dans la philosophie. Autour des séminaires inedits de 1933-1935.*[1]

Empezaré por una entrevista en la que la periodista Iris Radisch pregunta a Faye sobre cuál pretende que sea su aporte central.

IR: Usted defiende, desde hace mucho tiempo, la tesis según la cual los compromisos de la filosofía de Heidegger con el nacionalsocialismo no se limitan a algunos elementos marginales, sino que afecta el corazón. ¿Los *Cuadernos negros* ofrecen una nueva percepción de Heidegger?[2]

EF: Yo tuve conocimiento, en la primavera pasada, del hecho que los primeros *Cahiers noirs* [*Cuadernos negros*] contenían *reflexiones* antisemitas explícitas y de una gran radicalidad. Pero, es obvio que no podremos hacernos un juicio completo acerca de esos textos sino hasta que sean publicados.

Pero, desde ahora, lo que es extremamente perturbador es saber que Heidegger mismo ha programado la publicación de sus proposiciones antisemitas, al final de su obra integral. Si como él lo dice, estas constituyen *caminos y no obras*, eso significa que este antisemitismo radical no ha tenido un término en 1945.

Nosotros sabemos que él habla en los *Cahiers noirs* de la *ausencia de mundo* en el judaísmo. Eso expresaría la tenaz habilidad a contar, y a calcular los judíos. Además de retomar el estereotipo antisemita del judío calculador, se puede decir que se trata de una radicalización. Los judíos no sólo son considerados como apátridas, ellos están descritos definitivamente como *sin mundo*. ¿Habría que recordar que la ausencia de mundo es una expresión que Heidegger no utiliza ni siquiera para los animales, de los que dice solamente, en un curso en 1929, [que son] *pobres de mundo*? En esta deshumanización completa del judaísmo, los judíos no tienen lugar en el mundo o, más bien, no lo han tenido nunca. Nosotros descubrimos, de esta manera, que la noción heideggeriana del *ser en el mundo*, central en *El ser y el tiempo*, puede revestir [o recubrir] la significación de un término discriminatorio, con intención antisemita. No pueden *ser-en-el-mundo* aquellos que están por esencia desprovistos de suelo, de mundo y de todo arraigo ligándolo al ser. Heidegger, en efecto, pone igualmente en causa el *desarraigo* de todo siendo fuera del ser, que caracterizaría, según él, el *judaísmo mundial*.

IR: Heidegger, muy seguido, ha establecido la distinción entre un *nacionalsocialismo espiritual* y un *nacionalsocialismo primario.* ¿Qué significa esta distinción?

EF: Efectivamente, Heidegger se coloca en el espíritu de vanguardia del movimiento. Él desprecia a aquellos que, como el escritor Guido Kolbenheyer, se quedan en *una biología liberal envejecida*, heredada del darwinismo anglosajón. [En cambio,] él coloca el racismo *völkisch* a la altura del destino *metafísico*, respondiendo a la necesidad de la *historia del ser.* Al mismo tiempo, él sabe tomar las medidas más concretas, como cuando en abril de 1934, todavía rector, él pide con energía, para la Universidad de Friburgo, una cátedra en la cual serán enseñadas *la doctrina racial y la biología hereditaria.*

[...] I.R: ¿Cuáles son las obras de Heidegger que, para usted, están marcadas por el fascismo? ¿Desea él un mundo sin judíos?

EF: Heidegger exalta, en su curso del verano de 1934, el encuentro en Venecia de Hitler y de Mussolini y él los representa, dos años más tarde, en un curso sobre Schelling, como habiendo iniciado ambos una *contra-corriente* saludable al nihilismo europeo. Sin embargo, para ser precisos, no habría que tenerlo por un fascista, sino más bien por un nacionalsocialista. Vea, por ejemplo, cómo en su curso *De la esencia de la verdad*, del invierno 1933-1934, él hace el elogio de la *visión de mundo nacionalsocialista* como efectuando una *transformación total*, un *proyecto mundial* –es Heidegger el que lo dice– a partir de la cual el nacionalsocialismo aparece como *la trasformación fundamental del mundo alemán y [...] europeo.* Como se puede ver, el concepto de *mundo* está siempre en el centro de sus propuestas.

Es en el mismo curso que él exhorta a sus estudiantes a trabajar teniendo *como meta la exterminación total* del enemigo, que puede *haberse incrustado en la raíz íntima del dasein de un pueblo.* Desgraciadamente, no se trata de una fantasía, sino de una preparación mental para lo peor porque, como precisa Heidegger, se busca *iniciar el ataque sobre la larga duración.*

Se puede decir, según las formulaciones que él emplea en 1929, en una carta a Victor Schwoerer, que él combate [de la] «la judaización creciente [se daría] en el sentido estrecho y amplio».[3] Por una parte, él lucha contra todo eso que resulta de esta judaización tomada en sentido amplio: el individualismo visto como *liberal*, el pensamiento universalista y racional, y eso que él denomina, en el inicio de su curso del verano de 1932, como el *cristianismo judío*, que constituye su blanco privilegiado. De otra parte, él se dirige a personas precisas, como cuando su informe implica la revocación del filósofo Richard Hönigswald, de la Universidad de Munich.

Más ampliamente, hay que recordar que el antisemitismo teológico-político está muy presente en Hitler y en Rosenberg. A su vez, ¿cómo la eliminación completa del *espíritu judío* no pasaría por una violencia concreta en relación a los individuos existentes? ¿Cómo separar el deseo de tener un mundo sin espíritu judío y la muerte concreta de los judíos reales? La historia del siglo XX nos ha mostrado que los dos son indisociables.

IR: Los editores del Diccionario Heidegger sostienen que en los 84 volúmenes de la *Gesamtausgabe* no se encuentra *una sola frase antisemita.* Pero se ha querido impedir la publicación del discurso del rectorado en París. ¿Sobre qué se fundan esas reacciones en Francia?

EF: Usted tiene razón en poner en evidencia esta negación de la realidad histórica y textual, que caracteriza a muchas publicaciones heideggerianas en Francia. Ese estado de espíritu, proviene directamente de la manera en el cual Heidegger ha opuesto el destino histórico, o como lo han traducido a veces en Francia, *historial*, al conocimiento histórico (*historische*). Esta oposición ha desviado [disuadido, alejado] muchas generaciones de filósofos de la toma en serio de la historia efectiva.

La falsificación por Heidegger de sus propios textos ha jugado también un gran papel. A partir de los manuscritos originales conservados en Marbach, Sidonie Kellerer ha mostrado cómo modificó Heidegger el texto de su conferencia de 1938, «La época de las imágenes de mundo», cuando él lo ha publicado en 1950, en *Los caminos que no llevan a ninguna parte.* De un manifiesto nacionalsocialista, él ha realizado un pretendido texto crítico en relación al nacionalsocialismo.

Yo puedo, por otra parte, revelar un ejemplo todavía desconocido de falsificación mayor: en el terrible curso del invierno de 1933-1934, donde es cuestión de la *exterminación total,* el editor inserta una crítica del escritor nazi Guido Kolbenheyer sobre la fe de una frase manuscrita de Heidegger. Esta crítica es presentada como habiendo sido pronunciada el 30 de enero de 1934, en el momento de la *fiesta anual de la revolución nacionalsocialista.* Curiosamente, el manuscrito que ha servido de base a la edición, inventariada todavía en 1995, en los archivos de Marbach, hoy ha sido declarado como perdido.

Pero, otro manuscrito, descubierto por Franck Jolles, nos muestra que, ese día, Heidegger llegó tarde a su curso porque había querido escuchar en su integralidad el discurso interminable del führer. Muy animado, el rector afirma que él «tomaría las medidas para que a partir de ese momento el conjunto de los estudiantes y de los maestros tenga al interior de la universidad la posibilidad de escuchar colectivamente la palabra del führer». A lo que le sigue una defensa entusiasta para el nuevo régimen: «Hoy es el primer aniversario del día donde el Estado alemán anterior ha debido abandonar su ser propio y ha sido traspuesto en una nueva realidad del pueblo [...] El movimiento nacionasocialista es desde ese día el fundamento portador y el dominio verdaderamente rector del Estado alemán». En resumen, los propósitos no tienen nada de críticos: Heidegger proyecta la continuidad del poder nacionalsocialista hacia un porvenir lejano. Por ejemplo, afirma que «no se trata simplemente de construir alguna cosa para los próximos años, nosotros debemos, al contrario, también asegurar, todavía en cincuenta o cien años, un porvenir común histórico de nuestro pueblo. Eso va a utilizar las fuerzas todavía intactas de una generación».[4]

Nosotros podemos ver hasta qué punto los propósitos efectivos de Heidegger son diferentes a eso que ha sido editado en la obra integral y desde entonces es frecuentemente citado, sobre todo en el diccionario del cual usted habla, en relación a una supuesta distancia en relación al nacionalsocialismo, lo cual constituye un grave error de apreciación. En efecto, los reproches expresados en relación de Kolbenheyer son circunstanciados y limitados, y no constituyen una crítica del nacionalsocialismo. Y se puede ver, con este ejemplo, cuáles son los efectos negadores de la realidad que puede tener la manipulación de un texto con fines de exculpación.

[...] Eso que es realmente nuevo es que los últimos textos conocidos nos confirman que los conceptos más centrales de Heidegger, como aquellos de suelo, de mundo o de historicidad, tienen un contenido más directamente político que filosófico. Y cuando se ve qué recusación *metafísica* del *judaísmo mundial* desarrolla, se llega a ser más reservado acerca de los usos sucesivos de la palabra *metafísica.* Es, pues, previsible que la relación apologética a Heidegger, largo tiempo dominante, va progresivamente a ceder el lugar a una relación mucho más crítica de sus textos.

[...] Desde mediados de los años 60, por ejemplo, Hans Blumenberg había sabido mostrar en *La legitimidad de los tiempos modernos* que la *historia del ser* no ofrece *otra cosa al hombre que la sumisión.* Ahora que nosotros sabemos a dónde nos quieren llevar los caminos de Heidegger, nosotros podemos encontrar los medios filosóficos de liberarnos de esa sumisión.[5]

4.1. Herbert Marcuse cuestiona a Martin Heidegger

> Hoy todavía se cree que la conmoción de los judíos, en 1933, se explica por el hecho de que Hitler tomara el poder. [...] La toma del poder era naturalmente un desastre, pero era una cuestión política, no una personal.
>
> Para saber que los nazis eran nuestros enemigos, para eso no necesitábamos saber que Hitler se hiciese con el poder. ¡Por favor! Desde hacía al menos cuatro años, era completamente evidente para todo el que no fuese un estúpido. Y también sabíamos que una parte grande del pueblo alemán estaba con ellos. Nada de esto podía ya sorprendernos.

> El verdadero problema personal no fue lo que hicieron nuestros enemigos, sino lo que hicieron nuestros amigos, es la marea de la *uniformación* que, en buena medida, era voluntaria, o que en todo caso no estaba aún bajo la presión del terror. Fue como si en torno a nosotros se abriese un espacio vacío.
>
> HANNAH ARENDT.[6]

E. Faye afirma que se ha glosado mucho acerca del supuesto silencio de Heidegger concerniente al exterminio de los judíos de Europa por los nazis. En realidad, él no se calló, eso que ha expresado es *aún peor que el silencio*. Veamos al respecto la carta que, el 28 de agosto de 1947, le dirige Herbert Marcuse desde Washington:

> Un filósofo puede equivocarse en política, en ese caso él reconocerá públicamente su error. Pero él no puede equivocarse acerca de un régimen que ha asesinado a millones de judíos simplemente porque eran judíos, que ha hecho del terror un estado de cosas normal y que transforma todo eso que pertenece a los conceptos de espíritu, de libertad y de verdad en su contrario sangriento.[7]

Con este cuestionamiento, Marcuse esperaba que su antiguo maestro reconociera no que se trató de un *error*, sino algo más, y que había cambiado sustancialmente de punto de vista. De otro lado, como bien lo señala Faye, para Marcuse ya no podía ser considerado como filósofo. La respuesta de Heidegger, el 20 de enero de 1948, tiene seis puntos. Veamos algunos de ellos. El primero marca la pauta: «Es muy difícil discutir con personas que no estaban más en Alemania desde 1933».

Como lo remarca Faye, Heidegger no se pregunta por las razones por las cuales Marcuse no está ya para esas fechas viviendo en Alemania. No obstante, la sola respuesta en este primer punto permite insinuar algo del siguiente tenor: «si usted hubiera vivido aquí, probablemente no me estaría interrogando de esa manera». En el punto citado, Heidegger le pregunta si ha leído completo su discurso del rectorado. En el segundo punto le dice que desde 1934 ha reconocido lo que denomina como su *error político*.

Sin embargo, Marcuse le había señalado que el término error no era conveniente para dar cuenta de la «adhesión a una empresa como el nazismo, en la cual los fines exterminadores estaban claramente explicitados desde el principio».[8] Heidegger quizás hubiera respondido a esta objeción aduciendo que Marcuse se adelantaba demasiado, al sostener esto como seguro, en 1933.

En cambio, lo que sí dice Heidegger en el punto 3, basándose en una frase de Karl Jaspers, es que «haber sobrevivido es nuestra falta». Y esto –añade Faye– sin marcar ninguna diferencia entre la situación de Jaspers –jubilado desde 1937, y donde su esposa está amenazada, en tanto que judía– con la suya, y por si hiciera falta, Heidegger –en tanto miembro reconocido del partido nazi– fue autorizado, en 1943, «a tomar sus vacaciones en Estrasburgo».

En el sexto punto, Heidegger retoma la frase de Marcuse acerca de los millones de judíos muertos para cambiar las nominaciones, al poner que en lugar de judíos se podría haber escrito *alemanes del Este* (*statt juden ostdeutsche zu sethen hat*), con la diferencia que todo lo que hace uno de los aliados –la Unión Soviética–, desde 1945, es mundialmente conocido, mientras que lo que habían hecho los nazis habría permanecido «escondido al pueblo alemán».[9]

Por esa razón, Marcuse se pregunta si después de tales afirmaciones era posible continuar con una discusión argumentada, y es por esto que su respuesta a Heidegger, a propósito de estas sustituciones, termina así:

> ¿Con esa frase no se coloca usted fuera de la dimensión en la cual una comunicación es todavía posible entre los hombres, fuera del *logos*?[10]

Ante respuestas como la Heidegger a Marcuse, Faye se pregunta:

¿En dónde estaba entonces Heidegger cuando en la noche de cristal de Friburgo las bandas nazis quemaron la antigua sinagoga que se *encontraba en el corazón de la universidad y arrestaron a múltiples judíos de la ciudad*? ¿En dónde estaba el 22 de octubre de 1940, cuando los alemanes detuvieron y deportaron a la totalidad de los judíos alemanes del país de Bade? ¿Cómo habría podido ignorar la manera en la cual se comportaban en el Este las fuerzas nazis, él, cuyos dos hijos estaban en el frente del Este? ¿Y cómo habría podido ignorar del todo él, que a lo largo de los años treinta proclamó la necesidad del *combate contra el asiático*, un término que los nacionalsocialistas no utilizaban sino para designar ante todo a los judíos?

Por otra parte, si las tropas rusas –de las cuales tres millones de hombres habían muerto de hambre en los campos nazis– seguido han dado pruebas de una rara brutalidad, no ha habido genocidio de la población de Alemania del Este.[11]

4.2. J. Habermas y su crítica a la esencialización heideggeriana

Continuando las críticas de Marcuse, cito la crítica que Jürgen Habermas le dirige a Martin Heidegger. Habermas afirma que el filósofo del ser nunca dio cabal respuesta, ni antes ni después, de cuál fue su posición ante los asesinatos masivos de los nazis, y añade que cabría sospechar que la respuesta se habría dado en términos tales que hubieran implicado *abstracción por vía de esencialización*.

Lo que sí escribió Heidegger, por ejemplo, en 1945 fue que a la sombra:

> Del dominio universal de la voluntad de poder dentro de una historia considerada en términos *planetarios*, todo viene a parar en lo mismo. En esta realidad se sitúa hoy todo, se llame comunismo, fascismo o democracia.[12]

Y añade Habermas:

[...] bajo la mirada niveladora del filósofo del ser, incluso la aniquilación de los judíos aparece como un suceso intercambiable a voluntad. Una cosa es el compromiso de Heidegger con el nacionalsocialismo, que tranquilamente podemos dejar al juicio histórico, moralmente más sobrio, de quienes nos sucedan; y otra cosa es el *comportamiento apologético de Heideggger tras la guerra, sus retoques y manipulaciones, su negativa a distanciarse públicamente del régimen al que públicamente había prestado su adhesión. Esto nos afecta como contemporáneos*, pues en la medida en que compartimos con los demás un mismo contexto de vida y una historia, tenemos derecho a pedirnos explicaciones unos a otros.[13]

4.3. Martin Heidegger y Karl Jaspers

A continuación, citaré algunos párrafos pertenecientes al texto de Anson Rabinbach, intitulado *In the Shadow of Catastrophe. German Intellectuals between Apocalypse and Enlightenment.* Principalmente, párrafos del capítulo IV en el que analiza parte de la polémica entre Heidegger y Jaspers, que complementa lo mencionado con anterioridad.

El alemán como paria
Mucho se ha escrito sobre el involucramiento de Martin Heidegger con el nacionalsocialismo, y más todavía sobre su notorio silencio respecto de los crímenes del régimen al que dio su apoyo y entusiasmo. [...] El nombre de Karl Jaspers era tan frecuentemente asociado con el de Heidegger que el primero inclusive consideró escribir un libro sobre sus diferencias. [...] Sin embargo, antes de 1933 estas asociaciones no eran totalmente arbitrarias. A principios de los años veinte, Heidegger y Jaspers se veían como [...] una especie de mancuerna filosófica que combatía resueltamente el kantianismo oficial de la época.

[...] Para Jaspers, el caso de Heidegger era la prueba máxima de los peligros que implicaba el ideal platónico del filósofo no comunicativo, cuya distancia del ámbito de lo público, junto con su soledad, lo hacía vulnerable a las seducciones de la dictadura.

[...] La *Carta sobre humanismo* de Heidegger [...] debería considerarse, en realidad, un contrapunto al llamado a ajustar cuentas con el pasado nazi, que casi al mismo tiempo hizo Jaspers en la *schuldfrage* (cuestión de culpa) [...] Tal vez por ello no resulte sorprendente que Jaspers haya enviado el libro a su antiguo amigo, con la recomendación de que podría resultarle útil leerlo en función de «tus palabras relacionadas con la *vergüenza*». La palabra *vergüenza* se refiere a una carta extraordinaria que Heidegger le envió a Jaspers el 7 de marzo de 1950 [...] aparentemente el único reconocimiento de cualquier posible responsabilidad personal vinculada con sus actividades y simpatías nazis (que tomó la forma de una carta dentro de otra carta, como para enfatizar que había sido escrita con anterioridad).

«Querido Jaspers,
A partir de 1933, no volví a entrar en tu casa, no porque una mujer judía viviera ahí, sino simplemente porque estaba avergonzado. Desde entonces no sólo no volví a pisar tu casa, sino tampoco la ciudad de Heidelberg, que para mí sólo *es* a través de tu amistad. A finales de los años treinta, cuando las persecuciones más violentas dieron inicio a la máxima de las maldades, pensé inmediatamente en tu esposa. En esa época, el profesor Wilser, a quien conocí aquí y quien tenía estrechas relaciones con círculos del partido allá, me aseguró que nada le pasaría a tu mujer. Sin embargo, la ansiedad, la impotencia y el fracaso persistieron... y no menciono esto con el fin de dar la más mínima impresión de haber intentado ayudar.»

Esta carta llegó en respuesta a la titubeante propuesta de Jaspers de que iniciaran una correspondencia filosófica, con eventuales fines de publicación, como una forma de retomar su plan de preguerra para sostener «un debate público entre los dos». [...] Según Jaspers, «si nos arriesgamos al máximo, valdrá la pena».

[...] Esta correspondencia filosófica nunca ocurrió. De hecho, la correspondencia privada entre Jaspers y Heidegger declinó después de este intercambio epistolar, y su amistad de preguerra nunca pudo ser retomada o reparada, a pesar de que continuaron intercambiando cartas y publicaciones hasta la muerte de Jaspers en 1963.

Ante Hanna Arendt, Jaspers admitió que no sólo estaba decepcionado con la respuesta de Heidegger, sino que la veía como sintomática de los resultados de sus propios esfuerzos para provocar un debate sobre la culpa alemana: «En lo que toca a las discusiones sobre la *culpa*, la esfera privada arroja un poco de luz sobre lo que podría ser posible en público. Desde su *confesión de culpa*, me contuve en mi correspondencia con Heidegger, porque sentí que no era genuina y no implicaba una real comprensión. Era superflua y sin consecuencias». La falta de reacción de Heidegger, dijo, era equivalente a la de un «gran número» de alemanes. Hizo la observación, empero, de que pese «a las graves consecuencias morales e intelectuales para nosotros, uno no puede estar exigiendo constantemente una reacción».

La percepción de Jaspers de que la *confesión* de Heidegger no era auténtica fue confirmada por la propia Arendt, quien admitió que fue ella quien la motivó, cuando lo visitó en Friburgo, en el invierno de 1949-1950.[14]

4.4. La Conferencia de Heidelberg (1988): Derrida, Gadamer, Lacoue-Labarthe

La conferencia que se dio en la universidad de Heidelberg en 1988 por invitación de Hans Georg Gadamer con Derrida y Lacoue-Labarthe, marca un hito en el debate en relación a Heidegger y el nazismo. Voy a presentar sintéticamente algunas de las posiciones de los tres citados.

Jacques Derrida interviene:

> Yo creo que si se dejara ir hacia una frase, [...] de reacción moral inmediata, o de declaración de horror, o de no perdón, una declaración que no fuese ella misma un trabajo de pensamiento, a la medida de todo eso que él había ya pensado, [...] quizás nos

> sentiríamos más fácilmente dispensados del trabajo que nosotros tenemos que hacer hoy. [...] ésta es la herencia. Y yo considero que el silencio terrorífico, quizá imperdonable de Heidegger, la ausencia de frases que nosotros quisiéramos entender, aquellas que nosotros somos capaces de pronunciar en relación al nazismo o de su relación al nazismo, esa herencia nos deja la orden de pensar eso que él no ha pensado.
>
> [...] Yo creo que quizás Heidegger se ha dicho: yo no puedo pronunciar una condenación contra el nazismo si yo no puedo decirla en un lenguaje que esté a la medida de eso que yo he dicho. Pero también a la medida de lo que ha ocurrido.
>
> [...] Ese silencio es quizá una manera honesta de conocer que no era capaz. Es una hipótesis muy arriesgada. [...] Una cierta lectura activa de Heidegger puede ayudarnos a aproximarnos a la manera de pensar de eso que nosotros condenamos.[15]

Digamos que según esto, gracias a que prefirió no facilitarse las cosas haciendo una cómoda condena moral, es que habría mucho para ser pensado. ¿Por qué habría que suponer que sólo pretendiendo estar a la altura de lo que ya había pensado, podría abandonar el doble silencio al que alude Derrida? ¿Quién en su sano juicio podría creer que podría estar a la altura de estos dos retos? Por ejemplo, pudo haber asumido humildemente que no iba a poder estar a la altura y no por eso guardar un supuesto silencio, que como se puede apreciar tampoco fue tan radical como parece. Me parece que habría y hay muchas cosas a ser pensadas, haya o no hablado.

Philippe Lacoue-Labarthe interviene a las hipótesis adelantadas por Derrida de la siguiente manera:

> Sobre un punto yo haría un remarque. Heidegger en ocasiones podía ser capaz de frases simplemente morales. [...] Pero yo estoy muy de acuerdo que si él hubiera dicho «Auschwitz es el horror absoluto», en el fondo, él habría sido absuelto por poco precio.
>
> Sin embargo, cuando menos él ha multiplicado ciertas declaraciones después de la guerra,[16] en las que no deploraba sino la suerte de los prisioneros alemanes del Este. Y él lo hacía por

otra parte con una gran simplicidad diciendo: «recordemos nosotros porque el recuerdo (andenken), es el pensamiento (denken)». Existe pues una diferencia de tratamiento que a mí, me continúa y continuará de chirriarme.

[…] Existe un movimiento muy profundo y casi devastador que afecta el pensamiento de Heidegger en los años 1935-1940. Y quizá más allá.

[…] Por ejemplo, la lectura de Nietzsche a la vez crítica y deconstructiva: por ejemplo, la problemática de la libertad con la lectura del Tratado de Schelling […] yo creo que ha comprometido un inmenso debate con el nazismo. No con el nazismo en su realidad estrictamente política, […] sino un debate sobre eso que es el nacionalsocialismo en la Historia de Occidente.

Desde el momento en que el compromiso de Heidegger procedía de la idea de que Alemania a causa del idealismo especulativo, o a causa de la filosofía entre Leibniz y Nietzsche, detentaba toda la herencia intelectual e incluso espiritual del Occidente, y desde el momento que esto ha sido realizado no solamente por Heidegger sino por todos los grandes de la tradición alemana sin excepción (yo no exento Marx), constatando que Alemania no tenía existencia histórica real, entonces se puede comprender el gesto de Heidegger en favor del nacionalsocialismo.

[…] Yo imagino que su creencia muy profunda[17] en la posibilidad de una revolución nacionalsocialista radical, es un gesto que se explica por la esperanza de ver a Alemania revelándose capaz de cumplir su destino filosófico,[18] y llegando a ser como la última figura de occidente, y por lo mismo, adquirir en fin algo del orden de su identidad o de llegar a algo [así] como su ser propio. Si eso es lo que pensaba Heidegger en 1933, y yo estoy persuadido […] que era eso lo que pensaba, entonces eso arroja otra luz no acerca de lo que era el nazismo en su realidad […] sino en todo caso en eso que podía representar en relación al pensamiento.

[…] Es quizá uno de los caminos […] que nos daría acceso a esa cosa, que yo creo profundamente impensada, que es el nacionalsocialismo.[19]

A continuación, interviene Gádamer. Además de reiterar lo *fértil* que puede resultar el que Heidegger no haya dado una respuesta en toda *buena conciencia* afirma que para él, el filósofo ha sido un verdadero *visionario en relación al porvenir*, ante el cual se inscriben una serie de problemas, por ejemplo aludiendo al texto en el cual Heidegger habla de la *fabricación industrial de la muerte*. A tal grado le resulta *visionario*, que añade:

> Esta perspectiva lo ha preocupado [a tal grado], que incluso esa vergüenza extrema para nuestra nación que es la exterminación de los judíos, incluso eso le ha parecido algo mínimo comparado al provenir que nos espera.[20]

Digamos que Gadamer parece sugerir que ya adelantado a la tragedia que nos viene, después de haber dejado pasar la que sí sucedió, esto último sí ocurrido le resultó *algo mínimo*. De nueva cuenta, en el idealismo que caracteriza a Heidegger lo que todavía es virtual o casi, parece resultarle más importante. Entonces si seguimos a la letra los comentarios de nuestros tres filósofos podríamos en parte deducir: 1, a la manera de los cristianos que dicen: ¡oh, feliz culpa que permitió tan grande redención!, parafraseando esta posición podríamos decir: ¡oh, feliz silencio que permitirá tan interesante reflexión de los que leen a Heidegger!; 2, en vez del advenimiento glorioso de la *revolución nacionalsocialista*, tendríamos el porvenir ominoso que provocará el reino de la técnica. Y en medio, lo mortífero que ya ocurrió pero se evita, encarará a fondo su tragedia, por aquello que faltan las palabras y sobran algunos tipos de silenciamiento. Lo cual hace que quede medianamente invisibilizado entre la revolución fallida y el porvenir terrible.

Y después de afirmar lo anterior Gadamer remata así:

> En cuanto a mí, les pido excusarme, cada uno tiene su propio punto de vista y el mío aquí se inscribe contra Heidegger. [...] pero es claro que no se puede disociar la filosofía heideggeriana del hecho de la exterminación que tuvo lugar en la historia de nuestro siglo.[21]

Toda la dificultad estará en dar cuenta del tipo de asociación que se da entre la tragedia ocurrida y la filosofía del citado. Y ciertamente el coloquio se quedó corto al respecto. Sólo se adelantaron algunas reflexiones para ser trabajadas como aquella que implica la responsabilidad, y que Derrida aludiendo a la filosofía de Heidegger coloca en tres ejes: el llamado originario, una culpabilidad o una deuda.

Lacoue-Labarthe aporta su reflexión sobre la responsabilidad diciendo que al asumir la *responsabilidad originaria*, Heidegger ha asumido un riesgo. «Él ha sido perfectamente consciente del salto que hacía entre pongamos algo como el llamado del ser y el salto que habría que franquear para comprometerse».[22]

Al parecer el *llamado del ser* deja al que lo escucha en una situación de salto al vacío. Es por eso que Derrida dice que «la responsabilidad no es un acto teórico, ni se define teóricamente. Y se toma, sea «lentamente, largamente, incesantemente, [...] constantemente.»[23]

La responsabilidad al implicar inevitablemente un riesgo, trae por consecuencia la posibilidad de errar.

De ahí el título de uno de los libros del filósofo Peter Trawny –a su vez editor de los citados *Cuadernos negros*–, *La liberté 'd'errer avec Heidegger.*[24]

4.5. *Peter Trawny y el antisemitismo onto histórico en Heidegger*

P. Trawny pretende partir de un tipo de interpretación acerca de los propósitos heideggerianos respecto a los judíos, procurando evitar juzgar si estos son moralmente cuestionables. Se trataría más bien de entender qué significado tienen dentro del pensamiento heideggeriano en tanto tal. La pregunta sería entonces: «¿Qué ocurre en el pensamiento de Heidegger si en un cierto contexto la *judería internacional* entra en escena como protagonista de la historia del ser».[25]

Pero reconoce que:

No se puede sin más evacuar la cuestión de la culpabilidad moral de estos propósitos. Incluso si yo intento hacerlo –y yo lo he intentado–, eso no se puede lograr. ¿Por qué?

[...] Nosotros no podemos del todo ignorar la calidad moral de esos propósitos, pues un pensamiento de la *judería internacional* después de la Shoah [la exterminación judía], no se deja reconducir a un pensamiento antes de la Shoah. Esto implica naturalmente una cierta asimetría en el debate.[26]

Para ilustrar dicha asimetría, alude a los propósitos antisemitas que se pueden encontrar en Nietzsche, por ejemplo cuando habla de la *moral de los esclavos* atribuida genealógicamente a los judíos. Propósitos que sin embargo no juzgamos de la misma manera que aquellos emitidos por Heidegger, en la medida en que éste último los escribe en un periodo concreto:

La persecución de los judíos había ya comenzado, y ante todo, en una época en donde la orientación hacia la exterminación de masas, esa «fabricación de cadáveres, ya había sido tomada». De hecho Heidegger, no solamente antes sino después de Auschvitz, ha querido pensar el papel de la *judería internacional* en la historia del ser. Por lo cual sus propuestas han tomado una significación particular.[27]

Tranwy no ha terminado de escribir lo citado, inmediatamente añade:

Nosotros no podemos estar seguros que Heidegger sabía alguna cosa respecto a los campos de exterminio. La terrible disimulación de Auschwitz no es un mito, incluso si corrían rumores.

El autor lleva más allá su planteamiento, cuando afirma que incluso inmediatamente después de la guerra el conocimiento de *la muerte de masa administrativa,* como la denominó Hannah Arendt, había sido muy poco respondido. Incluso dice que fue solamente con la difusión de la serie americana de televisión: *Holocausto. La historia de la familia Weiss* en 1978, que había comenzado una verdadera confrontación pública. O sea, después de la muerte de Heidegger ocurrida en mayo de 1976.

Pero qué quiere insinuar con esto, ¿que Heidegger ocupado en su historia del ser desde una especie de *autismo* filosófico, se pasó en babia todo el periodo nazi, y aún después de la guerra siguió sin enterarse de los campos de exterminio? Resulta no sólo muy poco verosímil, sino incluso, poco respetuoso ante semejante inteligencia.

Recuérdense los señalamientos que hace Faye: ¿en dónde se encontraba Heiddegger cuando...? Y aquellos de su inteligente ex amante H. Arendt cuando afirma que sólo para el que «no fuese un estúpido» era imposible ignorar hacia dónde se diría Hitler mucho antes de tomar el poder. Bastaba leer *Mi lucha*, desde 1925. Y que, a pesar de todo eso, Heidegger haya creído por un momento en la posibilidad de la *revolución nacionalsocialista*, deja perplejo. Por otra parte, suponer que durante la guerra no se haya preguntado e informado de lo que estaba ocurriendo, ya no digamos con los campos de concentración, sino con el plan T-4, resulta poco probable.

Finalmente sólo para dejar la discusión abierta, citaré dos párrafos de los aludidos *Cuadernos negros* en los cuales Heidegger alude a la *judería internacional.*

> El aumento temporal de la potencia de la judería tiene sus fundamentos en el hecho que la metafísica occidental, y especialmente en su desarrollo moderno, ha implementado el punto de partida para la difusión de una racionalidad y de una capacidad de cálculo sin esos vacíos.[28]
>
> En síntesis muy apretada, el aumento de la potencia de la judería estaría en relación con su *pronunciado don para el cálculo.*[29]

Segunda cita:

> La cuestión del rol de la judería internacional no es racial, sino es la cuestión de la metafísica del tipo de humanidad que puede aceptar libremente como *tarea* mundial-histórica el desarraigo de todo siendo fuera del ser.[30]

Tal libertad de la judería internacional, se refiere a una *ausencia de mundo* o en otras palabras, de patria –dice el autor. En resumen se trataría de apátridas. Producto de la dispersión sufrida por la conquista de Judá por los Babilonios en 597 antes de Cristo.

Para entender esto, hay que remitirse a lo que Heidegger designa por patria en 1940: «La patria es la apropiación de la tierra a la localidad para preparar el habitar que preserve el arribo del ser....»[31]

Según Trawny esta noción de patria no estaría ligada a una comunidad concreta vinculada nacionalmente o a un *pueblo*. Sino enracinada a la *tierra*. En el caso de la judería en la medida en que está constituida por una «diáspora privada de tierra», no le queda sino trabajar para volver la *patria imposible*. Y para lograr esto, hace acopio de una capacidad que va en el sentido del cálculo que «considera la técnica y la matemática como instrumento universal, con vistas a eliminar toda diferencia histórica entre las culturas y los pueblos».[32] Lo que termina por el desarraigo del *siendo fuera del ser*.

Heidegger añade que los judíos viven una contradicción que consiste desde esta perspectiva en tratar de vivir en relación a un principio racial al mismo tiempo que buscan suprimir las diferencias.

Es difícil que Heidegger se haya perdido inmerso como estaba en su discurso filosófico paralelo al de Hitler –el cual, especulaba poco y actuaba mucho–, emitido en 1939 en el cual habló de los desarraigados en los siguientes términos:

> Si la judería financiera internacional debiera lograr en Europa o más allá, precipitar de nuevo los pueblos en una guerra mundial, entonces el resultado no sería la bolcheviquización de la tierra y por tanto la victoria de la judería, sino la exterminación de la raza judía en Europa.[33]

Trawny considera que este discurso se puede considerar como el primer anuncio de «los actos de exterminación de los

Einsatzgruppen, de la "policía de seguridad y del SD" que comienzan con la invasión de Polonia en septiembre de 1939». Pero, además, y con esto termino estas notas, afirma que Heidegger seguía los discursos de Hitler y por lo tanto no ignoró los dichos de éste en relación a *la judería financiera internacional.*

> El espíritu, o más bien la ausencia de espíritu de esos discursos, vienen de *Los Protocolos de los Sabios de Sion.* El contexto en el cual Heidegger habla de una *judería internacional,* por todas partes *inatrapable,* se torna más claro. *La judería internacional* ha llegado a ser una potencia actuando a nivel internacional, que puede servirse de figuras determinadas (Inglaterra, Estados Unidos, Unión Soviética), sin tener que mostrarse ella misma. Heidegger reconoce manifiestamente en ella un enemigo del pueblo alemán. De otra manera no se podría comprender por qué él construye una oposición: «contra la cual la sola cosa que nos queda es sacrificar la mejor sangre de los mejores de nuestro pueblo».[34]

Sabemos que *Los Protocolos de los Sabios Sion* son una mentira de la policía Zarista que vio la luz en los albores del siglo XX, y fue uno de los libros de cabecera de Hitler, que le ayudó a construir *Mi Lucha.*[35]

Remato estas líneas aludiendo a un apátrida que se coloca en las antípodas de este discurso de la gran conspiración, al introducir una crítica contra las patrias que pretenden ser elegidas o estar por encima de los demás gracias a que se otorgan una misión histórica desde el Ser. Se trata de un tal Sigmund Freud, el cual, respondiendo a la demanda de apoyo del doctor Chaim Koffler, miembro de la Fundación para la reinstalación de los judíos en Palestina lo hace en estos términos el 26 de febrero de 1930.[36]

> Doctor
> No puedo hacer lo que usted desea [...] Quien quiera influenciar a la mayoría debe tener algo arrollador y entusiasta para decir, y eso, en mi opinión reservada sobre el sionismo, no lo permite. Sin duda tengo los mejores sentimientos de simpatía

para esfuerzos libremente consentidos, estoy orgulloso de nuestra universidad de Jerusalén y me alegro por la prosperidad de los establecimientos de nuestros colonos. Pero por otro lado, no creo que Palestina pueda algún día ser un estado judío, ni que tanto el mundo cristiano como el mundo islámico puedan un día estar dispuestos a confiar sus lugares santos al cuidado de los judíos. Me hubiera parecido más prudente fundar una patria judía en un suelo históricamente no cargado; en efecto, sé que, para un propósito tan racional, nunca se hubiera podido suscitar la exaltación de las masas, ni la cooperación de los ricos. Concedo también con pesar, que el fanatismo poco realista de nuestros compatriotas tiene su parte de responsabilidad en el despertar del recelo de los árabes. No puedo sentir la menor simpatía por una piedad mal interpretada que hace de un trozo del muro de Herodes una reliquia nacional y, a causa de ella, desafía los sentimientos de los habitantes de la región.

Juzgue usted mismo si, con un punto de vista tan crítico, soy la persona que hace falta para cumplir el rol de consolador de un pueblo quebrantado por una esperanza injustificada.

Freud.

Esta carta era el prolegómeno a lo que poco después iba a ser el texto de *El Hombre Moisés.* Y en el cual, como ya adelanté, Freud tematiza la división interna entre el fundador y el pueblo cuando propone que Moisés no era judío sino egipcio. Con lo cual atentaba contra las propuestas de los *Protocolos,* y *Mi Lucha*, pero también contra la Patria de la metafísica heideggeriana. La propuesta era muy precisa y se podría sintetizar así: la supuesta raza destructora y contaminante que vas a suprimir está habitada por el otro y lo otro, como ustedes también están.

Si Heidegger hubiera acogido estas palabras en la tierra de su filosofía, no tendríamos que estar comentando y lamentando, como una mente tan brillante no fue capaz de estar a la altura de su pensamiento. Pensamiento, por cierto minado desde dentro.

Notas

Entre la memoria y el olvido. Palabras preliminares

1. Jardin, Jean, «Mon grand-pére, mon cauchemar. La guerre de Jardin», *Nouvel Observateur.* 2427.
2. Pontalis, Jean Bertrand, «Présentation de *La Psychanalyse dans son histoire*», 1976.
3. Canal del Círculo Psicoanalítico Mexicano. Youtube.
4. Bashing: vergonzoso, atestar golpe, difamar. En: Velásquez de la Cadena, Mariano, Velázquez *Follett Dictionary. Spanish and English,* D. Appleton, Chicago, 1965, pág.68
5. Mendiola, Alfonso, *Michel de Certeau, epistemología, erótica y duelo,* Ediciones Navarra (El ojo viajero), México, 2014, p. 124 . Citado en: González, M. Fernando, «El acontecimiento y la parte Canibal de la Historia», documento, agosto 2014.
6. Lewis, A. Coser, «Las Instituciones Voraces», FCE, México, 1978.

Prólogo

1. De Certeau, Michel, *L'ecriture de l'histoire*, Gallimard, París, 2002, pág. 418. Citado en Napoli, Diana. «Michel de Certeau: la historia o la teatralización de la identidad», *Historia y Grafía*, 40 (2014), Universidad Iberoamericana, México, págs. 124-125.
2. D. Napoli, *op. cit.*, pág. 125.
3. Michel de Certeau, *Historia y psicoanálisis*, 2ª ed, UIA/ITESO, México, 2003, págs. 23-24.
4. Vernant, Jean-Pierre, *La mort dans les yeux: Figures de l'autre en Grece ancienne*, Hachette, París, 1985, págs. 47-48 y 12.
5. Kundera se interroga acerca de la cuestión de la inocencia y del si sabían o no, con relación a los totalitarismos comunistas, en los siguientes términos: «A los que creen que los regímenes comunistas de Europa central son exclusivamente producto de seres criminales se les escapa una cuestión esencial: los que crearon estos regímenes no fueron los criminales, sino los

entusiastas, convencidos de que habían descubierto el único camino que conduce al paraíso. Lo defendieron valerosamente y para ello ejecutaron a mucha gente. Más tarde se llegó a la conclusión generalizada de que no existía paraíso alguno, de modo que los entusiastas resultaron ser asesinos. [...] Los acusados respondían: ¡No sabíamos! [...] Tomás... llegó a la conclusión de que la cuestión fundamental no es: ¿sabían o no sabían?, sino: ¿es inocente el hombre cuando no sabe?». Kundera, Milan, *La insoportable levedad del ser*, Tusquets Editores (Fábula), 18ª reimpresión, España, 2005, págs. 180-181.

6. O para ver mejor –lectura *psicoanalítica* posible.

7. Kundera, Milan, *op. cit.*, pág. 223.

8. No sólo tiene al *goy* en su genealogía, sino al desarraigo –como señala el escritor David Grossman con su habitual lucidez: «antes de Israel, 80 generaciones de judíos fueron extranjeros. Está en nuestra sangre ser extranjeros. Yo, por casualidad, he nacido en un tiempo en que Israel existe y es aquí donde quiero vivir mi vida». Alandete, David, «Está en la sangre de los judíos ser extranjeros», *El País*, 6 de diciembre de 2013, pág. 40. A estas palabras hace eco otro gran escritor, Amos Oz: «Existe un relato breve de Kafka que se titula *Los árboles*. En él, este dice que somos semejantes a unos árboles en la nieve, que parecen flotar, como si no tuvieran raíces. Es pura apariencia, escribe Kafka, porque todo el mundo sabe que los árboles tienen raíces bien enterradas. Y dice a continuación: pero eso también es pura apariencia. [...] Todos aquellos [...] que se fueron de Europa oriental o, mejor dicho, a los que expulsaron por la fuerza [...] en los años treinta amaban Europa, pero Europa nunca los quiso a ellos. [...] hace 80 años o 90 años, los únicos que eran auténticos europeos en Europa eran los judíos, como mis padres. Todos los demás eran patriotas búlgaros, patriotas irlandeses [...] Los judíos eran políglotas, les encantaba que hubiera historias distintas y los legados literarios, y los tesoros artísticos europeos y, sobre todo, amaban la música. [...] las universidades y los cafés [...] Por ser genuinos europeos, los tacharon de «cosmopolitas», «parásitos», «intelectuales sin raíces». [...] Todavía llevo dentro de mí la ambivalencia de mis padres respecto a Europa: añoranza y rabia, fascinación y frustración. [...] Israel es un campo de refugiados. Palestina es un campo de refugiados. El conflicto entre israelíes y palestinos es un choque trágico entre dos derechos, entre dos antiguas víctimas de Europa. [...] Los judíos israelíes no tienen ningún otro lugar a donde ir, y los árabes palestinos tampoco tienen ningún otro lugar a donde ir. [...] Es una tragedia que estas dos antiguas víctimas de Europa tiendan a ver, cada una en la otra, la imagen de su pasada opresión». Oz, Amos, «Israel, árboles en la nieve», *El País (Babelia)*, 1, 149, 30 de noviembre de 2013, pág. 5.

9. Freud, Sigmund, *El hombre Moisés y la religión monoteísta* (*Obras completas*), Amorrortu Editores, Buenos Aires, 1980, pág. 7.

10. Sin que esto quiera decir que tendría la última palabra al respecto.

11. Término que Paul Ricoeur retomaría de Freud para reflexionar sobre el malestar en la historia en su libro *La memoire, l'histoire, l'oubli* el

cual, a su vez, en los trabajos de algunos historiadores tendría diferentes nombres –como lo recuerda Francois Hartog–: Maurice Halbwachs habla de *la memoria fracturada por la historia*; Yosef Yerushalmi del *malestar en la historiografía*; y Pierre Nora, de sus *insólitos lugares de la memoria*. Hartog, Francois, «La poétique et l'inquiétante étrangeté de l'histoire», *Croire en l'histoire*, Flammarion, París, 2013, pág. 121. Y: Ricoeur, Paul, *La memoire, l'histoire, l'oubli*, Éditions du Seuil, París, 2000.

12. Esta posibilidad se explicitó tanto en el Círculo Vienés de Psicología Profunda como en el CPM, pero en diferentes contextos, tal como se verá más adelante.

13. Y hago referencia a la Inmaculada Concepción de María porque, en ese caso, el debate era si desde el primer momento o un segundo después de la concepción estaba purificada del pecado original. O si fue marcada por el pecado y, por lo tanto, tenía la mancha, como cualquiera.

14. Los casos de la École freudienne y del convento benedictino de Santa María de la Resurrección, pueden servir de ejemplos paradigmáticos. Una, buscando el retorno a la «verdad freudiana», «desviada y prostituida» por los representantes de la IPA; los otros, buscando el retorno al «auténtico monaquismo». Sin que esto quiera decir que se le resten méritos a ambas experiencias, las cuales, cada una a su manera, interrogaron lo instituido y aportaron temas novedosos y dignos de ser tomados en cuenta. A lo que me refiero, fundamentalmente, es a querer *partir de cero*, como si eso fuera posible institucionalmente cuando se procede de otra institución, procurando diluir o cercenar lo ocurrido, en los gozos de un nuevo amanecer. Y al postular esto, se incapacitan para visualizar lo instituido que resiste e insiste en la nueva fundación, creyendo que se está investido de puro instituyente, aunque se considere retroactivo. Este tipo de retornos no es una aportación actual, si atendemos lo que escribe Jacques Le Goff: «La Edad Media prepara también todo lo necesario para recibir al *buen salvaje*: un milenarismo que busca el retorno a la Edad de Oro; la convicción de que el progreso histórico, si existe, se hace a golpes de renacimientos y retornos a un primitivismo inocente». Le Goff, Jacques, «L'historien et l'homme quotidien», en *L'historien entre l'éthnologue et le futurologe*, Editions Mouton, París, 1973, pág. 240.

15. Para un análisis más pormenorizado de esta cuestión, ver: De Certeau, Michel, *op. cit.* Sobre todo, los capítulos IV y V.

16. Castel, Robert, *El psicoanalismo: el orden psicoanalítico y el poder*, Siglo XXI Editores, Buenos Aires, 1980.

17. Y eso, *tanto cuánto*.

18. Debray, Regis, *Le moment fraternité*, Gallimard, París, 2009, pág. 111.

Introducción

1. Foucault, Michel, «Nietzsche, la genealogía, la historia», *Microfísica del poder*, Ediciones La Piqueta, Madrid, 1978, págs. 10-13.

2. Fue el doctor Flores quien me la trasmitió el día 12 del citado mes.

3. List, Eveline, «Warum nicht in Kischniew? Zu einem autobiographischen tondokument Igor Carusos», *Zeitschrift für Psychoanalytische Theorie und Praxis*, 23, 1-2, 2008, pág. 118. («La máxima institución nacionalsocialista para la eutanasia de niños en Austria», «¿Por qué no en Kischniew? Sobre un documento en audio autobiográfico de Igor Caruso».)

4. Foucault, Michel, *El bello peligro,* InterZona editora, Buenos Aires, 2014, págs., 72-73.

5. Mientras escribo estas páginas, leo una encuesta reciente realizada en Austria por el cotidiano *Der Standard*, en el aniversario 75 de la *Anschluss*, que ofrece, entre otros resultados, los siguientes: El 42% piensa que no todo era malo en tiempos de Hitler; casi cada dos de tres austriacos (61%) piensan que la reflexión histórica sobre el periodo nazi es suficiente; más de uno de cada dos (57%) piensan que las víctimas de los nazis o de su descendientes han recibido suficientes indemnizaciones. Sin embargo, un 57% opina que no hubo nada bueno bajo el III Reich. *Le Nouvel Observateur*, 2524, del 21 al 27 de marzo de 2013, pág. 13.

6. Evard, Jean-Luc, *Les années brunes. La psychanalyse sous, le III Reich* (Textes traduits et présentés par J. L. Evrad), Editions Confrontation, Francia, 1984, pág. 7.

7. Bar-On, Dan, *L'heritage infernal*, Editions Eshel, Francia, 1991, págs. 324-325.

8. Schacht, Christian, «Sobre afirmaciones y omisiones unilaterales. Observaciones sobre el artículo de Eveline List y el actual debate sobre Caruso», *Revista de Teoría y Práctica Psicoanalíticas*, Salzburgo, (entregado a la redacción el 23 de junio de 2008).

9. List, Eveline, *op. cit.*, págs. 117-141.

10. List, Eveline, «Pedagogo/educador en el Spiegelgrund. Sobre la actividad dictaminadora de Igor Caruso», *Sozialrbeit in Österreich*-SIO (*Trabajo Social en Austria*), 3, 2008.

11. El 1 de octubre de 2013, en Viena.

12. Benetka, Gehard y Clarisa Rudolph, *Selbstverständlich ist vieles damals geschehen. Igor A. Caruso am Spiegelgrund* (*Por supuesto que entonces pasaron muchas cosas. Igor A. Caruso en* Am Spiegelgrund), Werkblatt, 60, 2008, págs. 5-45.

13. *Iglesia colorida*, 44, 1973.

14. Revista que reproduce un texto de tres páginas, «Erinneren, wiederholen, durcharbaiten [Recordar, repetir, elaborar], de fecha desconocida», me escribe la traductora y colega Claudia Brinkop, en un correo electrónico del 30 de noviembre de 2013.

15. Fallend, Karl, «Los herederos de Caruso. Reflexiones en un debate acalorado», *Zeitschrift für Psychoanalyse und Gesellschaftskritik*, 64, 1, 2010. (Traducción al español de Karin Hintermeier, y revisión de Daniel y Rodolfo Álvarez del Castillo).

16. Institutsgruppe Psychologie der Universität Salzburg (coord.), 1984, pág. 9 (traducción: KMH).

17. Cuando trabajé el caso de los Legionarios de Cristo, tuve la oportunidad de hacer una tipología de diversas reacciones de sociólogos, simpatizantes, implicados directos, entre otros, ante las revelaciones –tanto del caso Marcial Maciel, como de la política estructural de la institución católica– respecto a la pederastia clerical.

18. Entrevista realizada en Viena, el 2 de octubre de 2013.

19. Del Castillo, Cynthia, «Igor Caruso y una madeja de mitos y novelas en el psicoanálisis institucional», *Carta psicoanalítica*, 20, diciembre de 2013.

20. Ciertamente, dicha escala no sería muy *psicoanalítica*, sino que más bien recordaría a Pavlov.

21. Álvarez del Castillo, Rodolfo, «Igor Caruso: una entrevista y un debate», *Cuadernos Melanie Klein*, 2-3, septiembre-marzo de 2013.

22. Argumentos que trataré en el capítulo II

23. Respuesta a Krzysztof Pomian: Ricoeur, Paul, «Autour de la mémorie, l'histoire, l'oubli de Paul Ricoeur», *Le Debat*, 122, Gallimard, Francia, 2002, pág. 59. En otro texto anterior, Ricoeur escribe lo siguiente acerca de algunos problemas de la historia del tiempo presente (HTP): «La HTP está en una situación menos favorable cuando ella se enfrenta a evoluciones en curso. Lo que constituye un handicap para esta historiografía es el lugar considerable de las previsiones y las anticipaciones en la comprensión de la historia en curso. ¿Y por qué? Precisamente para poder cerrar una cierta totalidad susceptible de ser conceptualizada y configurada. No se puede adjudicar un sentido a los acontecimientos, sino adjudicándoles una porción de previsión y de anticipación [...] El más grande handicap es tener que dibujar las curvas de las cuales no conoce sino la mitad o el comienzo». Ricoeur, Paul, «Remarques d'un philosophe», *L'histoire du temps present*, CNRS, París, 1993, págs. 38-39.

24. Citado por: Altares, Guillermo, «Georges Orwell, el beneficio de la duda», *Babelia*, *El País*, 1, 155, 11 de enero de 2014, pág. 7.

I. La cuestión del contexto en historia

1. Alberto, Eliseo, *Viento a favor*, Ediciones Cal y Arena, México, 2012, pág. 167.

2. Gamoneda, Antonio, «Soy un indignado que disiente», *El País* (Babelia), 3 de noviembre de 2011, pág. 4.

3. Cuando hablo de este tipo de militancia me inspiro en el historiador Éric Connan, quien al criticar las consecuencias del deber de memoria *tardío* que se dio en Francia, en relación con la colaboración y la república de Vichy, señala que se asistió al desarrollo de un movimiento políticamente correcto que se dio en la generación del 68, que «sustituyó un militantismo profético en duelo, [por] un militantismo retroactivo, que consiste en replegarse en el pasado para ofrecerse el bello rol y ejercer su lucidez sobre una historia terminada». Entrevista con Henry Rousso, Éric Connan

y Serge Klarsfeld, «Vichy La memoire et l'histoire», en Alain Finkielkraut, *L'interminable écriture de l'extermination* (Folios), Gallimard, París, 2012, pág. 131.

4. Revelli, Marco, «El uso escandalizante de la historia», *El Nacional*, México, 29 de julio de 1992, págs. 1 y 2 (sección Cultura).

5. Sin que, *para colmo*, seamos expertos en la época.

6. Julliard, Jacques, «Les poisons de la mémoire», *Le Nouvel Observateur*, 22 de diciembre de 2005, pág. 15.

7. Magris, Claudio, «La historia no ha terminado», en *Ética, política y laicidad*, Anagrama, Barcelona, 2000, pág. 142.

8. Leyes promulgadas en 1935, que legislaban acerca de las personas *biológicamente indeseables* para el Estado nazi.

9. *Op. cit.*, pág. 143.

10. Mitscherlich, Alexander, en: *Medizin ohne Menschlichkeit. Dokumente des Nürnberger Ärztprozesses*, Einleitung, Zu, A. Mitscherlich y F. Mielke (eds.), Ficher Bücherei, Bd. 332, Frankfurt a. m., Hamburgo, 1960, págs. 8-9. Citado en: Caruso, Igor A., *Psicoanálisis dialéctico*, Paidós, Buenos Aires, 1964, pág. 74. Todos los señalamientos en cursivas de las citas siguientes –salvo aclaración– son del autor (FMG).

II. Una mirada psicoanalítica *para enfrentar historias con vocación traumática*

1. Dosse, Francois, «L'evénement entre Kairos y Trace», en *Paul Ricoeur: penser la memoire,* Francois Dosse y Chatherine Goldenstein (eds.), Éditions du Seuil, París, 2013, pág. 283.

2. Vila-Matas, Enrique, «Lo que Dalí señaló», *El País*, 11 de junio de 2013, pág. 31.

3. Desgraciadamente, no describe cuáles eran los puntos centrales de ese texto, solamente hace énfasis en que la doctora List lo dejó de lado.

4. Reichmayr, Johannes, «¡Furor es error! Carta de lector respecto al artículo de Eveline List sobre Igor A. Caruso», *Zeitschrift für Psychoanalytische Theorie und Praxis*, Viena, 2 de julio de 2008.

5. Cuando menos por parte de la doctora List.

6. En este punto no me queda del todo claro cómo logra convertirse, a su vez, en *víctima.*

7. Falta que, por cierto, niega haber cometido en la entrevista que le hice el 1 de octubre de 2013, en Viena.

8. Aunque la vulgata psicoanalítica freudiana y lacaniana a veces tienda a sacar rápidas conclusiones y afirmar que «es necesario matar al padre, o que el padre caiga».

9. Por cierto, el papel de las mujeres y madres tiende a reducirse en el machismo-leninismo psicoanalítico, sea a impedir la instauración del tercero, o a una función fusional. Y, en el mejor de los casos, a ayudar a instaurar al tercero.

10. Rumor, palabrería, mentira, inquina, etcétera.

11. Respuesta del doctor Karl Fallend al doctor Rodolfo Álvarez del Castillo, del 26 de octubre de 2012.

12. Rodolfo Álvarez del Castillo, «Igor A. Caruso...», *op. cit.*

13. *Ibíd.*

14. *Ibíd.*

15. Entrevista realizada por Alejandra de la Garza W. y Fernando M. González, el 5 de abril de 2013, en Tuxtla Gutiérrez, Chiapas, México. A. Fernández Cerdeño viaja a Viena y luego a Berlín con la idea de formarse como analista y como psiquiatra, y consagrarse a la medicina psicosomática, que era lo que más le interesaba.

16. Entrevista telefónica de FMG a AFC, del 1 de agosto de 2013.

17. Considerados los psicoanalistas de Caruso. Más adelante, retomaré este punto. Correo del doctor Raúl Páramo a Fernando M. González, del 31 de julio de 2013 (enviado a las 13:47 hrs.).

18. En este punto, es interesante el testimonio del historiador francés Francois Hartog, quien es uno de los principales observadores, promotores y críticos de lo que denomina *regímenes de historicidad*. Afirma que nació en 1946, coincidiendo con los procesos de Nüremberg: «Yo pienso que mi generación [...] ha estado marcada de entrada por el silencio de la post guerra. Un silencio conteniendo motivaciones diversas, pero que era en el fondo algo frágil, muy seguramente ambiguo, pero que precisamente por eso podía ser compartido, con una buena dosis de malentendido. Ni en la casa ni en la escuela, con los compañeros, no era cuestión, hasta donde yo recuerdo de eso que venía de pasar. [...] W.G. Sebald (nacido en 1944) hace de ese silencio, en la Alemania de los años 1960, una de las motivaciones de su partida para Inglaterra. [...] Ese silencio no se fisuró sino hasta los años setenta». Hartog, Francois, *La chambre de Vielle*, Editions Flammarion, France, 2013, págs. 159, 160 y 178. Ya he aludido anteriormente a la noción de *doble muralla* del psicólogo israelí Dan Bar On.

19. Más adelante, retomaré este asunto más pormenorizadamente.

20. Schacht, C., «Sobre afirmaciones...», *op. cit.*

21. Sobre este punto, la doctora List afirma: « [...] también incontables aventuras con estudiantes y analizantes femeninos, muchas transgresiones, el rehusarse a las estructuras institucionales, lo cual llevó a una pérdida sistemática del poder de la cátedra». List, Eveline, «¿Por qué no en...», *op. cit.*

22. Parth, Walter, «Vergasngenheit die fortwirkt» («Un pasado que sigue teniendo efecto»), *Texte*, 2, 1998, pág. 64. Citado por C. Schacht.

23. C. Schacht, *op. cit.*

24. Añade que no conocía aún el texto de *Der Spiegel*, de 1964, y se refiere a expresiones «críticas» emitidas públicamente por Caruso en Salzburgo, que también desconocía. Estas 'expresiones críticas' no las he podido localizar hasta la fecha (FMG).

25. Fallend, Karl, Editorial Werkblatt, 60, págs. 2-3. Citado por C. Schacht.

26. Ya citados anteriormente.

27. Schacht, C., *op. cit.*

28. Después de concluir su análisis con Caruso, por su retorno a México, el doctor Páramo sostuvo una amistad con su antiguo analista, quien tenía muestras explícitas de deferencia hacia su antiguo analizado. El doctor Páramo es uno de nuestros más conspicuos estudiosos del psicoanálisis y la cultura alemana. Además, domina idioma con notable solvencia.

29. Título que precede a unas notas que el doctor Páramo envió a los colegas María Alejandra de la Garza y Felipe Flores, el 25 de noviembre de 2012.

30. Son sus palabras.

31. Derrida, Jacques, Hans- Georg Gadamer, Philippe Lacoue-Labarth, *La conference de Heidelberg (1988). Heidegger, portée philosophique, et politique de sa pensée.* Editions Lignes /Imec, France, 2014, p. 58.

32. Y ya usé una noción mejor o peor que, sin duda, según el planteamiento que intento problematizar, me hará sospechoso de acercarme al fascismo. Felizmente, mi poder de depurar a los otros está, por lo pronto, muy atenuado.

33. El doctor Felipe Flores, al escuchar esta entrevista, me comentó que fue precisamente el 9 de octubre de 2012 cuando se enteró, en su seminario, de la noticia que Cynthia del Castillo rescató en Wikipedia. Al salir de ahí, se topó con los colegas Alejandra de la Garza y Carlos Fernández, y ahí mismo les informó acerca de ésta. Los aludidos quedaron en investigar la noticia y hacerla pública. Es decir que, según este testimonio, el doctor Fernández Gaos se enteró del asunto incluso antes que el autor de este texto. El doctor Flores me autorizó citar su testimonio en una llamada telefónica que me hizo el 27 de mayo de 2014.

34. En realidad, es en vida de Freud cuando Jung tematiza dicho inconsciente *ario*. Ver Anexo 1.

35. Sin citar específicamente a ninguno.

36. Y hubo sus gloriosas excepciones.

37. De nueva cuenta parece ser que autentificar y verificar tendría liga directa con el nazismo.

38. ¿Habría sido «mucho pedir» que antes de emitir tan contundentes juicios se hubieran informado, aunque fuera un poco, en los múltiples textos de Michel Foucault por ejemplo: en *Vigilar y castigar*, en *La historia de la locura*, o en los seminarios «L'hermeneutique du sujet» (1981-1982); «Subjetivité et Verité» (1980-1981); «La societé punitive» (1972-1973), «Les anormaux» (1974-1975), o en los textos de Robert Castel, *El orden psiquiátrico* y *La gestión de riesgos*, entre otros?

39. En lo que a mí respecta, el maestro Villamil se refiere a mis investigaciones como si se tratara de «practiquitas». El dr. Carlos Fernández, sin haber leído el texto final adelanta que por tomarme el tiempo de comprobar cosas y tratar de contextualizarlas dejo «la información reservada, en tanto no esté suficientemente depurada como para hacerla pública a mí eso se me hace espeluznante. ¿Qué no es posible leer en eso una cripta de las que estamos hablando? ¿No es la misma forma de ocultar las cosas, de silenciarlas hasta que puedan tener por así decir una versión más balsámica?». Esto presupone a priori que tomarse el tiempo llevaría irremediablemente a una

versión más «balsámica». La posición del periodista aunado a la de denunciante, hace aquí su aparición. Hay que aclarar, que los tiempos del periodismo, los de la denuncia y aquellos de la investigación, no necesariamente coinciden ni se guían por la misma lógica. El periodista, salvo si es de investigación, tiende a vender «la verdad»lo más rápido posible para ganar la primicia, el denunciante en general procura eliminar cualquier elemento que contradiga la contundencia de sus afirmaciones y tiende a recibir nuevos datos sólo si son para reforzar su denuncia. En cambio, el historiador, está sometido al trabajo de la paciencia, de la corroboración, de los límites de su investigación y a mostrar las lagunas con las que inevitablemente se topará y además, siempre dejará abierta la posibilidad de que nuevos documentos cuestionen, amplíen o lo obliguen a replantear lo avanzado. Por otra parte, ¿no reaccionar según los tiempos del denunciante es «espeluznante» y necesariamente «productor de nuevas criptas»? Como se puede apreciar, el citado dr. Gaos tiende a hacer analogías que supuestamente hacen del tiempo de la corroboración una estrategia para continuar el silencio acerca de actos perpetrados durante el nazismo. Se trata de un tipo de acusación grave. Por obvias razones, no comparto esta manera de argumentar.

40. Porque al primer avance de la investigación, presentado a los integrantes del CPM en el mes de marzo del mismo año, no asistieron. No obstante, también estuvo disponible. A esto añado la información ya citada más arriba del dr. Flores respecto al dr. Gaos.

41. Como dato, el 31 de enero de 2014, el CPM hizo una reunión pública, videograbada, acerca del caso, y la subió a su página web. Es decir, tres meses antes del programa de radio ya citado, en donde supuestamente sacó el asesinato debajo de la mesa. Pero en el programa no se hace ninguna mención a esto.

42. Son sus palabras.

43. Sauer, Jochen, «Carta al editor, del 6 de mayo de 2008», *Zietschrif für Psychanalytische Theorie und Praxis (Revista de Teoría y Práctica Psicoanalíticas*), XXIII, 2008.

44. Esta cita no se incluyó en el texto impreso de la revista, pero sí está contenida en la versión electrónica del número citado.

45. Y si además de nacer después, ni siquiera se es austriaco o alemán, más valdría mantener la boca doblemente cerrada.

46. Sauer, J., «Carta al editor...», *op. cit.*

47. Argumento utilizado también –como se puede corroborar, a estas alturas– por otros autores.

48. Sauer, J., «Carta al editor...», *op. cit.*

49. Aunque el planteamiento del doctor Páramo, como se verá más adelante, es más complejo y más ambiguo.

50. Stöller, E., *Revista de Teoría y Práctica Psicoanalíticas*, Salzburgo, 23 de abril de 2008.

51. En *Razón, locura y sociedad,* Armando Suárez (Coord.), Siglo Veintiuno Editores, 1978, pág. 175.

52. Bourdieu.

53. Claudia Brinkop, mail enviado a Felipe Flores y Fernando M. González el 29 de octubre de 2012. ¿En realidad, en ese punto que señala la colega Brinkop estaría la «novedad» del texto de List? No lo creo.

54. List, Eveline, «Wolfgang Huber y la escritura de la historia del psicoanálisis en Austria», *Luzifer-Amor*, 40, 2007, págs. 142-159.

55. List, E., *Revista de Teoría...*, *op. cit.*

56. Secciones de Asalto.

57. List, E., *Revista de Teoría...*, *op. cit.* Todas las traducciones que cito de esta revista fueron realizadas por Lucía Luna.

58. En las entrevistas que hice en Viena, tuve oportunidad de hablar con una persona muy cercana a Caruso, que no es ni su hija ni la doctora List, quien me dijo que éste fue un mujeriego y que no lo ocultaba. Sin embargo, no estoy autorizado para decir de quién se trata. En mis tiempos de formación en el CPM, circuló el rumor, no sé si por parte del doctor Páramo o Suárez, de que algunos de los casos que Caruso presenta en el libro *La separación de los amantes* eran autobiográficos. No obstante, nunca se especificó a qué tipo de relaciones –como las descritas anteriormente– se referían.

59. List, E., «¿Por qué no en...», *op. cit.*, pág. 138.

60. Una de ellas era si Caruso había asistido a la conferencia del doctor Gross en enero de 1979.

61. Correo de la doctora Eveline List para FMG, del 12 de julio de 2013, 5:09 h, asunto: *Eine Frage über Caruso aus Mexiko.*

III. El plan de exterminio de los «mentalmente muertos», o la erradicación de «los brotes de vida indigna»

1. *Nadie testimonia por/ en lugar de/ el testigo.* Celan, Paul, «Aschengloire» («Gloria de cenizas»), *Choix de poémes reunís par l'áuteur*, NRF, Gallimard, 1998, pág. 265.

2. Ver los números 82 y 144 de la *Gaceta Oficial* de Veracruz, del año 1932. Ver, también, su publicación oficial: «Ley número 121 sobre eugenesia e higiene mental, su reglamento y exposición de motivos», que sirven de fundamento a la ley citada, Jalapa-Enríquez, 1932. De las páginas 5 a la 8, esta publicación contiene, como se desprende del título, una elaborada fundamentación del doctor A. Hernández Mejía, director general de Eugenesia e Higiene Mental del estado de Veracruz. Agradezco a la delegación mexicana en Berlín por su amable mediación para la consecución y entrega de estas publicaciones.

3. Const. Est. 2, 787 (1937).

4. Const. Est. 3, 384 (1937).

5. Ver: Stumpfl, Friedrich, *Predisposición genética y criminalidad*, Berlín, 1935. También : Lange, John, *El crimen como destino*, Leipzig, 1929. Stumpfl, Friedrich, *Los orígenes del crimen*, Leipzig, 1936. Kranz, H., *El destino de los gemelos criminales*, Berlín, 1936. Y: Ritter, R., *Una raza humana*, Leipzig 1937. Muy ilustrativas, en este sentido, son las investigaciones realizadas por el

biólogo criminal italiano Benigno di Tullio, quien sobre un universo representativo de miles de criminales, igualmente, confirma el peso de la predisposición delincuencial (constitutione delinquenziale) en la génesis de la criminalidad. Ver: Di Tullio, Benigno, *La constituzione delinquenziale*, Roma, 1929. Y: Di Tullio, Benigno, *Manuale di antropologia e psicologia criminale*, Roma, 1931.

6. En su Código de Defensa Social, del 17 de abril de 1936 (art. 443), el cual todavía no había entrado en vigor.

7. Laura Suárez y López Guazo, *Eugenesia y racismo en México*, UNAM, 2005, pág. 132. Un texto complementario es el de Beatriz Urías Horcasitas, *Historias secretas del racismo en México (1920-1950), Tiempo de memoria*, Tusquets, 2007.

8. Citado por Éric Michaud, *La estética nazi. Un arte de eternidad*, Editions Gallimard, 2006 (AH –Adriana Hidalgo, editora–, edición argentina, 2009, pág. 208).

9. *Ibíd.*

10. Hitler, Adolf, *Mon Combat*, París, 1934, págs. 394-396 y 29.

11. Tomado de un extracto de: Platen-Hallermund, Alicia, *El exterminio de enfermos mentales en la Alemania nazi. Página/12*, Buenos Aires, 14 de junio de 2007.

12. A. Platen, *op. cit.* ¿Ya había cámara de gas en 1941?

13. De todas formas, sería importante saber cuándo comenzó a circular la información, entre los niños, de lo mortífero de algunos hospitales, y cuándo se comenzó a generalizar, si fue el caso, el juego del *ataúd sin fondo.*

14. Ley de prevención de progenie con enfermedades hereditarias, que entró en vigor el 1 de enero de 1934.

15. Link, Daniel, «Las malas hierbas. Eugenesia, eutanasia y fascismo», *Página/12*, Buenos Aires, 5 de mayo de 2002.

16. Link, D., *op. cit.*

17. Título que parcialmente retoma las palabras de Caruso en la entrevista de abril de 1979, cuando afirma: «Por supuesto uno sabía todo, aunque unos y otros digan que la población no sabía nada... Se sabía todo».

18. *Op. cit.*

19. *Op. cit.* Klee, Ernst, *Euthanasie im Dritten Reich. Die vernichtumg lebensunwertern lebens (Eutanasia en el Tercer Reich. La destrucción de la vida no valiosa)*, Editorial Fischer, Fráncfort, 2010, págs. 228-231. En ese libro, Klee advierte que apenas se supo, en 1967, que la Cancillería del Führer «había solicitado un dictamen teológico antes de iniciar el asesinato de enfermos». Por ejemplo, se consultó al conocido teólogo moral, el profesor y doctor Joseph Mayer, de Paderborn, quien señaló que ya desde los tiempos de Cristo se consideraba a los enfermos mentales como poseídos por el demonio. Y apoyándose en el sistema probabilístico de los jesuitas, afirmó: «existen relativamente pocos casos en los cuales se podía tomar inmediatamente una decisión en favor o en contra. En un caso así, si uno tenía una causa probable y una autoridad considerable para sus motivos, no tenía

que seguir a la mayoría, sino [que] podía seguir a su propia conciencia. Según este sistema, uno podía decidir en favor de la eutanasia, aunque la gran mayoría de los teólogos estaba en contra.

«Al dejar claro el dictamen, que en esta cuestión todavía no había una decisión infalible y apodíctica de la Iglesia, Hitler estaba de acuerdo con la realización de las medidas.»

A continuación, la cancillería avisó a las diferentes instancias eclesiásticas, así como a determinados personajes religiosos de su decisión. Aquí algunas reacciones:

El nuncio papal Orsenigo declaró únicamente que «lo tomará en cuenta como información personal».

La Iglesia Católica mostró disposición para aceptar la reglamentación legal de la eutanasia, siempre y cuando se cumpla con ciertas condiciones, como proporcionarles los últimos sacramentos, ya que eso no se negaba a los criminales, y menos a los enfermos.

Además, se planteaba la exención para sacerdotes enfermos. Esa discusión termina con la llegada de un decreto desde Roma, el 2 de diciembre de 1940.

«No se permite dar muerte a un inocente debido a sus defectos mentales o físicos. El Santo Oficio contesta, mediante el decreto del 2 de diciembre de 1940, la siguiente pregunta: si se permite matar directamente por orden de la autoridad estatal a aquellos que no habiendo cometido ningún crimen que merezca tal castigo, pero quienes debido a sus defectos mentales o físicos ya no son de utilidad alguna para la nación, sino más bien una carga y un obstáculo para su vitalidad y su fortaleza.

«Respuesta: *no, porque va en contra del derecho natural y el derecho positivo divino.*

«Su Santidad, el papa Pio XII, ha aprobado esta decisión de los cardenales el día 1 de diciembre de 1940, la ha confirmado y ordenado su publicación.»

Esta vez, la posición –cuando menos en el papel– fue contundente y de clara oposición a la política nazi. Por su parte, la iglesia protestante alemana (la DEK) tomó otros derroteros; por ejemplo, en 1941, mediante su consejo espiritual, señaló lo siguiente:

«La Iglesia protestante [...] sostiene más bien la opinión que es el Estado mismo y sus líderes los que tienen que asumir la responsabilidad para la legislación estatal ante Dios y ante su propia conciencia. Por eso, el consejo espiritual de confianza se limita a señalar la grave seriedad de la decisión que queda por tomar.»

E. Klee añade que el aludido Joseph Mayer publicó, en 1927, su tesis de doctorado en la Editorial Herder, cuyo título es *La esterilización legal de los enfermos mentales;* respecto a ésta, en la reunión de agosto de 1929, de la Asociación de Agentes Pastorales Católicos de las instituciones alemanas de asistencia y cuidados [*Vereinigung katholischer seelsorger an deutschen heilund pflegeanstalten*], se dijo que el «libro del doctor Mayer era una obra estándar, una fortaleza para los tiempos venideros». En la pág. 26, por ejemplo, dice:

«Los enfermos mentales, los moralmente errados (criminales) y otros seres inferiores no tienen el derecho de engendrar hijos, tampoco tienen el derecho de provocar incendios.» Y, ¿acaso los sanos sí tendrían derecho a lo segundo?

La tesis que sustenta el libro es que los enfermos mentales y los criminales inundan a la humanidad, ya que la asistencia humanitaria, así como el amor cristiano habían anulado la selección natural: «Y lo peor, en términos biológicos, es: muchos anormales engendran hijos que son más numerosos aún, más inferiores y más peligrosos que ellos mismos».

Mayer, apoyándose y apropiándose de un texto de Tomás de Aquino, comenta: «por eso observamos: si es necesario para la salvación del cuerpo entero eliminar uno de sus miembros porque es gangrenoso o pernicioso para los otros miembros, entonces, su eliminación es encomiable y curativa. Cada individuo es para la comunidad como la parte lo es para el todo. Por esta razón, si una persona resulta peligrosa para la comunidad y amenaza con corromperla con algún delito, entonces, es encomiable y curativo matarlo para salvar el bienestar colectivo».

Op. cit. Esto da una idea del clima eugenésico que ya primaba en las principales iglesias, unos años antes de implementarse el Plan T4, con la excepción del texto vaticano de diciembre de 1940, que elimina toda ambigüedad.

20. *Ibíd.*

21. Link, Daniel, «Los niños primero», *Página/12*, Buenos Aires, 5 de mayo de 2002.

22. Actualmente, Hospital Otto Wagner.

23. Otros datos hablan del 5 de mayo de 2002.

24. *La guerra contra los inferiores. Sitio memorial Steinhof. Acerca de la historia de la medicina nacionalsocialista en Viena* (www.gedenkenstaettesteinhof.at). Traducción de Claudia Brinkop.

25. Link, D., «Los niños primero», *op. cit.*

IV. El azaroso trayecto de Igor A. Caruso antes de llegar a Viena, o qué implica tener un título de conde

1. Citado por: Suárez, Armando, «Igor A. Caruso, profeta desterrado y mártir de la esperanza», en Ewald H. Englert y Armando Suárez (eds.), *El psicoanálisis como teoría crítica y la crítica política al psicoanálisis*, Siglo XXI Editores, pág. 14.

2. Gracias al esposo de Lidia Grauen, el doctor Gottfried Stix –hombre de la SS en el servicio exterior y docente en la Universidad de Viena–, quien intervino, a través de la Fraternidad Estudiantil de la Comarca. Actas del decanato, D.-ZI. 254 semestres. 1941/42. Archivo de la Universidad de Viena. En el artículo de Karl Fallend afirma lo siguiente: «cuando Caruso –como Volksdeutscher [de ascendencia alemana], apátrida, y de confesión griega ortodoxa– estaba internado en un campo de transición Neresheim en Württemberg, su concuño, el doctor Gottfried Stix, se esforzó por encontrarle un

puesto en Viena. Propuestas como trabajo de asistente universitario o de intérprete militar [fueron] rechazadas. Finalmente, encontraron una manera para que fuera de utilidad: en 1942, como psicólogo en el Am Steinhof. Fallend, Karl, «Abgerissene Fáden», Psychoanalyse in Ósterreich nach 1938, Biographische Einsichten, Zeitschrift Erinnerern Wiederholen, Durcharbeiten, 2003.

3. Comunicación personal a Eveline List del profesor Wolfang Neugebauer, del 5 de junio de 2007.

4. Carta de la Oficina para Instituciones [Sociales], Departamento E8/E10-1-25/142 al Departamento Principal B, Departamento B5, Inspectorado de Oficinas, del 7 de enero de 1942. Doctor Igor Caruso, expediente personal. Archivo de la ciudad de Viena. Citado por List, E., en «¿Por qué no en...?», *op. cit.*

5. No necesariamente se escoge a los concuños: pero, eventualmente, se pueden aceptar o rechazar las recomendaciones de éstos. Sin embargo, el contexto y las circunstancias en las que aparentemente Caruso llegó a Viena –según la información disponible– no son las más propicias para tener un gran margen de libertad.

6. La traductora Lucía Luna especifica: «La siguiente entrevista a Caruso forma parte de una emisión radial de la ORF [radio austriaca]. Proviene del programa *[Recuerdos] autobiográficos de Igor A. Caruso*, dentro de la serie Repeticiones radiofónicas de Da-Capo, emitido el 19 de julio de 1981, de 18:00 a 19:00 hrs., en la programación de ÖI (emisión original: 4 de abril de 1979, en la serie Geschichten und Geschichte [historias e historia], bajo el título antes mencionado). La redacción considera importante la repetición de la entrevista en la banda sonora original; sin embargo, hace notar que, a falta de un texto base por escrito, la transcripción está sujeta a imprecisiones comunes. Transcripción: Sybille Steilechner. Caruso había muerto el 28 de junio de 1981. Supongo que la repetición de la entrevista se ofreció como homenaje a su reciente muerte.

7. Rudolph, C. y G., *op. cit.*

V. «No he buscado saber, pero he sabido». De 1979, 1964, 1942

1. Alusión directa, con una ligera modificación, al inicio de la novela de Javier Marías, *Corazón tan blanco*. En lugar de «querido», buscado.

2. Frase en la última parte de *Ánima*, del escritor libanés Wajdi Mouawad, citada por: De Juan, José Luis, «El mutismo de las aves carroñeras», *El País (Babelia)*, 1159, del 8 de febrero de 2014, pág. 4.

3. Gale Dictionary of Psychoanalysis, consultado el 21 de noviembre de 2012. Aunque la psicoanalista colombiana Rosa Tanco Duque escribe, respecto a la relación de Caruso con el citado instituto alemán, lo siguiente: «Diplomado del Instituto Alemán de Investigación de Psicoterapia y Psicología en 1945». Tanco Duque, Rosa, «El Círculo Vienés de Psicología Profunda», *Revista Colombiana de Psicología*, 4, 2, 1959, pág. 52. Por su parte, Armando Suárez ofrece una sintética descripción del Instituto Alemán

de Psicoterapia cuando alude a la salida de Freud de Viena, el 4 de junio de 1938, y a la disolución de la Asociación Psicoanalítica Alemana en noviembre del año citado. Asociación a la que había tenido que anexarse la de Viena en marzo de ese año «para integrarse en el *Grupo de trabajo A* del Instituto Alemán para la Psicoterapia y la Investigación Psicológica». Este instituto, que coordinaba todas las asociaciones del III Reich, fue dirigido por el doctor Matias H. Göering [...] Y para poder ejercer la psicoterapia, había que incorporarse a él y someterse a su dictados». Suárez, A., «Igor A. Caruso, profeta desterrado y...», *op. cit.*, pág. 16.

4. List, E., *op. cit.*, págs. 117-118.

5. Ciudad en la que, en ese entonces, vivía Igor Caruso.

6. «Gerghart Harrer (nacido en 1917), en febrero de 1939, [ingresó] a la SS; y en 1940, al Partido Nacionalsocialista, donde es promovido como asistente de la Clínica Psiquiátrica de la Universidad de Viena, y ahí colabora con A. Auersperg. En 1945, es asistente de H. Urban en Innsbruck y [es] habilitado, como profesor; en 1971, es director de la Clínica Psiquiátrica de Salzburgo». List, e., *op. cit.*

7. Lo que citaré sobre el doctor Gross no ha sido extraído del texto de Eveline List, sino de Wikipedia; ahí se asegura que el citado nació en 1915 y murió en 2005, y que [...] fue un psiquiatra médico y neurólogo austriaco, mejor conocido por su participación demostrada en el asesinato de al menos nueve niños con características físicas, mentales y/o emocionales/conductuales considerados *impuros* por el régimen nazi. Su papel en otros cientos de casos no probados de infanticidio no está claro. El doctor Gross fue jefe de la clínica psiquiátrica de niños Spiegelgrund por dos años, durante la Segunda Guerra Mundial.

Un elemento importante de la controversia en torno a las actividades del dr. Gross es que después de que los niños habían sido asesinados, las partes de sus cuerpos, en particular sus cerebros, fueron preservados y conservados para su futuro estudio. No fue sino hasta abril de 2002 que los restos preservados de estos niños fueron enterrados finalmente.

El programa de asesinatos en Am Spiegelgrund, en Viena, en donde Gross fue un médico principal, fue destinado por los nazis a la investigación de la eugenesia y para llevar a cabo el asesinato de personas que, según consideraba el régimen, constituían una vida indigna de ser vivida.

Consulta realizada el 1 de noviembre de 2012. Referencia: «Unquiet Grave for Nazi Child Victims», *Guardian*, 28 de abril de 2002.

Por otra parte, en un artículo de *El País* que alude al fallecimiento de H. Gross, el 15 de diciembre de 2005, se afirma que, en los últimos años de la Segunda Guerra Mundial:

> [...] 772 niños perecieron en dicho centro [Am Spiegelgrund], víctimas de pulmonías que eran provocadas con inyecciones de luminal o altas dosis del mismo producto, que eran mezcladas con la comida de los menores, a quienes daban duchas de agua fría y se les hacia dormir con las ventanas abiertas.

Gross, al que la fiscalía acusó de nueve asesinatos concretos, firmó 238 certificados de defunción de los niños, cuyo exterminio formaba parte del programa de eutanasia de los nazis. [...] Fue en el año 2003 cuando el Gobierno austriaco le retiró una condecoración federal de honor, concedida 30 años antes, cuando era director de la sección de psiquiatría del hospital de Viena.

El País (Archivo), 23 de diciembre de 2005.

8. Comunicación personal [a E. List] del doctor Werner Vogt, del 3 de julio de 2007.

9. En el texto de la doctora List, no queda totalmente claro si Caruso asistió a la conferencia aludida. Sin embargo, en el mencionado correo del 12 de agosto de 2013, la doctora me respondió: «Caruso no asistió a la conferencia de Gross, pero se daba [dio] cuenta de lo que implicaba». Cuando la entrevisté, el 1 de octubre de 2013, en Viena, me confirmó que no asistió.

10. Igor A. Caruso nace en Tiraspol (Rusia), el 4 de febrero de 1914.

11. La introducción fue de Franz Richard Reiter, quien anteriormente fungió como asistente de Caruso en la Universidad de Salzburgo.

12. E. List, *op. cit.*, pág. 118. «*Historia e historias*, programa radiofónico de la emisora ÖI, del 4 de abril de 1979, repetido el 19 de julio de 1981. Caruso presentó (1988) una transcripción incompleta y con errores. Las citas orales son tomadas de la emisión radiofónica de 1979». El comentario que sigue es del autor (FMG). Hablando de errores, en la transcripción incompleta son 'explicables' porque Caruso había muerto el 28 de junio de 1981. Y, en general, hasta donde sabemos, los muertos no tienden a ser muy precisos con los datos.

13. Benetka, G. y C. Rudolph, *Por supuesto que...*, *op. cit.*

14. List, E., *op. cit.*, pág. 118. La traducción de las citas de List son de la psicoanalista Claudia Brinkop. Por su parte, Wikipedia, en una pésima traducción al castellano, una que debemos «tomar con pinzas», dice al respecto: «Caruso [trabajó], a partir de febrero a octubre de 1942, bajo la dirección de Ernet Illing y [...] Heinrich Gross en la sala de niños, los pabellones 15 y 17. Al menos, 14 niños [fueron asesinados] a causa de la evaluación psicológica, como parte del programa de la eutanasia infantil. La culpa que aún sentía por su pasado ha sido abordada por Caruso, en 1974, en *San Pölten*, [un] periódico [parroquial]. Además, en una entrevista de radio, en 1979, ha adoptado una posición, aunque disimulada detrás de eufemismos y acusaciones de carácter general: «Todos somos asesinos». Igor Alexander Caruso, *Wikipedia*, 15 de octubre de 2012.

15. List, E., *op. cit.*, págs. 124-125.

16. Obviamente, como ya cité, no es del todo exacta esta afirmación, si nos referimos a su carta a *Der Spiegel*, de 1964. Cita que hay que distinguir de la de 1959 de la doctora Tanco, que no recoge directamente las palabras de Caruso, sino sólo alude al lugar en donde «trabajó».

17. Aunque la traducción de Lucía Luna, del 31 de enero de 2013, dice: «en esa clínica pediátrica pude descubrir progresiva y muy rápidamen-

te los secretos del Tercer *Reich*». Con lo cual, la aparente contradicción se disipa.

18. E. Klee, *Euthanasie im Dritten Reich...*, *op. cit.*, págs. 220-221. Se trata –dice la colega Claudia Brinkop, a quien debo esta referencia y la traducción– del periodista más especializado en la investigación acerca de la eutanasia.

19. Klee, E., *op. cit.*, pág. 223.

20. Klee, E., *op. cit.*, pág. 224.

21. Del subcapítulo: «La resistencia psiquiátrica».

22. Se refería a los electroshocks.

23. ¿Gasificación?, ¿acaso en algunos casos la utilizaron también?

24. *Op. cit.*, pág. 225.

25. *Op. cit.*, págs. 223-229.

26. Aunque no se precisa ni el mes, ni el día.

27. Así se denominaba el plan nazi de exterminación para las enfermedades genéticas y hereditarias.

28. Y en efecto, ambos doctores se encuentran citados como integrantes de The Reich Committee's Euthanasia Wards for Children, específicamente en el Am Spiegelgrund, en el libro del historiador Henry Friedlander. Friedlander, Henry, *The origins of nazi genocide. From euthanasia to the final solution*, The University of North Carolina Press, Chapel Hill & London, 1995, pág 47. Ver, por ejemplo, el capítulo III: «Killing Handicapped Children».

29. Citado en: Schacht, Christian, *op. cit.*

30. Armando Suárez (coord.), Franco Basaglia, Marie Langer, Igor Caruso, Thomas Szasz, Eliseo Veron, Guillermo Barrientos, *Razón, locura y sociedad*, Siglo XXI Editores, México, 1978, págs. 174-175.

31. A la cual entró el 19 de noviembre de 1942, cuando estaba bajo las órdenes de Alfred (príncipe de) Auersperg. Volveré más adelante a referirme a este personaje, ya aludido en la cita en la que mencioné al doctor Harrer.

32. Cuando menos en México, en 1974, Caruso –a diferencia de lo que escribe E. List– no se presentó como héroe ni como mártir.

33. La de 1942 y la de 1943-1945.

34. Palabras retomadas por G. Benetka y C. Rudolph para el título de su artículo.

35. Entrevista a Caruso, *op. cit.*

36. Bajo el patrocinio de Televisa y del Instituto Mexicano del Seguro Social (IMSS).

37. Retomaré el asunto de la «pequeñísima pieza del engranaje» cuando me refiera a la cuestión de la responsabilidad.

38. A la colega Carolina Lozoya debo la necesidad de tematizar esta práctica en la que se vio envuelto Caruso, al igual que muchos otros, como actor –así fuese secundario.

39. Nietzsche, Friedrich, «Sur la verité et la mensonge en un sens extra moral», KGW, *Oeuvres philosophiques complétes*, III, París, 1970, pág. 282. Cita-

do por: Ginzburg, Carlo, *Histoire, rethórique, preuve*, Hautes Études, Gallimard-Le Seuil, París, 2003, pág. 20.

40. El asunto de la implicación y de la complicidad en situaciones límite es un tema extremadamente delicado de tratar. Por ejemplo, el novelista Jonathan Littell, autor de *Les bienveillantes*, en una conversación con el historiador Pierre Nora, se refiere a «las políticas de exterminación nazi», así, en plural, y no sólo a la denominada *shoah*, que alude más específicamente a la exterminación de los judíos. Litell, apoyándose en el historiador de Hitler, Kershaw, afirma: «Kershaw describe el sistema nazi como *una burocracia imantada por un jefe carismático*. Todo mundo trabaja en dirección del Führer y avanza en una competencia burocrática interna en función de la voluntad de éste. Por el hecho de ese tipo de funcionamiento, de ese tipo de sociedad y de montaje político, los delirios mentales de Adolfo Hitler, sus *bugs*, y principalmente su problema particular y personal con los judíos, toman una importancia desmesurada. El problema judío no llega a ser una prioridad para todo el mundo, sino hasta que lo es para el Fuhrer. [...] Los judíos y los soviéticos son las dos cosas que contaban para Hitler. Y esto se ve claramente si se toman dos contraejemplos. [...] Como a Adolf Hitler no le importan nada los gitanos y los homosexuales, no existe ahí ninguna imantación de las burocracias, ni, por lo tanto, ninguna solución colectiva y consensual. [...] Los judíos y los soviéticos son las dos cosas que cuentan para Hitler [...] Existen dos otros buenos contraejemplos. [...] Himler estaba personalmente obsesionado por los homosexuales. Él quería matarlos [...] y se topa (hasta 1943) con el Ministerio de Justicia, que le ha respondido: «No, existe una ley que los que se libren a actos homosexuales deben ir a prisión, y no a los campos [de exterminio]. [...] Existe, pues, una radicalización acumulativa, para emplear un término de historiador». Litell, Jonathan y Pierre Nora, «Conversation sur l'histoire et le roman», *Le Debat*, 134, Gallimard, París, marzo-abril de 2007, pág. 35.

41. Según lo citado, su mujer tenía trabajo.

42. Según los datos disponibles hasta ahora, duró alrededor de ocho meses.

VI. «Recuerdos estremecedores»: Igor Caruso en AM Spiegelgrund

1. «Il se pourrait que la vérité fut triste.» Citado por Semprún, Jorge, *Exercises de survie*, Gallimard, París, 2012, pág. 83.

2. «1940-9; 1941-94; 1942-203; 1943-274; 1944-161; 1945-48» Dahl, *op. cit.*

3. Para que se llegara a contratar psicólogos que aplicaran tests, se dio un largo proceso, en donde al final ocuparon lugares específicos.

4. List, Eveline, *op. cit.*, pág. 120. Extraído de «Administración Municipal de la Comarca de Viena, Departamento Principal E, Área de Salud e Higiene de la Nación, Instrucciones de la oficina de la institución, núm. 500, emitido el 12 de noviembre de 1942. Citado en Malina, 2002, pág. 83». Le recuerdo al lector que fue «el 14 de julio de 1933 que el gobierno

del Reich emitió la *Ley de prevención de progenie con enfermedades hereditarias*, que entró en vigor el 1 de enero de 1934. La Cancillería del Führer, en cooperación con el Ministerio del Interior, emprendió, en febrero de 1939, la organización de la llamada «eutanasia de niños»; en otoño de ese mismo año, se iniciaron los planes técnico-administrativos para la «eutanasia de adultos». La principal responsable de llevar a cabo la «eutanasia infantil» era la Comisión del Reich para el estudio científico de enfermedades hereditarias y congénitas graves». Benetka, G. y C. Rudolph, *Por supuesto que...*, *op. cit.*

5. Sobre este doctor, List ofrece los siguientes datos: nacido en Hermannstadt, en 1905, y muerto en 1952, en un campo de concentración soviético. Ingresó al partido nazi en 1934. «A partir de 1940, participó en la conferencia de eutanasia, en la cancillería del Führer, jefe de la Institución de Asistencia para Jóvenes de la ciudad de Viena, Am Spielgelgrund, y a partir de 1941, director médico». Dice también que estuvo relacionado con la hermana de Hitler, pero que la Gestapo les prohibió el contacto. Al parecer, Caruso no sabía de la muerte del doctor Jekelius, cuando escribió el texto para *Der Spiegel*, en 1964. Nota al pie número 14 en: List, Eveline, *op. cit.*, pág. 120.

6. List, Eveline, *op. cit.*, pág. 120. Por lo menos desde 1941 hasta 1944, el asistente de la clínica pediátrica de la Universidad, el docente Elmar Türk (el hermano de la doctora del Spiegelgrund Marianne Türk) realizó en colaboración con la institución Spiegelgrund experimentos con inyecciones de tuberculosis en niños con discapacidad mental para probar la eficacia de la vacuna BGH» (Hubenstorf, 2005, pág. 173). Es decir, no sólo el doctor Heinrich Gross realizó sesudos experimentos en la multicitada clínica. Nota al pie número 14 en: List, Eveline, *op. cit.*, pág. 120.

7. Citado por L. L. [No aparece nombre completo], «La vraie histoire des bienveillantes», *Le Nouvel Obsevateur*, 27 de septiembre de 2010.

8. Citado por Álex Vicente, en su comentario de la obra del escritor y dramaturgo Wajdi Mouawad, «Bestia humana», *El País/Babelia*, 8 de febrero de 2014, pág. 5.

9. Clínica que, para marzo de 1942, sufrió una reorganización, ya que se creó la sección F, denominada –no sin ironía–: «Protección y Asistencia de Menores» y, el 16 de junio del mismo año, se dio una división entre las áreas de «educación» y «psiquiatría infantil», y siete pabellones fueron cedidos a la sección F. Y en noviembre de 1942, se denominó «Centro Educativo de la ciudad de Viena "Am Spiegelgrund"». Y los pabellones 15 y 17 dependieron de Salubridad y Asistencia Pública. Ver, *Por supuesto que...*, *op. cit.*

10. Juicio oral en contra del doctor Herinrich Gross, del 17 de marzo de 1950, Testimonio de Anna Katschenka, Audiencia Provincial de Viena, Vg. Ia. Vr. 1601/48.

11. E. List, en respuesta a las reacciones suscitadas por su artículo, abunda en la participación de Caruso en las sesiones de evaluación: «De los expedientes del tribunal de la nación [Volksgericht] resulta que durante las sesiones estaban presentes todos los psicólogos en función de peritos. Por lo

tanto, tenemos que partir del supuesto de que también Igor Caruso participó. Pero en última instancia no podemos verificarlo, dado que los protocolos de estas sesiones ya no existen». (falta fecha de la citada respuesta)

12. Fragmento de las actas de la Audiencia Provincial de Viena, Vg. Ia. Vr. 2365/45, concerniente al doctor Ernest Illing, la doctora Marianne Turk, la doctora Margarete Hübsch, la doctora Edeltrude Baar. Expediente personal. Archivo de la ciudad y la provincia de Viena.

13. List, E., *op. cit.*, págs. 120-121.

14. Por ejemplo, en el Hospicio Central, en la Clínica de Atención para Madre e Hijo o en el Centro municipal de Adopción de Niños, o en la Clínica para Niños Glanzing, etcétera.

15. La fórmula que utiliza la autora es «más de 100 diagnósticos».

16. En la nota 19, la doctora List señala que sobrevivió, basándose en los archivos de la ciudad de Viena, en el apartado «Varones que sobrevivieron». List, Eveline, *op. cit.*, pág. 122.

17. En su reporte, Benetka y Rudolph describen lo siguiente: «En su caso, la revisión médica tampoco arrojó ninguna alteración orgánica o neurológica. [...] Caruso lo examinó el 24 de abril de 1942, mediante el procedimiento Binet Simón. Resultado: un IQ de 0.25 a 0.30. O, dicho de otro modo, los valores de la prueba arrojaron que el muchacho de 16 años tenía una *edad intelectual* de 4». Hay una ligera variación entre los porcentajes que ofrece la doctora List y los citados. No obstante, para el desenlace que tuvo el caso, da lo mismo.

18. List, Eveline, *op. cit.*, pág. 122.

19. Como los dos incisos anteriores: List, Eveline, *op. cit.*, págs. 122-123.

20. Expediente 66/42.

21. List, E., *op. cit.*

22. List, E., *op. cit.*, pág. 123.

23. List, E., «¿Por qué no en...?», *op. cit.*, pág. 124.

24. List, E., «Pedagogo/educador...», *op. cit.*

25. List, E., «Pedagogo/educador...», *op. cit.*

26. *Ibíd.*

27. List, E., «Pedagogo/educador...», *op. cit.*

28. List, E., «Pedagogo/educador...», *op. cit.*

29. *Ibíd.*

30. Marie und Gertrude Gross, número de expediente 76/41. Clínica Psiquiátrica Infantil de la ciudad de Viena, historiales médicos: occisos. 1941-1945. Archivo de la ciudad y de la provincia de Viena. Y: List, Eveline, «¿Por qué no en...», *op. cit.*

31. «Por supuesto que entonces pasaron muchas cosas en el Steinhof [o en el] Am Spiegelgrund, que es otro nombre de la misma clínica. Y por supuesto uno sabía todo... se sabía todo». *Op. cit.*

32. List, Eveline, «Por supuesto que...», *op. cit.*

33. *Ibíd.*

34. *Ibíd.*

35. *Ibíd.*

36. *Op. cit.* Este argumento de Benetka y Rudolph coincide, en buena medida, con el de Eveline List. «En el Steinhof, un *educador* ejercía funciones de vigilancia y disciplina, y no desempeñaba ningún tipo de función educativa en el sentido habitual. El de Igor Caruso constituyó un caso especial. Si bien tenía un doctorado en pedagogía, laboral y salarialmente estaba clasificado como *educador* y su función era *coadyuvar en la realización de pruebas pedagógico-psicológicas y la elaboración de dictámenes*» [Igor Caruso, acta personal. Escrito de las oficinas de los servicios sanitarios, del 7 de enero de 1942]. Él sólo elaboraba los dictámenes psicológicos, conducía las investigaciones y pruebas que se requerían para ellos y hacía gráficas. Caruso, quien no era psicólogo, no tenía ninguna experiencia como dictaminador, pero se adaptó rápidamente, adoptó la jerga profesional y, tal vez precisamente por su deficiente calificación, se esforzó de modo particular en parecer decididamente competente. El ambiente que lo rodeaba exigía, sin duda conformismo. La psicología era, además, una ciencia en ascenso». List, Eveline, «Pedadagogo/educador», *op. cit.*

37. *Op. cit.*

38. *Ibíd.*

39. Al respecto, List cita el escrito confidencial del doctor Illing a la oficina encargada de instituciones de asistencia de la ciudad de Viena, del 15 de septiembre de 1942. Doctor Igor Caruso, expediente personal, Archivo de la ciudad y de la provincia de Viena.

40. Raoul Schindler, comunicación personal, del 5 de julio de 2007, a la doctora List. El doctor Schindler era el encargado de los grupos de psicoanalistas candidatos, en los tiempos en que los cofundadores mayores del CPM, Raúl Páramo y Armando Suárez, se formaron en Viena. ¿En realidad no tenía otra opción? Una vez que aceptó estar dentro, ciertamente, muy pocas.

41. List, E., «¿Por qué no en...?», *op. cit.*, pág. 125.

42. List, E., «Pedagogo/educador...», *op. cit.*

43. Parth, 1988.

44. Parth, 1988, pág. 64.

45. Benetka, G., y C. Rudolph, «Por supuesto que...», *op. cit.*

46. Pierre Laborit, *Le chagrín et le venin. Occupation, Resistence, Idés recues.* Editions Bayard, 2014, p. 297.

VII. Igor A. Caruso en el Instituto Psiquiátrico Döbling (Marietheresien-Schlössl)

1. List, E., «Por supuesto que...», *op. cit.*

2. El verbo que utiliza Caruso es *hinausschmeissen*, el cual, según Daniel R. Álvarez del Castillo –el otro traductor de la entrevista a Caruso–, significa algo parecido a *echar a patadas*. Correo que me fue enviado amablemente por Daniel el 16 de febrero de 2013. La traducción del párrafo que cito es de Lucía Luna.

3. List, E., *op. cit.*, pág. 137. August Aichhorn sería considerado como uno de los «analistas didácticos» de Caruso, como se apreciará más adelante. La doctora List, a propósito de este analista, sostiene: «Aichhorn se encontraba de cierta manera bajo una protección especial ante las críticas, como después Caruso. Su cooperación con el Instituto de Göreing apenas se ha problematizado hasta la actualidad, él mismo ha sido presentado constantemente como víctima de las circunstancias y salvador del psicoanálisis, lo cual se debe en gran parte a Kurt Eissler, quien era analizante de Ainchhorn y había emigrado a los Estados Unidos. Ainchhorn, valorado por no judío y debido a su *weltannschchauung* conservadora, había estado expuesto sobremanera a la tentación de adaptarse, lo cual le significó estatus, ingresos y protección adicional *desde arriba*».

4. A partir del 19 de noviembre de 1942.

5. List, E., «Por supuesto que...», *op. cit.* Auersperg había colaborado, desde 1931, en la Clínica Universitaria de Neurología y Psiquiatría, dirigida por Otto Pötzl, y «había sido habilitado, desde 1937, como docente en las dos ramas por la Universidad de Viena [...]». Caruso fue contratado como psicólogo para «[...] detectar los conflictos emocionales del paciente que subyacen a su sintomatología neurótica, orientarlo en su terapia según las indicaciones del médico, y realizar con él los ejercicios prácticos y psicológicos que le han sido prescritos».

6. Siglas del Partido Nacional Socialista Obrero Alemán.

7. Geheime Staatspolizei, conocida como la Gestapo.

8. Marie-Theressien...

9. Benetka y Rudolph sitúan la partida en 1946.

10. Hubensdorf, 2002, pág. 413. Sack, 2005.

11. List, E., *op. cit.*, pág. 126. Datos corroborados por Benetka y Rudolph, quienes citan también a: Huber, 1977, págs. 99, 282

12. List alude a la carta de solicitud de empleo que Caruso presentó en 1946, y que se encuentra en el archivo de la Universidad de Innsbruck.

13. List, E., *op. cit.*, pág. 126.

VIII. Los análisis de Igor A. Caruso y la fundación del Círculo Vienés de Psicología Profunda

1. E. List ¿Por qué no en...? *op. cit.* A. Aichhorn (1878-1949) fue director de la Correccional *Oberhollabrunn.* Tenía amistad con Anna Freud y fue miembro, desde 1922, de la Asociación Psicoanalítica de Viena. List señala que en la publicación de la IPA (la Internacional Psicoanalítica), de 1939, no aparece ni como analista didáctico ni como supervisor. Me refiero al último reporte que emitió la sociedad de Viena, correspondiente a 1936-1937, antes de ser suprimida. En cuanto al barón Víctor Emil von Gebsattel (1883-1976), fue miembro de la antigua nobleza de la región de Franjen, doctorado en filosofía, en 1907, y en medicina, en 1919. Y a par-

tir de 1949, fue profesor catedrático para psicoterapia y antropología de la Universidad en Würzburg. E. List, *op. cit.*, pág. 130.

2. Huber, 1977, pág. 282.

3. Von Gebsattel.

4. Solms-Rödelheim, 1977, pág. 455.

5. ¿*Psicoanálisis* peripatético?

6. Parth, 1998. pág. 62.

7. L. Andreas-Salomé, en una carta a S. Freud, 20 de julio de 1920. Freud, 1966, pág. 115. Citado por: List, E., *op. cit.*, pág. 129.

8. List, E., *op. cit.*, págs. 129-130.

9. Suárez, A., «Igor A. Caruso, profeta desterrado y...», *op. cit.*, págs. 17-18.

10. *Op. cit.*, pág. 17.

11. Siglas del Partido Nacionalsocialista Obrero Alemán.

12. List, E., *op. cit.*, pág. 130. Y: Birkmayer, 1938, pág. 115.

13. Pape, 2006, pág. 111.

14. Archivo documental de la resistencia austriaca.

15. Ver: S. Freud, en una carta a A. Zweig, 30 de septiembre de 1934. Freud 1968a, pág. 102.

16. List, E., *op. cit.*

17. Como en Austria, la NSDAP fue prohibida a partir de 1933, los *ilegales*; es decir, aquellos que en ese entonces eran miembros de esa organización, posteriormente, fueron muy respetados por los nazis. (Hauer, 2000, pág. 14).

18. Caruso, 1973.

19. List, E., *op. cit.*, pág. 132.

20. No obstante, en el libro-homenaje a Caruso, con ocasión de su quincuagésimo aniversario, titulado *Personalización* –editado en alemán en 1964, por Herder, y en castellano, por el Club de Lectores en Argentina en 1967–, encontramos al antiguo militante del Partido Nazi, O. H. Arnold, contribuyendo con el artículo «La significación de la antropología psicoanalítica para la psiquiatría». La versión en castellano del libro es prologada por el propio Caruso en 1966, y ahí asegura que «la Escuela de Viena [o sea, el Círculo] permanece fiel al pensamiento de Freud, pero esforzándose en lograr una síntesis con las disciplinas afines».

21. Suárez, A., «Igor A. Caruso, profeta desterrado y...», *op. cit.*, pág. 19. Suárez contextualiza el término *tiefenpsychologie* (psicología profunda) y señala que Freud, en el texto «El interés del psicoanálisis», lo utilizó por primera vez, en 1913, como sinónimo de esta disciplina. «Pero, durante la época nazi, en la que la palabra psicoanálisis estaba prohibida, sirvió para designar todas las corrientes surgidas de Freud y más o menos emparentadas con él: ortodoxa freudiana, adleriana, de Schultz-Hencke, jungiana, etc. Los miembros de la Wiener Psychoanalytische Vereinigung siguieron utilizándola hasta los años sesenta en sus publicaciones. Es curioso que sea en las del Círculo de Viena donde reaparece la palabra psicoanálisis: en *Umwertung der Psychoanalyse* de W. Daim (1950), y en *Psychoanalyse und*

Synthese der Existenz de Caruso (1952), *si bien en gran parte como objeto de crítica*». *Op. cit.*, págs. 19-20. Bien hace el doctor Suárez en remarcar esa «curiosa» manera de hacer reaparecer la palabra suprimida por parte de dos miembros del Círculo de Viena, ya que al seguir siendo utilizada por los círculos, la noción de *tiefenpsychologie* implicaba, de alguna manera, establecer una continuidad no tanto con el uso que Freud le otorgó primero, sino con el arreglo que instituyeron los nazis para incluir, en el Instituto Göring, a todos los «gatos», intentando que fueran «pardos». En el anexo retomaré este tema.

22. Caruso, Igor A., *Análisis psíquico y síntesis existencial. Relaciones entre el análisis psíquico y los valores de la existencia*, Editorial Herder, Barcelona, 1958, pág. 107. La primera edición, en alemán, se publicó en 1952 (*Psychoanalyse und Synthese der Existenz*).

23. Rubner, Angelika, «Desarrollo y dialéctica en el pensamiento de Igor A. Caruso», en: Ewald H. Englert y Armando Suárez (coord.), *El psicoanálisis como teoría crítica y la crítica política del psicoanálisis*, Siglo XXI Editores, México, 1981, pág. 35. La edición alemana fue publicada en 1979, en Campus Verlag, bajo el título *Die verarmung der psyché.* Las dos citas de Caruso fueron tomadas por: Rubner, Angelika, *Psychoanalyse und Synthese der Existenz*, Herder, Freiberg/Breisgau y Viena, 1952, pág. 119. Rubner, Angelika, *Tiefenpsychologie und Daseinwerte*, Viena, Herder, 1948, pág. 12.

24. Caruso, I. A., *Análisis psíquico...*, *op. cit.*, pág. 29.

25. *Op. cit.*, págs. 25-26.

26. Suárez, A., «Igor A. Caruso, profeta desterrado y...», *op. cit.*, págs. 20-21.

27. Trabajo en preparación.

28. *El País*, 20 de enero de 2014, pág. 20.

29. La doctora Rosa Tanco Duque así describe al *psicoanálisis personalista*: «La personalística o análisis personalístico abarca a toda la persona; es decir, se basa, al mismo tiempo, en lo que en el hombre es condicionado, no libre, *cosificante*, y también en lo que es propio del hombre, en su libertad y responsabilidad, en los valores espirituales. Repetiremos aquí. "El ser personal es, para Caruso, el diálogo no terminado aún entre la determinación de la carne y la libertad del espíritu"». Es ésta una sociedad *psicoanalítica* que insiste, en forma muy especial, en contra de *toda ortodoxia* sobre la personalización progresiva. R. Tanco Duque, *op. cit.*, pág. 50.

30. Solares, Ignacio, «Igor Caruso: transformar una conciencia neurótica en una conciencia de nuestras miserias», en *Palabras reencontradas*, Ediciones del Conaculta (Colección Periodismo Cultural), 2010, pág. 38.

31. Solares, I., *op. cit.*, pág. 39.

32. *Op. cit.*, pág. 40.

33. Y ¿por qué esta vez sí habría que evitarla? No queda aclarado.

34. *Op. cit.*, pág. 41.

35. *Ibíd.*

IX. Igor A. Caruso y su crítica al nazismo

1. Del libro de: Ringelblum, Emanuel, *Cronique du Ghetto de Varsovie*, Robert Laffont, París, 1959.

2. Será la tesis que va a defender Franz Fanon, en su libro *Los condenados de la Tierra.*

3. Igor A. Caruso, *Psicoanálisis dialéctico*, *op. cit.*, págs. 76-77.

4. Por su identidad como psicoanalista y, además, por ser uno de los que aplicaba la crítica social del psicoanálisis –cualquier cosa que eso signifique.

X. Igor A. Caruso y la cuestión de la responsabilidad

1. Giner, Salvador, «Hemos perdido las prioridades morales», *El País, Babelia*, núm. 1105, 26 de enero de 2013, pág. 12.

2. «Todo mundo tiene un lado oscuro y otro luminoso». Antón, Jacinto. «Entrevista a Ferdinand von Schirach», *El País Semanal*, 1828, 9 de octubre de 2011, pág. 31.

3. En lo referente a no estar necesariamente a la altura de lo que uno predica, me parece útil referirme a la sentencia que les dio el juez inglés, en el Caso Dudley, a los marinos náufragos del Mignonette, en el año 1884, después de preguntarles si consideraban que fue necesario asesinar –para comérselo– al grumete Richard Parker, a fin de salvar su propia vida –es decir, tres vidas por una. El juez decidió que ninguna vida es más valiosa que otra y, por tanto, afirmó: «A menudo nos vemos obligados a establecer estándares que ni siquiera nosotros cumplimos y a fijar normas que ni siquiera podemos respetar... No es necesario advertir del terrible peligro que supondría renunciar a estos principios». Von Schirach, Ferdinand, «¿Tortura salvadora?», *El País (Babelia)*, 1,150, 7 de diciembre de 2013, pág. 5. Es precisamente esta manera de valorar unas vidas como más valiosas que otras la que aplicó el presidente Truman, cuando aceptó la sugerencia de sus asesores militares de arrojar las bombas sobre la población civil de Hiroshima y Nagasaki, sin aviso previo de la potencia mortífera de éstas. Con lo cual se ganó, a pulso, el título de asesino masivo.

4. Koch, Thilo, «Entrevista de a Karl Jaspers», *La Jornada Semanal*, 791, México, 16 de septiembre de 1990, pág. 17.

5. Tales como la existencia o no, en el hombre, de un instinto o de una inhibición a matar, la cuestión de la culpa y la conciencia, o el trastrocamiento de las leyes durante el fascismo, entre otros.

6. *Op. cit.*

7. Aunque Caruso aquí se sitúa como psicólogo.

8. Javier Cercas compara, de manera singular, los casos de Adolf Eichmann e Ingmar Bergman respecto a los remordimientos, teniendo buen cuidado en dar cuenta de la diferencia sustancial de los hechos y contextos. Cuando una cineasta-periodista, Marie Nyreröd, pregunta a Bergman si no

tenía remordimientos respecto a los nueve hijos que tuvo con diferentes mujeres, y a los que al parecer no les hizo especial caso, el cineasta sueco respondió con toda franqueza: «Los tuve, hasta que descubrí que tener remordimientos por algo tan serio como abandonar a tus hijos es puro teatro, una forma de vivir con un sufrimiento que has causado». Cercas, Javier, «Bergman, Eichmann y los justos», *El País Semanal*, 1943, 22 de diciembre de 2013, pág. 6. Cercas extrae que, al responder eso, Bergman «reconoce que es indigno añadir al pecado de haber cometido un error el pecado de sufrir por haberlo cometido». Y al hacerlo, «para nada se creía un justo». En cambio, Eichmann, si bien responde a la pregunta acerca de sus crímenes de una manera parecida a la de Bergman, como más adelante veremos, termina dándoles un giro que lo torna substancialmente diferente a la posición de Bergman.

9. Curioso ejemplo el de Judas. Si Cristo andaba predicando sin esconderse por los caminos y ciudades de Galilea, ¿por qué era necesario que el primero se los señalara a sus futuros captores?

10. Que por alguna razón, me imagino, muy cercana a la que sostiene la sacralización de los sacerdotes, sabría cuáles son.

11. Milan Kundera, en *La insoportable levedad del ser*, alude a la *inflación de las cobardías*. Kundera, Milan *op. cit.*, pág. 186.

12. Reforzado, en el mismo sentido, por el del doctor Stöller.

13. Citado por: Fallend, Karl, «Los herederos de Caruso...», *op. cit.*

14. Los subrayados son del autor (FMG).

15. Fallend, Karl, «Los herederos de Caruso...», *op. cit.*

16. ¿Inicios de 1981?

17. Pierre Bourdieu.

18. Carta de Heinrich Himmler a su esposa Margarete, publicada por *Die Welt* y citada en: Gómez, Juan, «Viajo a Auschwitz. Besos : Tu Heini», *El País*, 27 de enero de 2014, pág. 6.

19. Arendt, Hannah, *Responsabilité et jugement*, Petite Bibliotheque Payot, 2009, págs. 70-71.

20. Aquí retomo la comparación que hace Javier Cercas entre Bergman y Eichmann. Veamos de qué manera. Si la respuesta de Bergman ante los remordimientos por los errores cometidos era que no valía la pena tenerlos, sorprendentemente, la del nazi parece ser casi análoga. Cuando se le preguntó si acaso se sentía culpable del asesinato de millones, respondió: «desde el punto de vista humano, sí, porque soy culpable de haber organizado las deportaciones. Pero los remordimientos son inútiles, no resucitan a los muertos. Los remordimientos no tiene ningún sentido [...] Lo que importa es encontrar la forma de evitar estos hechos en el porvenir». Cercas, Javier, «Bergman, Eichmann...», *op. cit.* Sin embargo, cuando la analogía entre ambos personajes parecía sostenerse, Eichmann *volvió sobre sus pasos* y adujo que el sólo era un técnico que estaba obligado, por su juramento, a actuar como lo hizo. Es decir, libre de toda responsabilidad.

21. Uno de los casos más dramáticos e insidiosos es el de los consejos judíos, organizados por nazis, a los cuales obligaban a seleccionar entre su

propia gente quiénes iban a ser enviados a los campos de exterminio. La película de Claude Lanzmann, *Le dernier des injustes* –presentada en el Festival de Cannes 2013–, que consiste en una larga entrevista realizada en 1975 a Benjamín Murmelstein –único presidente de los consejos judíos con vida en ese entonces–, da cuenta de esta tragedia. Murmelstein, en 1943, recibió la orden de Eichmann de tratar el asunto del exilio de los judíos y de que le diera la lista de quiénes deberían ser fusilados. A esto último, el mencionado rabino se resistió. Fue el tercer y último presidente del consejo judío del campo de concentración de Teheresienstad.

22. Hasta donde se sabe, ya alguien llamado Jesús se le había adelantado en ese punto, dos mil años antes y con relativo éxito.

23. Arendt, H., *Responsabilite et...*, *op. cit.*, págs. 71-73.

24. *Op. cit.*, pág. 74. El término *genocidio* apareció como tal en el libro publicado en 1944 por Rafael Lemkin, titulado: *El poder del eje en la Europa ocupada.* Y como lo señala Antonio Elorza, si bien estuvo presente en las acusaciones del juicio de Nüremberg, los ingleses lo rechazaron. Lemkin define el *genocidio* de la siguiente manera: «es la puesta en práctica de acciones coordinadas que tienden a la destrucción de los elementos decisivos de la vida de los grupos nacionales con la finalidad de su aniquilamiento». Citado por: Elorza, Antonio, «Rafael Lemkin: la soledad del justo», *El País*, 14 de febrero de 2014, pág. 21. Para Lemkin, el genocidio abarcaba las variantes religiosas, políticas y culturales. Todavía en 1946, escribió que debía ser considerado como «un crimen internacional».

25. *Op. cit.*, pág. 75.

26. Arendt, H., *Responsabilité et...*, *op. cit.*, pág. 80.

27. *Op. cit.*, pág. 81.

28. Pérez Gay, José María, *La supremacía de los abismos,* La Jornada Ediciones, 2006, pág. 63.

29. Thomas, Yan, «La verité, le temps, le juge et l'historien», en *Le Debat*, Gallimard, núm. 102, París, noviembre-diciembre de 1998, pág. 34.

30. Ginzburg, Carlo, *Le juge et l'historien. Considerations en marge du procés sofri*, Verdier Éditions Lagrass, 1997, págs. 116-117.

31. Roland Barthes.

32. En este último caso, para forzar la humildad de los psicoanalistas que creen que pueden ser freudomarxistas y articular en dosis plausibles estos dos horizontes sin ningún problema, me parece prudente citar lo que Robert Castel escribe con relación a lo que el psicoanálisis puede percibir de la realidad institucional: al partir de «una dialéctica del investimiento, el retiro de investimiento, el contrainvestimiento [...] no puede proporcionar nunca un enfoque directo de lo que es propiamente social en lo social. Sólo arroja sobre este una luz derivada a partir de intereses libidinales de los individuos. Esta aproximación, por importante que sea, deja totalmente fuera de su alcance la cuestión de las funciones sociales del fenómeno estudiado». Castel, Robert, *El psicoanalismo...*, *op. cit.*, pág. 217.

33. Thomas, Yan, *op. cit.*, pág. 34.

34. *Op. cit.*, pág. 35.

35. Este tipo de transformación, en el caso de los psicólogos, psiquiatras y psicoanalistas, ya lo había detectado Michel Foucault en otro contexto y alcance, cuando se dejó de juzgar al delito y a quién lo cometió, y se introdujo la cuestión del *alma* del delincuente, a mediados del siglo XIX. Es decir, que ya no sólo se trata de averiguar si existió delito y quién lo cometió, sino por qué: ¿deseo?, ¿instinto? ¿pulsión? ¿fantasma? Y, entonces, se abrió un vasto campo de posibilidades para los diferentes *psi*, que se convierten ya no en colaboradores de la justicia, sino en parte consustancial de ésta y de la sentencia. Ver, sobre todo introducción de: Foucault, Michel, *Vigilar y castigar*, Siglo XXI Editores, 1975. En el siglo XIX, primero se construye la noción de monomanía y después la de peligrosidad, hasta desembocar en lo que Robert Castel denomina *la gestión de riesgos*. Ver: Castel, Robert, *La gestión des risques, de l'anti-psyquiatrie á l'après-psychanalyse*, Editions de Minuit, 1981.

Sin embargo, existen más complicaciones. En lo que voy a citar extensamente, me refiero a un artículo de Francois Hartog. Salvo aclaración, así como mis propias intervenciones entre corchetes, todo será del referido autor, quien dibuja con notable precisión la transformación del estatuto del historiador cuando se cuestiona cómo es requerido a sólo ocuparse del presente y el efecto que esto tiene respecto a la distancia entre el tiempo vivido y el analizado, que tiende a reducirse al mínimo. Y en procesos contemporáneos que implican el *crimen contra la humanidad* termina por convertirse en una especie de experto de la memoria y de los contextos, muchas veces requerido por los jueces. El historiador, afirma Hartog:

> «[...] se encuentra desestabilizado por esas dos formas de aceleración que son lo instantáneo y lo simultáneo [...] hemos entrado en un tiempo mediático de historización, no necesariamente cotidiana, sino instantánea del presente, el historiador puede hacer la historia en directo, cada vez más rápido y ofrecer inmediatamente el punto de vista de la posteridad y, como Lucky Luke, el célebre *cowboy* de los cómics, disparar más rápido que su sombra. [Y además, en este habitar lo contemporáneo, se encuentra acompañado por una serie de ocupantes que contribuyen al *uso público del pasado* (J. Habermas)].
>
> «Annette Wieviorka ha podido trazar el ascenso de eso que ella denomina como *la era del testigo*. Ésta se ha inaugurado en 1961, con el proceso Eichmann en Jerusalem. Por primera vez, los testigos, es decir, las víctimas son llamados a testimoniar, no acerca de Eichmann que ellos evidentemente no habían visto jamás, sino acerca de aquello que habían soportado. Un testigo devenía de entrada la voz y el rostro de una víctima, de un sobreviviente al que se escucha y hace hablar, que se graba y filma.
>
> «[...] En un dispositivo tal, la mediación del historiador llega a ser no solamente inútil sino estorbosa. Pues idealmente nada debe venir a *parasitar* el cara a cara entre el testigo y el espectador, el cual es llamado a ser a su vez un testigo del testigo, un testigo delegado [Y si además le añadimos al periodista].

«La reunión de los testigos, los veteranos, los escapados, los sobrevivientes en primera línea, ha sido un rasgo común de las últimas grandes conmemoraciones. [...] Esas celebraciones han venido a rimar la vida pública conjuntando memorias (olvidadas, reencontradas, provocadas, etc.) y agendas políticas.»

Si todavía, en el siglo XIX y en la primera mitad del siglo XX, se podía hablar de *víctimas sagradas*, para nominar a quienes habían ofrecido su vida en el altar de la patria.

«Después de 1945, este edificio, a decir verdad ya puesto en crisis desde la guerra del 14, termina por caerse. Esta estrecha economía de la gloria, que no podía encarar a la víctima sino bajo los rasgos de aquel que se sacrificaba, no se sostiene más frente a decenas de millones de muertos y desaparecidos, de desplazados y sobrevivientes a quienes nadie ha osado demandarles su parecer.

«[...] En síntesis, hasta entonces la activa y positiva noción de víctima se carga de una connotación pasiva, o incluso negativa. [...] El ascenso de la víctima ha sido sostenida por aquella de traumatismo. [Esta noción] conformada a partir de la noción médica de herida corporal, llega a ser, al final del siglo XIX, una categoría psicológica, y después, al final del siglo XX, una categoría de la nosografía psiquiátrica. El traumatismo es desde entonces un hecho social de orden general. Como tal, ha instituido *una nueva condición de la víctima.*»

Por otro lado, Hartog, citando a Didier Fassin y Richard Rechtman, dice: «hace todavía un cuarto de siglo, escriben, el traumatismo no había [alcanzado] derecho de ciudad, más allá de círculos cerrados de la psiquiatría y de la psicología. Reinaba más bien la sospecha (detrás de la neurosis del soldado, se sospechaba la simulación). Sin embargo, se ha pasado, en el espacio de algunos años, de la duda al reconocimiento. El traumatismo es *reivindicado* y la víctima, *reconocida*». Fassin, Didier y Richard Rechtman, *L'Émpire du traumatisme. Enquete sur la condition de víctime.* Flammarion, 2007, pág. 16.

Y continúa Hartog: «El traumatismo ofrece un nuevo lenguaje al acontecimiento, en la medida [en que] permite nominar una nueva relación al tiempo, a la memoria, al duelo, a la deuda, a la desgracia y a los desgraciados. En la conmemoración se ha pasado de los *muertos por* a los *muertos a causa de* [...] designar el acontecimiento como traumático instaura una relación inmediata de empatía con la víctima [...] reconocida en ese papel, ella debe tratar de conformarse a ese estatuto.

«[...] Si a este nuevo estatuto de la víctima-testigo, y su relación con la memoria, el tiempo, el duelo, entre otros, se le articula, en algunos casos, el de *crimen contra la humanidad* –el cual implica la cuestión de la imprescriptibilidad; es decir, que el criminal permanece como contemporáneo de su crimen–, se instaura un tipo de relación al tiempo que sería el de la víctima, entonces nosotros llegamos a ser los contemporáneos de los hechos juzgados por crímenes contra la humanidad. [...] la imprescriptibilidad *par nature* del crimen contra la humanidad funda una temporalidad jurídica, en virtud de la cual el criminal ha sido, es y será contemporáneo de su crimen hasta su último suspiro. Hartog, Francois, «Le present de l'historien», en *Le Debat*, 158, Gallimard, enero-febrero de 2010, págs. 21-25.

36. Arendt, H., *Responsabilité et...*, *op. cit.*, pág. 88.

37. *Op. cit.*, págs. 86-87.

38. José María Pérez Gay alude a otro tipo de *puritanismo psicoanalítico*, que me parece digno de ser citado, aunque no coincide exactamente con lo que estoy tratando. «Al hablar de puritanismo me refiero a la actitud de algunos terapeutas que, para evitar a toda costa *la contaminación psíquica* de sus pacientes, se aíslan y se atrincheran detrás de su arrogante y sectaria teología *científica* o, en el peor de los casos, de una sabiduría vaga hermética, donde sólo habitan los iniciados [y utilizan] un metalenguaje que nadie entiende...». Pérez Gay, José María, *La supremacía...*, *op. cit.*, págs. 249-250.

39. Augé, Marc, «Tolerance et ethnologie», *Le Magazine Litteraire*, 363, marzo de 1998, pág. 50.

XI. ¿Y que se sabía en México, en el CPM*, al respecto?*

1. Acevedo, Merlina, «Peones de Troya», *Letras Libres*, 174, México, junio de 2011, pág. 48.

2. Ya he citado la carta a la redacción del *Spiegel*, de 1964. ¿Se enteraron? El doctor Páramo no la menciona y A. Suárez, tampoco. Y la alusión de 1959 es de la doctora Tanco Duque.

3. En una coyuntura muy precisa, a la cual me referiré más adelante.

4. Como un elemento que puede *en parte* servir de analizador de esta ruptura entre los doctores Páramo y Suárez, cito una nota del libro del primero de ellos, publicado en alemán y aún no traducido: *Freud en México. Sobre la historia del psicoanálisis en México*, Editorial Quintessenz, München, 1992. Aludiendo al CPM, el doctor Páramo señala que tanto esta institución, como la AMPP, pueden contar entre sus logros históricos el hecho de haber:

> «[...] contribuido a [...] ponerle fin a la hegemonía de la medicina en psicoanálisis. [¿de la misma manera en ambas instituciones?] Con el transcurrir del tiempo, el CPM se convirtió en un auténtico bastión de los psicólogos, incluso de una manera que los médicos quedaron hoy prácticamente excluidos. Este hecho poco tiene que ver con las discusiones más o menos científicas [...] sino más bien con las corrientes secretas inconscientes transmitidas de generación en generación. La contribución mayor a la fundación del CPM la hicieron, entretanto, dos

personas –un representante de las profesiones no médicas–, el ex dominico Armando Suárez y el médico Raúl Páramo. El predominio del *no médico* daba la razón para los rompimientos sucesivos con los cuatro médicos y que eran esenciales para los desarrollos posteriores: Jaime Cardeña, Arturo Fernández Cerdeño, Raúl Páramo Ortega y Luis Moreno Canalejas. También había discrepancias y problemas tangibles con el médico Santiago Ramírez, quien había sido un colaborador muy comprometido, sobre todo en los inicios del CPM; sin embargo, no llegaron a la ruptura».

Como se puede apreciar, el doctor Páramo toma como eje interpretativo de «las corrientes secretas inconscientes transmitidas» la predominancia del no médico, como si de él hubieran partido todas las rupturas de manera unilateral, y además como si todas las rupturas se hubieran dado por las mismas razones. No hay contextos ni circunstancias, sólo, al parecer, la voluntad del no médico predominante de irse deshaciéndose de los médicos.

Esta manera supuestamente psicoanalítica de operar e interpretar situaciones institucionales complejas fue una de las que fueron cuestionadas a fondo en el CPM de esos años. No obstante, el doctor Páramo no se detiene ahí y avanza en su interpretación del supuesto inconsciente del no médico para explicar parte de las *corrientes secretas* a las que alude, como *una* de las posibles causas de las rupturas. Veamos la nota 120.

«Un observador analítico muy acucioso en su trabajo podría sentirse tentado a pensar que habría que deducir del hecho que el padre biológico del mencionado Armando Suárez era precisamente un médico (español), el cual había decidido –sólo después de sus dudas iniciales– aceptar la paternidad de su hijo *ilegal*, [el que] probablemente Suárez habría elegido primero el camino de la vida monacal entre los dominicos debido a una actitud de protesta y después, ya casado y activo como psicoanalista, habría renunciado a tener *hijos engendrados por la lujuria* –como se dice en la terminología eclesiástica. Sin duda, Suárez [...] ha hecho grandes aportaciones al psicoanálisis en México...»

Como se puede comprobar, sólo un «observador analítico muy acucioso» es capaz de afirmar lo anterior e ir directamente al *inconsciente* del prójimo, vía expreso. Una vez puesto el *inconsciente* a flor de texto, el doctor Páramo le reconoce sus «grandes aportaciones al psicoanálisis en México». Es decir, que al parecer en el *ilegal* no todo fue producto de su inconsciente y sus conflictos con el padre. Ya entrados en este tipo de planteamientos realistas, alguien no tan acucioso preguntaría: ¿y la mamá, acaso está *pintada en la pared*?

Vuelvo a reiterar, si esto es una muestra de cómo opera *una de las corrientes* del psicoanálisis aplicado en Alemania, es explicable que la formación en el CPM haya desechado esa tradición. Espero que haya quedado claramente establecido que, desde mi perspectiva, me prohíbo hacer cualquier inferencia acerca del [o lo] *inconsciente* del doctor Páramo. Sólo marco mi desacuerdo con la manera de argumentar en este caso, ya que considero que simplifica, aplana y reduce la cuestión tratada al máximo.

Último comentario. Hasta donde sé, el doctor Suárez fue extraordinariamente discreto respecto a su *ilegalidad* –recién me entero del hecho, leyendo la traducción que hizo la colega Claudia Brinkop. Me imagino que el doctor Suárez comentó ese asunto con el doctor Páramo cuando eran amigos y compañeros de proyecto. No sé cuál fue la reacción del doctor Suárez, si es que llegó a leer la citada nota. Por cierto, hasta donde tengo conocimiento, no hubo ruptura con el doctor Luis Moreno, ni problemas con los doctores miembros de la APM, Santiago Ramírez, Isabel Díaz Portillo, Celia Díaz y Enrique Guarner, ni con la médica y psicoanalista austriaca-argentina María Langer; tampoco con los médicos y psicoanalistas argentinos, Diego García Reynoso, Gilou Roger e Ignacio Maldonado, entre otros. Sí lo hubo con los médicos y psicoanalistas Nestor Braunstein y Marcelo Pasternac, aunque el conflicto no fue por ser médicos. Por otra parte, el doctor Páramo tuvo problemas con el doctor Braunstein, y se produjo una ruptura, ¿Desde dónde explicar el conflicto entre dos médicos y psicoanalistas?

Hasta donde puedo colegir, el supuesto conflicto inconsciente del doctor Suárez, si lo tuvo, quedó cruzado por otras variables que no necesariamente pasarían por su *ilegalidad*, en esos casos descritos. Por otra parte quien aquí escribe, siendo a su vez hijo de médico –*pater semper incertus*–, puede que haya reforzado el *inconsciente* del dr. Suárez y ambos subordinado el de los otros colegas que no tenían padres médicos, y se armó el complot del CPM contra los médicos.

5. A menos que el doctor Páramo tenga información al respecto. Y si no fuera el caso; entonces, nos quedaríamos con la interrogación de qué pensaba el doctor Suárez.

6. Así como un pequeño grupo de estudiantes.

7. Suárez, A., «Igor A. Caruso, profeta desterrado y…», *op. cit.*, pág. 13. Es el año en el que el monje belga Gregorio Lemercier tuvo una alucinación que lo llevará al psicoanálisis –para *purificar su fe y vocación*–, y con él a una parte del convento de Santa María de la Resurrección, en Cuernavaca, Morelos, México. En ambos casos, muy en el contexto de la época, como ya señalé, el psicoanálisis era visto, por una minoría de monjes y sacerdotes, como purificador de su fe y vocación. Con la diferencia de que en lo que se refiere al Convento de Santa María, el psicoanálisis –en este caso, de grupo– fue llevado por dos psicoanalistas ateos.

8. Ver Suárez, A., «Igor A. Caruso, profeta desterrado y…», *op. cit.*

9. Recuerdo que también Rosa Tanco, en el texto citado de los sesenta, se refiera sólo en una línea al asunto en cuestión: «psicólogo clínico, Clínica Municipal Am Spiegelgrund (Viena), 1942».

10. Suárez, A., «Igor A. Caruso, profeta desterrado y…», *op. cit.*, págs. 31-32.

11. Armando Suárez escribió otro texto en el que analiza los aportes teóricos de Caruso –sin ninguna alusión al periodo del nacionalsocialismo: Suárez, Armando, «La motivación en el personalismo dialéctico de Igor A.

Caruso», *Revista de Psicología*, 1-2. IX, Facultad de Psicología, Universidad Nacional de Colombia, Bogotá, 1964. Retomado en el número de homenaje al doctor Suárez, coordinado por Rodolfo Álvarez del Castillo en *Cuadernos del Área Clínica*, Revista de la Facultad de Psicología, de la Universidad Autónoma de Nuevo León (1988).

12. Suárez, A., «Igor A. Caruso, profeta desterrado y…», *op. cit.*, pág. 27.

13.Y ¿por qué no también en Francia, precisamente nuestro referente más importante después del freudiano? *Investigación a emprender en un futuro.*

14. Y mi propio pasado idealista y católico, de mi infancia y juventud.

15. Suárez, A. «Caruso, profeta desterrado y…», *op. cit.*, págs. 25-26.

16. *Op. cit.*, pág. 26.

17. *Op. cit.*, págs. 26-27.

18. *Ibíd.*

19. Uno de los símbolos psicoanalíticos de dos persecuciones dictatoriales. Sin embargo, las razones para perseguir a la doctora Langer no fueron equivalentes, ni contextual ni ideológicamente, en 1936 y 1974.

20. Suarez, A., «Caruso mártir de la esperanza », *op.cit.*, pág. 27.

XII. Igor A. Caruso y el CPM*: ¿una doble* ilegitimidad?

1. Camilleri, Andrea, *La edad de la duda*, Salamandra (Narrativa), España, 2012, pág. 39.

2. Caruso, I. A., *Razón, locura y sociedad, op. cit.*, pág. 174.

3. Caruso, I. A., «Psicoanálisis dialéctico», *op. cit.*, pág. 99.

4. Porque el campo psicoanalítico, en el mundo y en México, se transformó sustancialmente en la década de los setenta, y otras legitimidades fueron determinantes. Aunque ya en la década anterior se comenzó a minar el piso del duopolio psicoanalítico, conformado por la Asociación Psicoanalítica Mexicana (APM) –de referencia freudiana– y la Sociedad Psicoanalítica Mexicana (SPM) –de referencia frommiana. E incluso, la propia IPA comenzó a modificar sus criterios, aceptando a los psicólogos con formación psicoanalítica como tales.

5. El cual, por cierto, ya no incluye la frase *psicología profunda*, sino la palabra *psicoanálisis*, lo cual indica una transformación en la identidad heredada. Pasó de Círculo Mexicano de Psicología Profunda a Círculo Psicoanalítico Mexicano.

6. Ese tipo de *ilegitimidad* y *marginalidad*, ¿cómo se resignifica en el debate actual del CPM sobre su adscripción o no a la SEP? Tradición añeja de los círculos, ahora también *pasada* por *las aguas* de la tradición lacaniana y de la transformación del campo psicoanalítico en México –y más allá.

7. Napoli, D., «Michel de Certeau…», *op. cit.*, pág. 112.

8. De la manera en que he tratado de dilucidarlo.

9. Lo cual no necesariamente se plantea de la misma forma en el caso de los escritores. Al respecto, el historiador Marc Fumaroli, respondiendo a una pregunta acerca de si es necesario que los escritores sean *buenas*

personas, dice: «Es una buena pregunta, que ya se planteó Gide. Dijo que no se hace literatura con buenos sentimientos. Y creo que tiene razón. Las bellas artes no tienen nada que ver con ninguna ortodoxia moral. ¡Al contrario! La complejidad del hombre hace que no se pueda limitar a reglas estrictas fijas». Fumaroli, Marc, «Amazon son ladrones, unos vampiros», *El País*, 2 de noviembre de 2013, pág. 26.

10. Anne Lise Stern (1921-2013), quien fuera miembro de L'École Freudienne, analizada de Lacan y deportada en la primavera de 1944, en Auschwitz-Birkenau, reflexionando acerca de lo ocurrido en el periodo nazi en el Congreso de la IPA de 1985, en Hamburgo, señala que muchos de los jóvenes colegas alemanes nunca habían convivido con un psicoanalista judío.

«[...] intentaban explicitar las verdaderas cuestiones y abordar de frente el estudio de la época nazi y de sus consecuencias, directas e indirectas, sobre su propia formación: nosotros donde los *padres psicoanalistas* (*Analytiker-Vater*, *Analytiker-Mutter*, expresiones en uso en Alemania) han funcionado en la Alemania nazi, después de la expulsión de sus colegas judíos, e incluso del vocabulario freudiano, nosotros donde los padres reales han sido nazis o han muerto como soldados, no como los judíos, ¿somos verdaderamente psicoanalistas? ¿Podemos nosotros analizar eso con tales analistas, o incluso establecer una relación de trabajo con un colega judío americano, en donde toda la familia ha sido gaseada?

«Para la IPA, un análisis didáctico termina en una identificación con el yo fuerte del analista. El problema parece insoluble, el título del congreso fue un compromiso: *La identificación y sus vicisitudes*. En subgrupo, sin embargo: *Y sus vicisitudes en referencia al fenómeno nazi*, o incluso: *Retorno de la guerra y de las persecuciones en la clínica*. Sí, pero no en la clínica de la didáctica. *Ninguna interrogación al respecto*». Stern, Anne-Lise, *Le savoir-deporté. Camps, histoire, psychanalyse*, Editions du Seuil, 2004, págs. 210-211.

También, para algunos psicoanalistas lacanianos, el análisis después del pase termina con la asunción de los signos de la escuela que pretende tener la verdadera herencia del maestro francés. Y ya son más de una. Pero, en ambos casos, cuando no se trata de analizantes cautivos, que pretenden devenir psicoanalistas, resulta mucha pretensión adjudicarse el poder de adaptar a los analizantes, sea al modo de vida americano o a los valores de la *rive gauche*, o a los del *bon vivant*, que fue Lacan.

11. Ambas sugerencias, como ya señalé, se dieron tanto en México como en Austria.

12. Foucault investigando acerca de los *principios*, M. de Certeau trabajando el texto de *El hombre Moisés* y la cuestión de la identidad –que nunca es una–, y Freud con *El hombre Moisés*, son inspiradores de esta perspectiva.

13. Incluso a los *amateurs*, como es mi caso.

14. Sea si ya lo sabían en el momento de la fundación, o si lo supieron poco tiempo después.

15. Jean Jardin, inicialmente, fue encargado de la misión del Ministerio de Finanzas de Vichy, el cual organizó la arianización de los bienes

judíos, y después fue nombrado en el gabinete de Pierre Laval durante la primavera de 1942. Tanto el abuelo Jean, como Pascal –el padre de Alexandre–, se dedicaron un buen tiempo a borrar las huellas de la colaboración del primero durante la ocupación. El nieto decidió saber qué ocurrió e investigó en los archivos.

16. Jardin, Alexandre, «Mon grand-pére, mon cauchemar. La guerre del Jardin», *Le Nouvel Observateur*, 2427, 12 de mayo de 2011, pág. 9.

17. Para hacerse una idea de las diversas relaciones que se pueden establecer con acciones del pasado, veamos las diferencias entre el caso Caruso, con toda su extrema gravedad, y el caso Maciel y la Legión de Cristo. El lugar que ocuparon ambos, con relación a las dos instituciones, no es equiparable. En el caso de la Legión, el fundador ocupó, desde 1941 hasta su muerte en febrero de 2008, el centro de su institución –lo que no ocurrió en el caso de Caruso–, y para poder actuar de la manera más discreta posible utilizó una extensa red de complicidades intra y *extra* institucionales hasta el final de su vida. Estas últimas conformadas de diversas maneras, desde el sustancial apoyo de las más altas esferas vaticanas, que transversalizaban la institución legionaria, y por lo tanto podrían ser catalogados desde el modelo de la cinta de Moebius, hasta complicidades de grupos económicos y políticos. Cuando los legionarios, el 6 de febrero de 2014, por fin pudieron hablar de lo que hizo su fundador, lo hicieron en términos tales que vuelven a obturar tanto la complicidad vaticana, como la propia, intentando vender la idea de que Marcial Maciel pudo durante mínimo 65 años (cito): «[abusar] de seminaristas menores de edad, hacer actos inmorales con hombres y mujeres adultos, [usar] arbitrariamente su autoridad y bienes; [consumir] desmesuradamente medicamente adictivos y haber presentado como propios escritos publicados por terceros», sin que nadie se diera cuenta. Hasta que, gracias a Benedicto XVI, hacia el 2010, lograron captar lo que sucedió. Doble obturación de la historia, ya que se trata de salvar la cara de uno de sus cómplices mayores, la Santa Sede y algunos papas, y también la propia, aun al riesgo, en este segundo caso, de pasar por estúpidos o de tratar a los observadores externos como tales. Toda esta novela institucional, marcada por la «renovación y purificación», está aderezada por los auspicios del discurso cristiano del perdón y de la misericordia de Dios. Y nunca es mencionado el asunto de la justicia debida a las víctimas. Se comprenderá, que el caso de Caruso no puede ser equiparable porque sus actos ocurrieron años antes de fundarse el CPM en un contexto que nada tiene que ver con el que dio origen a la fundación de este último. En cambio, los de Maciel los realizó a lo largo de toda su vida en dicha institución. Incluso, hasta en el momento de su muerte. Ver: *Comunicado del Capítulo General Extraordinario de los Legionarios de Cristo*, en la página web del Regnum Christi.

18. Lopez Beltrán, Carlos, «Sangre y temperamento. Pureza y mestizaje en la sociedades de castas americanas», En: Lopez Beltrán, Carlos y F. Gorbach (coords.), *Saberes locales, ensayos sobre la historia de la ciencia en América Latina*, El Colegio de Michoacán, Zamora, 2008, p. 303.

19. Y que ya describí en el capítulo II, número 7.

20. Clavreul, Jean, «La couple perverse», *Le désir et la perversion*, Le Seuil, París, 1967, pág. 98.

21. *Ibíd.*

22. Como el caso de algunos nazis después de la debacle.

23. En lo que se refiere a mi caso, creo que nunca sentí que Armando Suárez fuera un analista como los del CVPP. ¿Pura transferencia? Su tradición psicoanalítica, desde el inicio, se resignificó y tomó otros caminos, e incluso se reanalizó con analistas de tradiciones diferentes a la de Caruso. ¿Uno sería solamente la continuación del que fue su analista? Esta visión simplificada de la situación, de sostenerse tal cual, eliminaría cualquier posibilidad de seleccionar sus herencias y de elegir otras posibilidades. Y lo convertiría en un puro efecto transferencial totalizado esta vez por el analista, el cual nunca caería de ese lugar, aunque sea parcialmente.

24. R. Käes.

25. Por ejemplo, Michel Tort y Néstor Braunstein, entre otros.

26. ¿Acaso esto que acabo de describir tendría que ver con el nazismo? No lo creo.

27. El hecho de que a ninguna generación se le ocurrió poner una foto de Caruso en las paredes que circundan el local del CPM de México, y de instituir un seminario para comentar su obra, no deja de ser llamativo.

28. Inútil insistir sobre el hecho de que hay varias maneras de ser *freudiano*, así como *lacaniano*.

29. Tampoco éramos politólogos ni sociólogos, sino ciudadanos interesados y algunos afectados por esos acontecimientos.

30. La posición más cómoda, evidentemente, es la de quienes no habiendo vivido lo que se cuestiona, pueden analizar e incluso juzgar a quienes consideran como cómplices y como cobardes. Cómoda pero no necesariamente fácil, porque se trata de saber en dónde se está colocado cuando se habla, lo cual no invalida la voluntad de saber lo que ocurrió.

31. Kundera, Milan, *La insoportable levedad…*, *op. cit.*, pág. 186.

32. Alusión a la IPA y su *ortodoxia.*

33. Caruso, Igor A., *Psicoanálisis dialéctico, op. cit.*, pág. 107. Francamente, no termino de entender el sentido de esta cita en su conjunto.

34. De Certeau, Michel, *L'écriture de…*, *op. cit.*, pág. 325.

35. De Certeau, M., *op. cit.*, pág. 319.

Epílogo. Se trató de una tragedia y no de un bashing

1. De Certeau, Michel, *Historia y…*, *op. cit.*, págs. 23-24.

2. En la medida en que estoy suponiendo que no era un cínico. No tengo elementos contundentes para sostener esta suposición, pero tampoco veo por qué no conceder el beneficio de la duda –con toda la buena conciencia de mi parte que esto conlleva.

3. Martín Heidegger como modelo.

1. Ciertamente, no en todos los freudomarxismos –como ya señalé en el Anexo 3–. Ni tampoco todos los exiliados dejaron de buscar incidir en situaciones que los llevaran más allá del consultorio. Los casos de Marie Langer, Ignacio Maldonado y del Dr. Miguel Matrajt o el de la revista *Subjetividad y Cultura* dan fe.

2. Ver: Clero, Jean Pierre y Linda Lotte, «Lacan y lo político. Entrevista a Jacques Alain Miller», en Yves Chareles Zarka, *Jacques Lacan. Psicoanálisis y política*, Nueva Visión, Buenos Aires, 2004, pág. 135.

3. Categorías que producen una especie de *mitología*, ya que es difícil de percibir en la vida cotidiana tal *desposesión* experimentada. Incluso algunos primero se proveen de algunos títulos universitarios para después militar en el anuncio y promoción de la *falta, la cual* parece darse por realizada luego de que supuestamente el analizado *atravesó* el fantasma para insertarse probablemente en las fantasmagorías de la escuela de referencia *de turno*, o participó en seminarios en los que al final no obtendrá ningún reconocimiento, aunque sí la *maravillosa carencia.* Esta especie de *teología negativa*, con discurso moral incluido, es digna de un estudio riguroso. No obstante, en este último caso habrá que reconocer que muchos de los adscritos a esas corrientes son individuos que se comprometen, con notable seriedad, en el análisis de sus textos de referencia, aunque también queda la impresión de que, no en pocos casos, tienden a ver el mundo bajo los lentes de sus diferentes lecturas de Lacan. Lecturas que tienden a constituirse en una especie de horizonte ilimitado y omniabarcativo, sin exterioridad posible. En síntesis, se trata de un discurso que aspira a no estar *castrado.* Tamayo, Luis, «Nace el taller de investigaciones psicoanalíticas», *La Jornada*, Morelos, 23 de febrero de 2014.

4. Clero J. P. y L. Lotte, «Lacan y...», *op. cit.*, pág. 135.

5. Lacan, Jacques, *Le séminaire, Livre III, Les psychoses (1955-56)*, Editions du Seuil, París, 1981, pág. 149.

6. Lacan, J., *op. cit.*, pág. 150.

7. *Ibíd.*

8. *Op. cit.*, págs. 150 y 152.

9. Castel, Pierre Henri, *La fin des coupables, suivi de le cas paramord, Obsession et contraite interieure de la psychanalyse aux neurosciences*, II, Les Éditions d'Ithaque, París, 2012, págs. 313-314.

10. Lacan, Jacques, *Ecrits*, Éditions du Seuil, 1966, pág. 628. Esta cita se puede relacionar con aquella que se encuentra en el texto también contenido en este libro, «Subversion du sujet et dialectique du desir»: «[...] el inconsciente es el discurso del Otro [...] El deseo del hombre es el deseo del Otro [...] Es en tanto otro que él desea». *Op. cit.*, pág. 814.

11. Promotora de una modificación psíquica.

12. Castel, P.H., *op. cit.*, págs. 314-315.

13. Karsenti, Bruno, «La psychanalyse comme *fait moral total*», *Critique*, 802, marzo de 2014, pág. 2019.

14. Castel, R., *El psicoanalismo...*, *op. cit.*, pág. 75.
15. Castel, P.H., *op. cit.*, pág. 13.

Los niños de Caruso

1. Arendt, Hannah, *Eichmann en Jerusalén,* Debolsillo, España, 2014, pág. 391.
2. Arendt, H., *op. cit.*, pág. 187.
3. Arendt, H, *op. cit.*, pág. 59.
4. Jones, E., *Vida y obra de Sigmund Freud*, Anagrama, España, 2003, pág. 422.
5. Álvarez del Castillo, 1913.
6. Davoine y Gaudelliere, *Historia y trauma. La locura de las guerras,* FCE, México, 2011.
7. Arendt, Hannah, *op. cit.*

El sector salud al servicio de la muerte.
De la exaltación eugenésica a la eutanasia fascista

1. De esta manera se bautizó la eutanasia porque la sede de la comisión correspondiente se encontraba en el número 4 de la conocida calle Tiergarten en Berlín.
2. El ministro de propaganda, Joseph Goebbels y su esposa llevaron esta idea hasta las últimas consecuencias, matando primero a sus siete hijos antes de suicidarse ellos, para no tener que presenciar el fin del nacionalsocialismo.
3. Weindling, Paul, *Health, Race and German Politics Between National Unification and Nazism, 1870-1945,* Camebridge University Press 1989, págs. 1-8.
4. *Op. cit.*
5. Mühlmann, W. E., *Geschichte der Anthropologie*, Wiesbaden, 1984, pág. 94.
6. Darwin, Charles R., *El origen del hombre*, Editora Nacional, México, 1975, pág. 135
7. Mühlmann, W.E., *op. cit.*, pág. 71.
8. Klee, Ernst, *Euthanasie im Dritten Reich*, die Vernichtung lebensunwerten Lebens, Franfurt, 2010, pág. 228. Ernst Klee, reportero, escritor y cineasta, ha realizado numerosas investigaciones en torno a los crímenes en el sector salud cometidos por los nazis, y es considerado uno de los pocos expertos en la materia.
9. Weber, Matthias M., Burgmair, Wolfgang, Engstrom, Eric J., Emil Kraepelin, *Zwischen Linischen Krnakheitsbildern und Psychischer Volkshygiene*, Deutsches Ärzteblatt, pág. 103, octubre 2006.
10. Rüdin se desempeñó como director del Instituto Alemán de Investigaciones en Psiquiatría, el prestigiado Instituto Kaiser Wilhelm, posterior-

mente Instituto Max Planck, y al mismo tiempo fue comisario de la Secretaría del Interior para la Sociedad Alemana de Higiene Racial entre otros puestos clave.

11. Sin embargo, desde 1937, miles de los llamados *bastardos de Renania*, hijos mulatos de mujeres alemanas con soldados africanos del ejército francés, eran esterilizados contra su voluntad para borrar la vergüenza que significaba su existencia.

12. En el parlamento había nueve partidos grandes y 15 partidos regionales.

13. Klee, *op. cit.,* pág. 35.

14. Klee, *op. cit.,* pág. 37.

15. Klee, *op. cit.,* pág. 39.

16. En 1934, las esterilizaciones se distribuyeron entre estas categorías de la siguiente manera: 52.9 % débiles mentales, esquizofrenia 25 %, epilepsia 14 %, maniaco-depresivos 3.2 %, alcohólicos 2 %, sordos 1 %, ciegos 0.6 %, discapacitados físicos 0.3 % y corea de Huntington 0.2 %. (Klee: 41/42)

17. Klee, *op. cit.,* pág. 40.

18. Al existir la práctica de las esterilizaciones forzadas también en los países aliados, no fue considerada ilegal por los países ocupantes, (simplemente se dejó de ejercer), por lo cual sus víctimas no fueron indemnizadas.

19. Platen-Hallermund, Alice, *Die Tötung Geisteskranker in Deutschland*, Frankfurt, 2008, pág. 31. Alice Platen, médico y psicoanalista, junto con Alexander von Mitscherlich, fue observadora de los procesos médicos de Nuremberg, bajo cuyo impacto redactó este libro que se publicó por primera vez en 1946, cuando encontró escaso eco. Pero fue reeditado desde los años noventa debido al cada vez mayor interés de las nuevas generaciones de alemanes.

20. Klee, *op. cit.,* pág. 40.

21. Klee, *op. cit.,* pág. 43.

22. Klee, *op. cit.,* pág. 44.

23. Klee, *op. cit.,* pág. 33.

24. Klee, *op. cit.,* pág. 45.

25. Klee, *op. cit.,* pág. 49.

26. El subtítulo de la encíclica es: «Sobre el matrimonio cristiano, en sus actuales circunstancias, necesidades, errores y vicios de la familia y de la sociedad».

27. Klee, *op. cit.,* pág. 48.

28. Klee, *op. cit.,* pág. 47.

29. Klee, *op. cit.,* pág. 48.

30. Klee, *op. cit.,* pág. 46.

31. Binding, Karl, y Hoche, Alfred, *Die Befreiung lebensunwerten Lebens*, Friburgo, 1920.

32. Klee, *op. cit.,* pág. 23.

33. En este lugar, Alice Platen se pregunta indignada por lo absurdo del argumento: para proteger a los perseguidos, ¿hay que matarlos?

34. Al término de la guerra se encontró, en el centro de gasificación Hartheim, una lista con cálculos exactos del ahorro en alimentos –papas, pan, mantequilla, etcétera, todo estipulado para diez años– para la manutención de las 70 mil 273 personas *desinfectadas*, o sea asesinadas en las instituciones estatales. Klee, *op. cit.*, pág. 25.

35. Platen, *op. cit.*, pág. 12.

36. Platen, *op. cit.*, pág. 17.

37. Según este decreto, se autorizaba a médicos aún no licenciados para concederles a los enfermos incurables la muerte de gracia, después de haber realizado el análisis más crítico de su estado de salud. Klee, *op. cit.*, pág. 114.

38. Platen, *op. cit.*, pág. 34.

39. Mediante el decreto, se eliminaba, incluso, a enfermos graves de cáncer, de esclerosis, veteranos condecorados de la Primera Guerra Mundial con síndrome post-traumático; el ejército desechó soldados y las SS los cuadros que se habían quebrado psíquicamente ante las atrocidades cometidas y/o presenciadas.

40. Platen, *op. cit.*, pág. 13.

41. Klee, *op. cit.*, pág. 123.

42. Platen, *op. cit.*, pág. 53.

43. Platen, *op. cit.*, pág. 45.

44. Platen, *op. cit.*, pág. 51.

45. Klee *op. cit.*, pág. 442

46. Platen, *op. cit.*, pág. 58.

47. Platen, *op. cit.*, pág. 18.

48. Platen, *op. cit.*, pág. 9.

Omnipresencia del nazismo

1. Miller, Alice, *Por tu propio bien*, Tusquets, Barcelona, 2004, pág.153.

2. Romero, Aníbal. *El debate de los historiadores alemanes y el problema de la culpa*, 2002. En línea: http://anibalromero.net/Las.biografias.de.Hitler.pdf

3. Romero, Aníbal, *op. cit.*

4. Ver: Nolte, Ernste, *Three Faces of Fascism*, Holt, Rinehart and Winston, Nueva York, 1966. Y: Nolte, Ernste, *La guerra civil europea, 1917-1945,* Fondo de Cultura Económica, México, 1994. Un excelente resumen del debate se encuentra en: Brockmann, Stephen, «The Politics of German History», History and Theory, 29, 2, 1990, págs. 179-189.

5. Assy, Bethania, «Eichman, the Banality of Evil, and Thinking in Arendt's thought», Contemporary Philosophy. En línea: https://www.bu.edu/wcp/Papers/Cont/ContAssy.htm

6. Brokemper, Bettina, Von Trotta, Margarethe, *Hannah Arendt* (película), Heimatfilm, Bayerischer Rundfunk, Westdeutscher Rundfunk, Alemania, Francia, Luxemburgo, 2013.

7. Brokemper, Bettina, Von Trotta, Margarethe, *op. cit.*

8. Ver: Bonfil, Carlos, «Hannah Arendt», La Jornada, México, 18 de agosto de 2013. En línea: www.jornada.unam.mx/2013/08/18/opinion/a08a1esp Y: Zepeda, Mayra, «Hannah Arendt y Martin Heiddeger: El amor como autorevelación», Animal político, 9 de diciembre de 2011. En línea: http://www.animalpolitico.com/blogueros-lovaholicos-anonimos/2011/12/09/hannah-arendt-y-martin-heidegger-el-amor-como-autorrevelacion/#axzz31dH7NmuAttp://

9. Romero, Aniba, *op. cit.*, pág. 9.

10. Freud, Sigmund, *El malestar en la cultura,* Siglo XXI editores, Argentina, págs. 119 y 120.

11. Romero, Aniba, *op. cit.*, pág. 10.

12. Lipovetsky, Gilles, *La era del vacío*, Anagrama, Barcelona, 2011, págs. 76-78.

13. Jaspers, Karl, *El problema de la culpa*, Ediciones Paidós, Barcelona, 1998, págs. 31-32. El recuento de la postura de Jaspers en esta etapa proviene de: Losurdo, Domenico, *Heidegger et l'idéologie de guerre*, P.U.F., París, 1998, págs. 188-189. También ver: «Una controversia alemana. El historiador Ernst Nolte», 20 de mayo de 2013. En línea: http://luisjpedrazuela.wordpress.com/category/ernst-nolte/

14. Vázquez Parada, Celina, y Wolfang Vogt, *El Occidental.* 17 de octubre de 2012.

15. Laurent, Eric, *Desangustiar.*Tres Haches, Buenos Aires, 2003, pág. 9.

16. Freud, Sigmund. *Obras Completas*. Argentina. Amorrortu. 1974.

17. Jaramillo, Javier, «El sentimiento de culpa, el super yo y la pulsión de muerte», Revista Colombiana de Psicología, 36, Universidad Nacional de Colombia. En línea: http://www.revistas.unal.edu.co/index.php/psicologia/article/view/15711

18. Lacan, Jacques, *Seminario X. La angustia*, Paidós, Argentina, 2006.

19. Ver: Fundación Memoria del Holocausto: http://www.fmh.org.ar/ Web site de Nabil Shaban: http://uk.geocities.com/jinghiz53 Velasco, Verónica A., «La discapacidad en la Alemania Nazi», Discapacidad y salud, Argentina, 17 de noviembre de 2010. En línea: http://discapacidadrosario.blogspot.mx/2010/11/la-discapacidad-en-la-alemania-nazi.html

Anexo 1. El contexto austriaco y alemán en los tiempos de la anschluss de Austria por los nazis

1. El Roto, (viñeta), *El País*, 16 de octubre de 2012, pág. 20.

2. Consignas de Freud a Eitingon. Extracto de una carta del 21 de marzo de 1933. Volker, Friedrich, *et al.*, *Ici la vie continue d'une maniere fort surprenante. Contributión a l'histoire de la psychanalyse en Allemagne*, Asociation Internationale d'Histoire de la Psychanalyse, 1987, págs. 243-244.

3. Investigaciones que quedan como proyecto.

4. Lohmann, Hans Martin y Lutz Rosenkötter, «La psychanalyse dans l'Allemagne de Hitler», *Les années brunes, op. cit.*, pág. 69.

5. *Op. cit.*, pág. 69. También citado por: Kemper, Werner, *Psychoterapie in Selbstdarstellung*, Huberhern, Stuttgart, Viena, 1973, pág. 272.

6. Citado por: Karen Brecht, «La psychanalyse sous l'Allemagne nazie: adaptation á l'institution, relations entre psychanalystes juifs et non juifs», *Revue International d'Histoire de la Psychanalyse*, 1988-I, 95-108, pág. 96.

7. Volker, F., *et al.*, «Ici la vie….», *op. cit.*, pág. 94.

8. Brainin, Elisabeth e Kaminer, Isidor J., «Psychanalyse et nationalsocialisme», *Les années brunes, op. cit.*, 1982, pág. 193. Otra versión de esas palabras es: «Contra la sobreestimación degradante de la vida pulsional, por la nobleza del alma». En: Volker, F., *et al.*, «Ici la vie….», *op. cit.*, pág. 88.

9. Por obvias razones.

10. Freud, Sigmund, *et. al., Sein Leben Bildern un Texten*, M. Suhrkamp, Francfort, 1976, pág. 238. Citado por: Brainin, Elizabeth, *op, cit.*

11. Todas las palabras en cursivas son del autor (FMG).

12. Aludiendo a los pericos.

13. Jung, Carl G., «Zur gegenwärtigen Lage der Psychotherapie», *Zentralblatt fúr Psychotherapie*, núm. 7, 1934, págs. 1-6. Citado por: Lohmann, H. M. y L. Rosenkötter, «La psychanalyse dans…», *op. cit.*, pág. 65. Dräger, Käthe, «Quelques remarques sur les avatars et le destin de la psychanalyse et de la psychothérapie en Allemagne, de 1933 a 1949», en J. L. Evard, *Les années brunes*, *op. cit.*

14. *Arquetipos arios* (*über alles*).

15. Lockot, Regine y Jean Luc Evard, «L'ecriture d'un mythe», en J. L. Evard, *Les années brunes*, *op. cit.*, pág. 184.

16. En efecto.

17. *Id., Int., Rev. of Psych.*, 4, 1977, pág. 377. Carta del 9 de febrero de 1934. Citado por: Lohmann, H. M. y L. Rosenkötter, «La psychanalyse dans…», *op. cit.*, págs. 63-64.

18. Extracto de una carta de Jung a Göring, del 18 de noviembre de 1939. En Volker, F., *et al.*, «Ici la vie…», *op. cit.*, pág. 243.

19. Vigneron, Daniel, «Entrevista a Alain Mijolla», *Le Point* (hors de serie Le mystere Carl Jung), 13, decembre-janvier de 2013, págs. 45-46.

20. Partido Nacional Socialista Obrero Alemán.

21. Brecht, K., «La psychanalyse sous L'Allemagne nazie….», *op. cit.*, pág. 97

22. Volker, F., *et al.*, «Ici la vie…», *op. cit.*, pág. 96.

23. *Ibíd.*

24. Dräger, K., «Quelques remarques...», *op. cit.*, pág. 52. El dato respecto al doctor Bernard Kamm lo corrobora Regine Lockot, cuando afirma: «Una cosa interesante: a la excepción de Bernard Kamm, no hubo psicoanalistas alemanes que hayan dejado Alemania por razones políticas».

Jean-Luc Evard: «¿Se puede uno imaginar aprés-coup lo que significaba para un psicoanalista alemán aceptar el decreto de exclusión de los judíos fuera de las asociaciones científicas?».

Regine Lockot: «Ésa era justamente la cuestión de Ana Freud y Boehm, en el curso de sus viajes a Viena, ella le había preguntado a Boehm si él también habría excluido a Freud de la Asociación, y él había respondido que sí. [...] Hay dos niveles: un nivel histórico, que hay que mirar de cerca, y un nivel psíquico-analítico... Es una cuestión muy pertinente lo que Freud representa en el psicoanálisis, ¿qué fondos había que reprimir?» Lockot, R. y J. L. Evard, «L'ecriture de», *op. cit.*, pág. 182.

25. Jones, E., *op. cit.,* III, pág. 186.

26. *Ibíd.*, págs. 183-184.

27. «Carta de E. Jones a Anna Freud», 2 de diciembre de 1935, *Archives of The British Psychoanalytical Society*. Citado en: Volker, F., *et. al.*, «Ici la vie...», *op. cit.*, pág. 252.

28. *Archives of British Psychoanalytical Society*, en: Volker, F., *et al.*, «Ici la vie...», *op. cit.*, pág. 269.

29. La Allgemeine Ärtzliche Gesellscahft für Psychotherapie fue transformada en Deutsche Allgemeine Ärtzliche Gesellschaft Psychotherapie (DAAGP). Años más tarde, el 1 de enero de 1944, se convirtió en el Instituto del Reich para el Consejo y la Investigación.

30. En 1926, se había fundado la ya mencionada Allgemeine Ärztliche Gesellschaft für Psychotherapie (AAGP), entre cuyos miembros encontramos a: Harlad Schultz-Hencke, Mathias H. Göring y Ernest Kretschmer: «el 6 de abril de 1933, Ernst Kretschmer, por oposición al régimen nacionalsocialista, renuncia a la presidencia de la AAGP. C. G. Jung toma la dirección, era vicepresidente desde 1930». *La psychanalyse dans l'Allemagne de Hitler*, *op. cit.*, pág.74. (La rama alemana era la ya aludida DAAGP).

31. Lockot, R., y J. L. Evard, «L'ecriture de...» *op. cit.*, págs. 75-76.

32. En realidad, fue arrestada en octubre de 1935.

33. Langer, Marie., Jaime del Palacio y Enrique Guinsberg, *Memoria, historia y diálogo psicoanalítico*, Folios Ediciones, México 1981, págs. 55-56.

34. Volker, F., *et. al.*, «Ici la vie...», *op. cit.*, pág. 110.

35. Archives of the British... citados en: Volker, F., *et. al.*, «Ici, la vie...», *op. cit.*, pág. 251.

36. Brecht, K., «La psychanalyse sous L'Alemagne nazie», *op. cit.*, p. 97.

37. R. Castel.

38. Que en realidad está al interior, pero *neutralizada* o eufemizada, como diría el propio Castel.

39. Castel, R., *El psicoanalismo...*, *op. cit.*, págs. 48-49.

40. Que no de lo real, propuesto por Lacan.

41. Castel, R., *El psicoanalismo...*, *op. cit.*, págs. 49-50.

42. Brecht, K., «La psychanalyse sous L'Allemagne nazie....», *op. cit.*, pág. 103.

43. Sección de asalto de las SS (Gestapo).

44. Algo que terminó en tragedia, con relación a Freud, es que una vez vencidas todas las reticencias de parte del creador del psicoanálisis para dejar por fin Viena –según el novelista Goce Smilevski, autor de *La hermana de Freud*–, éste no incluyó en la lista de personas a las que podía llevar consigo a sus hermanas Adolphine, Marie, Pauline y Rosa. A excepción de Anna –quien vivía en Estados Unidos–, las nombradas «fueron deportadas

en el otoño de 1942 y fallecieron poco después en los campos de exterminio. Adolphine y Pauline en Treblinka, Marie en Theresienstadt, y Rosa en Auschwitz». A la pregunta expresa de la periodista Lola Galán: «¿Hay datos suficientes como para concluir que [Freud] podía haber hecho algo más para ayudarlas a escapar de los nazis?», el novelista respondió: «Espero que los lectores no perciban la novela como un intento de culpar a Freud de lo ocurrido con sus hermanas. Desde luego podría habérselas llevado a Londres con él, pero no podía suponer en ningún caso lo que iba a ocurrirles, no sabía que sus vidas terminarían en los campos de concentración. Sabía, eso sí, que iban a llevar una vida difícil en la Viena ocupada por los nazis, pero no podía imaginar que serían enviadas a los campos de exterminio». Galán, Lola, «Huellas en la arena del tiempo. Entrevista a Goce Smilevski», *El País (Babelia)*, 1106, 2 de febrero de 2013, pág. 10. Cuando llegó Igor A. Caruso a Viena, en los inicios de 1942, precisamente al corazón de uno de los centros de exterminación para los de *casa*, las incertidumbres al respecto eran mínimas.

45. Volker, F., «Ici la vie...», *op. cit.*, pág. 134.

46. La disolución oficial de la Sociedad Vienésa fue anunciada formalmente el 25 de agosto de 1938.

47. Suárez, A., «Igor A. Caruso, profeta desterrado y...», *op. cit.*, pág. 16.

48. Lohmann, H. M. y L. Rosenkötter, *La psychanalyse dans...*, *op. cit.*, pág. 85.

49. Asociación Alemana de Psicoanálisis.

50. *Op. cit.*, págs. 85-86.

51. Años después, en el contexto de lo que serían las dictaduras latinoamericanas del Cono Sur, la psicoanalista Gilou Roger hacía este diagnóstico respecto la disidencia del denominado grupo Plataforma, fundado a inicios de la década de los setentas frente a la práctica psicoanalítica marcada por el pensamiento de Melanie Klein: «Nuestras interrogantes eran de orden ético y tratábamos de formularlas desde una perspectiva psicoanalítica interesada en lo social, como fenómeno en el que la subjetividad tiene su parte. [...] estábamos también unidos en contra de *este aislamiento del contexto que transformaba la institución en una unidad imaginaria. [...] El aislamiento, el oído sordo al furor del mundo, en un contexto sociopolítico complejo y contradictorio, configuraba una extraterritorialidad y autonomía bastante omnipotente y renegadora, como si los psicoanalistas pudieran no ser marcados –incluso en sus silencios– por lo real, cada vez más traumático»*. Roger, Gilou, «trabajo presentado en la *Reunión por los 25 años de Plataforma*», Buenos Aires, 1996. La autora me lo ofreció para que lo comentara. A ella le debo la sugerencia de viajar a Francia para estudiar con Rene Lourau. Esta psicoanalista franco-argentina, durante su exilio en México, perteneció al CPM.

52. Lockot, R. y J. L. Evard, «L'ecriture de...» *op. cit.*, nota 12, pág. 28.

53. Un caso, y ciertamente no el más grave, fue aquel en el que Müller-Braunschweig se vio impedido de enseñar y publicar; Boehm, por su parte, no podía llevar a cabo análisis didácticos. Las dos sanciones que-

daron en vigor hasta el final de la guerra. Por cierto, en una carta de E. Jones a Anna Freud, el primero afirma con relación a Müller Braunschweig lo siguiente: «él caminara, sin duda, según sus principios, y es un antisemita convencido, lo que no es el caso para nada de Boehm». *Archives of the British*..., 2 de diciembre de 1935, en: Volker, F., *et. al*, «Ici, la vie...», *op. cit.*, pág. 251. Es decir que ni eso le sirvió.

54. Extracto del «Business Meeting» de la IPA, en «Bulletin of the International Psychoanalytic Association», *International Journal of Psychoanalysis*, 1949. *Op. cit.*, pág. 279.

55. *Op. cit.*

56. Carta del 19 de enero de 1950; *op. cit.*, pág. 282.

57. Aunque los contextos no son exactamente los mismos, por lo que ya señalé, respecto a la actividad de los psicoanalistas en los dos países mencionados.

58. Brecht, K., «La psychanalyse sous...», *op. cit.*, pág. 105.

59. Dadas, a estas alturas, la información disponibles.

60. Vigneron, Daniel, «Le mystere Carl Jung. Entrevista a A. M.», *op. cit.*, pág. 46.

61. Citado por: Berman, Sabina, «Crónica de una herida que no sana (segunda parte)», *Proceso*, 1608, 26 de septiembre de 2007, pág. 50.

62. Ezensberger, Hans Magnus, «De quelques fantomes», *Les lettres nouvelles*, Julliard, febrero-marzo de 1964, pág. 19. Discurso pronunciado cuando recibió el Premio Georg Büchner, Darmstadt, 19 octubre de 1963. Para un debate sobre el periodo posterior a la reunificación, se puede consultar el diálogo entre Manfred Flugge y Vincent von Wroblewsky, «L'heritage divisé», *Autrement*, 15, marzo de 1994, págs. 188-197.

Anexo 2. Werner Kemper, Anna Kattrin Kemper e Igor A. Caruso

1. Füchtner, Hans, «Le cas Werner Kemper. ¿Psychanalyste, collaborateur, nazi, membre de la Gestapo, marxiste militant?», *États généreaux de la psychanalyse: seconde rencontré mondiale*, Río de Janeiro, 2003, pág. 37.

2. El historiador aludido dice que tomó este párrafo de una conferencia (grabada) que Kemper ofreció en Berlín, el 22 de septiembre de 1973 (pág. 11). Y agradece al doctor Alfred Köhler por haber puesto a su disposición dicha grabación. Füchtner, H., *op. cit.*

3. R. Castel.

4. Füchtner, H., «Le cas Werner Kemper...», *op. cit.*, págs. 29 y 30.

5. *Ibíd.*, nota 77, pág. 30.

6. Coincidiendo con la formación del primer Círculo de Psicología Profunda en México.

7. *Op. cit.*, pág. 32.

Anexo 3. Puntualizaiones acerca del freudomarxismo (Armando Suárez)

1. Por lo pronto, Fromm no *abandonó* la IPV, lo expulsaron. Ver, Rodolfo Álvarez del Castillo, «El psicoanálisis en México: una triple genealogía», en *Grupo*, Revista de psicoanálisis, núms. 5-6, Facultad de Psicología, Área de Psicología Social, Universidad Autónoma de Nuevo León, abril de 2006. A su vez, parecería que parte de la crítica que A. Suárez no le pudo hacer a Caruso la desplazó a Fromm, cuando cuestiona el *psicoanálisis humanista*, aludiendo al rescate de los «valores humanos».

2. Todas las citas fueron extraídas –salvo aclaración– del texto de A. Suárez, «Freudomarxismo, pasado y presente», publicado en el libro coordinado por él mismo, *Razón, locura, op. cit.*, págs. 142-144.

3. Suárez, A., *op. cit.*, pág. 147. A. Suárez no se pregunta, dentro de este panorama que describe, en dónde quedó colocado Caruso –en ese tiempo, pedagogo–, ni menos aún por el tipo de práctica que ejerció en ese periodo. Se trata de un texto escrito entre 1974-1975. Y puede ser porque los datos de una parte de su actividad no terminarán de resultarle claros. Ciertamente, no había aparecido la entrevista de 1979, ni menos los datos aportados, años más tarde, por List y Benetka (2008). No obstante, ya para esas fechas había elementos para haberse interrogado acerca de las debacle del psicoanálisis en los países de habla alemana, y los efectos posibles en Caruso. Sin embargo, Suárez nos lo presenta como alguien que parece salir incólume de la debacle –sin mencionar el tipo de formación psicoanalítica a la que tuvo acceso– y como alguien muy sensible a la recuperación de una de las versiones de la izquierda freudiana, apoyándose en Marcuse y Sartre. Tarea que en Austria, durante un buen tiempo, pareció ejercer solitariamente.

4. Sartre, J.P., *Crítica de la razón dialéctica, op. cit.* págs. 46-47. Y: *Op. cit.*, págs. 151-152.

5. Un texto paradigmático en nuestro medio fue el de *Psicología, ideología y ciencia*, de Néstor Braunstein, Gloria Benedicto, Marcelo Pasternac y Frida Saal, libro precedido, en la misma problemática, por otros, tanto en Francia como en Argentina.

6. El texto de Jean Allouch es buena muestra de ellos: Allouch, Jean, «Freud déplacé», *Littoral*, 14, Francia, noviembre de 1984.

7. Suárez, A., *op. cit.*, págs. 157-159.

Anexo 4. M. Heidegger ante sus críticos: Derrida, Faye, Gadamer, Habermas, Jaspers, Lacoue-Labarthe, Marcuse, etc.

1. Faye, Emmanuel, *Heidegger, l'introduction du nazisme dans la philosophie. Autour des séminaires inedits de 1933-1935*, Editions Albin Michel, 2005.

2. El filósofo Peter Trawny, especialista en Heidegger, bien hizo en publicar los denominados *Cuadernos negros* en Frankfurt.

3. Como dato interesante al respecto, en el libro citado de Faye, este afirma lo siguiente: «Pero Heidegger no es solamente un hombre habitado

por el racismo: hay que señalar igualmente su gusto por la violencia destructora y su llamado público a la exterminación. Desde 1931, él confía a uno de sus estudiantes que tiene esperanza en la instauración de una dictadura nacionalsocialista y afirma que no había que retroceder delante del asesinato de los principales oponentes políticos de los cuales los nazis habían ya escrito una lista. En 1932, él vota en secreto por el partido nazi. El 7 de marzo de 1933, en una carta inédita a la viuda del filósofo Max Scheler, hace suya la sentencia de Hitler: *el terror no puede ser quebrado sino por el terror*, y ofrece un ejemplo a la juventud alemana, la vida de Horst Wessel, antiguo proxeneta que deviene miembro activo de las *tropas de asalto* (SA) nacionalsocialistas, muerto en una riña política y del cual los nazis habían hecho un héroe al punto de bautizar su himno con su nombre: Le Horst-Wessel-Lied.

«Cuando Hitler llega al poder, el rector socialdemócrata de la universidad de Fribourg es constreñido a la dimisión y Heidegger se hace elegir en su lugar. Después, en virtud de la nueva constitución universitaria que él ha contribuido a poner en ejecución, la cual suprime toda elección democrática, el deviene, el 1 de octubre de 1933, en el primer rector führer directamente nominado por el ministerio nacionalsocialista. En noviembre de 1933, el rector Heidegger llama a votar por Hitler en una profesión de fe pública en cinco lenguas, con una suscripción de la cual excluye a los *no arios*.

«[...] Heidegger pone en obra, con determinación, la discriminación antisemita preconizada por los nazis. Él instituye la selección racial al comienzo de los estudios, decretando la entrada en vigor del *nuevo derecho de los estudiantes*, que instituye un *numerus clasus* antisemita. Él pronuncia, por otra parte, el elogio del *derecho* antisemita en su discurso del rectorado, del 27 de mayo de 1933.

«A esto se añade, un texto contundente: la directiva del 13 de noviembre de 1933, por la cual el rector Heidegger ordena *nunca más* acordar becas a los *estudiantes judíos y marxistas*. Desde entonces, las becas serán atribuidas en prioridad a los "estudiantes que durante los años precedentes han ingresado en la SA, la SS o en las ligas de defensa en lucha por la insurgencia nacional". Heidegger incluso precisa eso que habría que entender por *estudiantes judíos*. Aquellos que son *de raíz no aria* [...] esta directiva terrible es generalmente silenciada. Desde Schneeberger, solo Raoul Hilberg la menciona en dos momentos. [...] Pero ningún *especialista* francés de Heidegger la evoca, y Hermann Heidegger no la reeditó en el tomo XVI de la *Gesamtausgabe*, en donde ella debía figurar.

«En el curso del invierno de 1933-1934, titulado *De la esencia de la verdad*, Heidegger pervierte en un sentido racista el concepto de verdad. Él identifica efectivamente la verdad al combate por la afirmación de un pueblo y de una raza, y retoma públicamente el proyecto racista confiado a Elfride [su mujer] desde 1916, él habla ahora en su curso de conducir las posibilidades fundamentales de la esencia de la fuente originalmente germánica hasta la dominación.

«Es exactamente el programa y el pesado lenguaje de Hitler que Heidegger retoma. En *Mein Kampf*, el führer de la NSDAP asigna, en efecto, al Reich alemán la tarea de "No solamente reunir y preservar las reservas más valoradas de ese pueblo en elementos raciales originales, sino de conducirlas lenta y seguramente hasta una posición dominante."» Faye, Emmanuel, *Heidegger, l'introduction du nazisme dans la philosophie. Autour des séminaires inedits de 1933-1935*, Editions Albin Michel, 2005 págs. 14-17. Y de la edición en alemán: pág. 439. En fin, sobra material por citar, pero me interesaba ofrecer algunos elementos que van en el sentido de que la posición del Heidegger no fue un lapsus fácilmente encriptable.

4. Probablemente, Carl G. Jung, animado por estas palabras de las que a lo mejor se enteró parcialmente, o por las propias palabras de Hitler, por esas fechas ofreció sus arquetipos arios, listos para desplegar su energía, una vez reventado *el inconsciente judío*, que los tenía supuestamente subsumidos.

5. Radisch, Iris, «Entrevista a Emmanuel Faye», Libération.fr (culture), el 26 de enero de 2014. Emmanuel Faye, filósofo y profesor en la Universidad de Rouen; e Iris Radisch, responsable de las páginas culturales del semanario alemán *Die Zeit*.

6. *Hannah Arendt im Gespräch mit Günter Gaus*, «Zur person», entrevista realizada en los sesenta, poco tiempo después de la aparición del libro de Arendt sobre Eichmann. Desgraciadamente, el video de la entrevista no tiene la fecha exacta.

7. Citado en: Faye, E., *Heidegger l'íntroduction du nazisme...op. cit.*, pág. *657.*

8. Éstas son palabras de: Faye, E., *op. cit.*, pág. 658.

9. Heidegger.

10. Citando a Marcuse: Faye, E, *op. cit.*, pág. 659.

11. Faye, E., *op. Cit.*, pág. 659.

12. Martin Heidegger, *Gesamtausgabe*, 55, pág. 25. Citado en: Habermas, Jürgen, *Identidades nacionales y postnacionales*, Editorial Técnos, 1988, pág. 56.

13. Habermas, *op. cit.*, págs. 56-57.

14. Rabinbach, Anson, *In the Shadow of Catastrophe. German Intellectuals between Apocalypse and Enlightenment*, University of California Press, Berkeley, 1992.

15. *La Conferencia de Heidelberg, op. cit.*, págs., 82-83.

16. Como aquellas que citan Habermas y Marcuse.

17. ¿Qué entendería Lacoue-Labarthe por *profunda* en este caso?

18. Recuérdese el destino *psicológico* que ofreció Jung con su noción del *inconsciente ario,* el cual por fin iba a poder manifestarse y desplegarse gracias al nacionalsocialismo.

19. *La Conferencia...*, *op. cit.*, págs. 85-87.

20. *La Conference* .págs., 89-90.

21. *Ibíd.* Curiosa manera de estar contra Heidegger.

22. *Op. cit.*, pág. 126.

23. *Ibíd.*

24. Trawny, Peter, *La liberté d'errer avec Heidegger.* Indigéne éditions, France, 2014.

25. Trawny, Peter, «Heidegger et les cahiers noirs». Esprit, aout-septembre, 2014, pág. 134.

26. *Op. cit.*, 135.

27. *Ibíd.*

28. Citado en : Trawny, P., «Heidegger et les cahiers..., », *op. cit.*, pág. 136-137.

29. *Ibíd.* Überlegungen XII, 82, dans Überlegungen XII- xV, 96, *op. cit.*

30. *Ibíd.* Überlegungen XIV, 121, dans Überlegungen XII-XV, GA 96, *op. cit.*

31. M Heidegger Zum ereignis - Denken, GA 73. 1, edité por P. Trawny., Francfort - sur le - Maine, 2013, p. 755.

32. Trawny, P., «Heidegger et les...», *op. cit.*, p. 143.

33. Domarus , Max, *Hitler, Reden un Proklamationen 1925-1945,* II. Untergang, Erster Halbband 1939-1940, Munich, Süddeutscher Verlag, 1965, pág. 1328.

34. Trawny, P., *op. cit.*, pág. 146.

35. Los Protocolos se van a convertir también en libros de referencia de los grupos radicales con pretensiones de secretos. En el caso mexicano, como los Tecos de Guadalajara (1933) y los Yunques de Puebla (1953).

36. La demanda y carta se da en el contexto de una serie de revueltas (agosto de 1929) en donde «los palestinos masacraron una de las comunidades judías más antiguas del Yishuv». Roudinesco, Elizabeth, «Ningún ojo humano verá esta carta», *Le Nouvel Observateur*, 25, XII, 2004, págs. 64-65.

Bibliografía

Merlina Acevedo, «Peones de Troya», *Letras Libres*, núm. 174, México, junio de 2011.

David Alandete, «Está en la sangre de los judíos ser extranjeros», entrevista a David Grossman, *El País*, 6 de diciembre de 2013.

Eliseo Alberto, *Viento a favor*, Ediciones Cal y Arena, México, 2012.

Jean Allouch, «Freud déplacé», *Littoral*, núm. 14, Francia, noviembre de 1984.

Guillermo Altares, «Georges Orwell, el beneficio de la duda», *Babelia*, *El País*, núm. 1-155, 11 de enero de 2014, pág. 7.

Rodolfo Álvarez del Castillo, «El psicoanálisis en México: una triple genealogía», *Grupo*, Revista de psicoanálisis, núm. 5-6, Facultad de Psicología, Área de Psicología Social, Universidad Autónoma de Nuevo León, abril de 2006.

Rodolfo Álvarez del Castillo, «Igor Caruso: una entrevista autobiográfica y un debate», *Cuadernos Melanie Klein*, núm. 2-3, septiembre-marzo de 2013.

Jacinto Antón, «Todo mundo tiene un lado oscuro y otro luminoso» (entrevista a Ferdinand von Schirach), *El País Semanal*, núm. 1828, 9 de octubre de 2011.

Hannah Arendt, *Responsabilité et jugement*, Petite Bibliotheque Payot, 2009.

Marc Augé, «Tolerance et ethnologie», *Le Magazine Litteraire*, núm. 363, marzo de 1998.

Dan Bar-On, *L'heritage infernal,* Editions Eshel, Francia, 1991.

Gehard Benetka y Clarisa Rudolph, «Selbstverständlich ist vieles damals geschehen», *Igor A. Caruso am Spiegelgrund*, Werkblatt 60, 2008.

Sabina Berman, «Crónica de una herida que no sana» (segunda parte), *Proceso*, núm. 1608, México, 26 de septiembre de 2007.

Elisabeth Brainin (Viena) e Isidor J. Kaminer, «Psychanalyse et nationalsocialisme», en Jean-Luc Evard, *Les années brunes. La psychanalyse sous, le III Reich*, Editions Confrontation, Francia, 1984.

Karen Brecht, «La psychanalyse sous l'Allemagne nazie: adaptation á l'institution, relations entre psychanalystes juifs et non juifs», *Revue International d'Histoire de la Psychanalyse*, núm. I, 1988.

Claudia Brinkop, correo enviado a Felipe Flores y Fernando M. González, el 29 de octubre de 2012.
Andrea Camilleri, *La edad de la duda*, Salamandra (narrativa), España, 2012.
Igor A. Caruso, *Análisis psíquico y síntesis existencial. Relaciones entre el análisis psíquico y los valores de la existencia*, Editorial Herder, Barcelona, 1958 (la primera edición en alemán fue publicada en 1952: *Psychoanalyse und synthese der existenz*).
Igor A. Caruso, *Psicoanálisis dialéctico*, Paidós, Buenos Aires, 1964.
Pierre Henri Castel, *La fin des coupables suivi de le cas paramord, Obsessions et contraite intérieure de la psychanalyse aux neurosciences*, t. II, Les Éditions d'Ithaque, París, 2012.
Robert Castel, *El psicoanalismo: el orden psicoanalítico y el poder*, Siglo XXI Editores, México, 1980.
Robert Castel, *La gestión des risques, de l'anti-psyquiatrie á l'après*-psychanalyse, Editions de Minuit, 1981.
Paul Celan, «Aschengloire» («Gloria de cenizas»), *Choix de poémes reunís par l'áuteur*, NRF, Gallimard, 1998.
Javier Cercas, «Bergman, Eichmann y los justos», *El País Semanal*, núm. 1943, 22 de diciembre de 2013.
Jean Clavreul, «La couple perverse», *Le désir et la perversion,* Le Seuil, París, 1967.
Michel de Certeau, *L'ecriture de l'histoire, col. Folio, Gallimard, París,* 1975.
Michel de Certeau, *Historia y psicoanálisis*, 2ª ed., UIA/ITESO, México, 2003.
Jean Pierre Clero y Linda Lotte, «Lacan y lo político» (entrevista a Jacques Alain Miller), en Yves Chareles Zarka, *Jacques Lacan. Psicoanálisis y política*, Nueva Visión, Buenos Aires, 2004.
Max Damarus, *Hitler, reden und Proklamationen 1932-1945,* tome II, Untergang, Erster Halbband 1939-1940, Munich, Süddeutscher Verlag, 1965.
Regis Debray, *Le moment fraternité,* Gallimard, París, 2009.
José Luis de Juan, «El mutismo de las aves carroñeras», *El País/Babelia*, núm. 1159, 8 de febrero de 2014.
Cynthia del Castillo, «Igor Caruso y una madeja de mitos y novelas en el psicoanálisis institucional», *Carta psicoanalítica*, núm. 20, diciembre de 2013.
Benigno di Tullio, *La constituzione delinquenziale*, Roma, 1929.
Benigno di Tullio, *Manuale di antropologia e psicologia criminale*, Roma, 1931.
Jacques Derrida, Hans–Georg Gadamer, Philippe Lacoue- Labarthe : *La conference de Heidelberg(1988). Heidegger, portée philosophique et politique de sa pensée.* Lignes /Imec, France, 2014.
Francois Dosse, «L'evénement entre Kairos y Trace», en *Paul Ricoeur: penser la memoire* (bajo la dirección de Francois Dosse y Chatherine Goldenstein), Éditions du Seuil, París, 2013.
Antonio Elorza, «Rafael Lemkin: la soledad del justo», *El País*, 14 de febrero de 2014.
Hans Magnus Ezensberger, «De quelques fantomes» (discurso pronunciado con ocasión de recibir el Premio *Georg Büchner*, Darmstadt, 19 octubre de 1963), *Les lettres nouvelles*, Julliard, febrero-marzo de 1964.

Jean-Luc Evard, *Les années brunes. La psychanalyse sous, le III Reich*, Editions Confrontation, Francia, 1984.
Karl Fallend, «Los herederos de Caruso», *Zeitschrift für Psychoanalyse und Gesellschaftskritik*, vol. 64, núm. 1, 2010 (traducción al español de Karin Hintermeier, y revisión de Daniel y Rodolfo Álvarez del Castillo).
Didier Fassin et Richard Rechtman, *L'empire du traumatise. Enquete sur la condition de victime*. Editions Flammarion, 2007.
Emmanuel Faye, *Heidegger, l'introduction du nazisme dans la philosophie. Autour des séminaires inedits de* 1933-1935, Editions Albin Michel, 2005.
Emmanuel Faye, entrevistado por Irisch Radich, para Liberation.fr/ culture. 26/I/ 2014.
Alain Finkielkraut, *L'interminable écriture de l'extermination*, col. Folios, Gallimard, París, 2012.
Manfred Flugge y Vincent von Wroblewsky, «L'heritage divisé», *Autrement*, núm. 15, marzo de 1994.
Sigmund Freud, *El hombre Moisés y la religión monoteísta*, *Obras completas*, vol. 23, Amorrortu Editores, Buenos Aires, 1980.
Michel Foucault, *Vigilar y castigar*, Siglo XXI Editores, 1975.
Michel Foucault, «Nietzsche, la genealogía, la historia», *Microfísica del poder*, Ediciones La Piqueta, Madrid, 1978.
Michel Foucault, *El bello peligro,* Ediciones InterZona, Buenos Aires, 2014.
Henry Friedlander, *The origins of nazi genocide. From euthanasia to the final solution*, The University of North Carolina Press, Chapel Hill & London, 1995.
Hans Füchtner, «Le cas Werner Kemper. ¿Psychanalyste, collaborateur, nazi, membre de la Gestapo, marxiste militant?», presentado en «États généreaux de la psychanalyse: seconde rencontré mondiale», Río de Janeiro, 2003.
Marc Fumaroli, «Amazon son ladrones, unos vampiros», *El País*, 2 de noviembre de 2013.
Lola Galán, «Huellas en la arena del tiempo» (entrevista a Goce Smilevski), *El País/Babelia*, núm. 1106, 2 de febrero de 2013.
Antonio Gamoneda, «Soy un indignado que disiente», *El País*, *Babelia*, 3 de noviembre de 2011.
Salvador Giner, «Hemos perdido las prioridades morales», *El País*, *Babelia*, núm. 1105, 26 de enero de 2013.
Carlo Ginzburg, *Le juge et l'historien. Considerations en marge du procés sofri*, Verdier Éditions Lagrass, 1997.
Carlo Ginzburg, *Histoire, rethórique, preuve*, Hautes Études, Gallimard-Le Seuil, París, 2003.
Jürgen Habermas, *Identidades nacionales y postnacionales*, Editorial Técnos, 1988.
Francois Hartog, «Le present de l'historien», *Le Debat*, núm. 158, Gallimard, enero-febrero de 2010.
Francois Hartog, «La poétique et l'inquiétante étrangeté de l'histoire», *Croire en l'histoire*, Flammarion, París, 2013.

Francois Hartog, *La chambre de Vielle*, Editions Flammarion, París, 2013.
Peter-Erwin Jansen (ed.), «Herbert Marcuse-Martin Heidegger Briefwechsel», *Befreiung Denken. Ein politischer imperativ. Ein materialenband zu Herbert Marcuse*, 2a. ed. aumentada, 2000.
Alexandre Jardin, «Mon grand-pére, mon cauchemar. La guerre del Jardin», *Le Nouvel Observateur*, núm. 2427, 12 de mayo de 2011.
Jacques Julliard, «Les poisons de la mémoire», *Le Nouvel Observateur*, París, 22 de diciembre de 2005.
Bruno Karsenti, «La psychanalyse comme 'fait moral total'», *Critique*, núm. 802, marzo de 2014.
Werner Kemper, *Psychoterapie in Selbstdarstellung*, Huberhern, Stuttgart, 1973.
Kirche Bunt (*Iglesia Colorida*), núm. 44, «Entrevista a Igor Caruso», 1973.
Ernst Klee, *Euthanasie im Dritten Reich. Die Vernichtumg lebensunwerten Lebens* (*Eutanasia en el Tercer Reich. La destrucción de la vida no valiosa*), Editorial Fischer, Fráncfort, primera edición: 1983, segunda edición aumentada: 2010.
Thilo Koch, «Entrevista a Karl Jaspers», *La Jornada Semanal*, núm. 791, México, 16 de septiembre de 1990.
Milan Kundera, *La insoportable levedad del ser*, Tusquets Editores, Fábula, noviembre de 2005, 18ª. reimpresión.
Brigitte Krulic, entrevista a Günter Grass, «Le souvenir surgit en silence...», *Écrivains, identité, mémoire: miroirs d'állemagnes, 1945-2000, Memoires*, núm. 71, Autrement, marzo de 2001.
Pierre Laborit, *Le chagrin et le venin. Ocupation. Resistence. Idés recues.* Éditions Bayard Gallimard, 2014.
Jacques Lacan, *Ecrits*, Éditions du Seuil, París, 1966.
Jacques Lacan, *Le séminaire, Livre III, Les psychoses (1955-56)*, Éditions du Seil, París, 1981.
Marie Langer, Jaime del Palacio y Enrique Guinsberg, *Memoria, historia y diálogo psicoanalítico*, Folios Ediciones, México, 1981.
Jacques Le Goff, «L'historien et l'homme quotidien», en *L'historien entre l'éthnologue et le futurologe*, Editions Mouton, París, 1973.
Daniel Link, «Las malas hierbas. Eugenesia, eutanasia y fascismo», *Página/12*, Buenos Aires, 5 de mayo de 2002.
Daniel Link, «Los niños primero», *Página/12*, Buenos Aires, 5 de mayo de 2002.
Eveline List, «Wolfgang Huber y la escritura de la historia del psicoanálisis en Austria», *Luzifer-Amor*, núm. 40, 2007.
Eveline List, «¿Por qué no en Kischniew? Sobre un documento en audio autobiográfico de Igor Caruso» («Warum nicht in Kischniew? Zu einem autobiographischen tondokument Igor Carusos», *Zeitschrift für Psychoanalytische Theorie und Praxis*, vol. 23, núm. 1-2, 2008).
Eveline List, «Pedagogo/educador en el Spiegelgrund. Sobre la actividad dictaminadora de Igor Caruso», *Sozialrbeit in Österreich* - SIO (*Trabajo Social en Austria*), núm. 3, 2008.
Jonathan Litell y Pierre Nora, «Conversation sur l'histoire et le roman», *Le Debat*, núm. 134, Gallimard, París, marzo-abril de 2007.

Regine Lockot y Jean-Luc Evard, «L'ecriture d'un mythe», en Jean-Luc Evard, *Les années brunes. La psychanalyse sous le III Reich*, Editions Confrontation, Francia, 1984.
Hans Martin Lohmann y Lutz Rosenkötter, «La psychanalyse dans l'Allemagne de Hitler», en Jean-Luc Evard, *Les années brunes. La psychanalyse sous le IIIe Reich*, Editions Confrontation, Francia, 1984.
Carlos Lopez Beltrán, «Sangre y temperamento. Pureza y mestizaje en las sociedades de castas americanas», en C. Lopez Beltrán y F. Gorbach (Coords.) Saberes locales, esnsayos sobre la historia de la ciencia en América Latina, El Colegio de Michoacán, Zamora, 2008, p. 303.
Claudio Magris, «La historia no ha terminado» en *Ética, política y laicidad*, Anagrama, Barcelona, 2000.
Éric Michaud, *La estética nazi. Un arte de eternidad*, Editions Gallimard, 2006 (AH –Adriana Hidalgo, editora–, edición argentina, 2009).
Alain de Mijolla, «Les theories jungiennes n'ont pas alimenté le nazisme», en *Le Mystère Carl Jung, Le Point-Hors de Serie, Les maitres penseurs*, núm. 13, diciembre-enero de 2013.
Diana Napoli, «Michel de Certeau: la historia o la teatralización de la identidad», *Historia y Grafía*, núm. 40, enero-junio de 2014, Universidad Iberoamericana, México.
Amos Oz, «Árboles en la nieve», *El País/Babelia*, núm. 1-149, 30 de noviembre de 2013.
Raúl Páramo, *Freud in Mexico. Sobre la historia del psicoanálisis en México*, Editorial Quintessenz, Múnich, 1992.
José María Pérez Gay, *La supremacía de los abismos*, Los nuestros, La Jornada Ediciones, 2006.
Alicia Platen-Hallermund, *El exterminio de enfermos mentales en la Alemania nazi. Página/12*, Buenos Aires, 14 de junio de 2007.
Anson Rabinbach, *In the Shadow of Catastrophe. German Intellectuals between Apocalypse and Enlightenment*, University of California Press, Berkeley, 1992.
Johannes Reichmayr, «¡Furor es error! Carta al editor sobre el artículo de Eveline List sobre Igor A. Caruso», *Zeitschrift für Psychoanalytische Theorie und Praxis*, Viena, 2 de julio de 2008.
Marco Revelli, «El uso escandalizante de la historia», *El Nacional*, sección Cultura, México, 29 de julio de 1992.
Paul Ricoeur, «Remarques d'un philosophe», *L'histoire du temps present*, CNRS, París, 1993.
Paul Ricoeur, *La memoire, l'histoire, l'oubli*, Éditions du Seuil, París, 2000.
Paul Ricoeur, respuesta a Krzysztof Pomian en el debate «Autour de la mémorie, l'histoire, l'oubli de Paul Ricoeur», *Le Debat*, núm. 122, Gallimard, París, noviembre-diciembre de 2002.
Emanuel Ringelblum, *Cronique du Ghetto de Varsovie*, Robert Laffont, París, 1959.
Angelika Rubner, «Desarrollo y dialéctica en el pensamiento de Igor A. Caruso», en Ewald H. Englert y Armando Suárez (coords.), *El psico-*

análisis como teoría crítica y la crítica política del psicoanálisis, Siglo XXI Editores, México, 1981.

Elizabeth Roudinesco, «Ningun ojo humano verá esta carta», en *Le Nouvel Obsevateur,* 25 de diciembre de 2004.

Jochen Sauer, «Carta al editor, del 6 de mayo de 2008», *Zietschrif für Psychanalytische Theorie und Praxis (Revista de Teoría y Práctica Psicoanalíticas*), año XXIII, 2008.

Christian Schacht, «Sobre afirmaciones y omisiones unilaterales. Observaciones sobre el artículo de Eveline List y el actual debate sobre Caruso», *Revista de Teoría y Práctica Psicoanalíticas*, Salzburgo (entregado a la redacción el 23 de junio de 2008).

Jorge Semprún, *Exercises de survie*, Gallimard, París, 2012.

Ignacio Solares, «Igor Caruso: transformar una conciencia neurótica en una conciencia de nuestras miserias», *Palabras reencontradas*, Colección Periodismo Cultural, Ediciones del Consejo Nacional para la Cultura y las Artes, 2010.

Armando Suárez (coord.), *Razón, locura y sociedad,* Siglo Veintiuno Editores, 1978.

Armando Suárez, «Freudomarxismo, pasado y presente», en Armando Suárez (coord.), *Razón, locura y sociedad*, Siglo XXI Editores, México, 1978.

Armando Suárez, «Igor A. Caruso, profeta desterrado y mártir de la esperanza», en Ewald H. Englert y Armando Suárez (coords.), *El psicoanálisis como teoría crítica y la crítica política al psicoanálisis*, Siglo XXI Editores, 1985.

Armando Suárez, «La motivación en el personalismo dialéctico de Igor A. Caruso», *Revista de Psicología*, núm. 1-2. vol. IX, Facultad de Psicología, Universidad Nacional de Colombia, Bogotá, 1964 (retomado en *Cuadernos del Área Clínica. Revista de la Facultad de Psicología*, núm. 5-6, Universidad Autónoma de Nuevo León, en coedición con Polisemias y CPM, marzo-junio de 1988: número de homenaje a Armando Suárez, coordinado por Rodolfo Álvarez del Castillo).

Laura Suárez y López Guazo, *Eugenesia y racismo en México*, UNAM, 2005.

Anne-Lise Stern, *Le savoir-deporté. Camps, histoire, psychanalyse*, Editions du Seuil, 2004.

Luis Tamayo, «Nace el taller de investigaciones psicoanalíticas», *La Jornada*, Morelos, 23 de febrero de 2014.

Rosa Tanco Duque, «El Círculo Vienés de Psicología Profunda», *Revista Colombiana de Psicología*, vol. 4, núm. 2, 1959.

Enzo Traverso, *la Historia como campo de batalla. Interpretar las violencias del siglo XX*. FCE, Argentina, 2012.

Peter Trawny, «Heidegger, les cahiers noirs et l'antisémitisme», en Esprit, nún, 407, aout-septembre 2014.

Yan Thomas, «La verité, le temps, le juge et l'historien», *Le Debat*, núm. 102, Gallimard, París, noviembre-diciembre de 1998.

Beatriz Urías Horcasitas, *Historias secretas del racismo en México (1920-1950)*, *Tiempo de memoria*, Tusquets, 2007.

Jean-Pierre Vernant, *La mort dans les yeux: Figures de l'autre en Grece ancienne*, Textes du XXe Siècle, Hachette, París, 1985.
Álex Vicente, «Bestia humana», *El País/Babelia*, 8 de febrero de 2014.
Enrique Vila-Matas, «Lo que Dalí señaló», *El País*, 11 de junio de 2013.
Friedrich Volker *et al.*, *Ici la vie continue d'une maniere fort surprenante. Contribution a l'histoire de la psychanalyse en Allemagne*, Asociation Internationale d'Histoire de la Psychanalyse, 1987.
Ferdinand von Schirach, «¿Tortura salvadora?», *El País/Babelia*, No. 1,150, 7 de diciembre de 2013.